P·R·E·F·A·C·E

IT 워크북 시리즈는 공부하시는 분들이 좀 더 손쉽게 배울 수 있도록 체계적인 기획 하에 다음과 같은 특징을 가지고 만들었습니다.

1. 따라하기 형태의 내용 구성

각 기능들을 쉬운 단계부터 시작하여 실습 형태로 따라하면서 자연스럽게 익혀 실무에 활용할 수 있도록 하였습니다.

2. 풍부하고도 다양한 예제 제공

실무에서 실제로 사용하는 예제 위주 편성으로 인해 학습을 하는데 친밀감이 들도록 하여 학습 효율을 강화시켰습니다.

3. 베테랑 강사들의 노하우 제공

일선에서 다년간 경험을 쌓으면서 수첩 등에 꼼꼼히 적어놓았던 보물같은 내용들을 [Tip], [참고], [Upgrade] 등의 코너를 만들어 배치시켰습니다.

4. 한 달 단위 교육 일정에 맞춘 체계적 진행

4주에 맞추어 학습을 진행할 수 있도록 하였습니다.

5. 스스로 풀어보는 다양한 실전 예제 수록

각 단원이 끝날 때마다 배운 내용을 실습하면서 완벽히 익힐 수 있도록 난이도별로 다양한 실습 문제를 제시하여 복습할 수 있도록 하였습니다.

■ 소스 자료 받아보기

– 이 도서에 사용된 예제 소스와 자료들은 아티오(www.atio.co.kr) [자료실]에서 다운받으시면 됩니다.

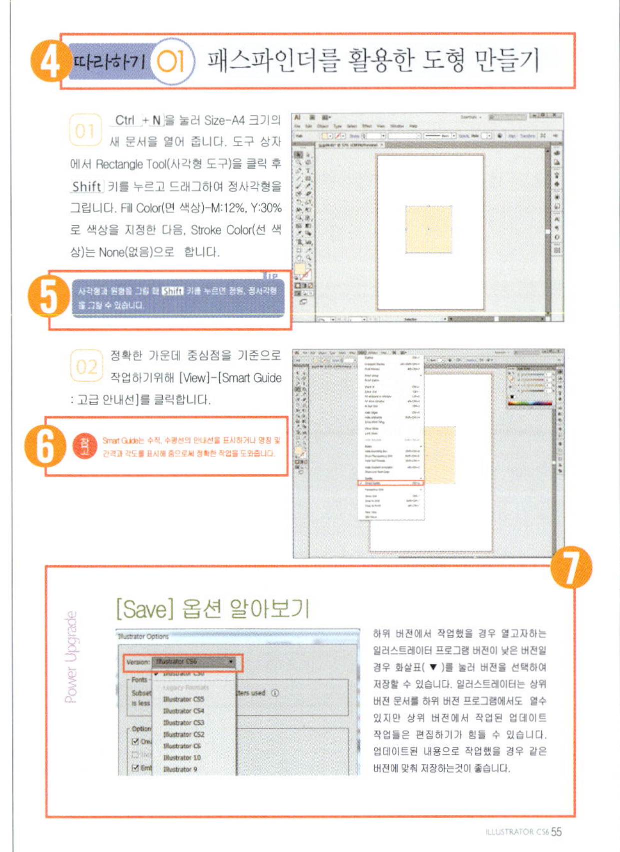

❶ 섹션 설명

해당 단원에서 배울 내용에 대한 전체적인 개념을 설명함으로써 단원에 대한 이해도를 증진시키도록 합니다.

❷ Preview

해당 단원에서 만들어볼 결과물을 미리 보여줌으로써 실습하는데 따르는 전체적인 틀을 이해할 수 있도록 하여 학습 효율을 극대화시켜 줍니다.

❸ 차례

해당 단원에서 배울 내용들에 대한 차례를 기록하여 흐름을 파악할 수 있습니다.

❹ 따라하기

본문 내용을 하나씩 따라해 가면서 실습하다 보면 자연스럽게 관련 기능을 이해할 수 있도록 구성하여 누구나 쉽게 일러스트레이터를 사용할 수 있도록 하였습니다.

❺ Tip

저자만이 가지고 있는 다양한 노하우 및 좀더 편리하게 접근하기 위한 정보들을 제공합니다.

❻ 참고

실습을 따라하는 과정에서 알아두면 도움이 되는 내용들을 담았습니다.

❼ Power Upgrade

난이도가 높아 본문의 따라하기에서 다루지는 않았지만 익혀놓으면 나중에 실무에서 도움이 될 것 같은 내용들을 별도로 구성해 놓았습니다.

❽ 기초 실습, 활용 실습

본문에서 배운 내용을 다양한 예제를 통하여 실습하면서 확실하게 익힐 수 있도록 난이도별로 나누어 실습 문제를 담았습니다.

C · O · N · T · E · N · T · S

01 일러스트레이터 펜 도구 익히기

일러스트레이터를 시작하려면 일러스트레이터의 기본 기능을 알아야 합니다. 여기에서는 일러스트레이터의 화면 구성과 도구 패널 등에 대해 알아보고 일러스트레이터에서 펜 도구를 활용하여 드로잉하는 방법에 대해 알아보겠습니다.

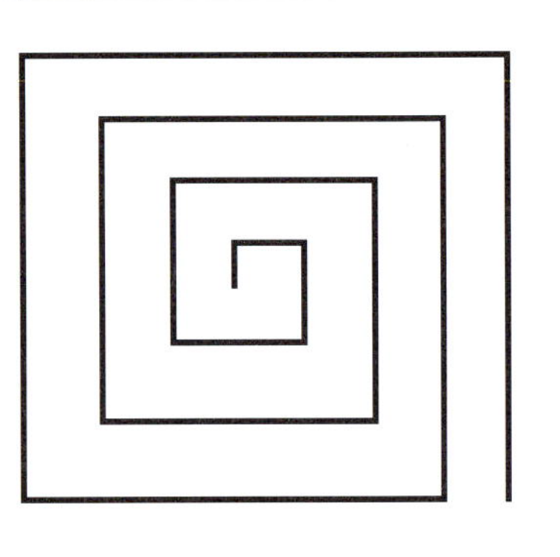

◀ 완성파일 : 실습예제\완성파일\실습완성01-01.ai
· 펜 도구로 직선 그리는 방법을 익혀본다.

◀ 완성파일 : 실습예제\완성파일\실습완성01-02.ai
· 펜 도구로 곡선 그리는 방법을 익혀본다.

◀ 완성파일 : 실습예제\완성파일\실습완성01-03.ai
· 펜 도구로 곡선 그리는 방법을 알아본다.

◀ 완성파일 : 실습예제\완성파일\실습완성01-04.ai
· 펜 도구로 곡선 그리는 방법을 알아본다.

차례

 일러스트레이터 시작과 화면 설정

>> 일러스트레이터 시작과 화면 색상 바꾸기

01 윈도우 화면 하단 작업 표시줄 왼쪽 시작 버튼(❶)을 클릭한 후 '모든 프로그램'을 클릭, Adobe Master Collection에서 Adobe Illustrator CS6(64 Bit) 또는 Adobe Illustrator CS6(❷) 중 하나를 선택하여 클릭하면 프로그램이 실행됩니다.

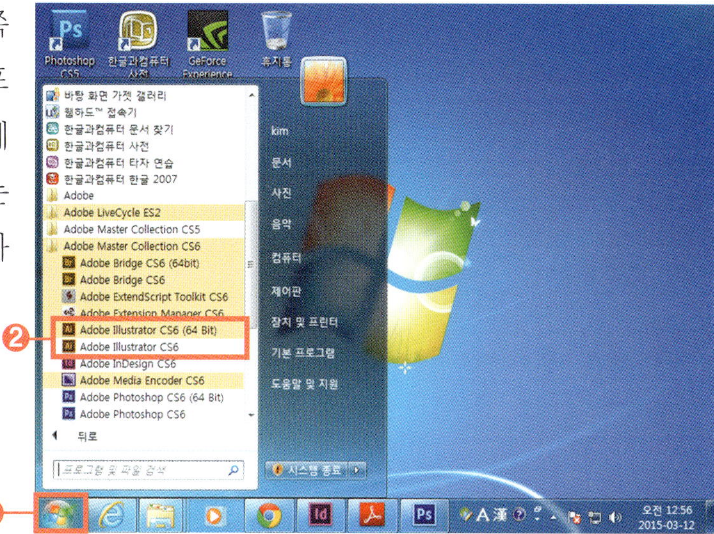

02 일러스트레이터가 열렸을 때 화면(인터페이스:Interface) 색상이 어두울 경우 밝게 조절해 보겠습니다.

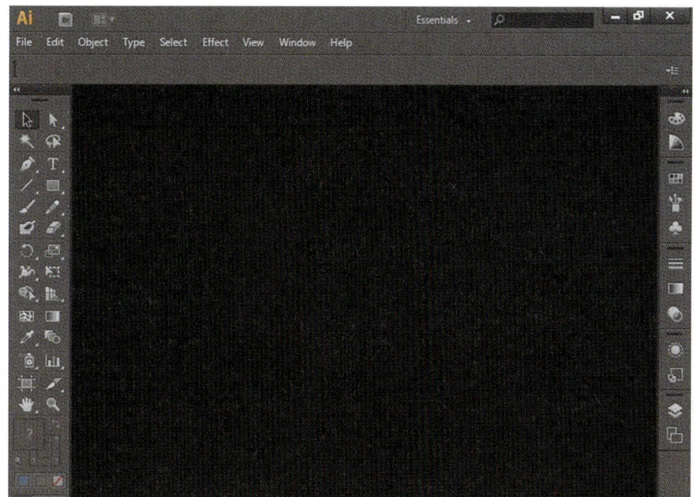

03 메뉴 [Edit(편집)]-[Preference(환경설정)]-[User Interface(사용자 화면)]를 선택하거나 단축키 Ctrl + K 를 눌러 Preference(환경설정) 대화상자를 열어줍니다.

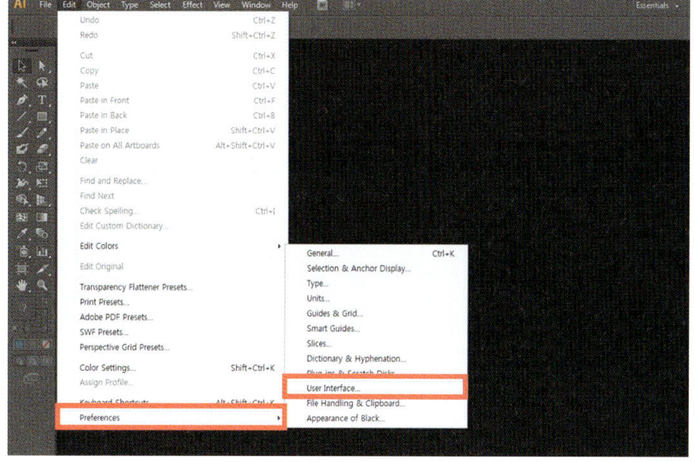

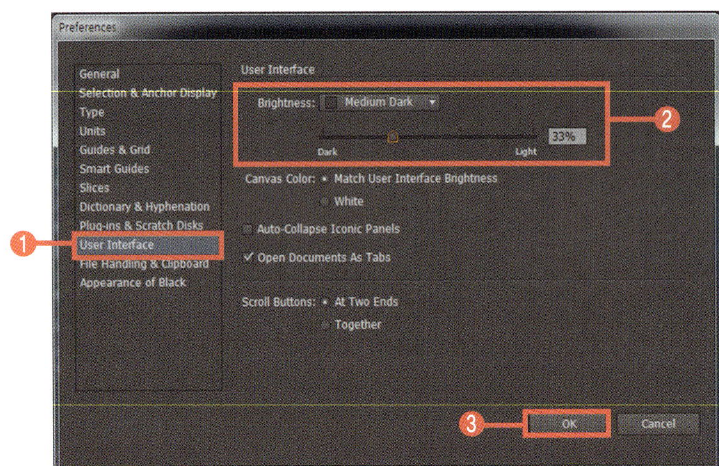

04 왼쪽 목록에서 'User Interface(❶)'를 선택 후 오른쪽 'Brightness(❷)'에서 막대 화살표를 드래그하여 화면의 밝기를 조절한 후 OK(❸)로 완료합니다.

>> 일러스트레이터 화면 구성 알아보기

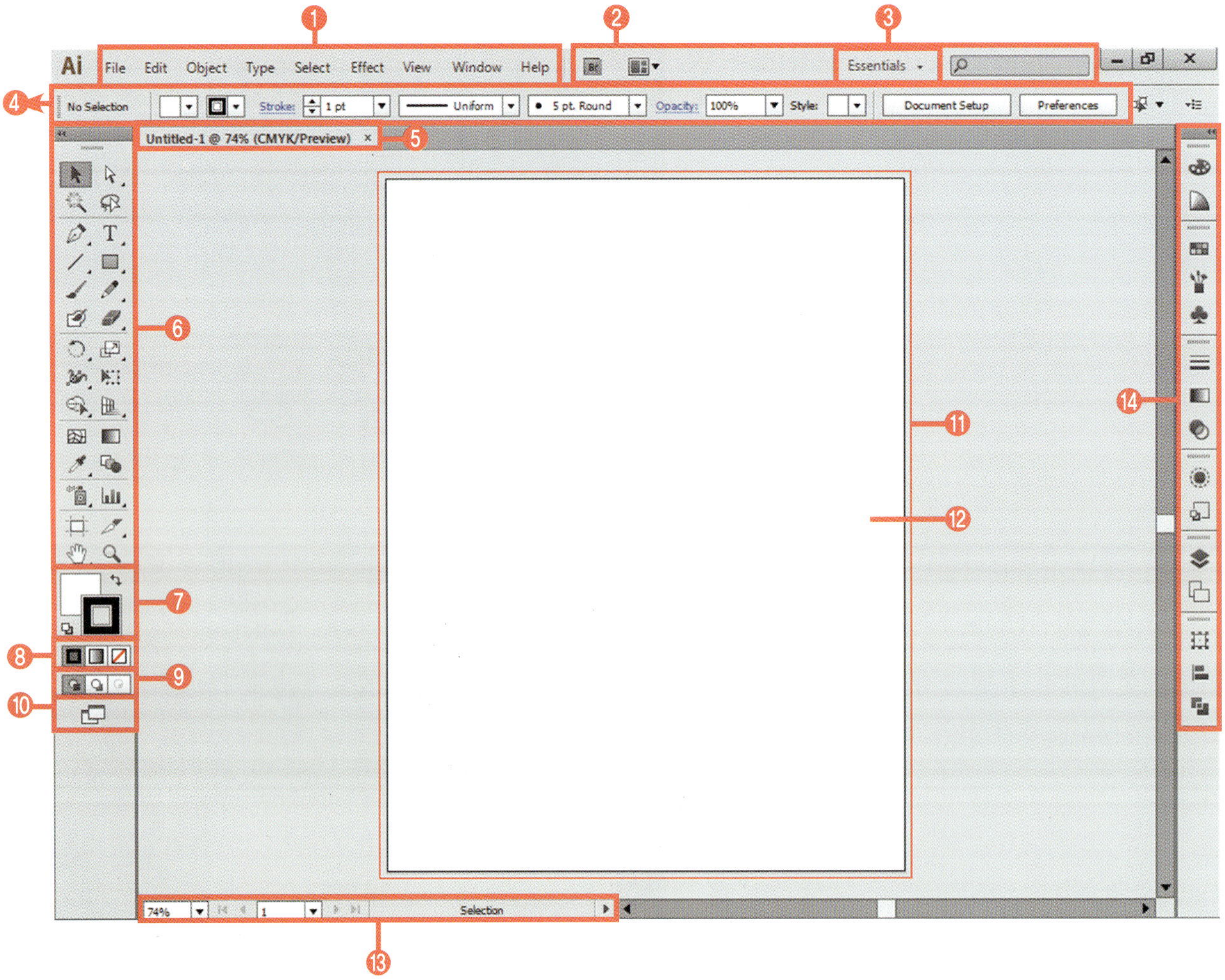

❶ 메뉴 바

작업을 용도별로 분류하여 놓은 것으로 도큐멘트 상단의 메뉴명을 클릭하면 메뉴 리스트가 나타나며, 오른쪽에 있는 화살표를 누르면 부 메뉴가 나타납니다.

❷ 응용 프로그램 막대

어도비 브릿지, 문서 배열, 작업 영역 변환기를 포함하고 있습니다.

❸ 작업 영역 전환기(Workspace)

패널 구성 목록과 새로운 패널 구성을 저장할 수 있습니다. New Workspace(새 작업내역) 메뉴로 새로운 목록으로 저장하여 등록할 수 있습니다.

❹ 제어 패널(Control bar)

현재 선택된 도구의 옵션이 나타납니다.

❺ 제목 탭

파일 이름과 배율, 컬러 모드 등을 표시해주는 탭으로 화면에 여러 개의 파일을 동시에 불러왔을 땐 여러 개의 탭이 나타납니다.

❻ 도구 패널(Tool Box)

오브젝트를 만들고 편집할 수 있는 도구들이 그룹화되어 들어 있습니다. 오른쪽 하단 검정색 화살표를 누르면 나머지 도구들을 선택하여 사용할 수 있습니다.

❼ 칠과 선(Fill과 Stroke)

면 색상과 선 색상을 넣어줍니다.

❽ 색상 모드(Color Mode)

단일 색상, 그라데이션, 색상 없음을 표시해줍니다.

❾ 그리기 모드(Draw Mode)

Illustrator CS6부터 지원되는 내용 입니다.
오브젝트를 그릴때 오브젝트 위치를 미리 지정하여 사용할 수 있습니다.
1. Draw Normal
그려진 순서대로 오브젝가 배열됩니다.
2. Draw Behind
오브젝트 맨 아래쪽 위치 또는 선택한 오브젝트 아래쪽 위치에 배열됩니다.

3. Draw Inside
선택한 오브젝트 안쪽에 새로운 오브젝트를 넣어줍니다.

❿ 스크린 모드

메뉴 바, 툴 박스, 패널, 도큐멘트를 화면에 표시해 주는 기능을 합니다.
1. Normal Screen Mode
메뉴 바, 툴 박스, 패널을 모두 보여줍니다.
2. Full Screen Mode with menubar
도큐멘트 제목 탭만 안보이게 설정합니다.
3. Full Screen Mode
메뉴 바, 툴 박스, 패널이 감춰진 상태에서 도큐멘트만 화면에 보이게 설정합니다.

⓫ 도련(Bleed)

인쇄 테두리 상자 밖으로 나가거나 자르기 영역 및 재단 표시 밖으로 나간 아트웍 부분을 말합니다. 아트웍에 오차 여백으로 도련을 넣어 페이지를 재단한 후에도 여전히 페이지의 가장자리에 잉크가 인쇄되도록 하거나 문서의 핵심 라인 안쪽에 맞춰 이미지를 잘라낼 수 있습니다.

⓬ 문서 창

작업할 수 있는 공간으로 흰 영역은 아트보드라고 합니다.

⓭ 상태 표시줄

도큐멘트(문서)에 대한 정보를 표시해주는 곳으로 문서의 배율, 도구 선택 표시, 아트보드 갯수 등을 표시합니다.

⓮ 패널 모음

일러스트레이터의 이미지를 작업할 때 도구 패널의 도구와 함께 가장 많이 사용하는 패널을 모아 놓은 곳입니다.

도구 패널 알아보기

① **선택 도구(Selection Tool)** : 오브젝트를 선택하여 이동, 복사합니다.

② **직접 선택 도구(Direct Selection Tool)** : 오브젝트의 패스를 수정하는 도구입니다.

③ **그룹 선택 도구(Group Selection Tool)** : 그룹 내의 개체와 그룹을 선택합니다.

④ **마술봉(Magic Wand Tool)** : 오브젝트를 클릭하여 색상, 선 두께, 선 색상, 불투명도 또는 혼합 모드가 같은 오브젝트를 선택할 수 있습니다.

⑤ **올가미 도구(Lasso Tool)** : 오브젝트의 전체 또는 일부 주위를 드래그하여 오브젝트, 고정점 또는 패스 선분을 선택할 수 있습니다.

⑥ **펜 도구(Pen Tool)** : 오브젝트를 그리는 드로잉 도구입니다.

⑦ **정점 추가 도구(Add Anchor Point Tool)** : 패스에 정점(Anchor Point)을 추가할 때 사용합니다.

⑧ **정점 삭제 도구(Delete Anchor Point Tool)** : 패스의 정점(Anchor Point)을 삭제할 때 사용합니다.

⑨ **정점 전환 도구(Convert Anchor Point Tool)** : 정점(Anchor Point)의 방향키를 제거하여 직선으로 만들거나 방향키를 생성하여 곡선을 만들어 줍니다.

⑩ **문자 도구(Type Tool)** : 개별 문자나 문자 컨테이너를 만들어 문자를 입력하거나 편집할 수 있도록 합니다.

⑪ **영역문자 도구(Area Type Tool)** : 닫힌 패스를 문자 컨테이너로 변경하여 그 안에 문자를 입력하고 편집할 수 있도록 합니다.

⑫ **패스 문자 도구(Type on a Path Tool)** : 패스를 문자 패스로 변경하여 그 위에 문자를 입력하고 편집할 수 있습니다.

⑬ **세로 문자 도구(Vertical Type Tool)** : 세로 문자 및 세로 문자 컨테이너를 만들어 세로 문자를 입력하고 편집할 수 있도록 합니다.

⑭ **세로 영역 문자 도구(Vertical Area Type Tool)** : 오브젝트안에 세로 문자를 입력합니다.

⑮ **세로 패스 문자 도구(Vertical Path Type Tool)** : 패스를 세로 문자 패스로 변경하여 그 위에 문자를 입력하고 편집할 수 있습니다.

⑯ **선분 도구(Line Segment Tool)** : 개별 직선 선분을 그리는 도구입니다.

⑰ **부채꼴 도구(Arc Tool)** : 오목 또는 볼록 곡선 선분을 개별적으로 그리는 도구입니다.

⑱ **나선형 도구(Spiral Tool)** : 시계 방향 또는 시계 반대 방향으로 나선형을 그리는 도구입니다.

⑲ **사각형 격자 도구(Rectangular Grid Tool)** : 사각형 격자를 그리는 도구입니다.

⑳ **극좌표 격자 도구(Polar Grid Tool)** : 원형 차트 격자를 그리는 도구입니다.

㉑ **사각형 도구(Rectangle Tool)** : 사각형을 그리는 도구입니다.

㉒ **둥근 사각형 도구(Rounded Rectangle Tool)** : 모퉁이가 둥근 정사각형, 직사각형을 그립니다.

㉓ **타원 도구(Ellipse Tool)** : 원, 타원을 그립니다.

㉔ **다각형 도구(Polygon Tool)** : 여러 면으로 이루어진 도형을 그립니다.

㉕ **별 도구(Star Tool)** : 별 모양을 그립니다.

㉖ **플레어 도구(Flare Tool)** : 렌즈 섬광 또는 태양 섬광 효과를 만듭니다.

㉗ **페인트브러시 도구(Paintbrush Tool)** : 아트, 패턴 및 강모 브러시 선, 자유 형태의 선, 붓글씨 형태의 선을 그립니다.

㉘ **연필 도구(Pencil Tool)** : 자유 형태의 선을 그리는 도구입니다.

㉙ **매끄러운 도구(Smooth Tool)** : 곡선 패스를 매끄럽게 만듭니다.

㉚ **패스 지우개 도구(Path EraserTool)** : 개체에서 패스와 고정점을 지워 열린 패스로 만듭니다.

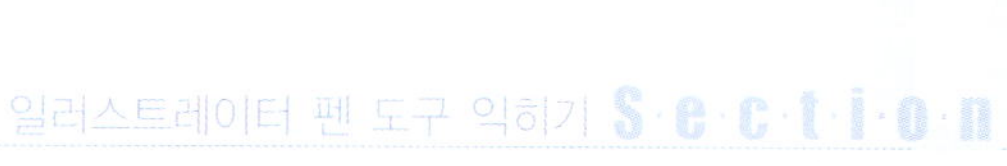

㉛ **물방울 브러시 도구(Blob Brush Tool) :** 색상이 같고 누적 순서가 인접한 붓글씨 브러시 패스를 병합하는 패스를 그립니다.

㉜ **지우개 도구(Eraser Tool) :** 패스를 지워 닫힌 패스로 재 구성합니다.

㉝ **가위 도구(Scissor Tool) :** 패스를 클릭하여 열린 패스로 자릅니다.

㉞ **나이프 도구(Knife Tool) :** 오브젝트를 드래그하여 패스를 닫힌 패스로 나눠줍니다.

㉟ **회전 도구(Rotate Tool)** : 오브젝트를 회전시켜주는 도구입니다.

㊱ **반사 도구(Reflect Tool)** : 축을 기준으로 오브젝트를 반사하는 도구입니다.

㊲ **크기조절 도구(Scale Tool)** : 오브젝트 크기를 조절하는 도구입니다.

㊳ **기울기 도구(Skew Tool)** : 오브젝트 기울기를 조절합니다.

㊴ **모양변경 도구(Reshape Tool)** : 패스의 전체적인 세부 사항은 그대로 유지하면서 선택된 정점을 조정합니다.

㊵ **폭 도구(Width Tool)** : 선에 폭 조절점을 추가하여 선 모양을 불규칙한 모양으로 조절해줍니다.

㊶ **변형 도구(Warp Tool)** : 진흙 몰딩 작업처럼 커서의 움직임에 따라 개체를 변형합니다.

㊷ **돌리기 도구(Twirl Tool)** : 개체 내에 소용돌이 형태의 왜곡된 모양을 만듭니다.

㊸ **오목 도구(Pucker Tool)** : 조절점을 커서 방향으로 움직여 개체를 수축시킵니다.

㊹ **볼록 도구(Bloat Tool)** : 조절점을 커서와 반대 방향으로 이동하여 개체를 팽창시킵니다.

㊺ **조개 도구(Scallop Tool)** : 개체의 윤곽선에 임의의 곡선을 세밀하게 추가합니다.

㊻ **수정화 도구(Crystallize Tool)** : 개체의 윤곽선에 임의의 뾰족한 모양을 세밀하게 추가합니다.

㊼ **주름 도구(Wrinkle Tool)** : 개체의 윤곽선에 주름 모양을 세밀하게 추가합니다.

㊽ **자유변형 도구(Free Transform Tool)** : 오브젝트의 크기를 조절, 회전, 기울여 주는 도구입니다.

㊾ **모양 구성 도구(Shape Builder Tool)** : 간단한 모양을 병합하고 지워 복잡한 모양을 만듭니다.

㊿ **라이브 페인트 통(Live Paint Bucket Tool)** : 페인트 특성을 이용해 [라이브 페인트] 그룹의 면과 가장자리를 페인트합니다.

(51) **라이브 페인트 선택 도구(Live Paint Selection Tool)** : [라이브 페인트] 그룹내의 면과 가장자리를 선택합니다.

(52) **메쉬 도구(Mesh Tool)** : 메쉬 포인트를 사용하여 다양한 형태의 그라디언트를 만듭니다.

(53) **그라디언트 도구(Gradient Tool)** : 그라디언트 색상 효과를 나타냅니다.

(54) **아이드롭퍼 도구(Eyedropper Tool) :** 스포이드 도구라고도 하며, 효과를 포함하여 개체의 색상, 유형 및 모양 특성을 샘플링하고 적용합니다.

(55) **측정 도구(Measure Tool)** : 두 점 간의 거리를 측정합니다.

(56) **블렌드 도구(Blend Tool)** : 오브젝트와 오브젝트 사이의 색상과 모양 변화가 된 오브젝트들을 중간 단계에서 만들어줍니다.

(57) **심볼 도구(Symbol Sprayer Tool)** : 심볼 인스턴스를 드래그하여 한꺼번에 넣어줍니다.

(58) **심볼 이동 도구(Symbol Shifter Tool)** : 심볼 인스턴스를 이동하는 도구입니다.

(59) **심볼 분쇄기 도구(Symbol Scruncher Tool)** : 심볼 인스턴스를 조밀하게 모아주거나 분산시켜 줍니다.

(60) **심볼 크기 조절 도구(Symbol Sizer Tool)** : 심볼 인스턴스의 크기를 조절합니다.

(61) **심볼 회전 도구(Symbol Spinner Tool)** : 심볼 인스턴스를 회전합니다.

(62) **심볼 염색기 도구(Symbol Stainer Tool)** : 심볼 인스턴스에 색상을 입힙니다.

⑥③ **심볼 투명기 도구(Symbol Screener Tool)** : 심볼 인스턴스에 투명도를 적용합니다.

⑥④ **심볼 스타일기 도구(Symbol Styler Tool)** : 심볼 인스턴스에 그래픽 스타일 패널의 다양한 스타일을 적용합니다.

⑥⑤ **막대그래프 도구(Column Graph Tool)** : 세로 막대를 이용하여 값을 비교하는 그래프를 만듭니다.

⑥⑥ **누적 막대그래프 도구(Stacked Column Graph Tool)** : 한 막대 위에 다른 막대가 누적됩니다.

⑥⑦ **가로 막대그래프 도구(Bar Graph Tool)** : 막대가 가로로 놓입니다.

⑥⑧ **가로 누적 막대그래프 도구(Stacked Bar Graph Tool)** : 막대가 가로로 누적됩니다.

⑥⑨ **선 그래프 도구(Line Graph Tool)** : 하나 이상 집합의 값을 점으로 나타내고 각 집합의 점들을 서로 다른 선으로 연결하여 그래프를 만듭니다.

⑦⓪ **영역 그래프 도구(Area Graph Tool)** : 선 그래프와 유사한 그래프를 만들지만 값의 변화뿐 아니라 전체 양도 강조합니다.

⑦① **산포 그래프 도구(Scatter Graph Tool)** : x좌표와 y좌표로 이루어진 데이터 점이 표시되는 그래프를 만듭니다.

⑦② **파이 그래프 도구(Pie Graph Tool)** : 비교할 값의 상대 비율을 파이 조각으로 나타내는 원형 그래프를 만듭니다.

⑦③ **레이더 그래프 도구(Rader Graph Tool)** : 특정 시간 또는 범주에 해당하는 값을 점 찍어 서로 비교할 수 있는 원형 그래프를 만듭니다.

⑦④ **대지 도구(Artboard Tool)** : 아트보드 크기, 갯수 등을 추가하거나 삭제합니다.

⑦⑤ **분할 영역 도구(Slice Tool)** : 아트웍을 각각의 웹 이미지로 분할합니다.

⑦⑥ **분할 영역 선택 도구(Slice Selection Tool)** : 웹 분할 영역을 선택합니다.

⑦⑦ **손도구(Hand Tool)** : 대지(Artboard)를 창 내로 이동합니다.

⑦⑧ **프린트타일링 도구(Print Tiling Tool)** : 프린트 영역의 위치를 지정합니다.

⑦⑨ **돋보기 도구(Zoom Tool)** : 화면을 확대 또는 축소할 때 사용하는 도구입니다.

⑧⓪ **칠(Fill)** : 오브젝트 내의 색상, 패턴 또는 그라디언트를 넣어줍니다.

⑧① **선(Stroke)** : 오브젝트, 패스 또는 라이브 페인트 그룹 가장자리의 윤곽선을 넣어줍니다.

⑧② **칠과 선 교체 단추(Swap Fill and Stroke)** : 클릭하여 Fill(칠)과 Stroke(선) 색상을 교체합니다.

⑧③ **초기값 칠과 선 단추(Default Fill and Stroke)** : 클릭하여 초기값 색상 설정(흰색 칠과 검정색 선)으로 되돌아 갑니다.

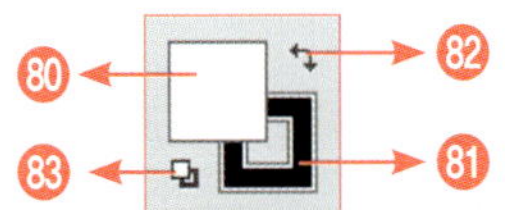

⑧④ **색상(Color) 단추** : 단색을 적용합니다.

⑧⑤ **그라디언트(Gradient) 단추** : 그라디언트 색상으로 바꿉니다.

⑧⑥ **없음(None) 단추** : 오브젝트의 칠이나 선을 제거합니다.

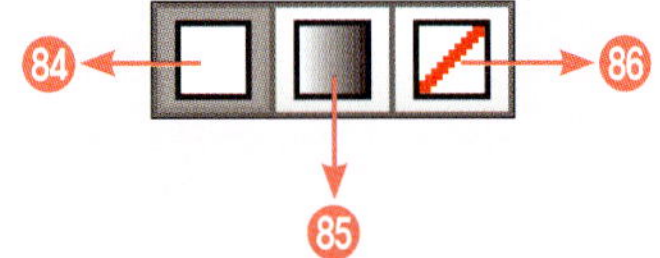

⑧⑦ **그리기 모드(Draw Mode)**

❶ 일반 그리기(Draw Normal) : 다른 오브젝트 위에 새롭게 그려진 객체를 배치합니다.

❷ 뒤에 그리기(Draw Behind) : 다른 오브젝트 또는 선택한 오브젝트 아래에 새롭게 그려진 객체를 배치합니다.

❸ 내부 그리기(Draw Inside) : 선택한 오브젝트 안에 새롭게 그려진 오브젝트를 배치합니다.

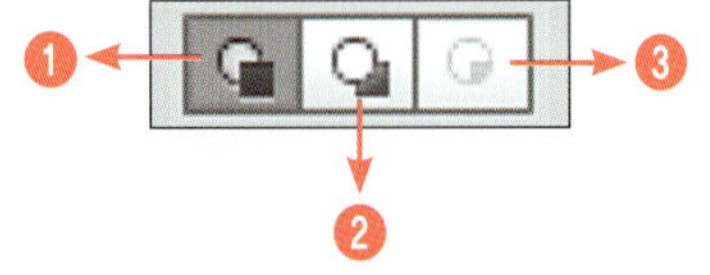

 펜 도구로 직선 그리기

01 [File]-[Open] 메뉴에서 소스 파일의 '실습01-01.ai' 파일을 불러옵니다. 도구 상자(Tool Box)의 맨 아래쪽에 있는 Fill(칠)은 None(없음), Stroke(선)은 검정색으로 지정한 후 펜 도구( )를 선택하여 화면과 같은 위치에서 클릭합니다.

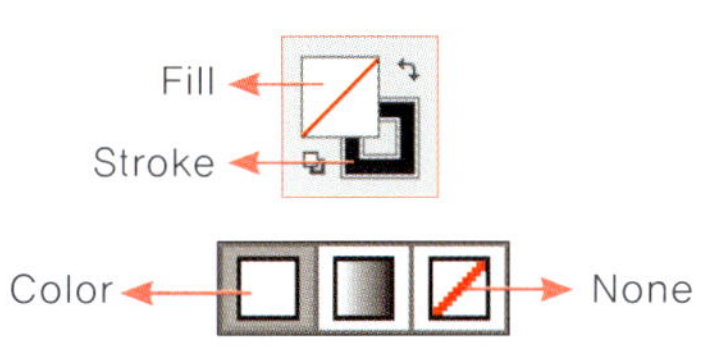

참고 Fill 또는 Stroke를 먼저 클릭 후 Color 또는 None을 클릭하여 색상을 바꾸거나 없음으로 지정합니다.

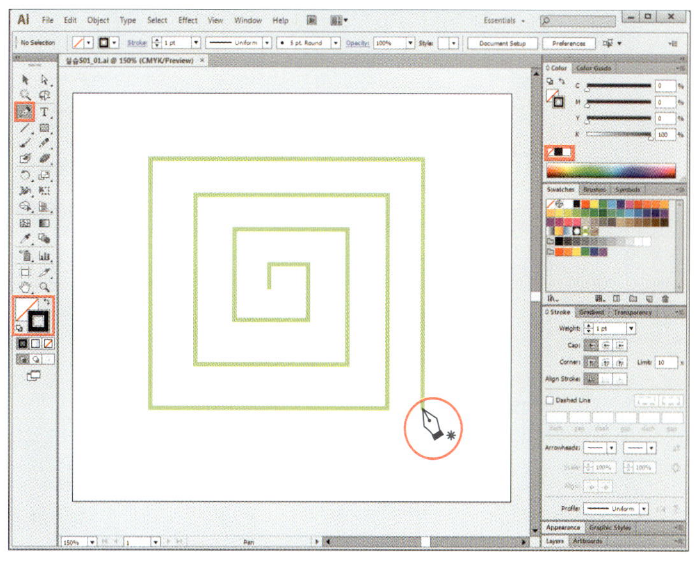

02 두번 째 클릭하기 전에 키보드의 왼쪽에 있는 Shift 키를 누른 상태에서 펜 도구로 화살표 방향의 번호 순서대로 클릭하면 검정색의 선이 그려집니다.

TIP

Shift 키는 45도, 90도, 135도, 180도..... 즉 45도씩 각도에 맞춰 설정되어 있어서 수직선, 수평선, 사선, 정원, 정사각형을 그릴때 많이 사용됩니다.

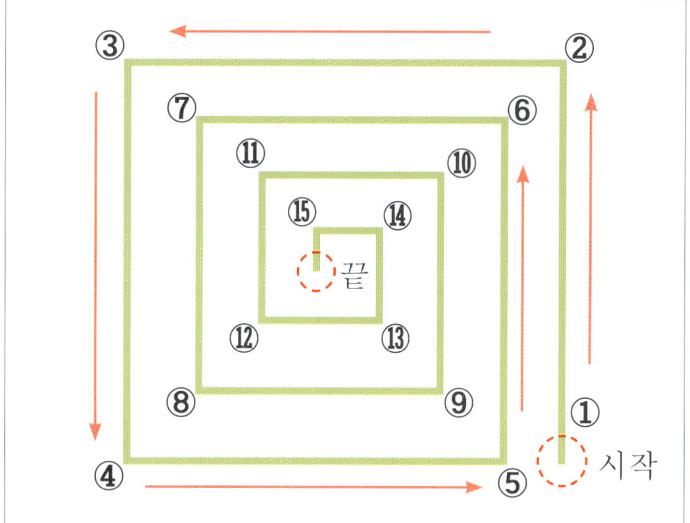

03 완성 후 도구 상자(Tool Box)에서 선택 도구(Selection Tool)로 도큐멘트 빈 여백을 클릭하면 오브젝트의 선택이 해제됩니다.

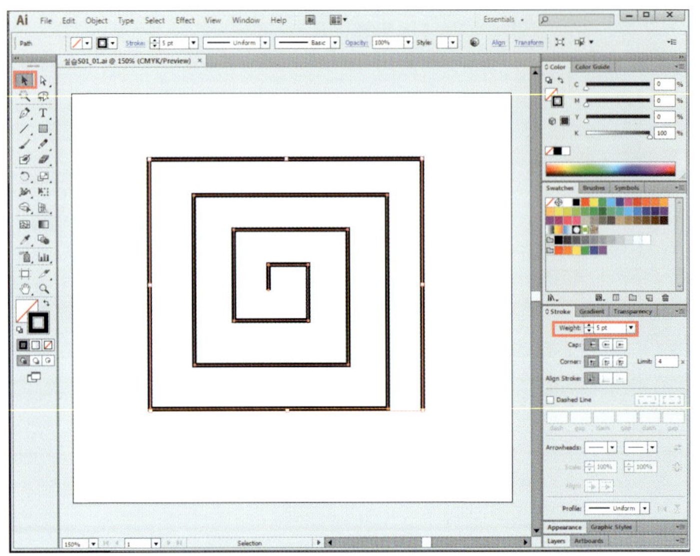

04 이번에는 화면과 같이 선의 굵기를 굵게 만들기 위해 선택 도구 (Selection Tool)로 오브젝트를 클릭하여 선택 합니다. 오른쪽 Stroke 패널에서 선의 굵기 'Weight'를 5pt로 지정합니다.

패널 최대화와 최소화 알아보기

■ 최소화된 패널

■ 최소화된 패널을 최대화합니다.

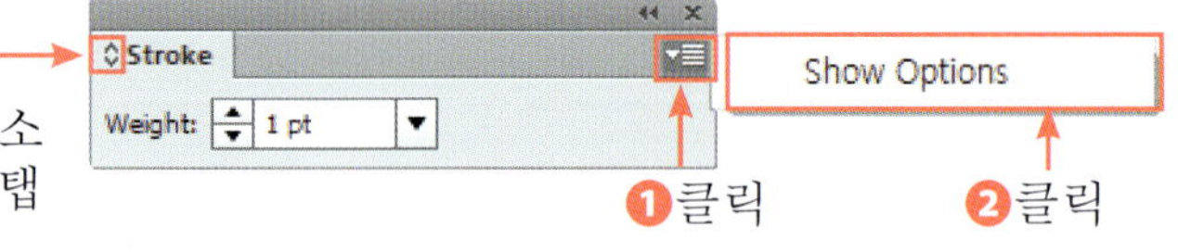

최대/최소 화살표 탭

❶ 클릭 ❷ 클릭

패널을 최대화하려면 왼쪽 최대/최소 탭 버튼을 클릭한 후, 오른쪽 메뉴 표시 버튼(▼≡)을 눌러 'Show Options'를 선택하면 패널이 최대화됩니다.

■ 최대화된 패널

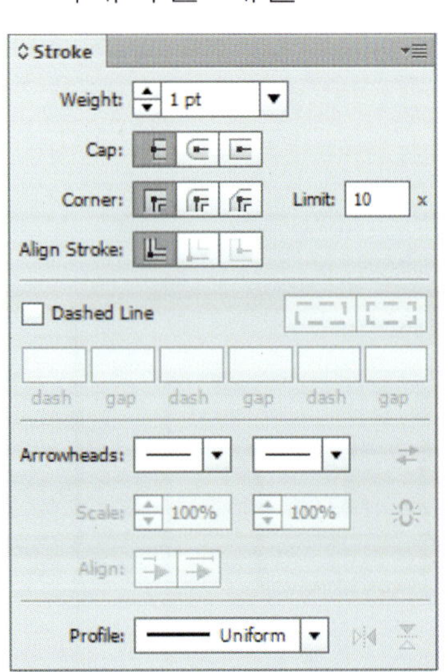

■ 최대화된 패널을 최소화합니다.

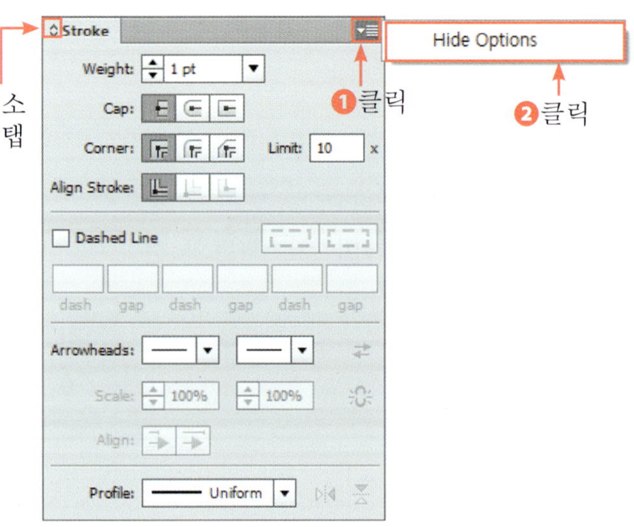

최대/최소 화살표 탭

❶ 클릭 ❷ 클릭

패널을 최소화하려면 왼쪽 최대/최소 탭 버튼을 누르거나 오른쪽 메뉴 표시 버튼을 눌러 'Hide Options'를 클릭하면 패널이 최소화됩니다.

[Stroke:선] 패널 알아보기

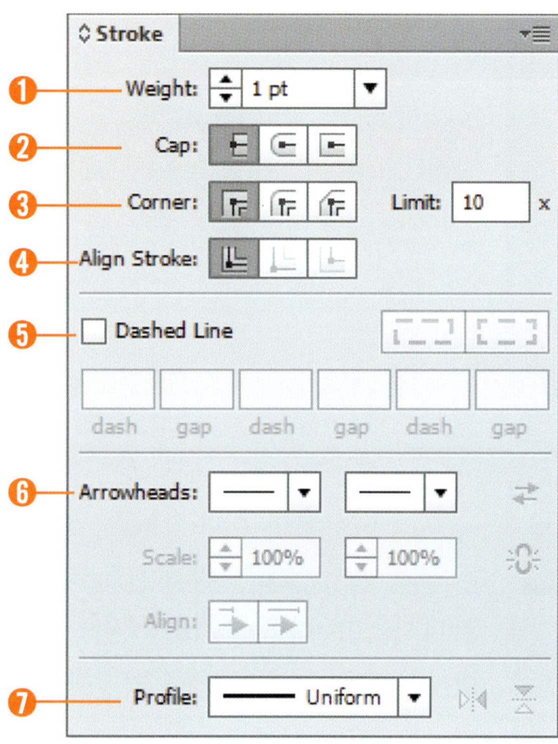

❶ Weight : 선의 두께입니다.

❷ Cap : 선의 끝 부분 모양입니다.

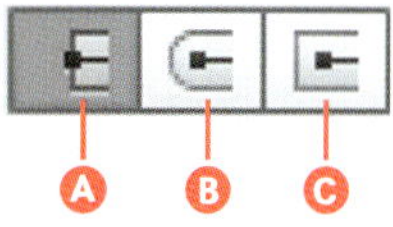

Ⓐ Butt Cap : 기본 설정 값. 선의 끝 부분이 정점 (Anchor Point)과 일치하는 직각의 선 모양입니다.

Ⓑ Round Cap : 선의 끝 모양이 둥근 모양입니다.

Ⓒ Project Cap : 선의 끝 모양이 정점(Anchor Point) 보다 길게 표현되는 직각의 모양입니다.

❸ Corner : 선의 모서리 모양입니다.

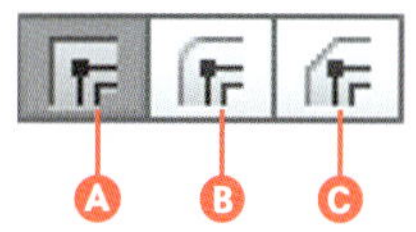

Ⓐ Miter Join : 기본 설정 값. 모서리 형태가 직각 모 양입니다.

Ⓑ Round Join : 모서리 형태가 둥근 모양입니다.

Ⓒ Bevel Join : 모서리 모양이 사선 모양입니다.

❹ Align Stroke : 패스를 기준으로 선 색상이 들어갈 위치

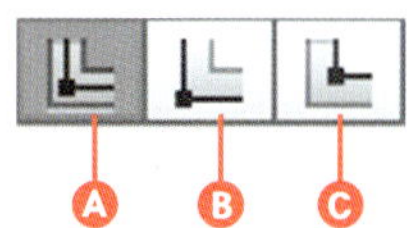

Ⓐ Align Stroke to Center : 선 색상이 패스 가운데 정렬됩니다.

Ⓑ Align Stroke to Inside : 선 색상이 패스 안쪽에 정렬됩니다.

Ⓒ Align Stroke to Outside : 선 색상이 패스 바깥쪽에 정렬됩니다.

❺ Dashed Line : 점선을 만듭니다.

　－ Dash : 점선

　－ Gap : 점선 간격

❻ Arrowheads : 화살표를 만듭니다.

❼ Profile:Width Tool(폭 도구)을 사용하여 다양한 폭의 획을 그려 Profile에 등록하여 사용할 수 있습니다.

펜 도구로 곡선 그리기(1)

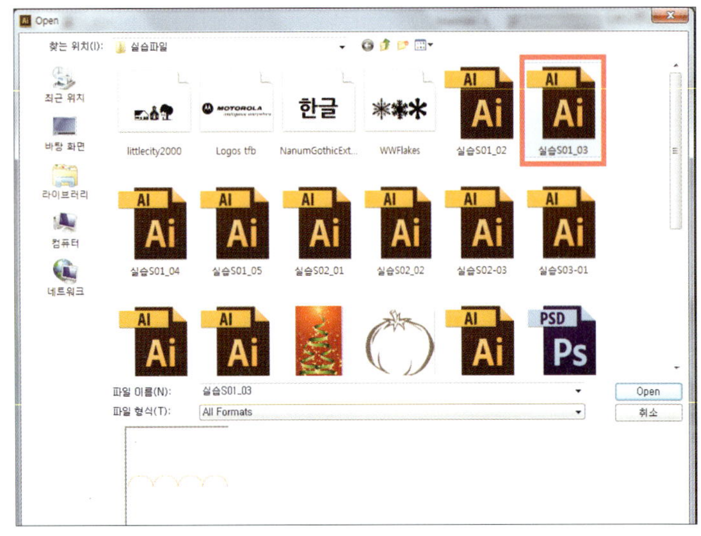

01 단축키 `Ctrl` + `O`를 눌러 [Open] 대화상자가 나타나면 소스 파일의 '실습01-02.ai' 파일을 클릭하여 선택하고 [Open] 버튼을 클릭합니다.

참고 단축키 `Ctrl` + `O`는 [파일]-[열기] 메뉴를 선택한 것과 같으며, [열기] 대화상자에서 `Shift` 키를 누르고 클릭하면 처음 클릭한 파일부터 나중에 클릭한 파일 사이에 있는 모든 파일들이 한꺼번에 선택되고 `Ctrl` 키를 누르고 클릭하면 해당 파일만 선택할 수 있습니다.

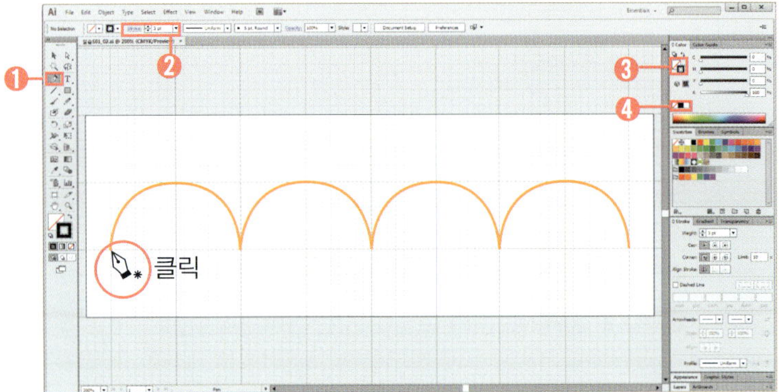

02 펜 도구를 선택 후 '제어 패널 (Control Bar:컨트롤 바)'에 있는 Stroke(선) ❷에서 선의 굵기를 '3pt'로 지정합니다. 그 다음 Color(색상) 패널에서 Stroke ❸을 클릭 후 ❹의 검정색을 클릭하면 선 색상이 검정색으로 교체됩니다. 곡선의 왼쪽 아래쪽을 클릭합니다

참고 화면에 표시된 모눈 모양을 격자(Grid)라고 하며, 격자는 정확한 간격으로 배치할 때 사용합니다. 격자는 그림 창에서 오브젝트 뒤에 나타나며 인쇄되지는 않습니다. 격자를 표시하려면 단축키 `Ctrl` + " 또는 [View]-[Show Grid] 메뉴를 선택한 것과 같습니다.

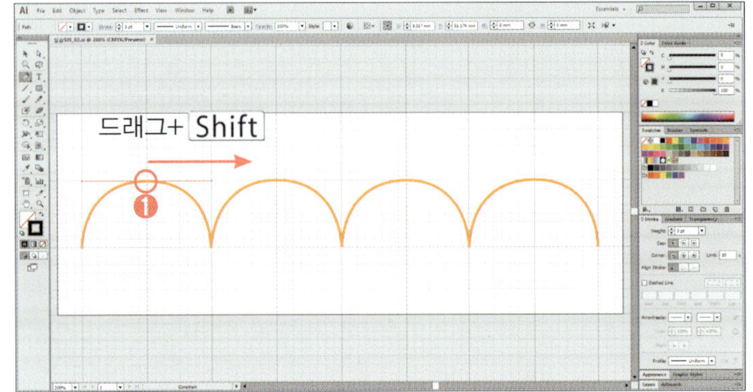

03 곡선 중앙 지점의 굵은선의 격자 (Grid:그리드) ❶에서 드래그하면 방향키 두개가 보입니다. 이때 단축키 `Shift`키를 누르면서 드래그합니다.

참고 방향키란 곡선을 만들 때 사용됩니다. 드래그하면 두 개의 방향키가 생성되며, 첫 번째 방향키는 드래그 시 그려진 곡선을 조절하고 두 번째 방향키는 이후에 그려질 곡선을 그릴 때 사용할 수 있습니다. 단축키 `Shift` 키는 수평선, 수직선, 사선을 그릴 때 많이 사용합니다. 방향키가 생성될 때 `Shift` 키를 누르면 방향키가 수평으로 맞춰집니다.

04 곡선 오른쪽 하단 ❷에서 클릭하면 나머지 곡선이 그려집니다. 이와같은 방법으로 반복하여 그립니다.

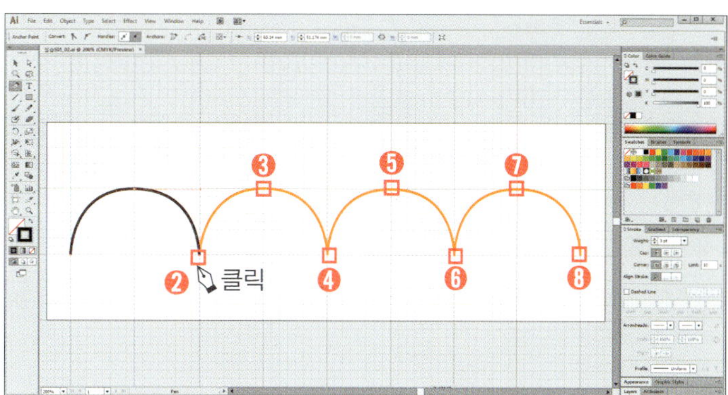

TIP

곡선 아래쪽은 뾰족하므로 방향키가 필요없습니다. 기존에 생성된 방향키를 활용하면 클릭만 하더라도 곡선 모양이 만들어집니다.

펜 도구 마우스 포인터 모양과 패스 알아보기

Power Upgrade

🖋✱ 패스를 시작합니다.

🖋/ 끊어진 패스를 연결합니다.

🖋∘ 패스를 닫힌 패스로 마무리합니다.

🖋₋ 정점(Anchor Point)을 제거합니다.

🖋⌐ 한 개의 방향선을 제거하거나 생성합니다.

🖋⊡ 끊어진 두 개의 오브젝트끼리 연결합니다.

🖋₊ 선분위에 정점(Anchor Point)을 추가합니다.

■ 패스의 구성 요소
❶ Handler(방향키)의 방향점: 곡선 모양을 조절합니다.
❷ Handler(방향키)의 방향선
❸ Anchor Point(정점):오브젝트의 모양을 만들어줍니다.

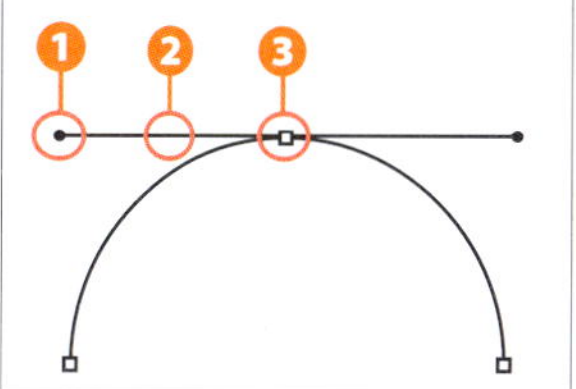

[Grid(격자)] 메뉴와 설정 알아보기

[View(보기)] 메뉴에 있는 Grid(격자)에 대해 알아 보겠습니다.

− Show Grid : Grid(격자)를 도큐멘트에 표시합니다.

− Hide Grid : Grid(격자)를 도큐멘트에 표시하지 않습니다.

− Snap to Grid : 오브젝트를 격자에 물립니다.

Grid(격자)의 설정에 대해 알아 보겠습니다. [View(보기)]−[Preference(환경설정)]−[Guide & Grid]를 클릭합니다.

❶ Color : Grid(격자) 색상을 지정합니다.

❷ Style : Grid(격자) 선 스타일을 지정합니다.
  − Lines : 실선을 표시합니다.
  − Dots : 점선을 표시합니다.

❸ Gridline : 굵은 선 격자의 폭과 길이 값을 지정합니다.

❹ Subdivision : 굵은 선 Grid(격자)사이의 나눠지는 가로, 세로의 그리드 갯수입니다.

❺ Grids In Back : 그리드 위치를 오브젝트 뒤로 배치합니다.

❻ Show Pixel Grid(Above 600% Zoom) : 화면을 600 % 이상 확대하면 픽셀 격자가 보입니다.

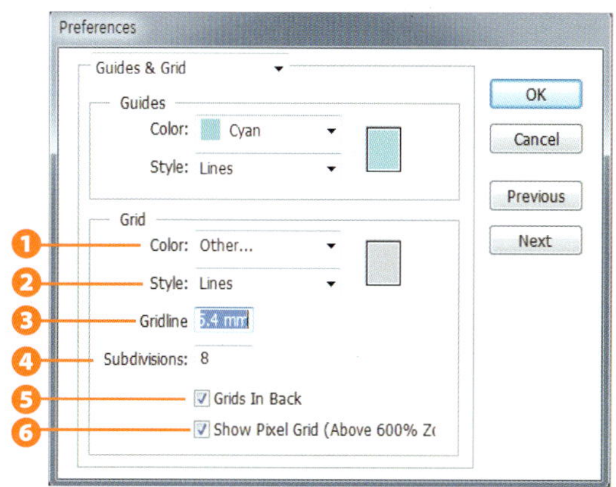

펜 도구로 곡선 그리기(2)

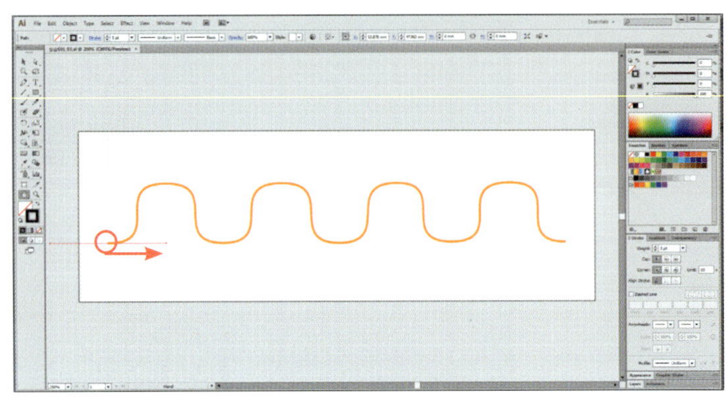

01 '실습예제' 폴더에서 '실습S01-03.ai' 파일을 불러온 후 펜 도구로 오른쪽 방향으로 **Shift** 키를 누르고 드래그합니다. 방향키 너비는 곡선 모양의 오브젝트의 ½ 까지만 드래그합니다.

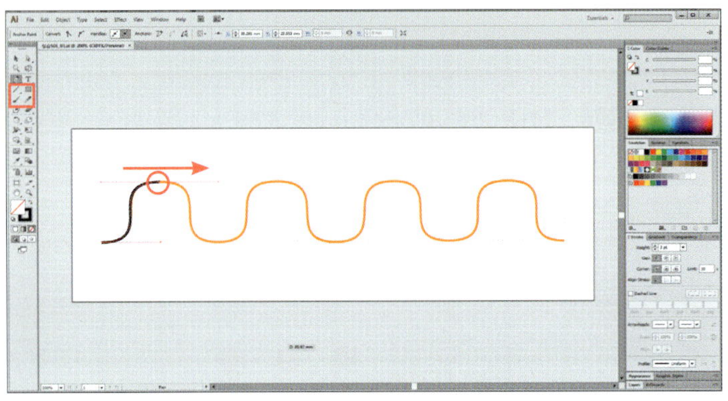

02 '01' 번과 같은 방법으로 곡선의 맨 위쪽에서 드래그 시 방향키가 보이면 **Shift** 키를 누른채 드래그합니다.

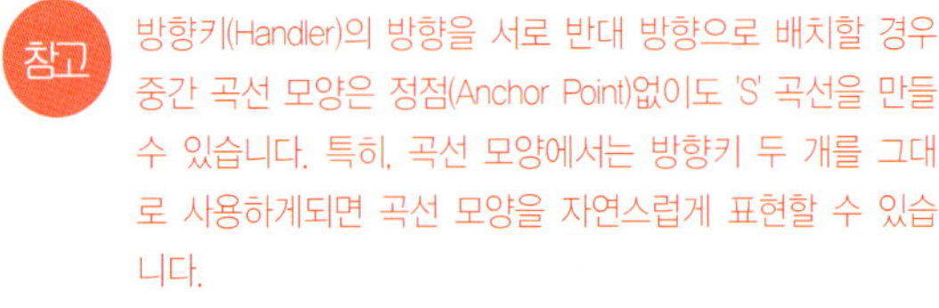

참고 방향키(Handler)의 방향을 서로 반대 방향으로 배치할 경우 중간 곡선 모양은 정점(Anchor Point)없이도 'S' 곡선을 만들 수 있습니다. 특히, 곡선 모양에서는 방향키 두 개를 그대로 사용하게되면 곡선 모양을 자연스럽게 표현할 수 있습니다.

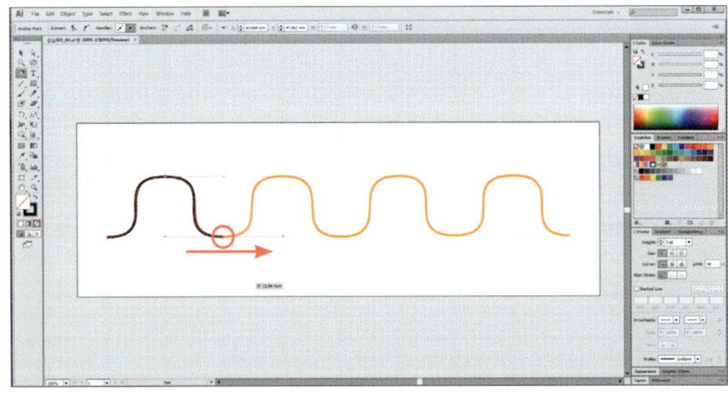

03 같은 방법으로 아래쪽 중앙에 클릭과 동시에 드래그하여 방향키를 오른쪽 방향으로 수평으로 놓이게 **Shift** 키를 누르고 드래그합니다.

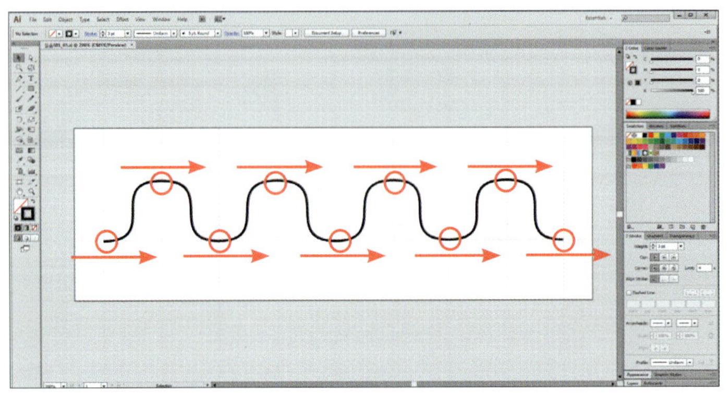

04 화살표 방향으로 위 아래쪽으로 방향키를 수평으로 드래그하면 곡선 모양이 자연스럽게 그려집니다.

01 '실습예제' 폴더에서 '실습S01-04.ai' 파일을 엽니다. 제어 패널(Control Bar:컨트롤 바)에서 Fill(칠) 색상-없음, Stroke(선) 색상-검정색으로 지정 후 Stroke Weight(선 두께)-3pt로 지정합니다.

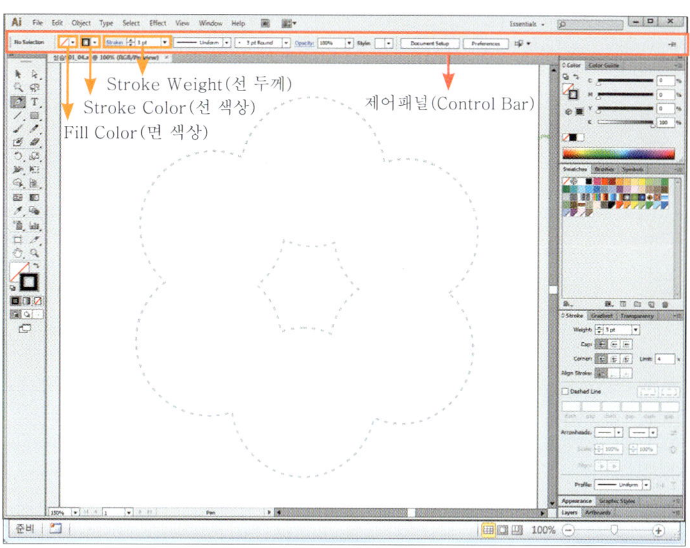

TIP

Fill Color(면 색상)과 Stroke Color(선 색상)은 제어 패널(Control Bar) 또는 도구 상자(Tool Box) 또는 Color(색상) 패널 중 한 곳을 선택하여 지정할 수 있습니다.

02 드래그하여 위쪽으로 반원 곡선의 $\frac{1}{2}$까지 방향키를 드래그합니다.

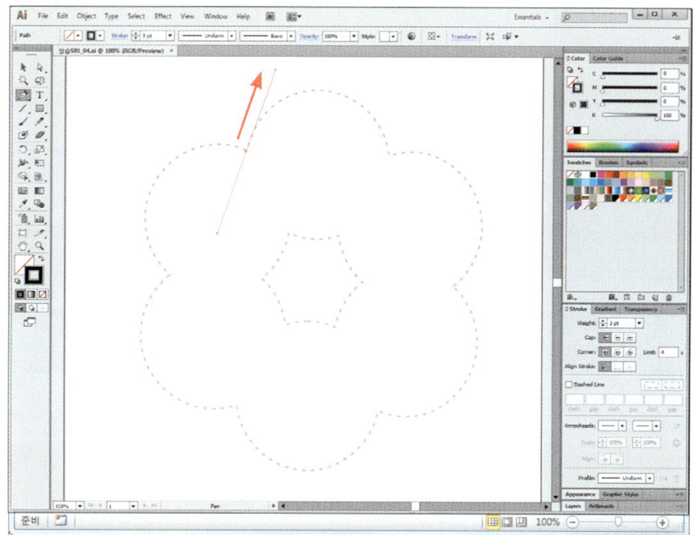

03 반원 곡선 끝 부분에서 아래쪽 방향으로 드래그합니다.

참고 반원의 중앙에 정점(Anchor Point)이 없어도 두 개의 양쪽 방향키(Handler)로 반원 모양을 그릴 수 있습니다. 곡선 모양을 그릴 때 너무 많은 정점이 사용될 경우 유연한 곡선 모양을 그리기 어렵습니다.

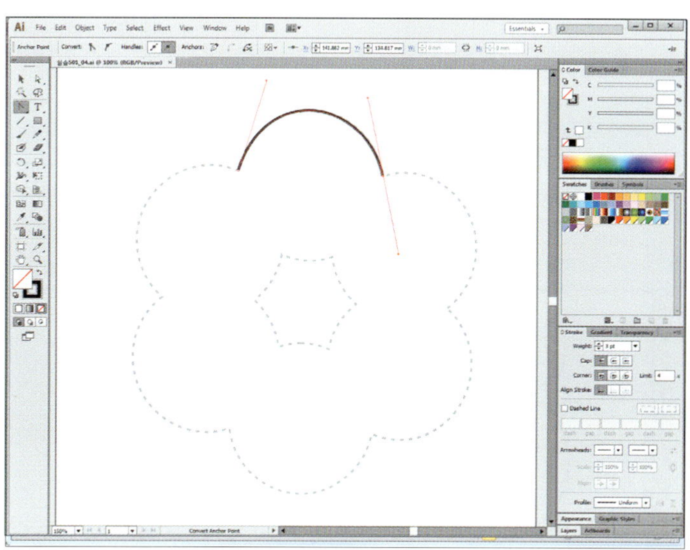

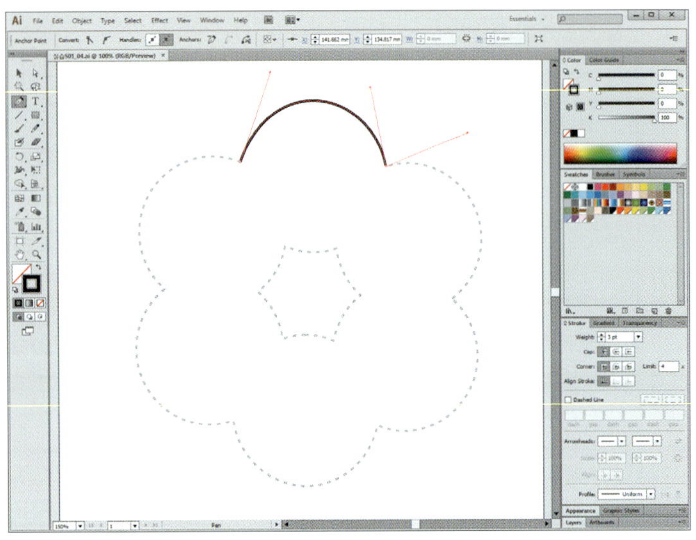

04 두 번째 드래그하여 생성된 방향키를 'V'자 형태로 꺽어주면 새로 시작하는 반원 부분은 뾰족한 모서리 형태가 됩니다. 방향키를 꺽기 위해 방향점에 마우스를 올리고 단축키 **Alt** 키를 눌러 Convert Anchor Point Tool(정점 전환 도구)로 일시적으로 전환되었을 때 드래그합니다.

참고 드래그시 방향키 두 개가 연결되면서 생성됩니다. 방향점을 드래그하면 곡선 모양이 조절됩니다. 단, 방향키가 연결되어 있기 때문에 두 개의 방향키가 같이 움직이면서 양쪽의 곡선 모양이 같이 조절됩니다.

TIP

■ 방향키 꺽기
1. Convert Anchor Point Tool(정점 전환 도구)로 방향점에서 드래그합니다.
2. Direct Selection Tool(직접 선택 도구)로 단축키 **Alt** 키를 누르고 방향점에서 드래그합니다.

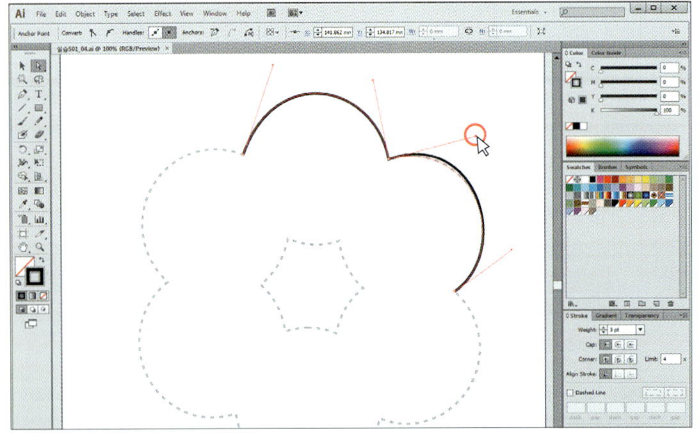

05 작업 진행 중 곡선을 수정할 경우 단축키 **Ctrl** 키를 눌러 Direct Selection Tool(직접 선택 도구)로 전환되었을 때 방향점을 드래그하여 곡선 모양을 조절합니다.

참고 다른 도구들 사용시 일시적으로 선택 도구들(Selection Tool, Direct Selection Tool, Group Selection Tool)로 바뀌게 하는 전환 단축키는 **Ctrl** 키 입니다. 이때 다른 도구를 선택하기전에 선택했던 선택 도구로 전환됩니다.

06 패스를 시작한 정점(Anchor Point) 위에 마우스 커서를 올린 후 패스 마무리 표시( )가 보일 때 드래그 합니다.

07 Direct Selection Tool(직접 선택 도구)을 선택 후 [Alt] 키를 누르고 방향점에서 드래그하여 방향키를 꺽어서 곡선 모양을 수정해 줍니다.

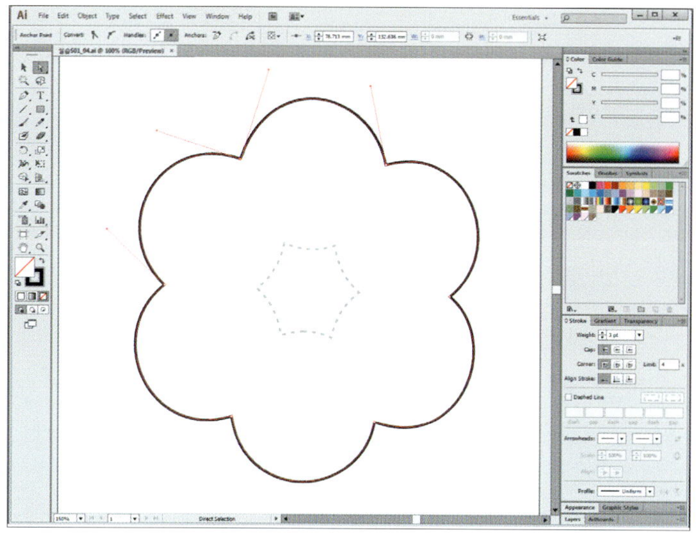

08 뽀족한 모서리에서는 방향키를 끊어줍니다. 정점(Anchor Point)에 마우스를 올려 커서 모양이 ( ) 표시되면 클릭하여 방향키를 끊어 줍니다.

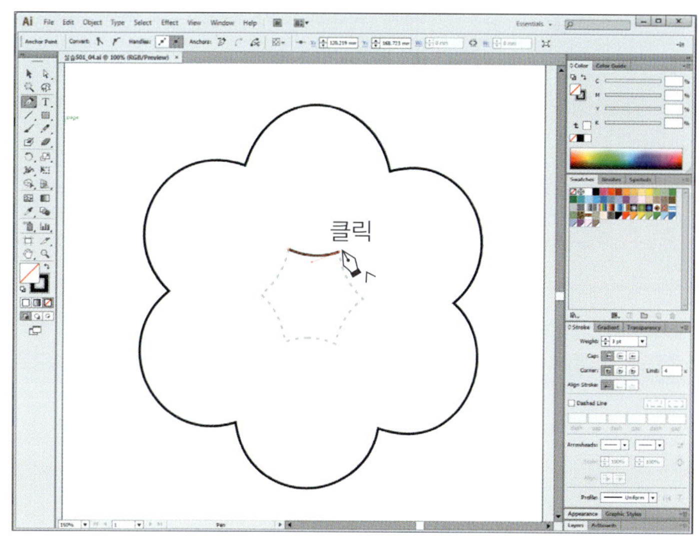

09 같은 방법으로 Pen Tool(펜 도구)로 드래그하여 곡선을 그린 후 끝 부분 방향키는 클릭하여 제거하면서 안쪽 곡선 모양을 완성하여 마무리합니다.

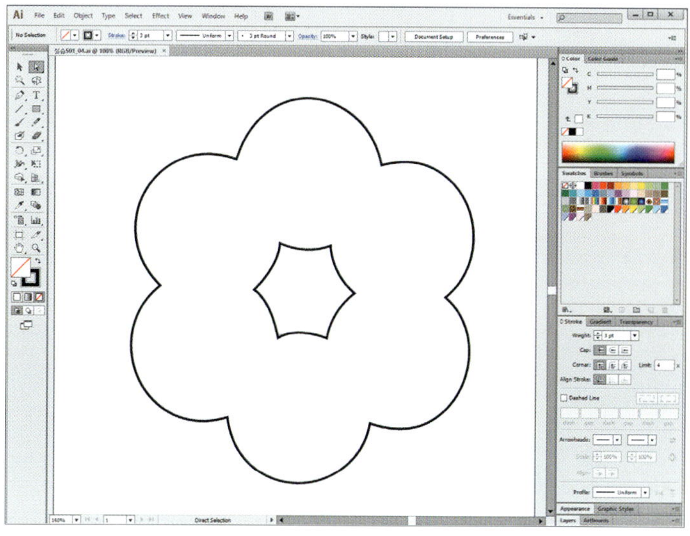

1

준비파일을 불러온 후 펜 도구를 활용하여 오른쪽에 있는 완성파일과 같이 그려보세요.

▲ 준비파일 : 기초문제\기초S01-1.ai

▲ 완성파일 : 기초문제\완성파일\기초완성S01-1.ai

2

준비파일을 불러온 후 펜 도구를 활용하여 오른쪽에 있는 완성파일과 같이 그려보세요.

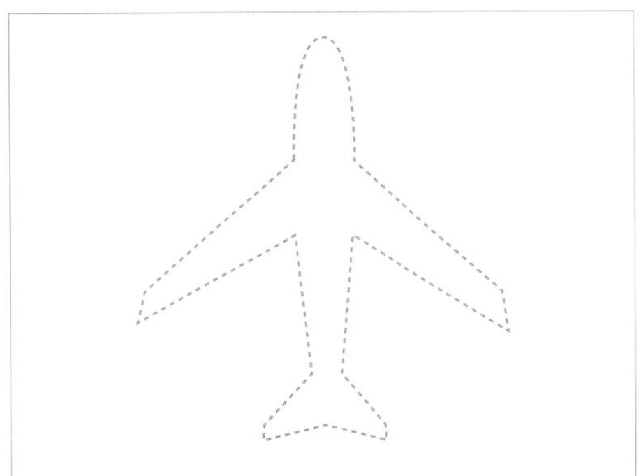

▲ 준비파일 : 기초문제\기초S01-2.ai

▲ 완성파일 : 기초문제\완성파일\기초완성S01-2.ai

3

준비파일을 불러온 후 펜 도구를 활용하여 오른쪽에 있는 완성파일과 같이 그려보세요.

▲ 준비파일 : 기초문제\기초S01-3.ai

▲ 완성파일 : 기초문제\완성파일\기초완성S01-3.ai

1. 준비파일을 불러온 후 펜 도구를 활용하여 오른쪽에 있는 완성파일과 같이 그려보세요.

▲ 준비파일 : 활용실습\활용S01-1.ai

▲ 완성파일 : 활용실습\완성파일\활용완성S01-1.ai

2. 준비파일을 불러온 후 펜 도구를 활용하여 오른쪽에 있는 완성파일과 같이 그려보세요.

▲ 준비파일 : 활용실습\활용S01-2.ai

▲ 완성파일 : 활용실습\완성파일\활용완성S01-2.ai

3. 준비파일을 불러온 후 펜 도구를 활용하여 오른쪽에 있는 완성파일과 같이 그려보세요.

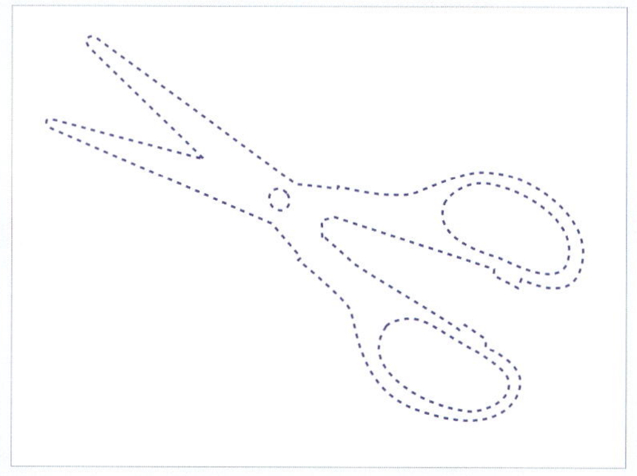

▲ 준비파일 : 활용실습\활용S01-3.ai

▲ 완성파일 : 활용실습\완성파일\활용완성S01-3.ai

오브젝트 그리기와 복사하기

이번 섹션에서는 도형과 반사 도구(Reflect Tool)를 활용한 오브젝트 그리는 방법에 대해 알아 보겠습니다. 그리고 오브젝트를 그린 후 오브젝트를 복사하는 방법에 대해 알아 보겠습니다.

▲ 완성파일 : 실습예제\완성파일\실습완성02-01.ai
· Ellipse Tool(원형 도구)을 활용한 사과를 그려본다.

▲ 완성파일 : 실습예제\완성파일\실습완성02-02.ai
· Reflect Tool(반사도구)을 활용하여 같은 모양의 오브젝트를 반사 복사하여 하트를 완성해 본다.

▲ 완성파일 : 실습예제\완성파일\실습완성02-03.ai
· 펜 도구로 오브젝트를 그린 후 복사하는 방법에 대해 익혀본다.

차례

 도형을 활용하여 사과 그리기

01 [File]-[Open] 메뉴를 클릭하여 '실습S02-01.ai' 파일을 불러옵니다.

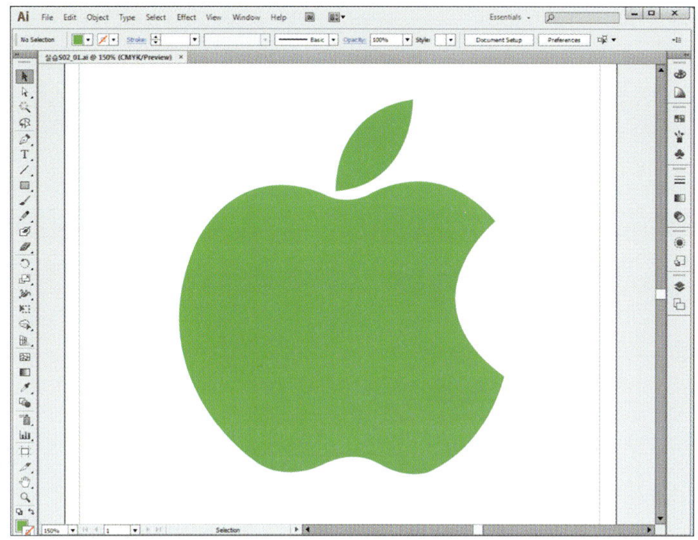

02 먼저 오브젝트를 가이드로 전환하는 방법에 대해 알아보도록 하겠습니다. Selection Tool(선택 도구)로 드래그하여 오브젝트를 선택 후 메뉴 [View]-[Guides]-[Make Guides]를 클릭합니다.

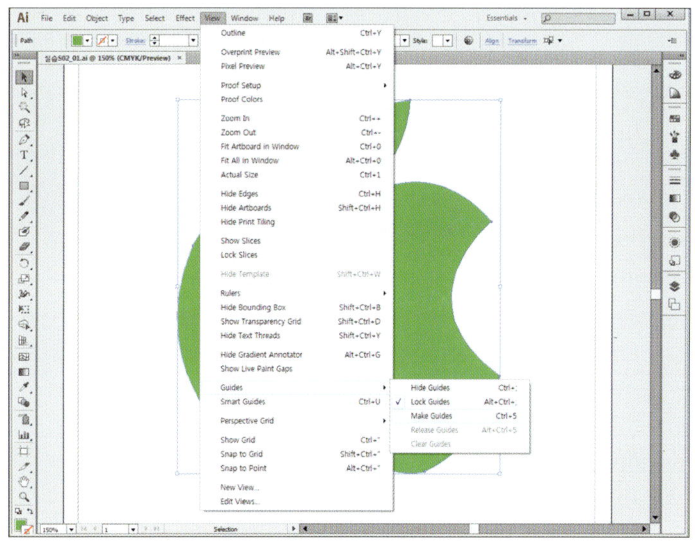

03 오브젝트가 가이드(Guide)로 전환됩니다. 가이드(Guide)는 잠금(Lock)으로 되어 있는지 확인합니다. 'V' 체크 표시가 되어 있으면 오브젝트가 잠금상태입니다. 'V' 체크 표시가 안되어 있으면 [View]-[Guide]-[Lock Guides]를 클릭하여 오브젝트를 잠궈줍니다.

참고 가이드를 잠금처리하지 않으면 펜 도구로 작업 할 경우 가이드에 패스 작업이 됩니다.

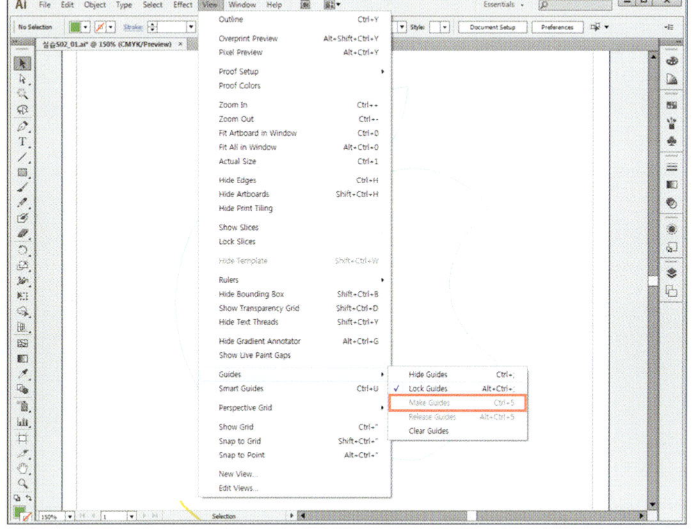

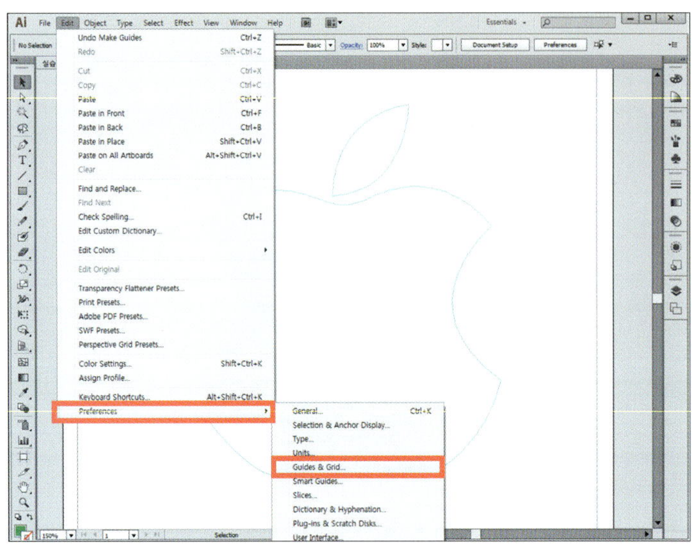

04 가이드 색상이 잘 안보일 경우 가이드 색상을 교체합니다. [Edit]-[Preference]-[Guides & Grid]를 클릭합니다.

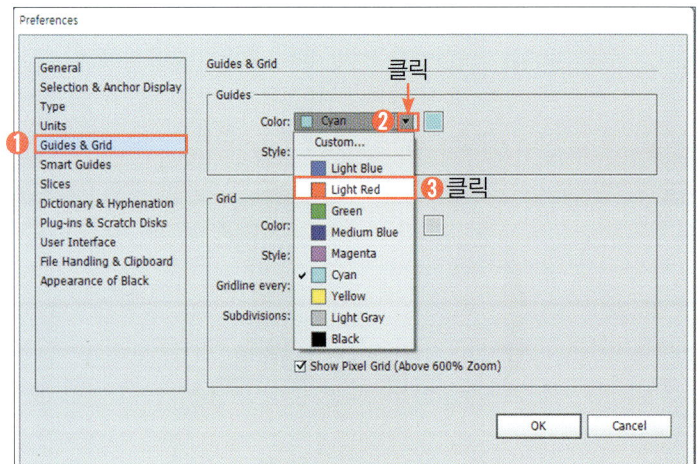

05 Guides의 Color의 드롭다운 메뉴 ▼를 눌러 색상을 선택 후 'OK' 합니다.

> **참고** [Preference]는 일러스트레이터의 환경설정입니다.
> [Edit]-[Preference]의 단축키는 Ctrl + K 입니다.

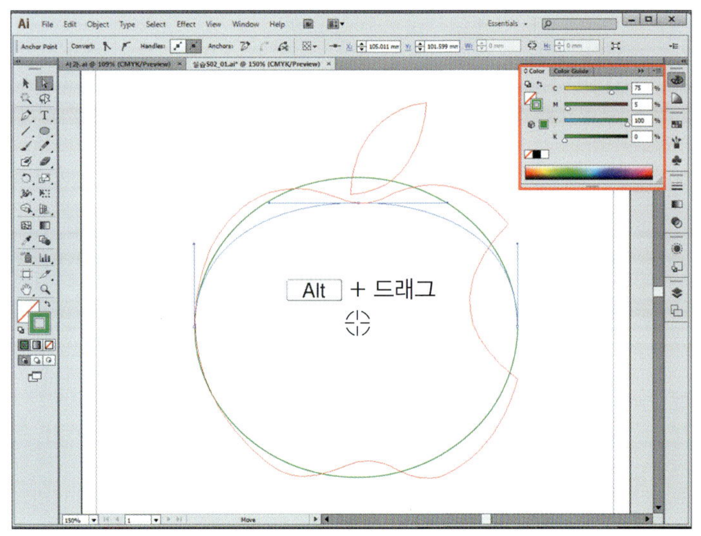

06 오브젝트의 가이드 색상이 바뀌었습니다. 도구 상자에서 Ellipse Tool(타원 도구)을 선택합니다. Color 패널에서 Fill 색상은 'None(없음)'으로 지정하고, Stroke 색상은 'C:75%, M:5%, Y:100%, K:0%'로 지정합니다. 사과 가이드 가운데에 마우스를 올리고 단축키 Alt 키를 누른 채 드래그하여 원형을 그립니다.

> **참고** 오브젝트를 그리거나 오브젝트의 크기를 변경하고자할 때 단축키 Alt 를 누르면 커서를 오브젝트의 중앙에 맞추어 작업할 수 있습니다.

07 Direct Selection Tool(직접 선택 도구)로 원형 오브젝트 위쪽 정점(Anchor Point)을 선택 후 사과 가이드 위쪽에 맞춰 드래그하여 이동합니다. 같은 방법으로 오른쪽과 아래쪽 정점(Anchor Point)을 드래그하여 사과 가이드의 곡선 가운데로 이동합니다.

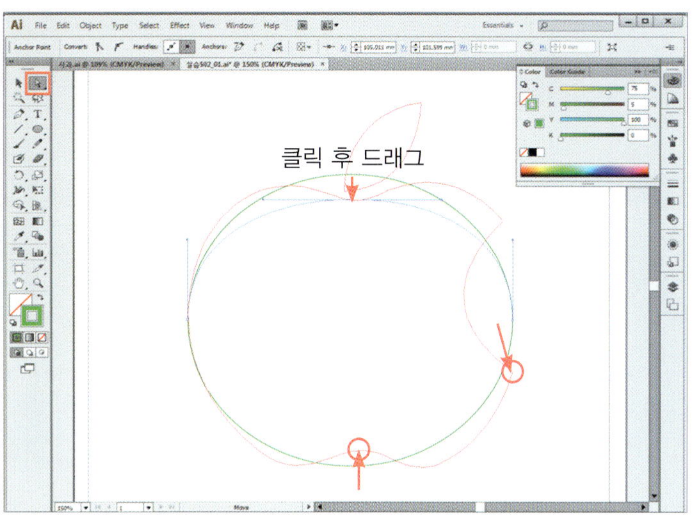

08 'Add Anchor Point Tool(정점 추가도구)'로 원형 오브젝트의 선분 위를 클릭하여 정점들을 추가합니다.

Tip

정점을 추가하거나 삭제할 경우 '정점 추가 도구' 또는 '정점 삭제 도구'를 선택하지 않아도 펜 도구에서 정점을 추가하거나 삭제할 수 있습니다. 선택된 오브젝트 위에 펜 도구를 올려 놓으면 '정점 추가 도구' 또는 '정점 삭제 도구'로 자동 전환하여 정점을 삭제하거나 정점을 추가할 수 있습니다.

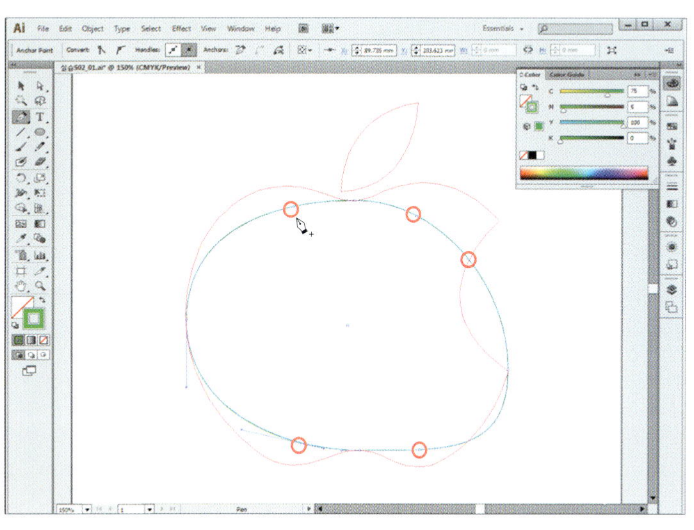

09 Direct Selection Tool(직접 선택 도구)을 클릭한 후 각 정점(Anchor Point)을 선택한 다음 사과 가이드 곡선의 중앙으로 드래그합니다.

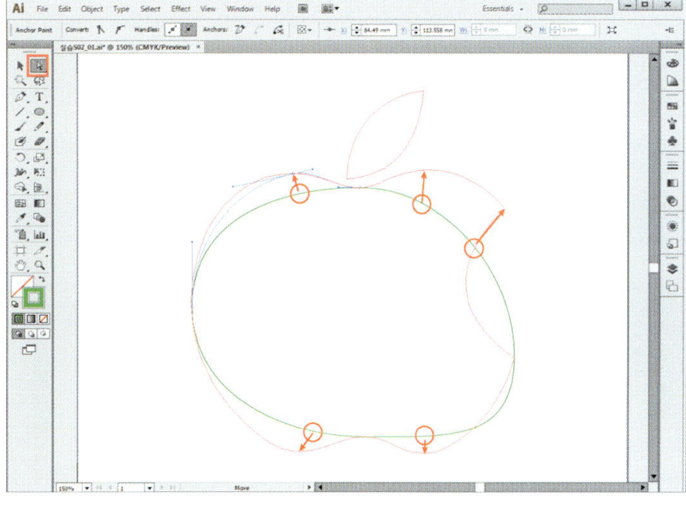

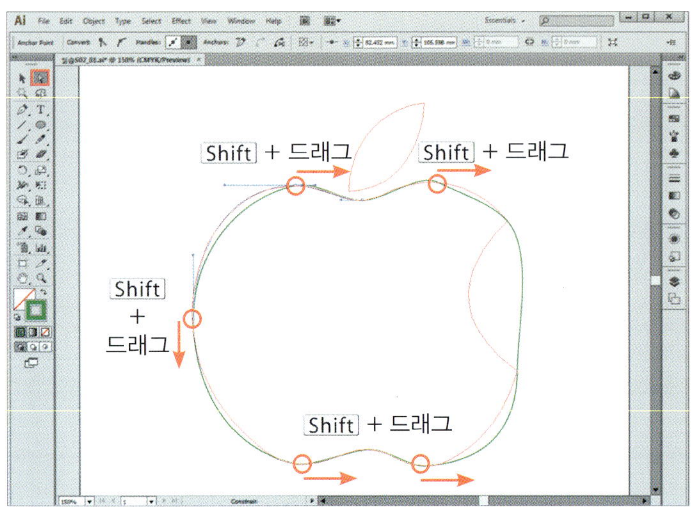

10 각 곡선 모양의 중앙에 정점(Anchor Point)을 배치합니다. Direct Selection Tool(직접 선택 도구)로 각 정점(Anchor Point)을 선택하면 방향키가 나타납니다. Shift 키를 누르고 오른쪽 방향키의 방향점을 오른쪽 방향으로 드래그합니다.

> **TIP**
> 곡선의 가운데 지점에서 정점을 만든 후 방향키를 수평으로 맞추면 곡선 모양이 균등하게 만들어집니다.

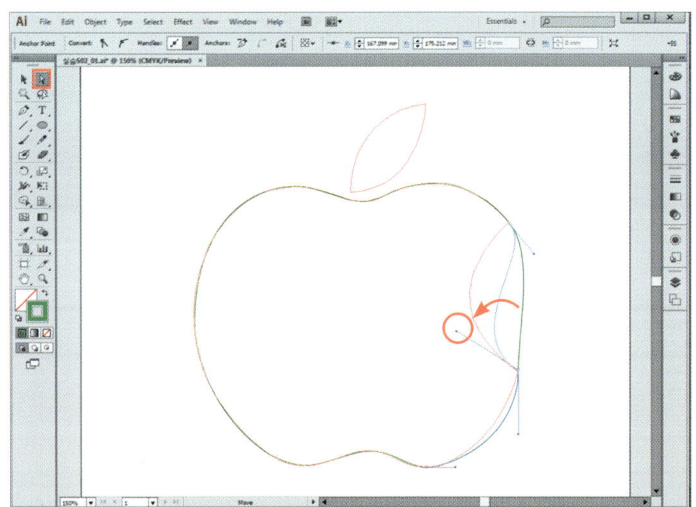

11 Direct Selection Tool(직접 선택 도구)을 선택 후 방향점 위에 마우스 커서를 올리고 단축키 Alt 키를 눌러 방향점을 드래그하여 꺾어서 곡선의 모양을 조절합니다.

> **TIP**
> 방향키를 꺾는 또 다른 방법으로는 Convert Anchor Point Tool(정점 전환 도구)로 방향점을 드래그합니다.

> **참고** 드래그 시 생성된 방향키는 두 개가 연결되어 있어 꺾여진 모서리 모양을 만들 수 없습니다.

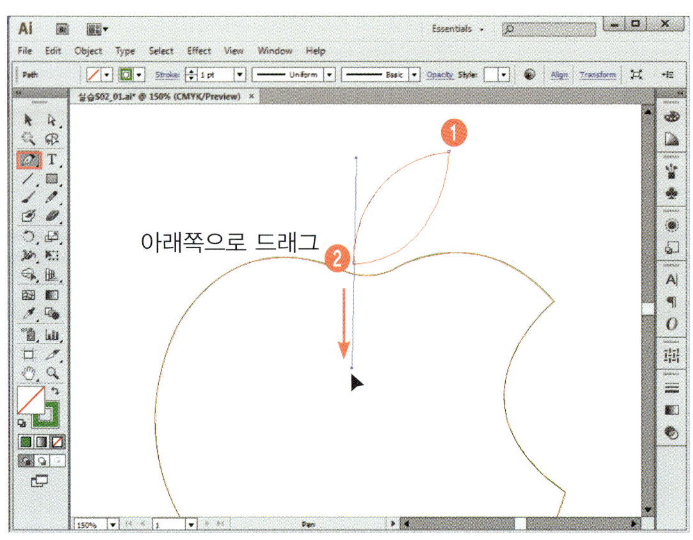

12 잎사귀를 그려봅니다. Pen Tool(펜 도구)을 선택합니다. ❶번에서 클릭 후 ❷번에서 드래그합니다.

13 모서리 모양을 만들려면 방향키 한 개를 제거합니다. 정점(Anchor Point)에 커서를 올려 놓은 후 펜 도구 표시가 (◇₁) 로 바뀌면 클릭합니다.

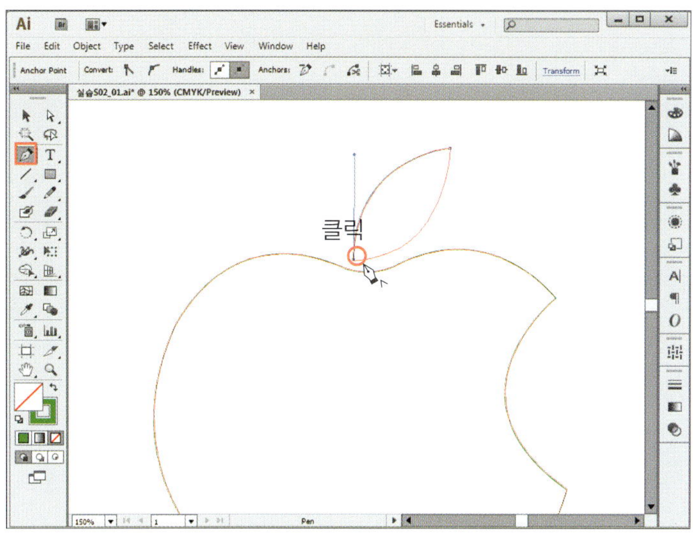

14 정점(Anchor Point)을 시작했던 곳으로 다시와서 마우스 커서를 올려 펜 도구의 표시가 ◇₀ 로 바뀌었을 때 클릭하면 패스가 마무리되면서 닫힌 패스가 됩니다.

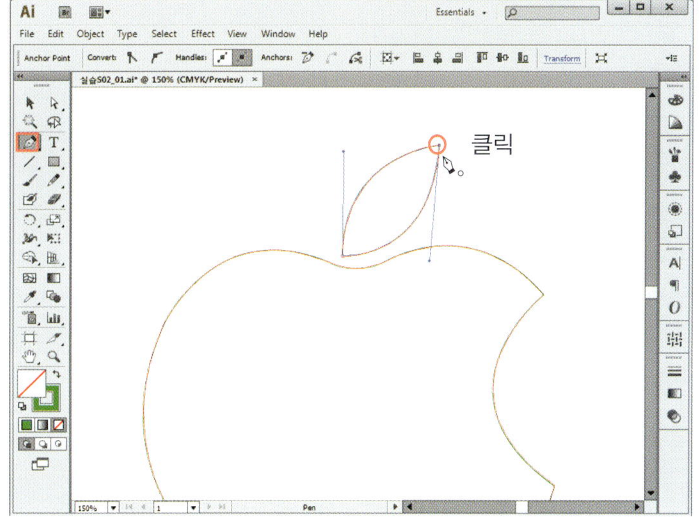

15 도구 상자에서 Selection Tool(선택 도구)을 클릭하여 선택 후 아트보드 왼쪽 상단에서 오른쪽 하단쪽으로 드래그하여 사과 오브젝트 전체를 선택합니다.

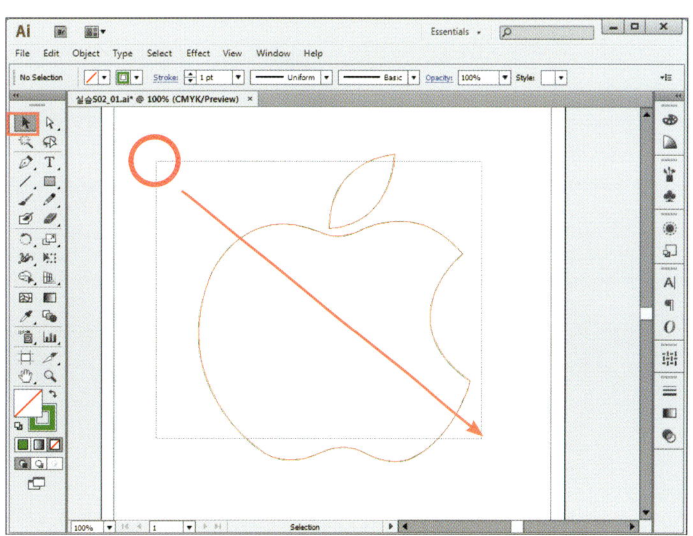

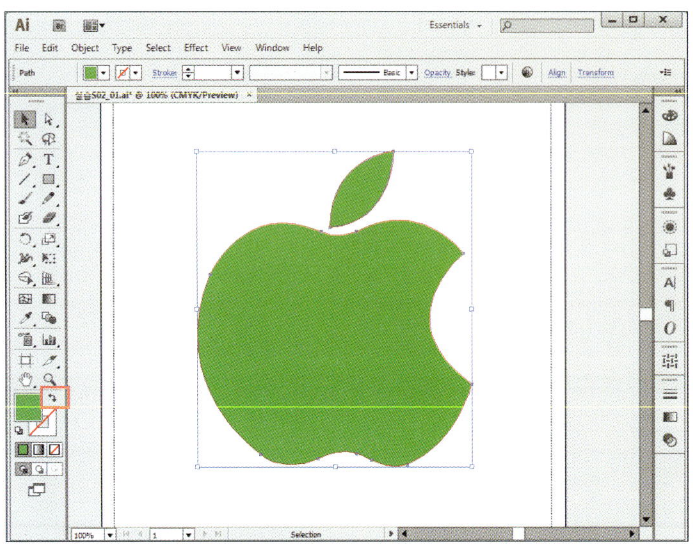

16 Tool Box(도구 상자)의 Fill과 Stroke의 오른쪽 윗쪽의 화살표 (↰)를 클릭하여 Fill Color(면 색상)와 Stroke Color(선 색상)를 교체하여 완료합니다.

참고 Fill과 Stroke 교체는 단축키 **Shift** + **X** 키를 활용하여도 결과는 같습니다.

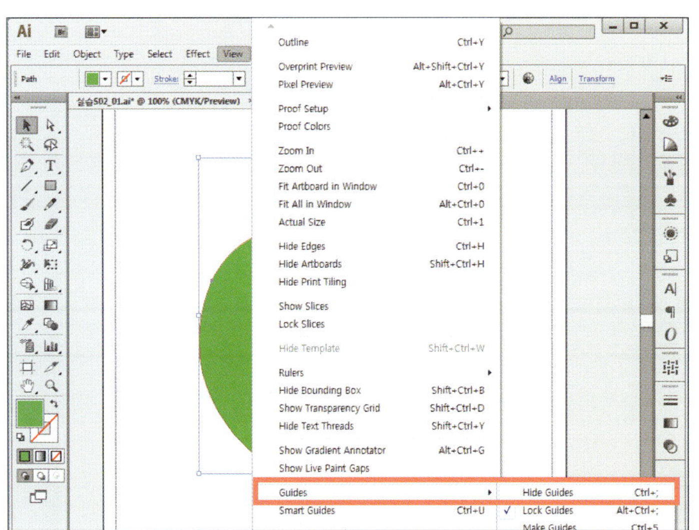

17 [View]-[Guides]-[Hide Guides]로 Guide(가이드)를 안보이게 합니다.

18 사과 이미지를 완성합니다.

[Guides] 메뉴와 설정 알아보기

가이드는 안내선 역할로 레이아웃 작성할 때와 오브젝트 중심점을 표시하여 작업할 때 많이 사용합니다.

〈가이드 메뉴〉

[View]-[Guides]를 클릭합니다.

❶ Show Guide : 가이드를 화면에 보여줍니다.

❷ Lock Guide : 가이드를 잠궈줍니다.

❸ Clear Guide : 가이드를 모두 제거합니다.

❹ Make Guides : 선택한 오브젝트를 가이드로 전환합니다.

❺ Release Guides : 가이드로 전환된 오브젝트를 다시 오브젝트로
되돌립니다.

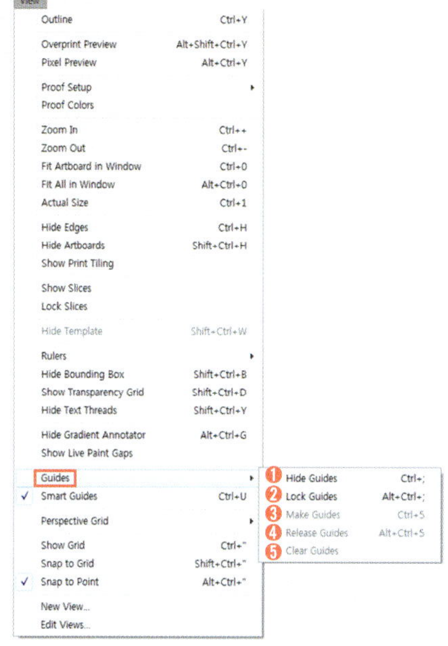

〈가이드 설정〉

[Edit]-[Preference]를 클릭합니다.

원활한 작업을 위해 가이드 사용 시 가이드의 선 색상과 스타일을 교체합니다.

❶ Color : 가이드 색상을 교체합니다.

❷ Color 목록 외의 가이드 색상을 선택하여 교체해 줍니다.

❸ Style : 가이드 선 스타일을 교체합니다.

　　– Line : 가이드를 실선으로 표시합니다.

　　– Dots : 가이드를 점선으로 표시합니다.

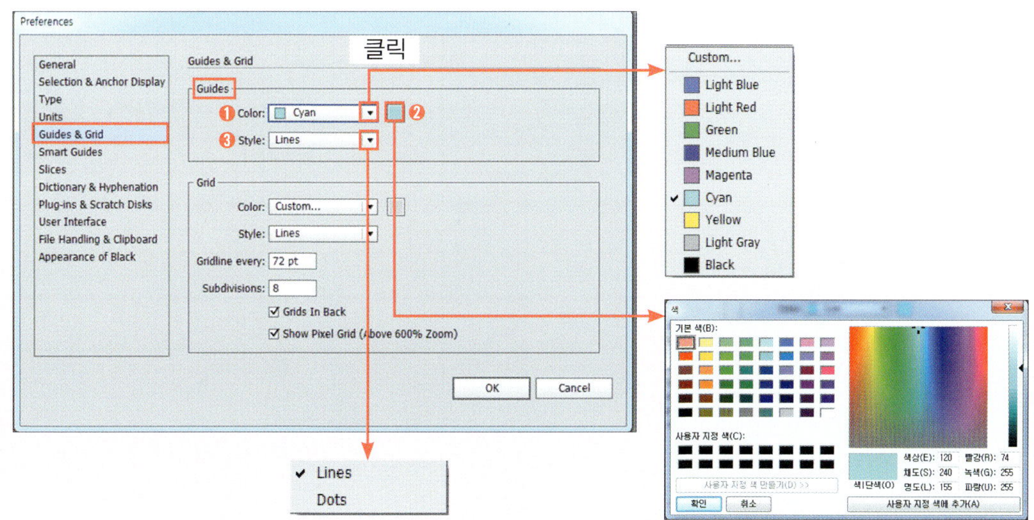

01 [File]-[Open] 메뉴를 클릭하여 '실습S02-02.ai' 파일을 열어 줍니다. Selection Tool(선택 도구)로 하트 오브젝트를 선택합니다.

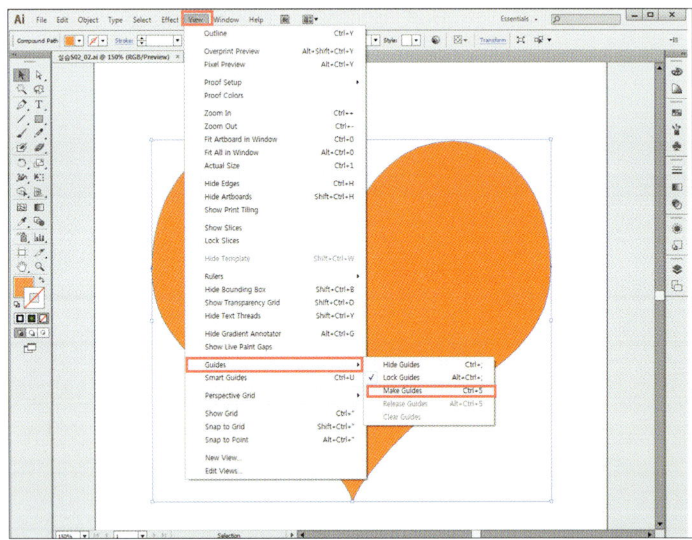

02 [View]-[Guides]-[Make Guides]로 가이드로 만들어 줍니다.

TIP
가이드는 선택되지 않게 항상 잠궈줍니다.
[View]-[Guides]-[Lock Guides]가 체크되어 있으면 잠금처리된 것입니다.

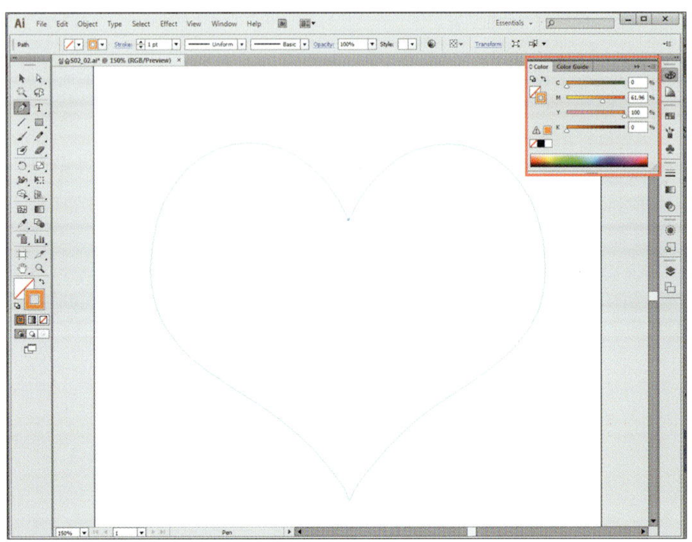

03 Fill-None(색상없음), Stroke-주황색(C:0%, M:61%, Y:100%, B:0%)으로 지정합니다.

04 도구 상자에서 Pen Tool(펜 도구)을 선택합니다. 하트 가운데에서 클릭하여 정점(Anchor Point)을 생성합니다.

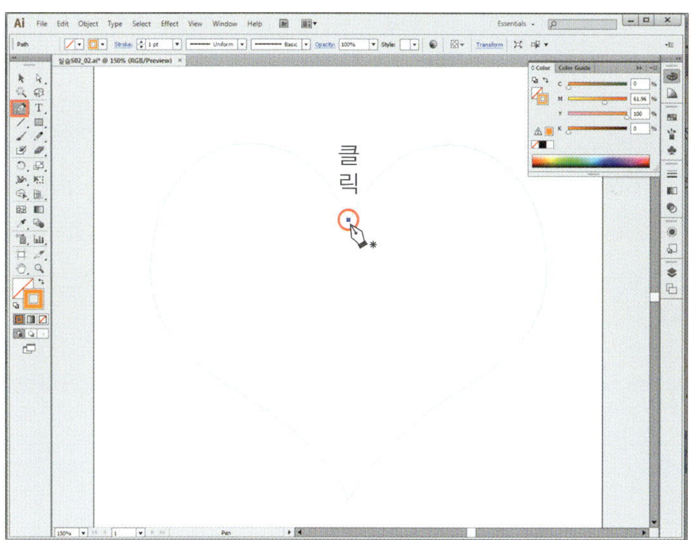

05 왼쪽의 하트 모양에서 가운데에서 드래그하여 방향키가 나타나면 Shift 키를 눌러 방향키를 수평으로 만듭니다.

참고 방향키를 수평으로 만들면 양쪽의 곡선을 균등하게 그릴 수 있습니다.

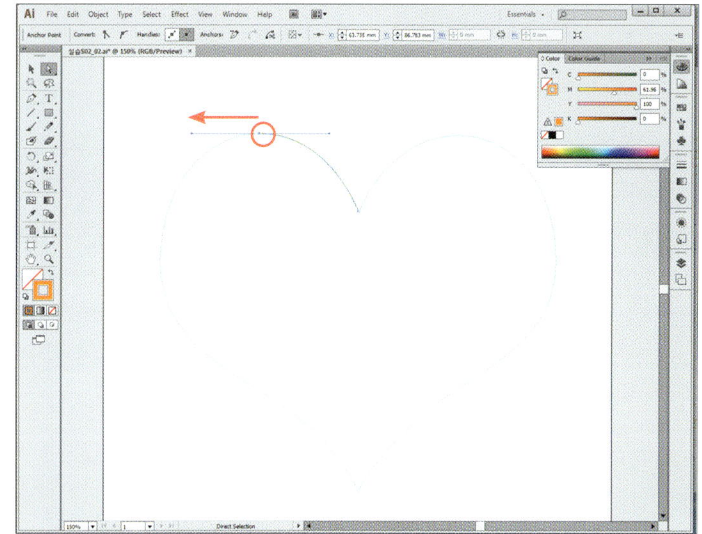

06 하트 가운데에 Shift 키 누르고 아래쪽 방향으로 드래그합니다. 곡선 모양이 가이드와 맞춰지면 마우스에서 손을 뗍니다.

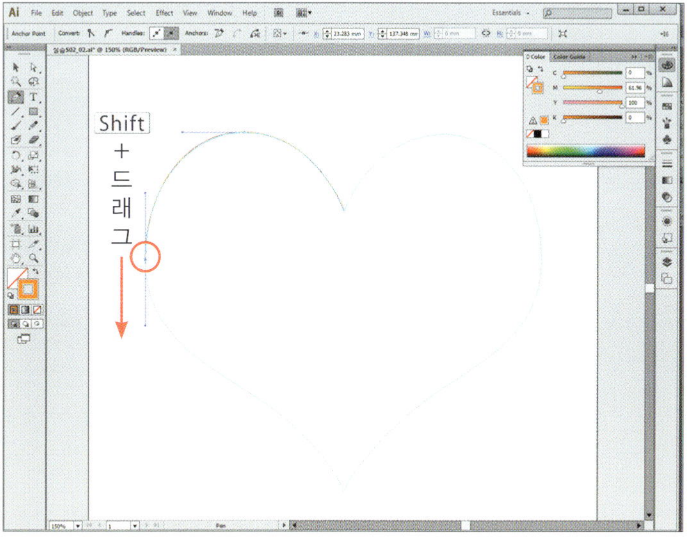

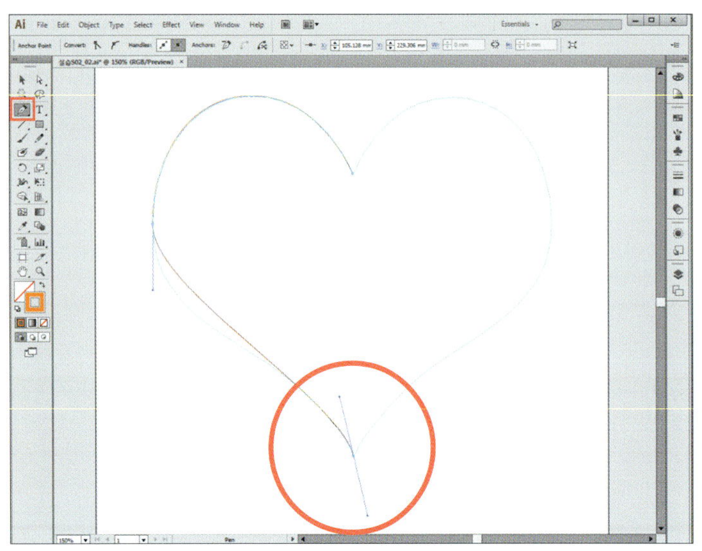

07 아래쪽 꼭지점에서 드래그하면서 패스를 가이드에 맞춰서 그립니다.

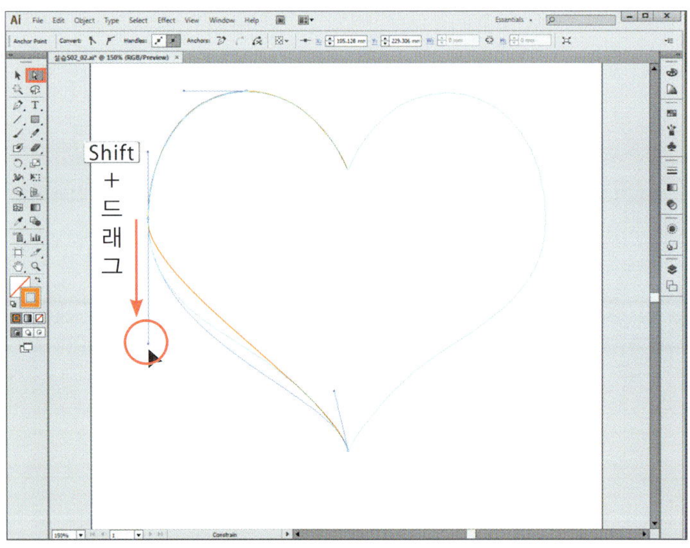

08 Direct Selection Tool(직접 선택 도구)을 클릭하여 선택 후, **Shift** 키를 누르고 마우스를 방향점 위에 올립니다. 방향키를 아래쪽으로 드래그하여 패스의 선분을 가이드 곡선 모양에 맞춰 줍니다.

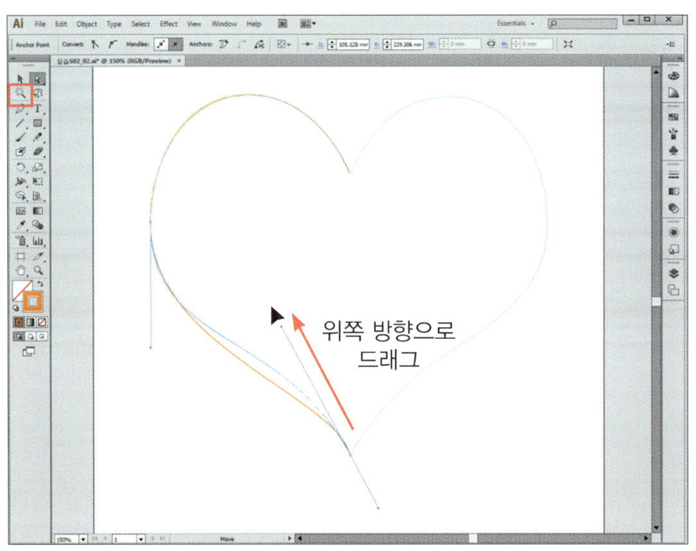

09 Direct Selection Tool(직접 선택 도구)로 아래쪽 정점(Anchor Point)의 방향점을 위쪽으로 드래그합니다.

10 도구 상자의 'Swap Fill and Stroke (면과 선 색상 교체)'를 클릭하여 Fill(칠)과 Stroke(선) 색상을 교체합니다. 오브젝트면 색상이 주황색으로 채워집니다.

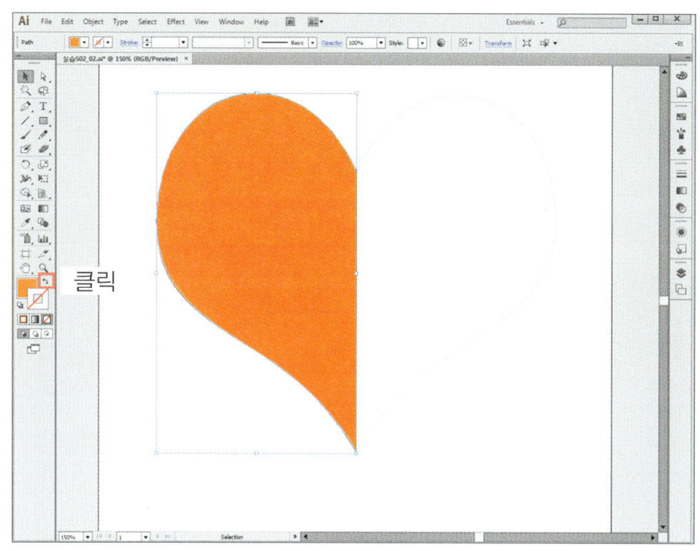

11 Reflect Tool(반사 도구)을 선택한 다음 Alt 키 누르고 반만 그려진 오브젝트의 정점(Anchor Point)에서 클릭합니다. 오브젝트 가운데 있던 중심점이 클릭한 위치로 이동됩니다. 이때 중심점이 이동되면서 Reflect 대화상자가 열립니다. Reflect 옵션에서 Axis(축)-Vertical(수직) 체크 후 'Copy(복사)' 버튼을 누릅니다.

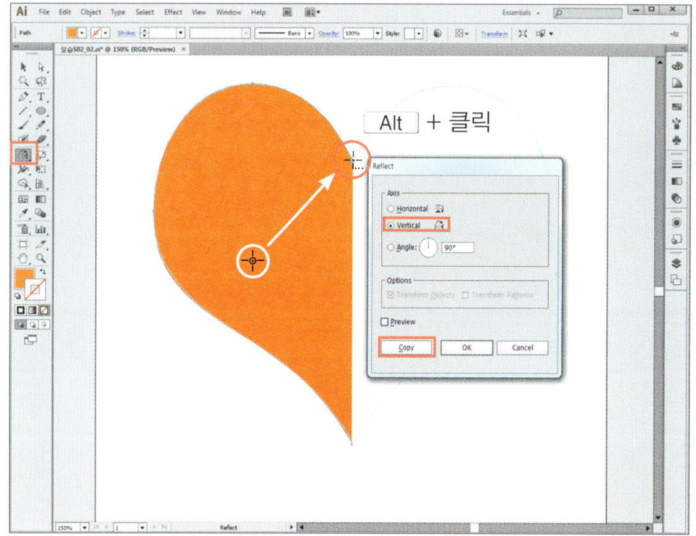

참고 Rotate Tool(회전 도구), Reflect Tool(반사 도구), Scale Tool(크기 조절 도구), Shear Tool(기울기 도구)과 같은 변형 도구들에서 중심점을 이동하면서 대화상자를 열어 줄 때 사용되는 단축키는 Alt 입니다.

12 왼쪽 오브젝트가 중심점에 맞춰 오른쪽 위치로 반사 복사됩니다.

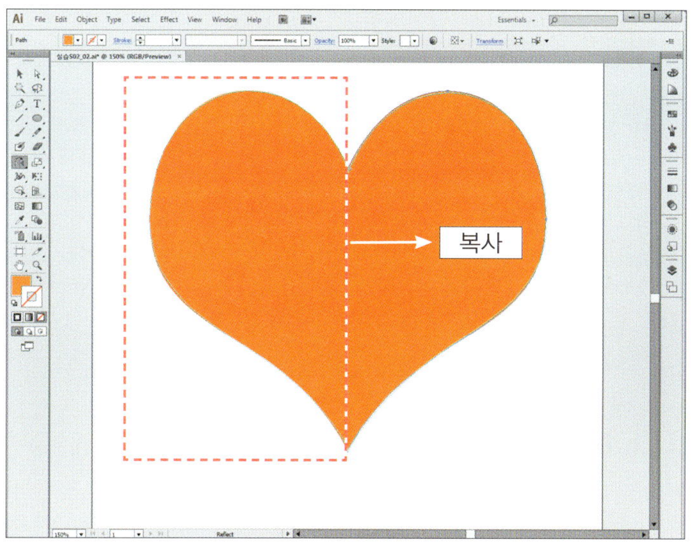

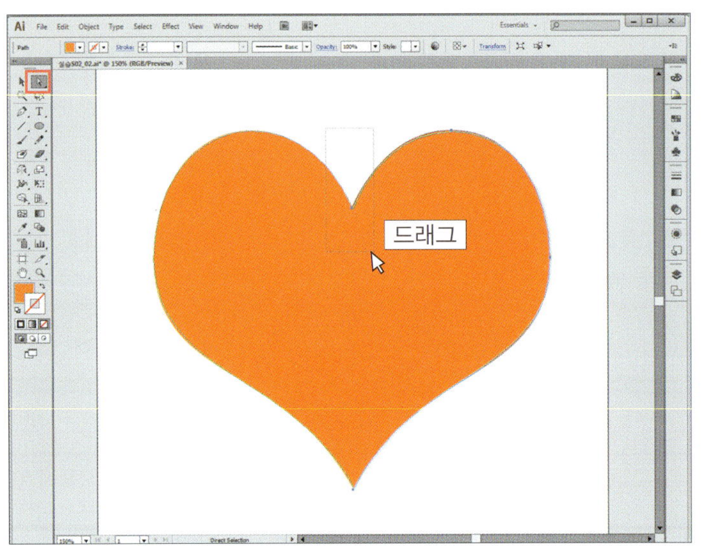

13 하나의 오브젝트를 만들어 줍니다. Direct Selection Tool(직접 선택 도구)로 분리된 오브젝트 위쪽의 두 개의 정점(Anchor Point)를 드래그하여 선택합니다.

14 Control Bar(컨트롤 바)의 ' :Connect Selected end points(끝 부분의 선택된 두 개의 정점(Anchor Point)들을 연결)'을 클릭하여 두 개의 정점(Anchor Point)들을 연결합니다.

15 ❶번을 드래그 한 후(두 개의 정점을 선택) ❷번을 클릭하여 정점(Anchor Point) 사이를 선분으로 연결(Connect Selected end points로 두 개의 정점 사이를 선분으로 연결)합니다. 한 개의 오브젝트가 완성됩니다.

[Bounding Box] 알아보기

Selection Tool(선택도구)로 오브젝트를 선택하면 자동으로 Bounding Box(바운딩 박스)가 표시됩니다. Bounding Box는 사용자가 편리하게 사용하게끔 오브젝트의 'Scale(크기 조절)'과 'Rotate(회전)' 기능을 갖고 있습니다.

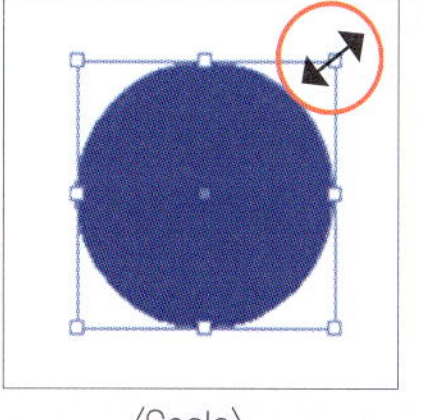
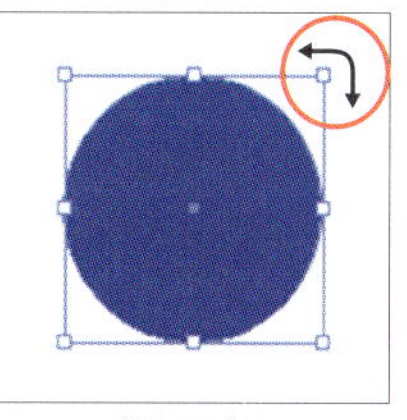

〈Scale〉　〈Rotate〉

■ Bounding Box(바운딩 박스) 보이기, 안보이기

– Bounding Box 보이기 : [View]–[Show Bounding Box]를 클릭하면 화면에 Bounding Box가 보입니다.
– Bounding Box 안보이기 : [View]–[Hide Bounding Box]를 클릭하면 화면에 Bounding Box가 안보입니다.

[Reflect Tool] 옵션 상자 알아보기

❶ Axis(축)
– Horizontal : 오브젝트를 가로 축으로 반사시킵니다.
– Vertical : 오브젝트를 세로 축으로 반사시킵니다.
– Angle : 오브젝트의 각도를 지정하여 반사시킵니다.
❷ Option(옵션)
– Transform Objects : 오브젝트에 패턴이 적용되었을 때 패턴은 그대로 있고 오브젝트만 반사됩니다.
– Transform Patterns : 오브젝트에 패턴이 적용되었을 때 오브젝트는 그대로 있고 패턴만 반사됩니다.
❸ Preview(미리보기)
　반사시킨 오브젝트를 'OK(승인)' 전에 미리보기 합니다.
❹ Copy : 반사시킨 오브젝트를 복사합니다.
　OK : 반사시킨 오브젝트를 승인합니다.
　Cancel : 반사시킨 오브젝트를 취소합니다.

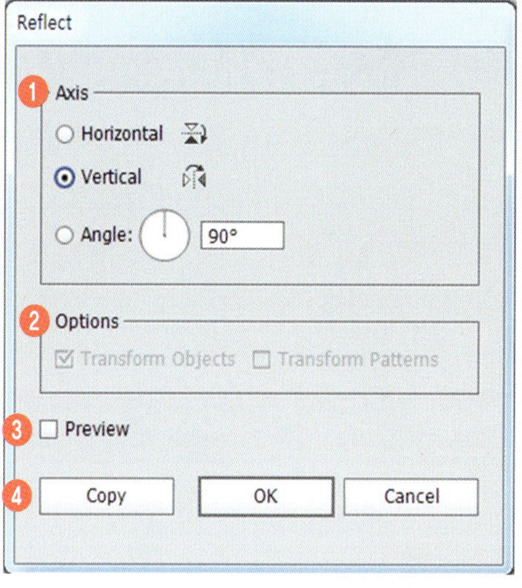

오브젝트 복사하기

01 [File]-[Open]을 클릭하여 '실습 S02-03.ai' 파일을 불러옵니다. Pen Tool(펜 도구)을 선택한 후 Fill(칠)-None(없음), Stroke(선)-검정색으로 지정합니다.

02 Pen Tool(펜 도구)로 왼쪽 첫 번째 여자를 그립니다.Selection Tool(선택 도구)로 오브젝트를 선택하여 단축키 Alt 키를 누르고 선택된 오브젝트위에 마우스 커서를 올려놓고 드래그하여 복사합니다.

03 Fill 색상은 Color 패널에서 원하는 색상을 넣어줍니다. Stroke-None(없음)으로 합니다.

[Color:색상] 패널

Color 패널은 Fill(칠)과 Stroke(선) 색상을 만들 때 사용합니다.

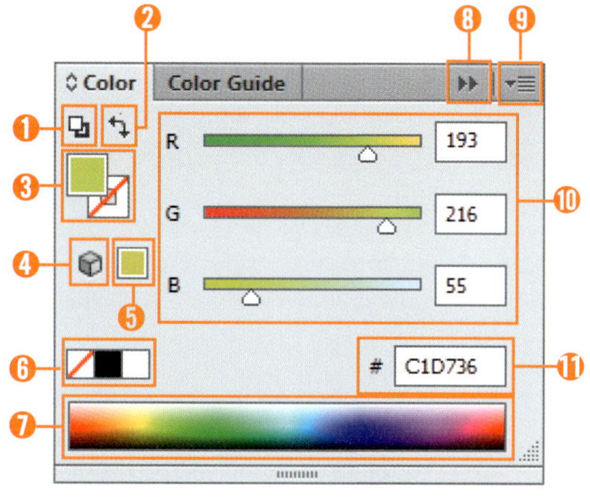

❶ Default Fill and Stroke : 면 색상은 흰색, 선 색상은 검정 색인 초기설정으로 만듭니다.

❷ Swap Fill and Stroke : 면 색상과 선 색상을 교체해 줍니다.

❸ Fill and Stroke : 면 색상과 선 색상입니다.

❹ Out of Web Color Warning : 웹에서 표현되는 색상으로 는 적합하지 않음을 경고합니다.

❺ In Web Color : 웹에서 실제 표현되어지는 안정적인 색 상입니다.

❻ Color Mode(색상 모드) : Fill과 Stroke 색상을 ☑ : None (없음), ■ : 검정색, □ : 흰색으로 지정해 줍니다.

❼ RGB Spectrum : 클릭하여 색상을 선택합니다.

❽ 패널 확장, 축소 버튼입니다.

❾ Color 패널 메뉴를 보이게하거나 안보이게 해줍니다.

❿ 색상 막대의 화살표로 드래그하거나 수치를 입력하여 면 색상과 선 색상을 지정합니다.

⓫ RGB 색상을 헥사(Hax) 코드로 표시합니다.

〈 Color 패널 메뉴〉

❶ Hide Options : 색상 패널에 Color Spectrum(색상 스펙트럼)만 남고 나머지는 가려집니다.

❷ Grayscale : 256가지의 회색음영입니다.

❸ RGB : 화면용 칼라 색상입니다.

❹ HSB : Hue(색상), Saturation(채도), Brightness(명도)의 색상 단계를 나타내줍 니다.

❺ CMYK : 인쇄용 칼라 색상입니다.

❻ Web Safe RGB : 컴퓨터의 운영체제나 브라우저에 상관없이 어디서나 안전하 게 색을 재현하는 RGB 색상 모드입니다.

❼ Invert : 색상을 반대 색상으로 교체합니다.

❽ Complement : 선택색상과 슬라이더 수치가 순서대로 교체되면서 색상이 보충 됩니다.

❾ Create New Swatch : Swatch(색상등록) 패널에 색상을 등록합니다.

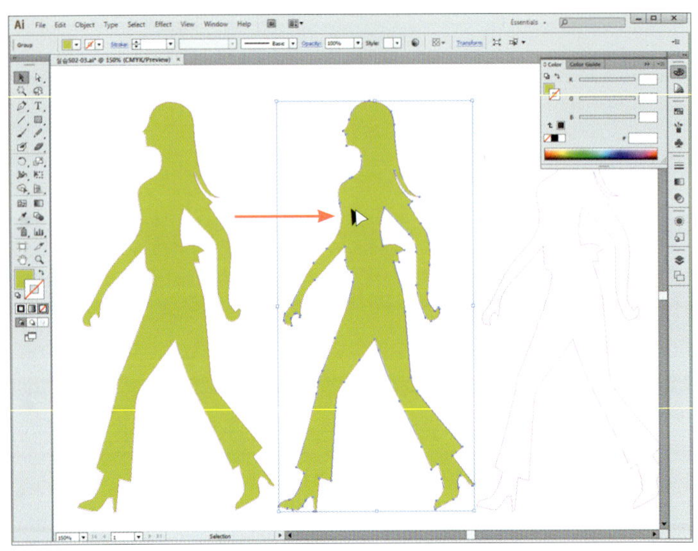

04 Selection Tool(선택 도구)로 오브젝트를 선택한 후 단축키 `Alt` 키를 누르면서 드래그 시 단축키 `Shift` 키를 하나 더 누르고 오른쪽으로 드래그하여 복사합니다.

> **참고** Selection Tool에서 `Alt` 키를 누르고 드래그할 경우 오브젝트를 복사할 수 있는 단축키입니다.
> `Shift` 키는 오브젝트를 여러 개 선택 시 사용하기도 하지만 반대로 선택된 오브젝트를 해제하기도 합니다. 그렇기때문에 오브젝트를 수평 또는 수직 방향으로 이동할 때는 드래그 진행 중에 `Shift` 키를 누릅니다.

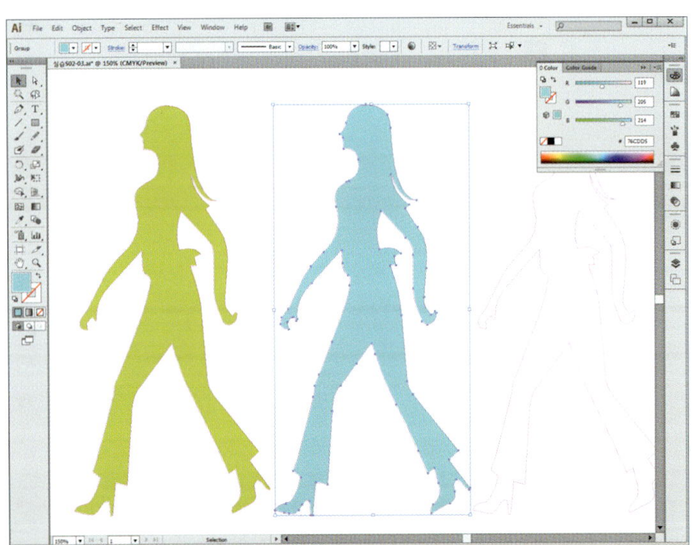

05 복사된 오브젝트의 면 색상을 교체합니다.

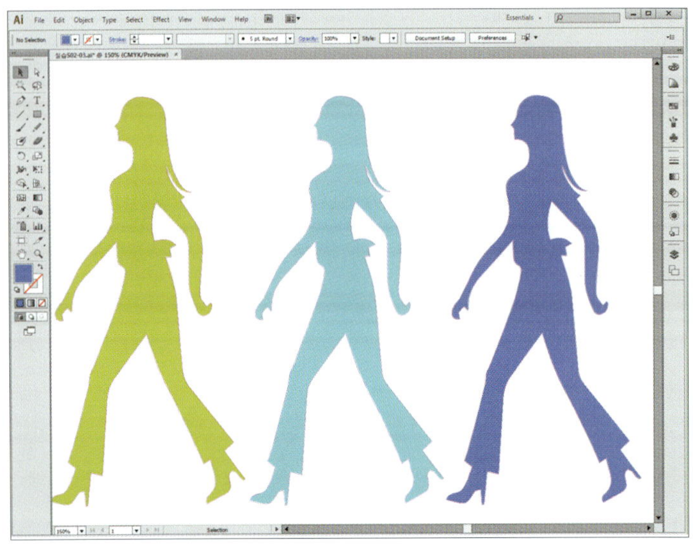

06 Selection Tool(선택 도구)로 `Alt` 키를 누른 상태에서 두 번째 오브젝트를 세 번째 가이드쪽으로 이동하여 복사합니다. 복사된 세 번째 오브젝트의 면 색상을 교체합니다.

07 [View]-[Guides]-[Hide Guides]를 클릭하여 화면에서 Guide를 안보이게 합니다.

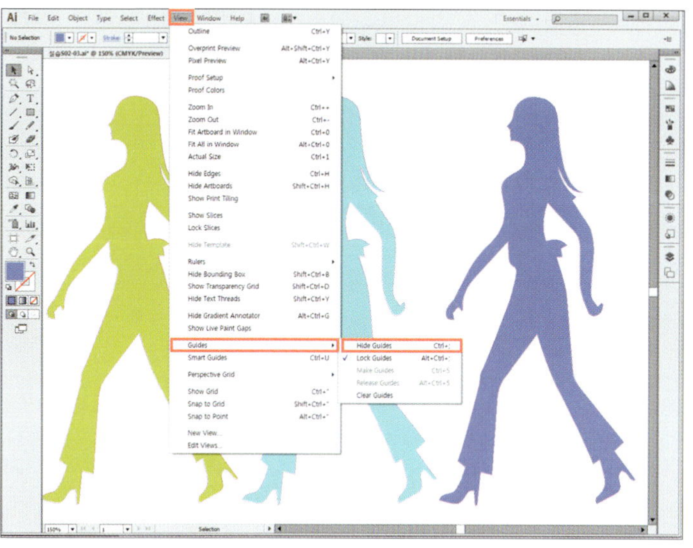

08 작업이 완료되어 [File]-[Save]를 클릭하여 저장된 파일로 재 저장합니다.

Tip

Ctrl + S 단축키를 눌러도 [File]-[Save]와 같이 파일을 저장할 수 있습니다.

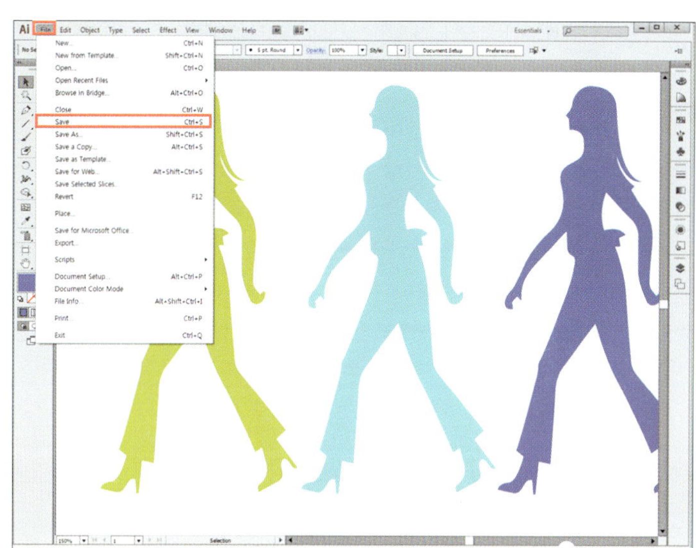

[Save:저장] 메뉴 알아보기

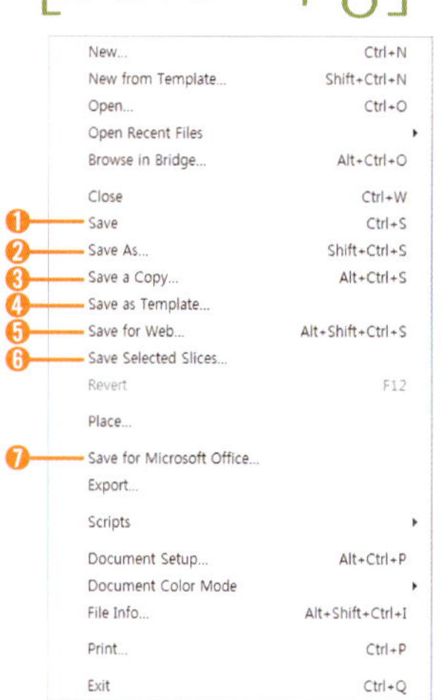

❶ Save : 새 문서를 저장합니다.

❷ Save As : 작업중인 문서를 다른 이름으로 저장합니다.

❸ Save a Copy : 작업중인 문서를 다른 이름으로 복사 저장합니다.

❹ Save as Template : 작업중인 문서를 템플릿으로 저장합니다.

❺ Save for Web : 웹 문서로 저장합니다.

❻ Save Selected Slices : 선택한 슬라이스를 이미지 파일로 저장합니다.

❼ Save for Microsoft Office : Microsoft Office 형식(.png)으로 파일을 저장합니다.

기초실습

①

준비파일을 불러온 후 오른쪽 완성파일과 같이 면색상을 채워서 완성해 보세요.

▲ 준비파일 : 기초문제\기초S02-1.ai

▲ 완성파일 : 기초문제\완성파일\기초완성S02-1.ai

②

반쪽만 그려서 Reflect Tool(반사 도구)을 사용하여 반사 복사 후 끊어진 패스를 연결하여 오른쪽 완성파일과 같이 완성해 보세요.

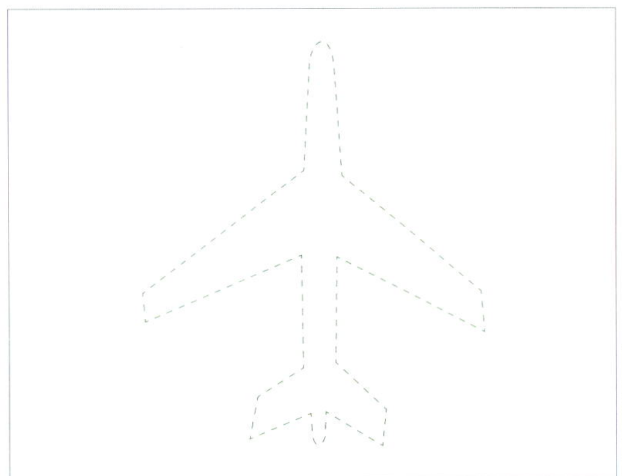

▲ 준비파일 : 기초문제\기초S02-2.ai

▲ 완성파일 : 기초문제\완성파일\기초완성S02-2.ai

③

반쪽만 그려서 Reflect Tool(반사 도구)을 사용하여 반사 복사 후 끊어진 패스를 연결하여 오른쪽 완성파일과 같이 완성해 보세요.

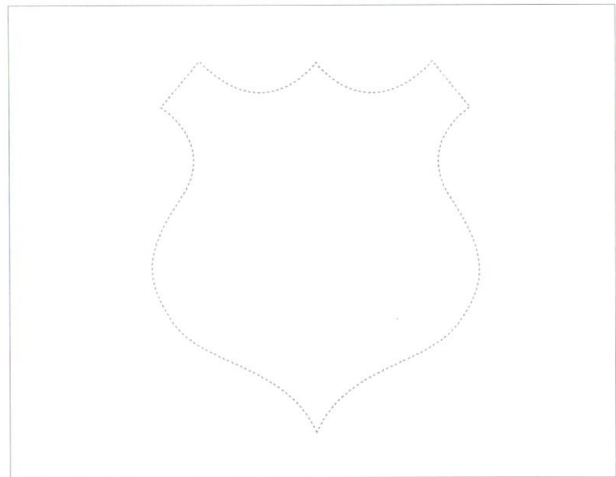

▲ 준비파일 : 기초문제\기초S02-3.ai

▲ 완성파일 : 기초문제\완성파일\기초완성S02-3.ai

활용실습

1) 원형 모양에서 정점(Anchor Point)을 추가하여 완성 파일과 같이 만들어 보세요.

▲ 준비파일 : 활용실습\활용S02-1.ai

▲ 완성파일 : 활용실습\완성파일\활용완성S02-1.ai

힌트

방향키를 꺾을 경우에는 'Convert Anchor Point Tool(방향점 전환 도구)' 또는 Direct Selection Tool(직접 선택 도구)로 방향점을 드래그합니다.

2) 나비 한 마리를 완성하여 오른쪽으로 나비를 복사하여 크기를 조절한 다음 색상을 교체하여 완성파일과 같이 완성해 보세요.

▲ 준비파일 : 활용실습\활용S02-2.ai

▲ 완성파일 : 활용실습\완성파일\활용완성S02-2.ai

3) 콜라병 이미지를 그린 후 완성파일과 같이 면 색상과 선 색상을 넣어 완성해 보세요.

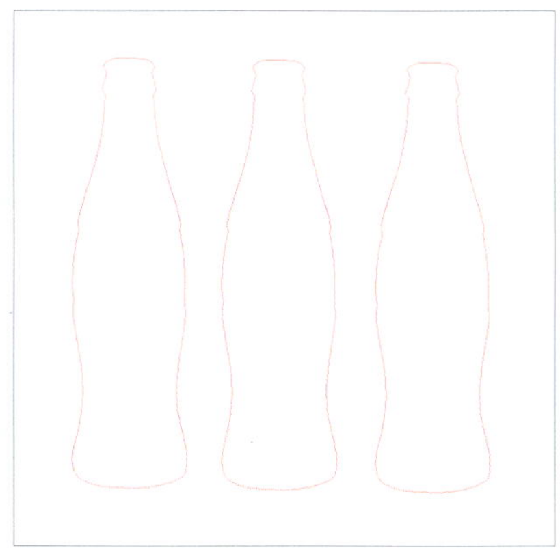

▲ 준비파일 : 활용실습\활용S02-3.ai

▲ 완성파일 : 활용실습\완성파일\활용완성S02-3.ai

03 아트보드 및 오브젝트 정돈하기

작업 시 많이 활용되는 화면 확대, 축소에 대해 알아보겠습니다. 그리고 일러스트레이터에서 문서의 기본 요소인 아트보드 방향 설정 및 오브젝트 정돈에 대해 알아 보겠습니다.

P·r·e·v·i·e·w

▲ 완성파일 : 실습예제\완성파일\실습완성03-02.ai
· 아트보드 방향 설정에 대해 알아본다.

▼ 완성파일 : 실습예제\완성파일\실습완성03-03.ai
· 오브젝트 정돈에 대해 알아본다.

 차례

01 단축키 `Ctrl` + `O` 를 눌러 '실습
S03-01.ai'을 불러옵니다. 도구 상
자에서 Zoom Tool(돋보기 도구)을 클릭 후
왼쪽 첫 번째 여자 오브젝트를 클릭합니다.

02 왼쪽 첫 번째 오브젝트를 기준으로
화면이 확대됩니다.

03 Zoom Tool(돋보기 도구)로 왼쪽 첫
번째 여자 오브젝트의 위 부분을 드
래그합니다.

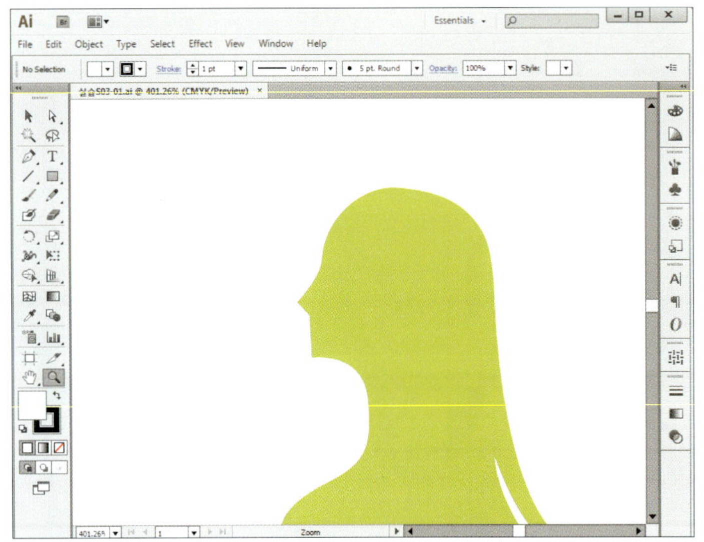

04 Zoom Tool(돋보기 도구)로 드래그한 부분이 확대됩니다.

Tip

Zoom Tool(돋보기 도구)의 기본 값은 ' 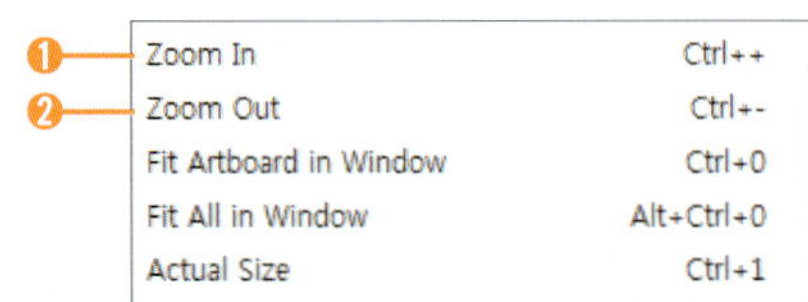 ' 확대입니다.

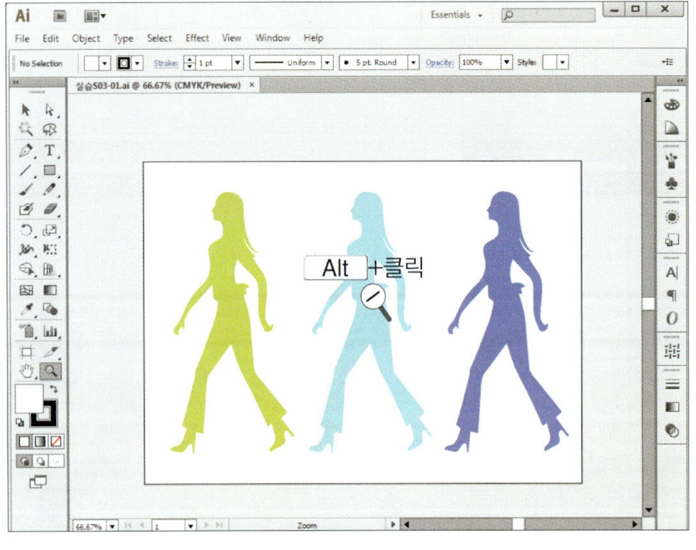

05 Zoom Tool(돋보기 도구)을 클릭하여 선택한 후 단축키 Alt 키를 누르면 커서 모양이 ' 🔍 ' 축소로 바뀝니다. 이때 마우스를 클릭하거나 드래그하면 아트보드와 오브젝트가 함께 축소됩니다.

Power Upgrade

화면 확대/축소에 대해 알아보기

작업 진행 중 화면을 확대하거나 축소할 경우가 많습니다. 도구 또는 메뉴에서 화면 확대와 축소에 대해 알아보겠습니다.

■ 확대/축소 도구

Zoom Tool(돋보기 도구) : 기본값은 ' 🔍 ' 값입니다. ' 🔍 ' 값은 문서위에서 클릭할 경우 화면이 확대됩니다. 반대로 화면을 축소할 경우 단축키 Alt 키를 누르면 커서가 ' 🔍 ' 로 바뀌면서 화면을 클릭할 경우 축소됩니다.

■ 확대/축소 메뉴

❶ Zoom In : 화면을 확대합니다.

❷ Zoom Out : 화면을 축소합니다.

❶ Zoom In		Ctrl++
❷ Zoom Out		Ctrl+-
Fit Artboard in Window		Ctrl+0
Fit All in Window		Alt+Ctrl+0
Actual Size		Ctrl+1

 아트보드(Artboard) 방향 바꾸기

01 단축키 Ctrl + O 를 눌러 '실습 S03-02.ai'을 불러옵니다. Artboard Tool(아트보드 도구)을 클릭하면, 아트보드 영역과 바깥쪽 영역이 회색으로 구분되어 표시 됩니다.

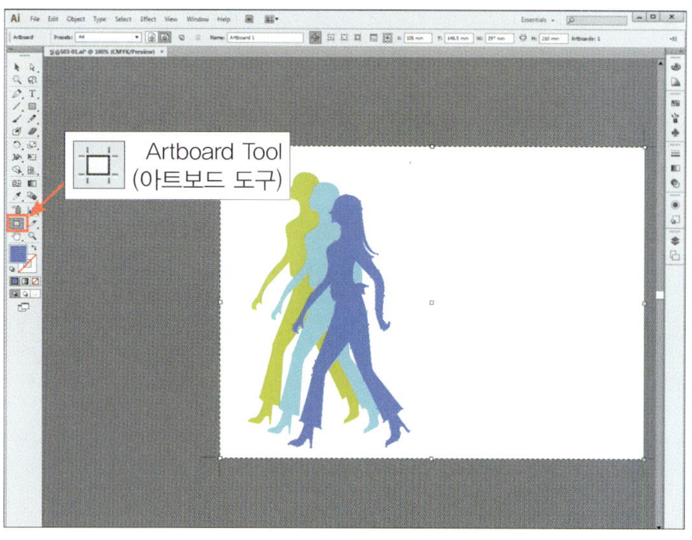

02 Control Bar(조절 바)에서 'Portrait (세로 문서)'로 아트보드를 세로 방향으로 바꿉니다.

03 Artboard Tool(아트보드 도구) 선택한 상태에서 아트보드 위에 마우스를 올리면 커서 모양은 ' ✛ '로 표시됩니다. 위로 드래그하여 아트보드를 위쪽으로 이동합니다.

오브젝트 정돈하기

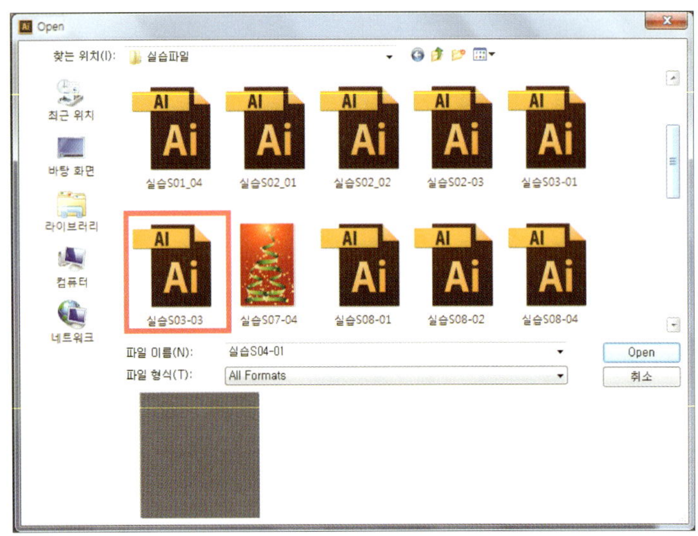

01 [File]-[Open]을 클릭하여 '실습 S03-03.ai' 파일을 불러옵니다.

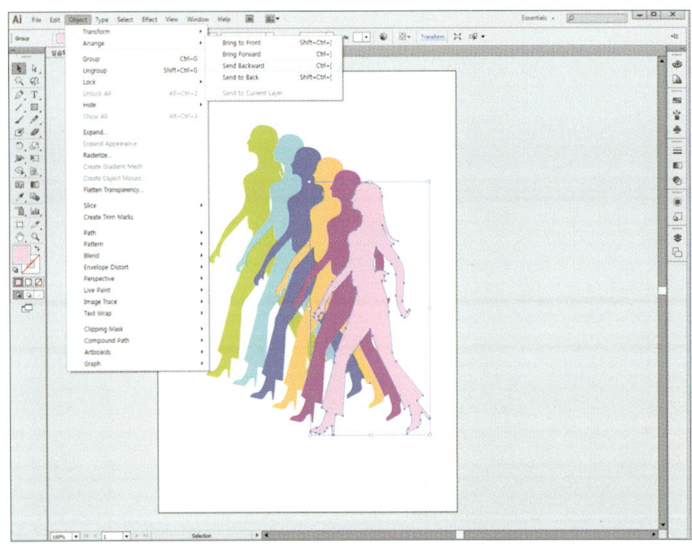

02 Selection Tool(선택 도구)을 클릭하여 선택한 후 맨 위쪽의 오브젝트를 선택합니다. [Object]-[Arrange]-[Send Backward]를 클릭합니다.

03 첫 번째 오브젝트가 두 번째 오브젝트 뒤로 이동됩니다. [Send Backward]는 한 단계 뒤로 순서가 이동됩니다.

04 Selection Tool(선택 도구)로 세번째 오브젝트를 클릭하여 선택합니다.

05 [Object]-[Arrange]-[Send to Back]을 클릭합니다. 오브젝트 순서가 맨 뒤로 이동됩니다.

06 Selection Tool(선택 도구)로 맨 뒤로 보낸 오브젝트를 드래그하여 왼쪽 방향으로 이동합니다.

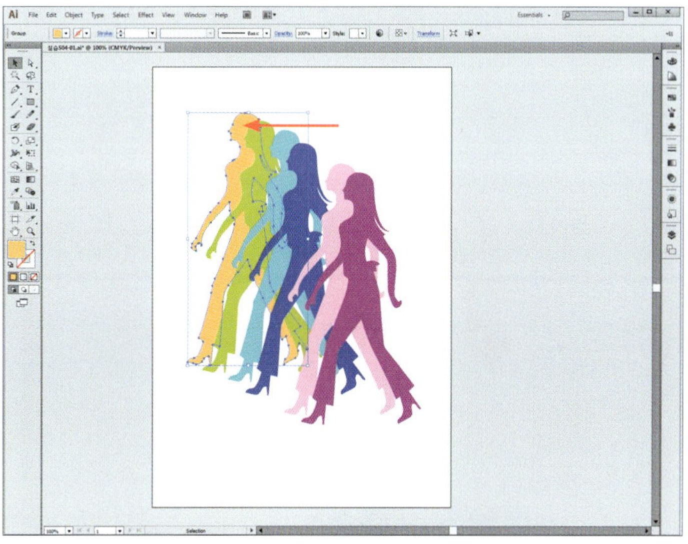

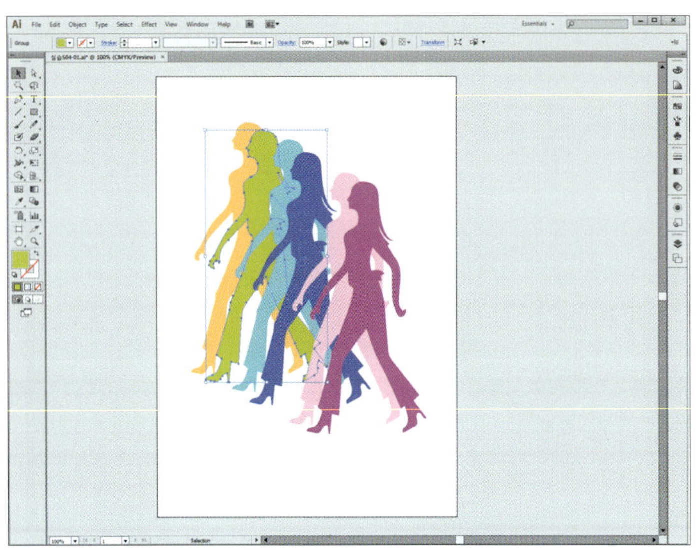

07 Selection Tool(선택 도구)로 다섯번째 오브젝트를 클릭하여 선택합니다.

08 [Object]-[Arrange]-[Bring Forward]를 클릭합니다. 네번째 오브젝트위로 한 단계 위로 이동됩니다.

09 Selection Tool(선택 도구)로 오브젝트를 선택하여 위치를 정리하여 배치합니다. 맨 뒤의 오브젝트를 클릭하여 선택합니다.

10 [Object]-[Arrange]-[Bring to Front]로 맨 앞으로 오브젝트를 가져옵니다.

11 Selection Tool(선택 도구)로 오브젝트를 오른쪽으로 드래그하여 이동합니다.

[Arrange:정돈] 메뉴로 오브젝트 배열 알아보기

[Object]-[Arrange] 메뉴에서 오브젝트 순서 바꾸기에 대해 알아보겠습니다.

❶ Bring to Front : 맨 앞으로 가져옵니다. 단축키 / Shift + Ctrl +]

❷ Bring forward : 한 단계 앞으로 가져옵니다. 단축키 / Ctrl +]

❸ Send backward : 한 단계 뒤로 보냅니다. 단축키 / Ctrl + [

❹ Send to Back : 맨 뒤로 보냅니다. 단축키 / Shift + Ctrl + [

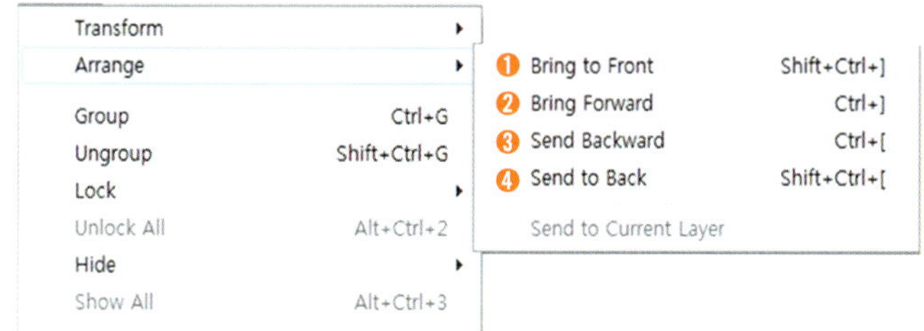

기초실습

❶

준비파일을 불러온 후 아트보드 방향을 가로 방향으로 바꿔 보세요.

▲ 준비파일 : 기초문제\기초S03-1.ai   ▲ 완성파일 : 기초문제\완성파일\기초완성S03-1.ai

❷

준비파일을 연 후 오른쪽과 같이 화면을 축소해 보세요.

 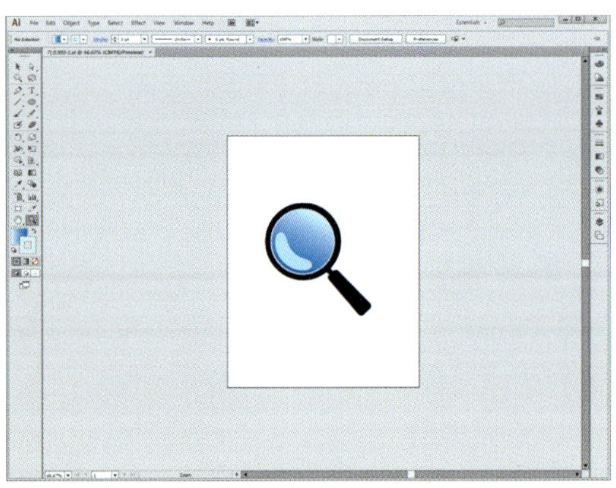

▲ 준비파일 : 기초문제\기초S03-2.ai

❸

두 번째 오브젝트와 세 번째 오브젝트를 복사한 후 면 색상을 바꿔 보세요.

▲ 준비파일 : 기초문제\기초S03-3.ai   ▲ 완성파일 : 기초문제\완성파일\기초완성S03-3.ai

1) 아트보드 방향을 가로로 바꾼 뒤에 아트보드 위치를 이동해 보세요.

▲ 준비파일 : 활용실습\활용S03-1.ai

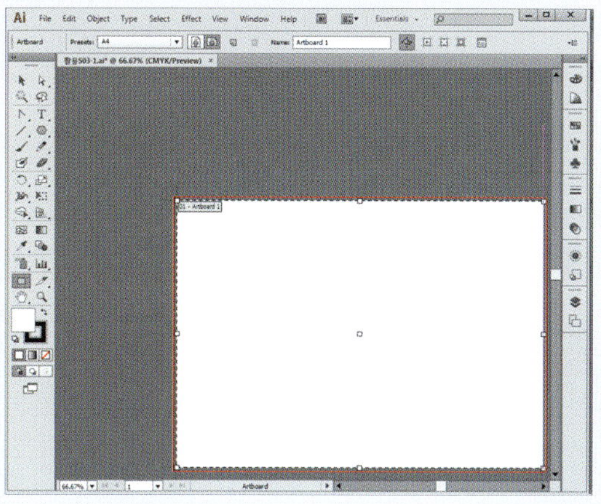

▲ 완성파일 : 활용실습\완성파일\활용완성S03-1.ai

힌트

Artboard Tool(아트보드 도구)을 클릭하여 Control Bar(컨트롤 바)에서 아트보드 크기 및 방향, 위치 이동 등을 할 수 있습니다.

2) 꽃병의 순서를 재 정돈 해보세요.

▲ 준비파일 : 활용실습\활용S03-2.ai

▲ 완성파일 : 활용실습\완성파일\활용완성S03-2.ai

3) 왼쪽의 풍선을 오른쪽 완성파일처럼 순서를 바꿔 주세요.

▲ 준비파일 : 활방실습\활용S03-3.ai

▲ 완성파일 : 활용실습\완성파일\활용완성S03-3.ai

04 패스파인더 알아보기

이번 장에서는 가장 많이 활용되는 패스파인더 기능에 대해 알아 보겠습니다. 도형을 겹쳐서 병합하거나 빼거나, 면을 나눠서 새로운 형태를 만들 수 있습니다. 따라하기 예제를 통해 패스파인더 활용에 대해 익혀 보도록 하겠습니다.

Preview

▲ 완성파일 : 실습예제\완성파일\실습완성S04-1.ai

▲ 완성파일 : 실습예제\완성파일\실습완성S04-2.ai

▲ 완성파일 : 실습예제\완성파일\실습완성S04-3.ai

▲ 완성파일 : 실습예제\완성파일\실습완성S04-4.ai

 차례

패스파인더를 활용한 도형 만들기

01 Ctrl + N 을 눌러 Size-A4 크기의 새 문서를 열어 줍니다. 도구 상자에서 Rectangle Tool(사각형 도구)을 클릭 후 Shift 키를 누르고 드래그하여 정사각형을 그립니다. Fill Color(면 색상)-M:12%, Y:30%로 색상을 지정한 다음, Stroke Color(선 색상)는 None(없음)으로 합니다.

Tip

사각형과 원형을 그릴 때 Shift 키를 누르면 정원, 정사각형을 그릴 수 있습니다.

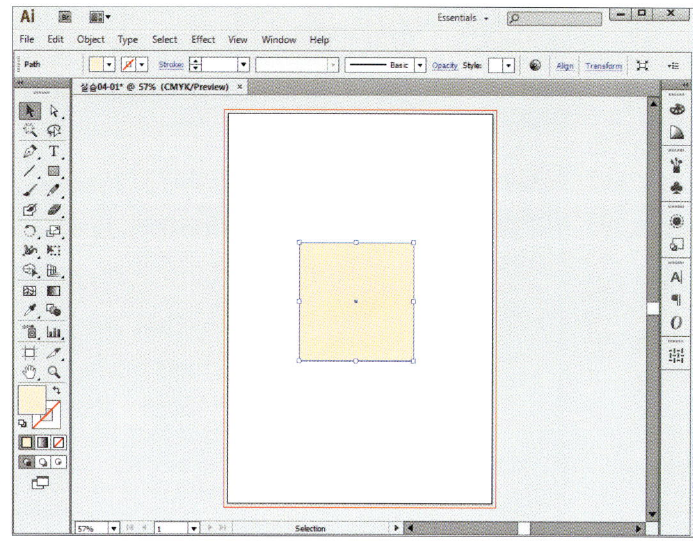

02 정확한 가운데 중심점을 기준으로 작업하기위해 [View:보기]-[Smart Guide : 고급 안내선]를 클릭합니다.

참고 Smart Guide는 수직, 수평선의 안내선을 표시하거나 명칭 및 간격과 각도를 표시해 줌으로써 정확한 작업을 할 수 있게 도와줍니다.

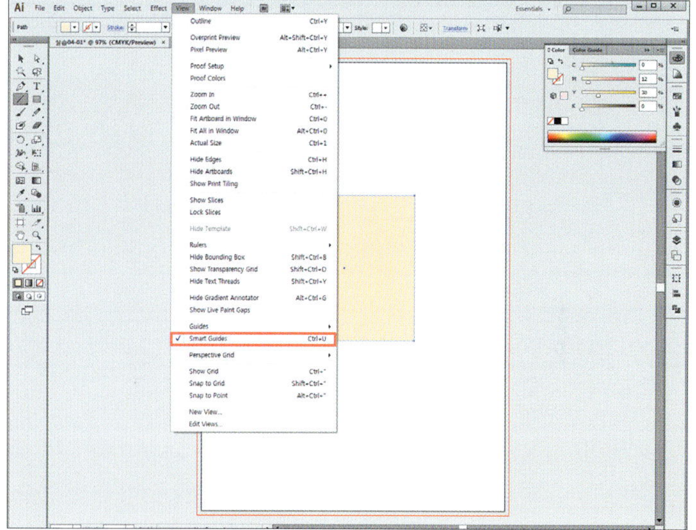

03 Line Segment Tool(선 도구)을 클릭 후 Fill Color-None(없음), Stroke Color-Black(검정색)으로 지정 후 오브젝트 위 중앙에 위치시킨 다음 연두색(Green) 선인 Smart Guide를 따라 드래그하여 수직선을 그립니다.

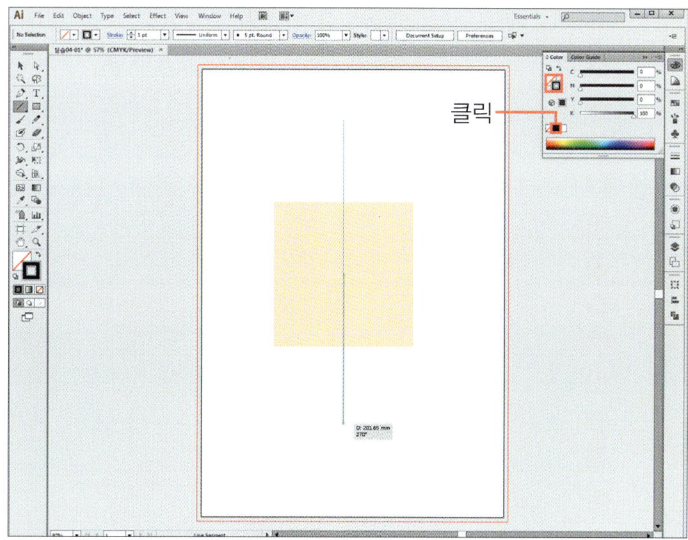

[New : 새 문서] 옵션 알아보기

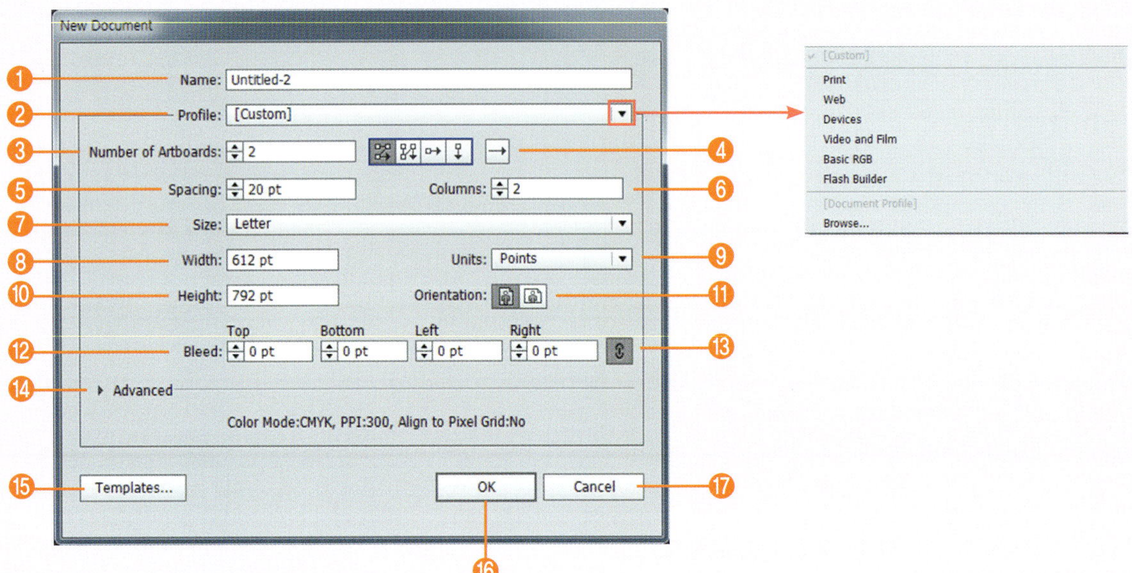

1 Name : 문서의 이름을 입력합니다.

2 Profile : 각 출력 설정에 따른 새 문서 프로파일을 선택합니다. 각 프로파일에는 문서의 크기, 색상 모드, 단위, 방향, 투명도 및 해상도에 대한 사전 설정된 값이 포함되어 있습니다.

 – Print : 인쇄 문서를 출력할 경우 사용합니다.

 – Web : 웹 출력용으로 최적화된 사전 설정 옵션을 제공합니다.

 – Device : 특정 모바일 장치용으로 사전 설정된 작은 크기의 파일을 만듭니다.

 – Video and Film : 다양한 비디오 및 필름 관련 자르기 영역 크기를 제공합니다.

 – Basic RGB : 기본 800 x 600 대지를 사용하며 다양한 인쇄, 비디오 및 웹 관련 크기 중에서 선택할 수 있습니다. 이 프로파일은 중간급 프린터, 웹 또는 여러 유형의 미디어로 출력하려는 경우에 사용합니다.

 – Flash Builder : FXG 문서를 800px x 600px 기본 크기 대지의 RGB 모드로 만듭니다.

 – 색상 : 이미지의 명도 값에 전경색의 색상 값을 적용합니다.

 – 광도 : 이미지의 색상과 채도 값에 전경색의 명도 값을 적용합니다.

3 Number of Artboards : 아트보드 갯수를 지정합니다.

4 문서가 여러개일 때 가로 또는 세로 방향으로 화면에 배치할 순서를 지정합니다.

5 Spacing : 문서간의 간격을 지정합니다.

6 Columns : 문서들의 열의 갯수를 지정합니다.

7 Size : 각 Profile(프로파일)에 따라 지정된 문서 크기를 지정합니다.

8 Width : 문서의 너비를 지정합니다.

9 Units : 단위를 지정합니다.

10 Height : 문서의 세로를 지정합니다.

11 Orientation : 문서 방향을 지정합니다.

12 Bleed : 도련 크기를 지정합니다.

13 Advanced : 문서의 색상 모드와 해상도 및 미리보기 등을 지정합니다.

14 Make all settings the same : 위, 아래, 왼쪽, 오른쪽 모두 동일한 수치로 지정합니다.

15 Templates : 설정 값으로 저장된 템플릿 문서를 열어 줍니다.

16 OK : 새 문서 열기를 승인합니다.

17 Cancel : 새 문서 열기를 취소합니다.

04 사각형 오브젝트와 수직선을 정렬 하기 위해 [Window:창]–[Align:정렬]을 클릭합니다.

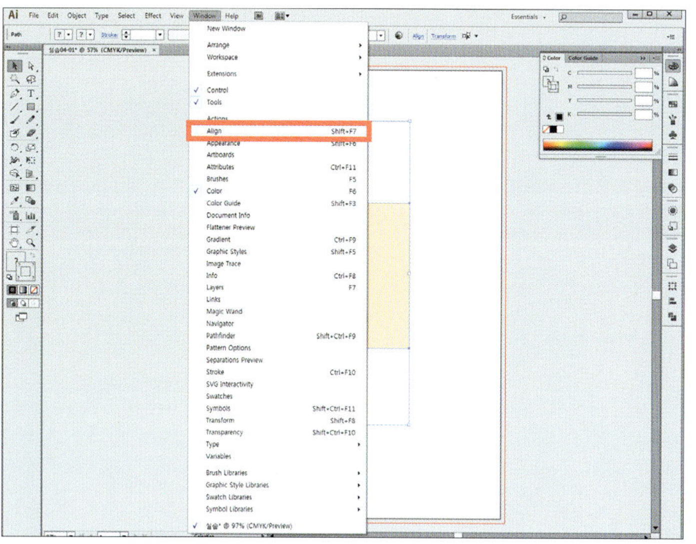

05 Align 패널에서 'Align Objetcs – 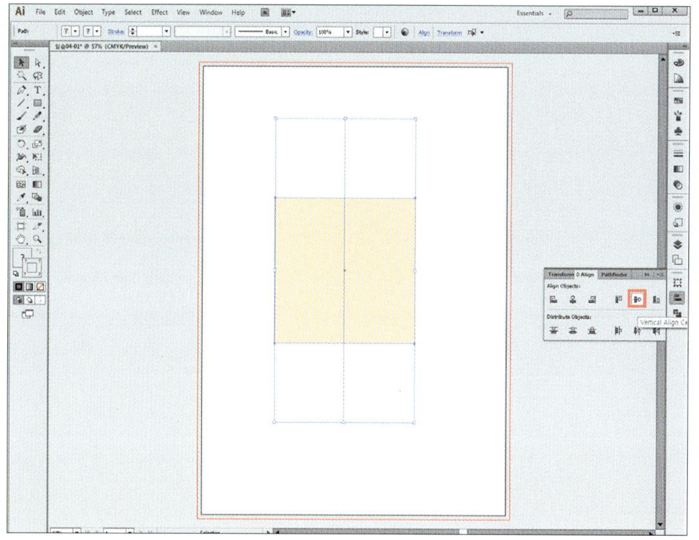 : Vertical Align Center (수직 중앙 정렬)'를 클릭하여 사각형 오브젝트와 선을 중앙 정렬합니다.

> **Tip**
> 수평 정렬은 Smart Guide에 의해 정렬되었기 때문에 정렬 패널에서 수평 정렬을 하지 않아도 됩니다.

06 Selection Tool(선택 도구)로 수직선만 선택한 후 Rotate Tool(회전도구)을 두 번 더블 클릭하여 'Rotate' 대화상자를 엽니다.

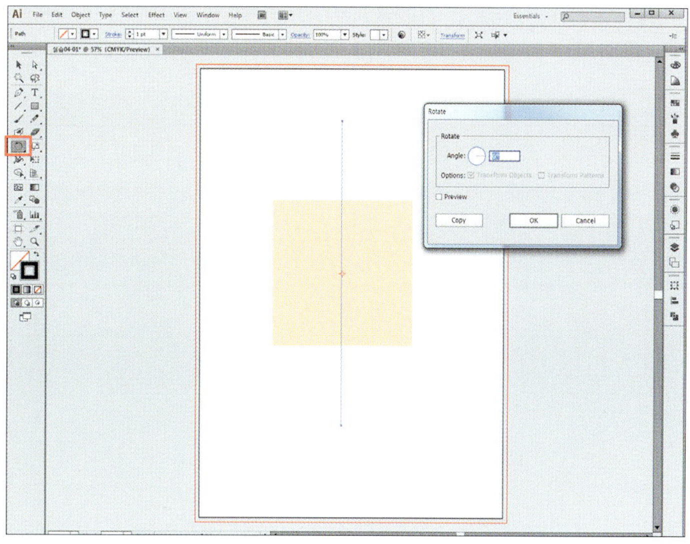

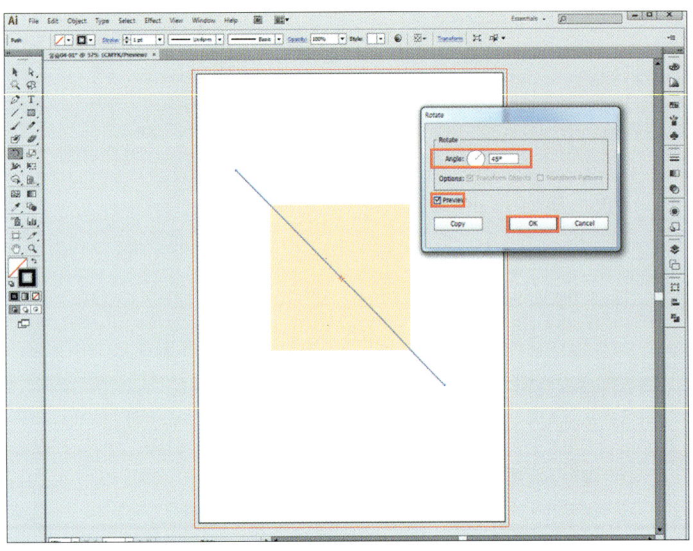

07 'Rotate' 대화상자에서 Angle-45°, Preview(미리보기)를 체크하여 확인 후 **OK** 합니다.

참고 일러스트레이터 프로그램은 시계 반대 방향이 '+' 값이고, '−'는 시계 방향 값 입니다.

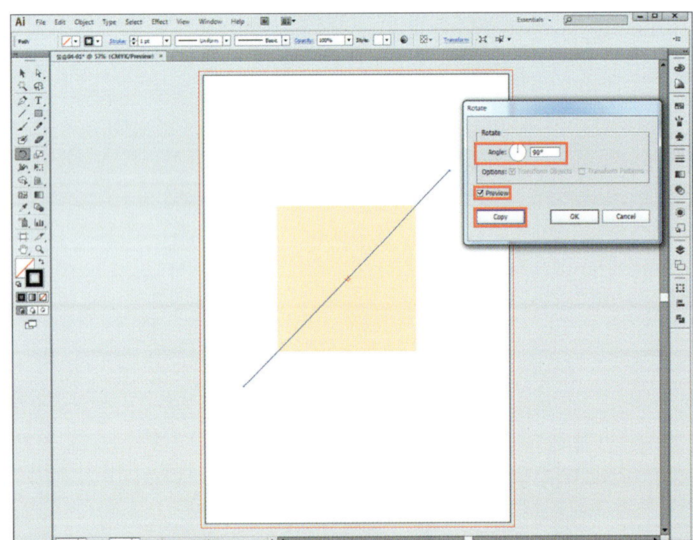

08 Rotate Tool(회전 도구)을 다시 더블 클릭하여 대화 상자가 열리면 Angle-90°, Preview(미리보기)는 체크 박스를 클릭하여 해제한 후 다시 클릭하여 체크해 보고 확인한 다음, **Copy** 를 클릭합니다.

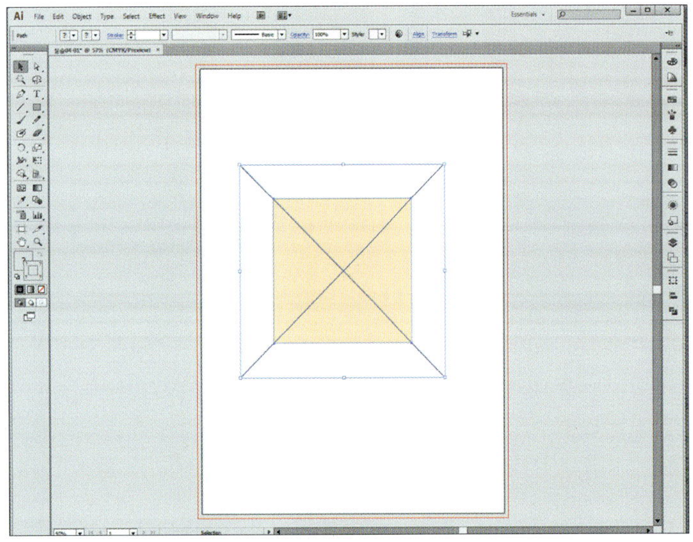

09 Selection Tool(선택 도구)로 드래그하여 오브젝트 전체를 선택합니다.

10 [Window]−[Pathfinder:패스파인더]를 클릭합니다.

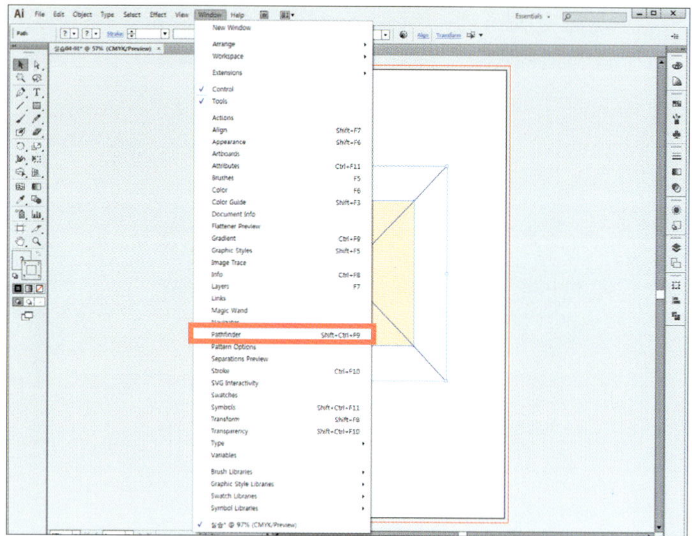

11 [Pathfinder] 패널에서 Pathfinders − Divide(디바이드) : 나누기를 클릭합니다.

참고 Divide는 면을 분할할 때 사용합니다.

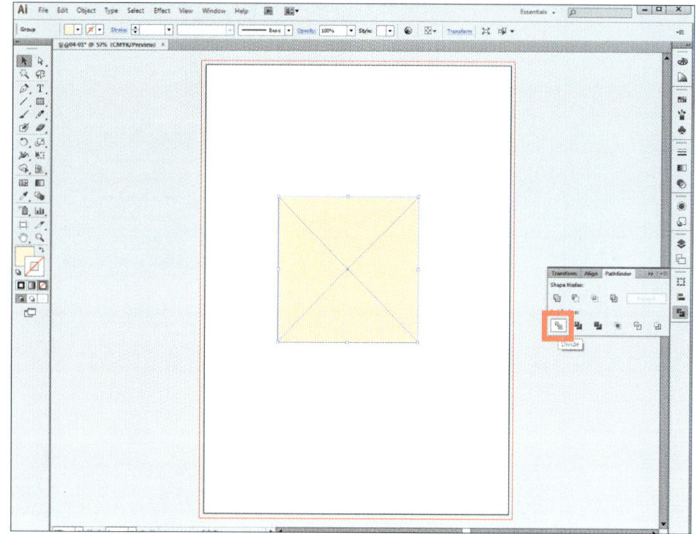

12 Fill Color(면 색상)를 바꾸기 위해 사각형 오브젝트를 두 번 더블 클릭하여 좌측 상단에 'Layer : 레이어 − Group : 그룹'의 편집 모드로 들어 오게 됩니다. Selection Tool로 분할된 위쪽 삼각형을 클릭하고 아래쪽 삼각형은 Shift 키를 누르고 클릭하여 면 색상을 C : 0, M : 42%, Y : 72%, K :12%를 지정합니다.

참고 Layer는 복잡한 요소를 분리 작업해 줌으로써 편리하게 작업하게끔 도와 줍니다. 일러스트레이터에서는 모든 개체 요소들을 레이어안에서 Sub Layer로 자동 분리해 줍니다.

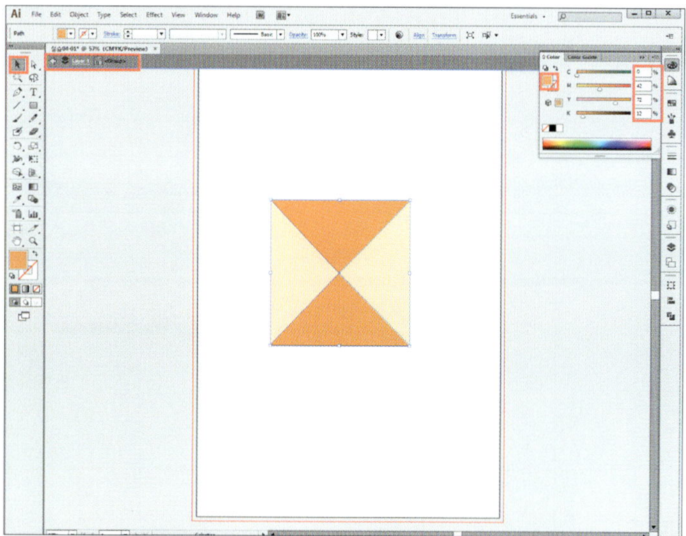

13 Rectangle Tool(사각형 도구)을 클릭 후 사각형 오브젝트 중앙에 마우스 커서를 올리고 [Alt] + [Shift] 키를 누른 후 드래그 합니다. 면 색상은 C : 0, M : 17%, Y : 36%, K : 26%를 지정합니다.

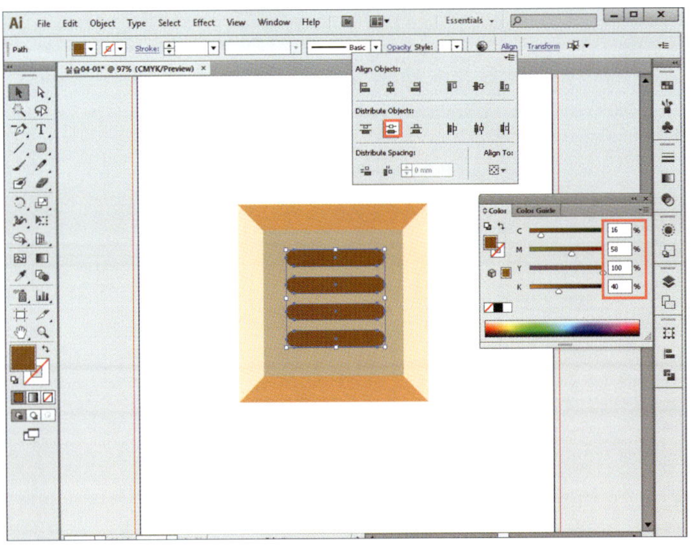

14 Rounded Rectangle Tool(둥근 모서리 사각형 도구)을 클릭 후, 면 색상은 C : 16% M : 58 Y : 100% K : 40%를 지정합니다. Rounded Rectangle Tool로 드래그하여 오브젝트를 한 개 그린 후 Selection Tool(선택 도구)로 [Alt] 키를 누른 상태에서 아래쪽으로 드래그하여 3개를 복사합니다. 오브젝트간의 간격을 맞추기위해 [Shift] + [F7]을 눌러 [Align:정렬] 패널을 열어 줍니다. Distribute Object: 을 클릭하여 오브젝트간을 일정한 간격으로 맞춥니다.

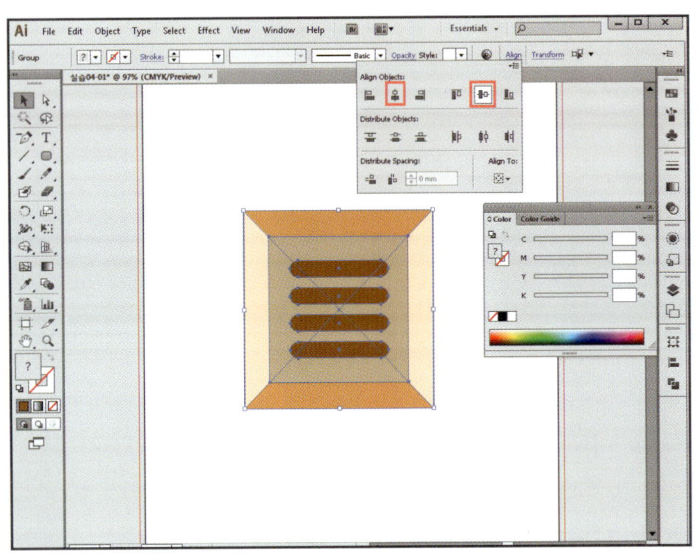

15 둥근 모서리 사각형 4개를 모두 선택 후 [Ctrl] + [G]로 그룹으로 지정한 뒤, 오브젝트 전체를 드래그하여 모두 선택 후 [Align] 패널에서 : Horizontal Align Center(가운데 수평 정렬)과 : Vertical Align Center(가운데 수직 정렬)을 클릭하여 중앙 정렬해 준 다음 완성합니다.

[Pathfinder] 패널 기능 알아보기

패스파인더를 활용하면 다양한 모양의 새로운 오브젝트를 만들 수 있습니다. 면을 합치거나 빼거나 면을 분할하는 기능들이 있어 다양한 형태를 만들 수 있습니다.
패스파인더 패널 열기는 메뉴 [Window]-[Pathfinder]에서 클릭하면 열립니다.

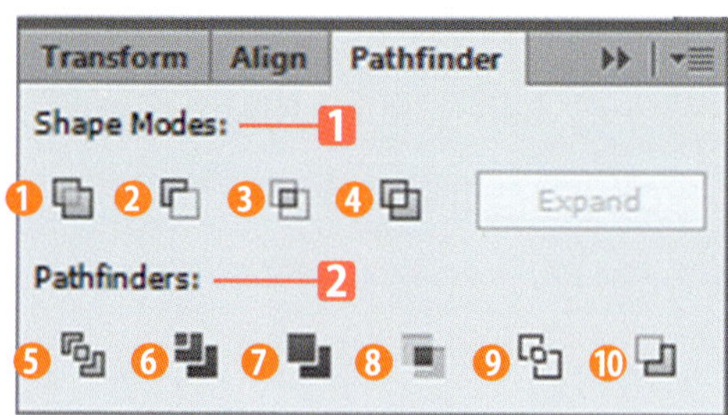

1 Shape Modes

1 Unite : 두 개 이상의 오브젝트를 합칩니다. 맨 위쪽의 오브젝트 Fill과 Stroke 색상으로 합칩니다.

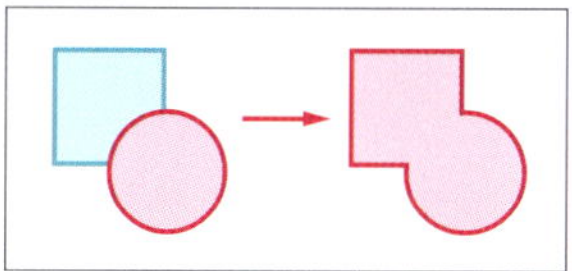

2 Minus Front : 첫 번째 오브젝트를 제외한 나머지 오브젝트가 제거됩니다.

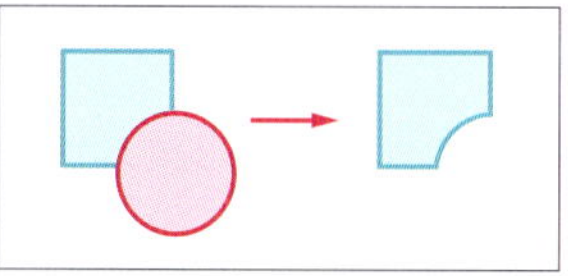

3 Intersect : 겹쳐진 오브젝트의 공통 영역만 남깁니다.

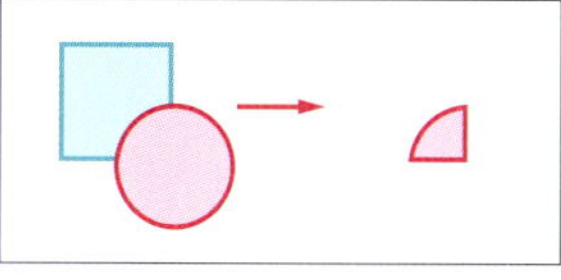

4 Exclude : 겹쳐진 오브젝트의 공통 영역이 아닌 부분만 남깁니다. 맨 위쪽의 오브젝트 Fill과 Stroke 색상으로 합칩니다.

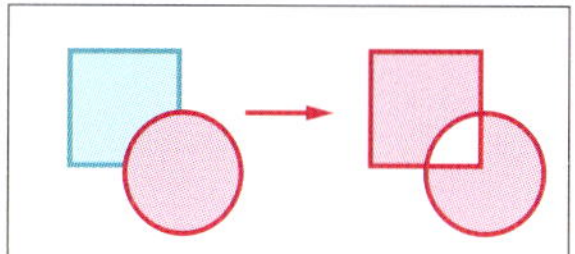

2 Pathfinders

5 Divide : 오브젝트들의 겹친 부분을 나눕니다.

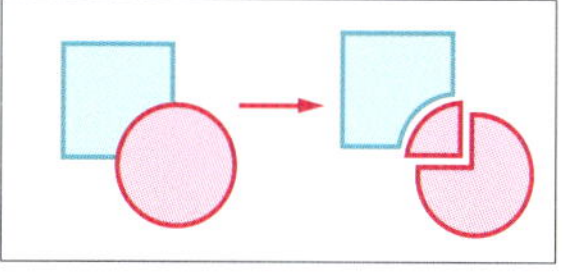

6 Trim :보이는 오브젝트의 겹친 부분만 나뉩니다.

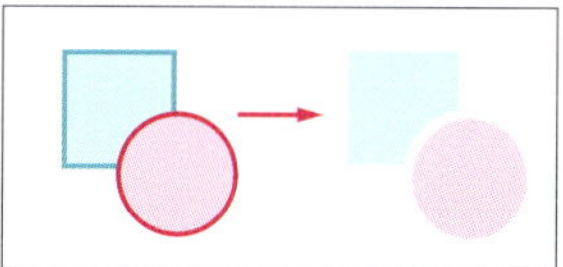

7 Merge : 같은 색상 오브젝트끼리 합쳐 줍니다.

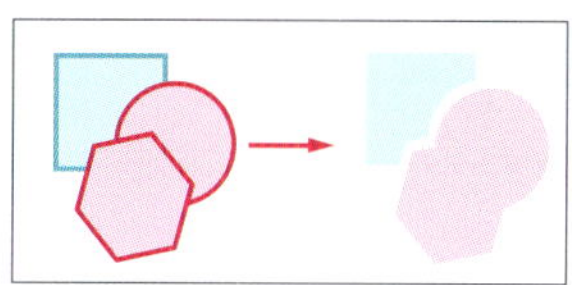

8 Crop : 맨 위쪽 오브젝트안에 겹쳐진 오브젝트만 남깁니다.

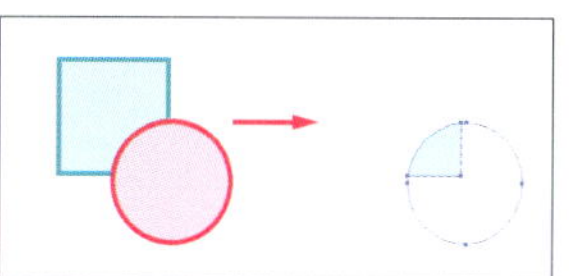

9 Outline : 원래의 오브젝트 선 색상은 없어지고 면 색상이 선 색상으로 전환됩니다. Outline으로 전환되었을때 선 두께는 0pt입니다.

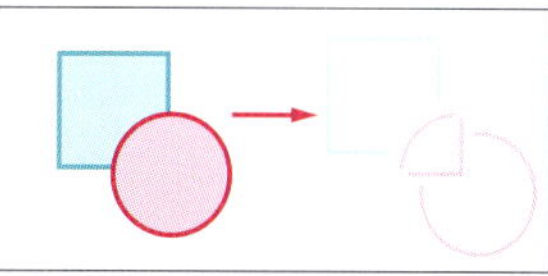

10 Minus back : 맨 위쪽의 겹치지 않은 영역만 남깁니다.

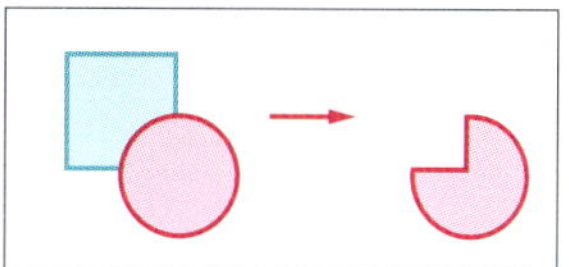

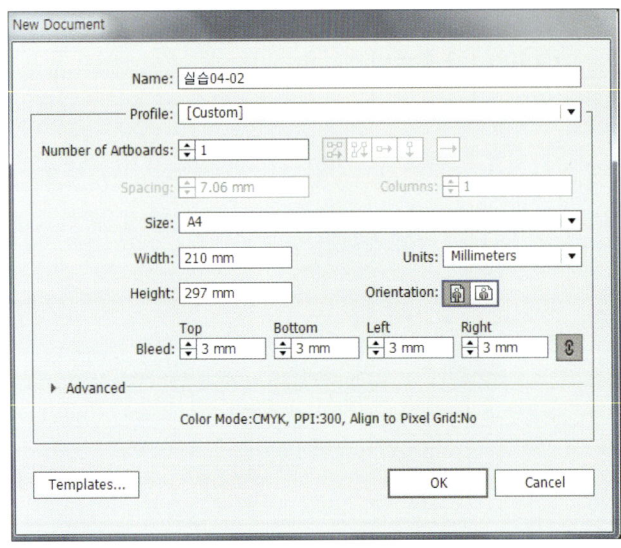

01 [File]-[New]를 클릭하면 New Document(새 문서) 대화상자가 열립니다. Name : 실습04-02, Number of Artboard : 1, Size : A4, Units : Millimeters, Orientation : Portrait(세로 방향), Bleed : Top-3mm, Bottom-3mm, Left-3mm, Right-3mm를 입력 후 OK 를 클릭합니다.

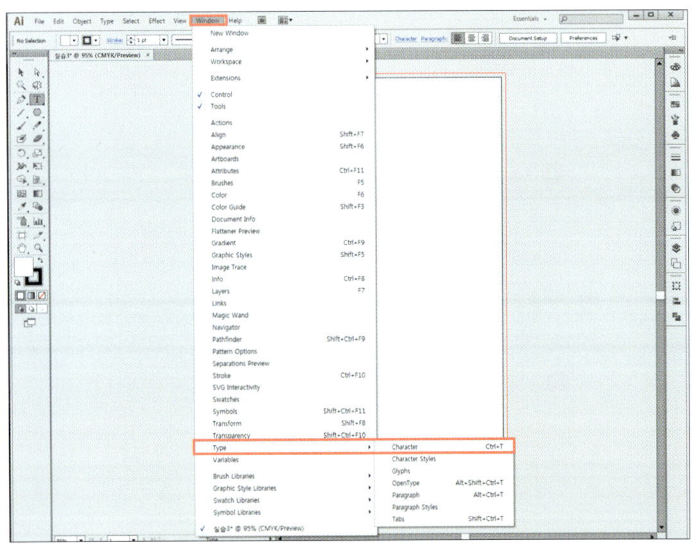

02 도구 상자에서 'Type Tool(문자도구)'을 선택한 다음 [Window]-[Type :유형]-[Character : 문자]를 클릭합니다.

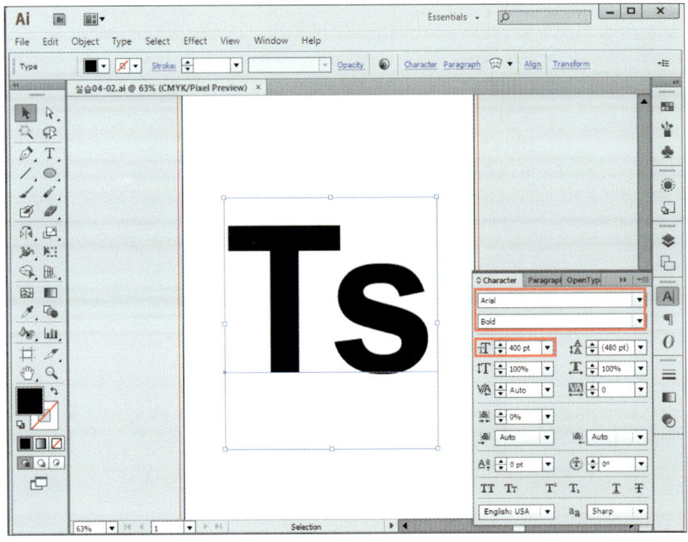

03 Character 패널에서 Font Family(글자 모양)-Arial Bold, Font Size(폰트 크기)-400pt로 지정합니다. 글자 색상은 Type Tool로 문서를 클릭하면 Fill-Black, Stroke-None으로 자동 설정됩니다.

04 Type Tool(문자도구)로 'T'를 드래그하여 블록화하여 선택 후 Fill 색상은 C-60%, M-0%, Y-100%, K-0%으로 지정합니다.

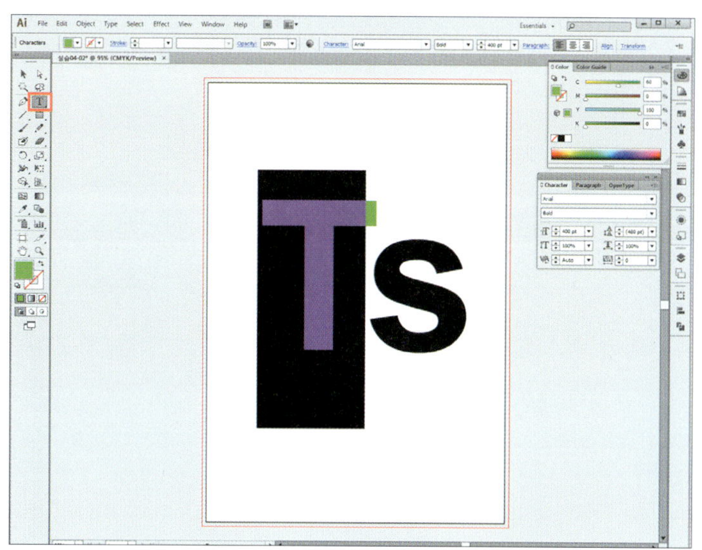

05 Type Tool로 's'를 드래그하여 블록화하여 선택 후 Fill 색상은 C-72%, M-78%, Y-0%, K-0%로 지정합니다.

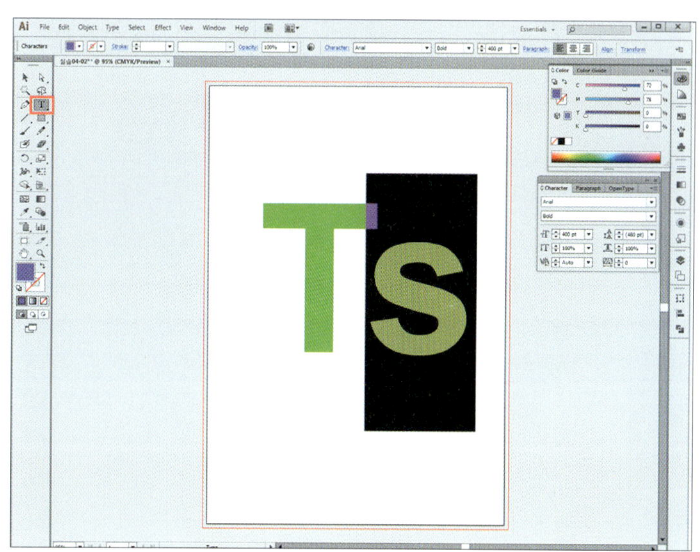

06 [Type]-[Create Outline]을 클릭합니다.

> **Tip**
> Pathfinder(패스파인더)를 적용하려면 문자 외곽선을 Create Outline(윤곽선)으로 만들어야 합니다.

참고 인쇄 작업시 출력소에 일러스트레이터 파일(ai)로 저장하여 가져갑니다. 이때 문자는 반드시 윤곽선을 만든 후 출력합니다.

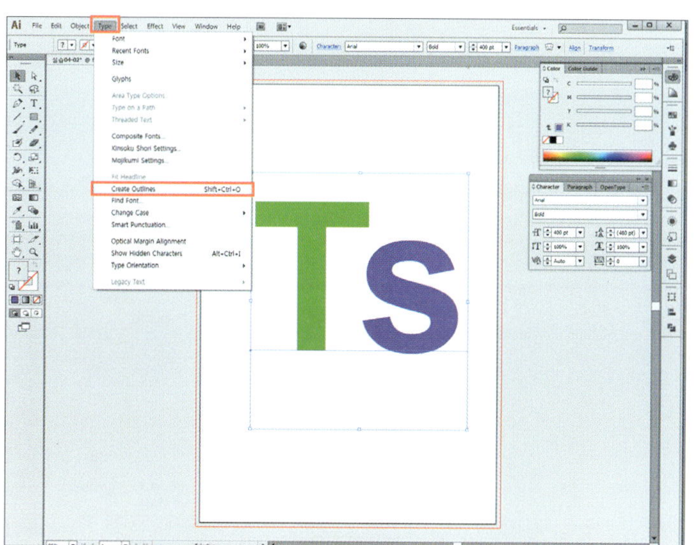

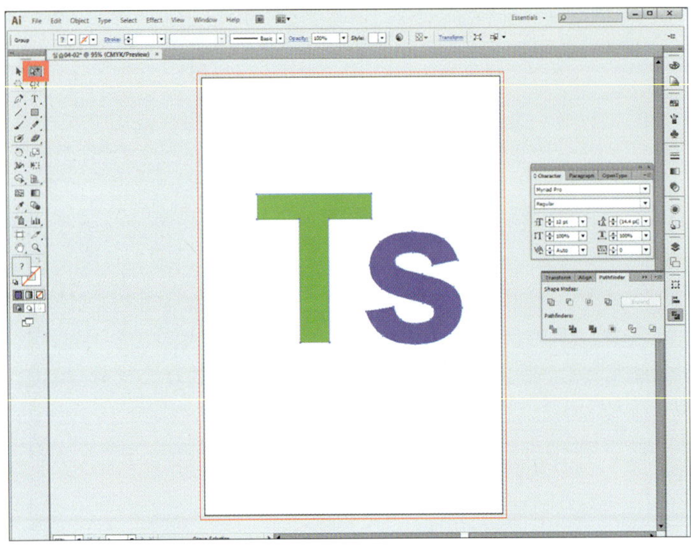

07 문자의 윤곽선이 만들어진 후 도구 상자에서 'Group Selection Tool(그룹 선택 도구)'을 클릭합니다.

참고 [Type]-[Create Outline]하게되면 문자 오브젝트들은 그룹화됩니다. Selection Tool로 오브젝트를 선택할 경우 오브젝트들이 모두 선택되므로 오브젝트 위에서 두 번 더블 클릭하여 Layer-Group 편집 모드에서 개별 선택할 수 있습니다.

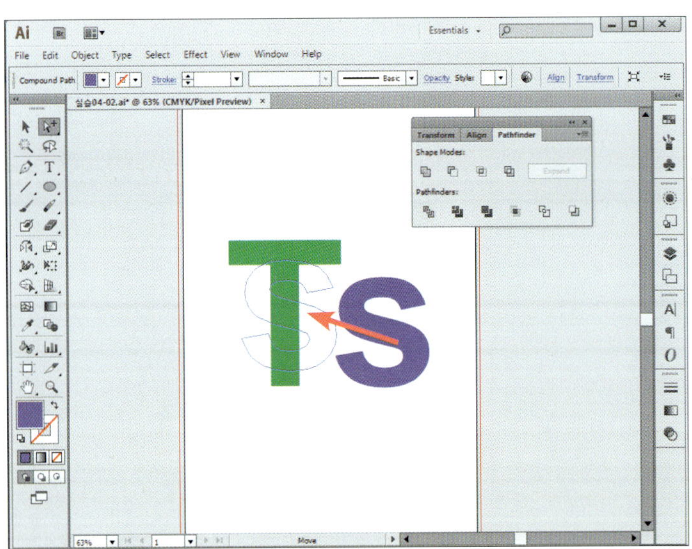

08 'Group Selection Tool(그룹 선택 도구)'로 's'를 선택 후 'T'위로 드래그하여 이동합니다.

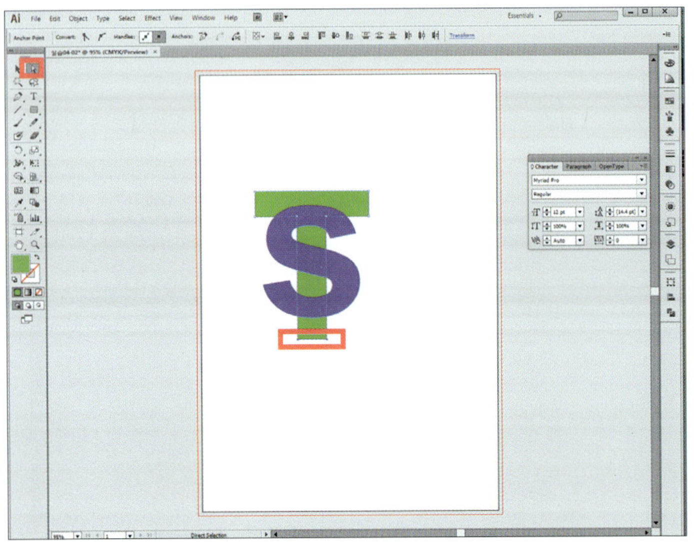

09 Direct Selection Tool(직접 선택 도구)로 'T' 아래쪽을 드래그하여 두 개의 정점(Anchor Point)을 선택합니다.

참고 Direct Selection Tool(직접 선택 도구)은 모양을 수정하는 도구입니다.

10 Direct Selection Tool(직접 선택 도구)로 선택된 정점(Anchor Point)을 드래그하여 아래쪽으로 이동합니다.

Tip
[View]–[Smart Guide]를 체크 후 사용하면 Shift 키를 누르지 않더라도 수평, 수직 방향으로 이동됩니다.

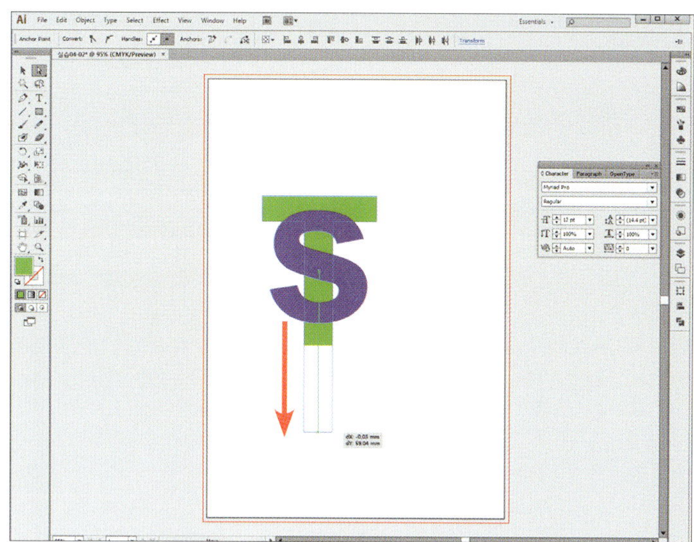

11 Direct Selection Tool(직접 선택 도구)로 's' 안쪽을 클릭한 후 아래쪽으로 이동합니다. 오브젝트 바깥쪽에서 드래그하여 전체 오브젝트를 선택합니다.

Tip
Direct Selection Tool(직접 선택 도구)로도 오브젝트 안쪽을 클릭하거나 바깥쪽에서 전체를 드래그하면 오브젝트 전체를 선택할 수 있습니다.

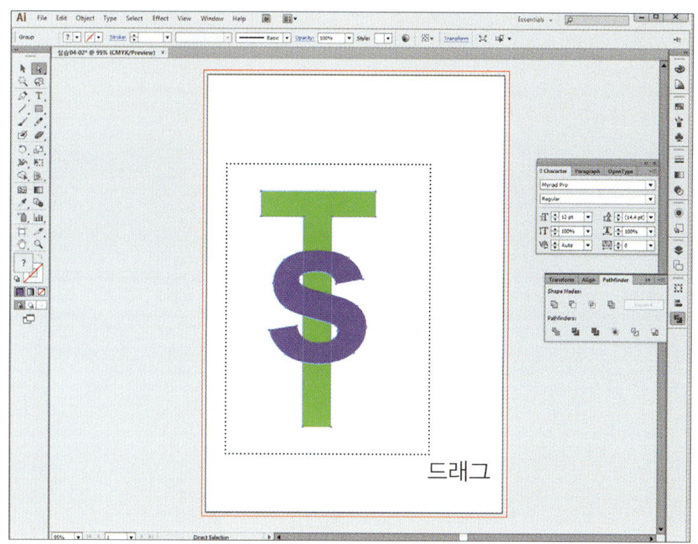

12 Shift + Ctrl + F9 를 눌러 Pathfinder(패스파인더) 패널을 열어줍니다. Pathfinder(패스파인더) 패널에서 Pathfinders–Divide를 눌러 면을 각각 나눕니다.

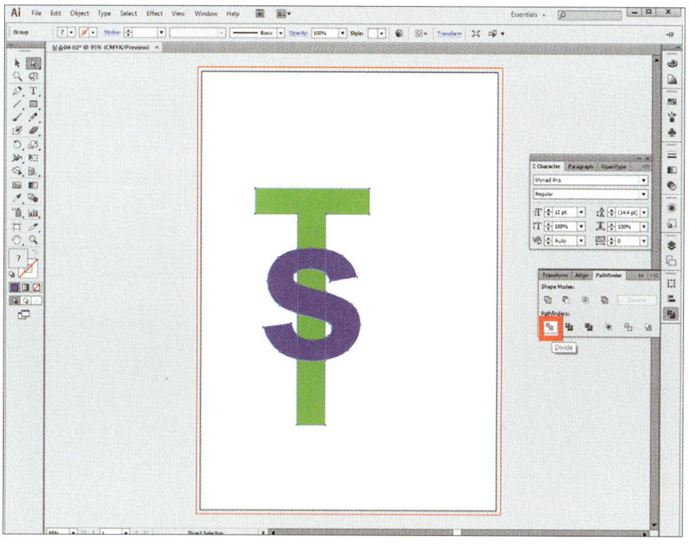

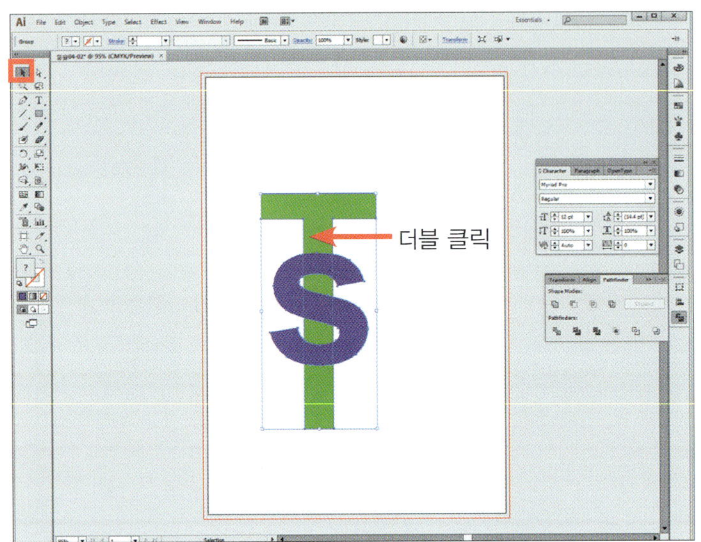

13 Selection Tool(선택 도구)을 클릭 후 선택된 오브젝트 위를 두 번 더블 클릭합니다.

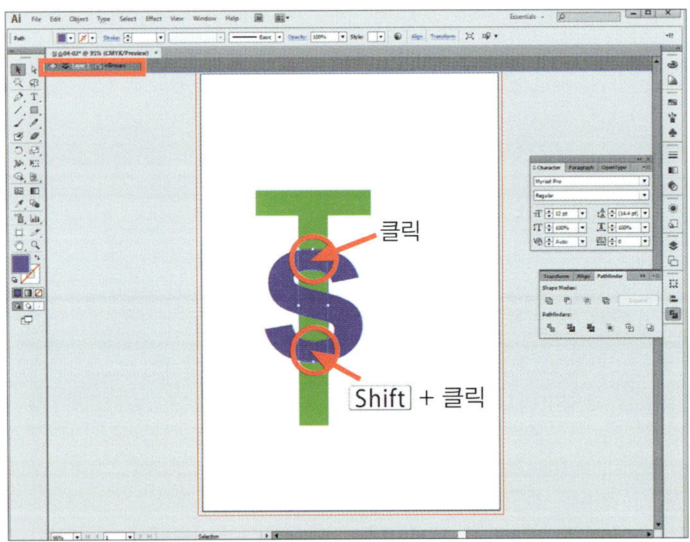

14 's'의 위쪽 오브젝트를 클릭하고 아래쪽 오브젝트는 Shift 키를 누르고 클릭합니다.

15 Eyedropper Tool(스포이드 도구)을 클릭한 후 'T'를 클릭하면 선택한 오브젝트 색상이 'T'와 같은 연두색(Green)으로 바뀝니다.

16 'T'의 연두색만 선택하여 Pathfinder 패널의 Shape Mode-Unite를 클릭하여 합칩니다. 문서의 좌측 상단 탭의 'Layer' 제목 앞 화살표를 눌러 편집 모드를 해제합니다.

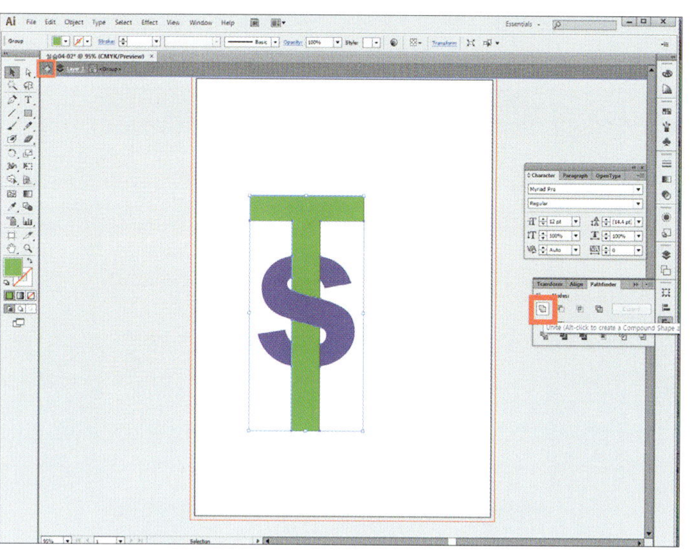

선택 도구 종류에 대해 알아보기

일러스트레이터 프로그램에서 사용하는 선택 도구 종류와 활용법에 대해 알아 보겠습니다.

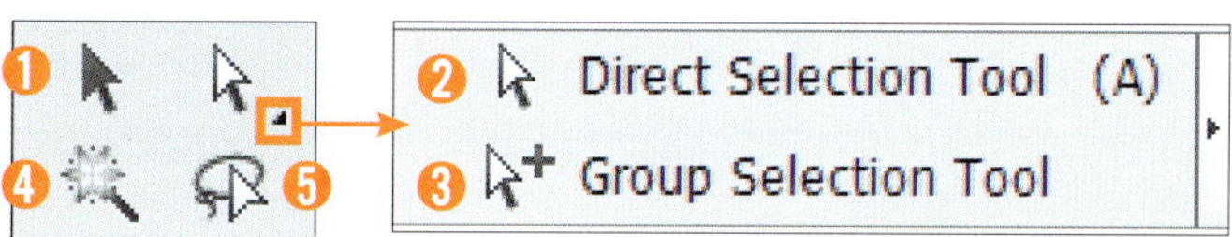

❶ Selection Tool(선택 도구) : 오브젝트를 클릭 또는 드래그하여 정점(Anchor Point)을 모두 선택한 후 오브젝트를 이동합니다. 복사시에는 단축키 Alt 를 누른 상태에서 드래그할 경우 오브젝트를 이동합니다.

❷ Direct selection Tool(직접 선택 도구) : 정점(Anchor Point)을 선택하여 이동하거나 방향키의 길이와 각도를 조절하여 모양을 수정합니다.

❸ Group Selection Tool(그룹 선택 도구) : 그룹 내의 개체와 그룹을 선택합니다.

❹ Magic Wand Tool(마술봉 도구) : 오브젝트를 클릭하여 색상, 선 두께, 선 색상, 불투명도 또는 혼합 모드가 같은 오브젝트를 선택할 수 있습니다.

❺ Lasso Tool(올가미 도구) : 오브젝트의 전체 또는 일부 주위를 드래그하여 오브젝트, 고정점 또는 패스 선분을 선택할 수 있습니다.

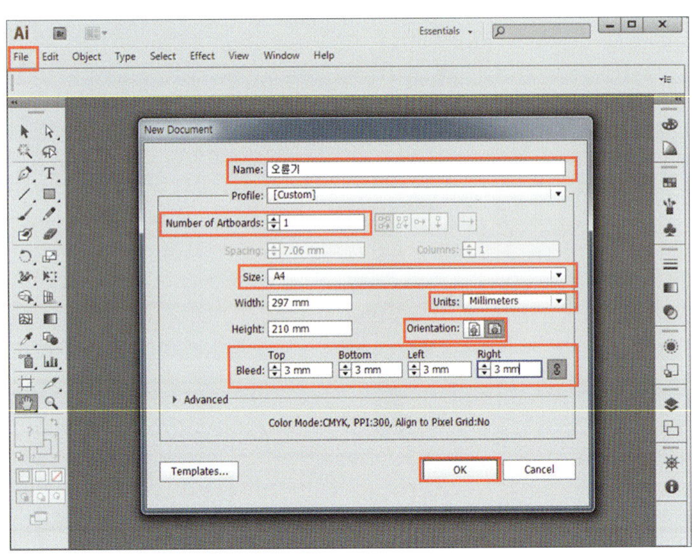

01 [File]-[New]를 클릭하면 New Document(새 문서) 대화상자가 열립니다. Name : 오륜기, Number of Artboard : 1, Size : A4, Units : Millimeters, Orientation : Landscape( ) 가로 방향), Bleed : Top-3mm, Bottom-3mm, Left-3mm, Right-3mm를 지정 후 OK 합니다.

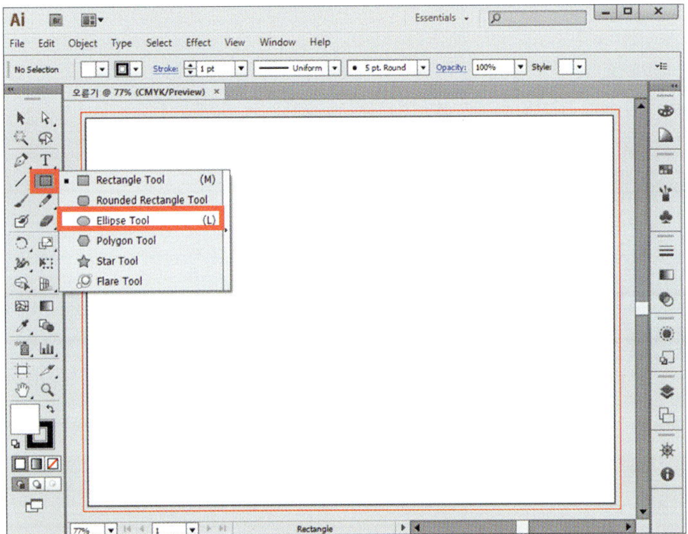

02 Tool Box(도구 상자)에서 도형 도구 중 Ellipse Tool(타원 도구)을 클릭합니다.

TIP
각 도구들의 숨겨진 도구(Sub Tool) 상자를 열 때는 도구 오른쪽 하단의 검정색 화살표를 마우스로 누르면 열립니다.

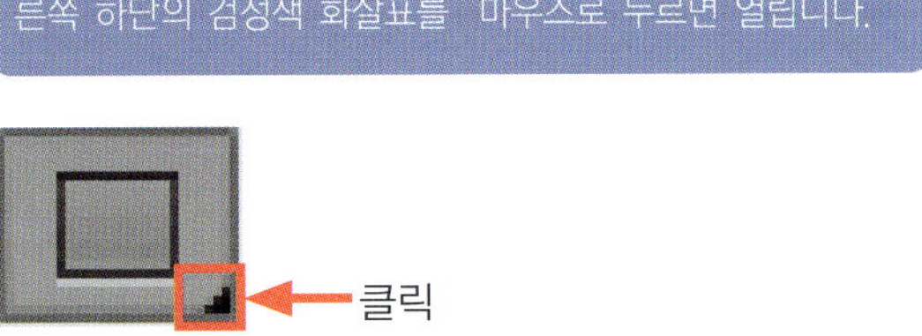

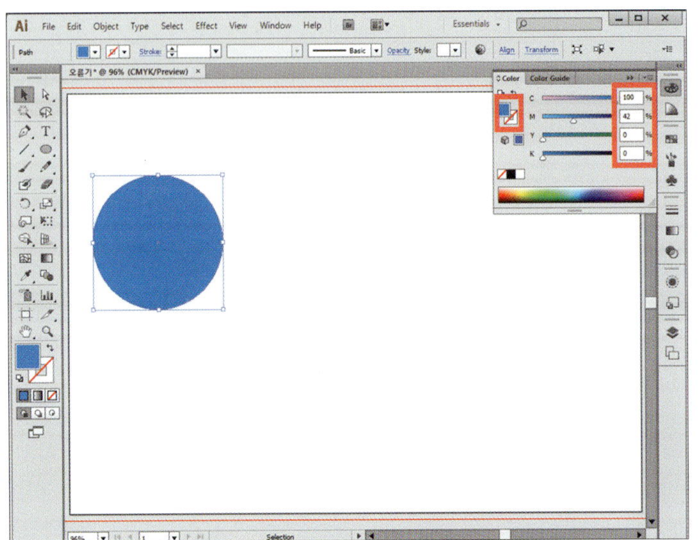

03 Fill Color(면 색상)는 C:100%, M:42%, Y:0%, K:0%로 지정한 후 문서 위에서 단축키 Shift 를 누르고 드래그하면 정원이 그려집니다.

TIP
Shift 키는 정원, 정사각형을 그릴 때 사용합니다.

04 Alt + Shift 키를 누르고 드래그하여 안쪽의 작은 정원을 하나 더 그립니다.

> Tip
> Alt 키는 도형의 중심점을 가운데 지정할 때 사용합니다.

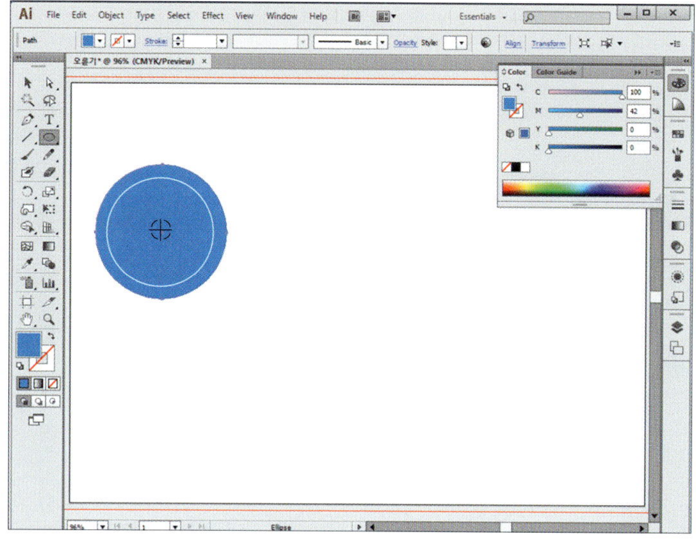

05 Selection Tool(선택 도구)로 드래그하여 두 개의 정원을 모두 선택 후 메뉴 [Window]-[Pathfinder]를 클릭하여 패널을 열어 줍니다.

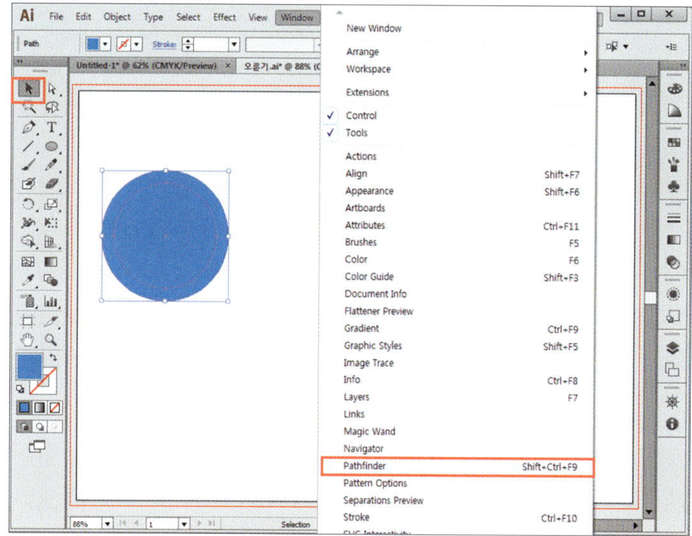

06 [Pathfinder] 패널에서 'Minus Front ⬚ '를 클릭하면 맨 위쪽 정원이 제거되면서 테두리 형태가 만들어집니다.

> 참고 [Pathfinder] 패널의 'Exclude : ⬚ '를 사용하여도 결과는 같습니다.

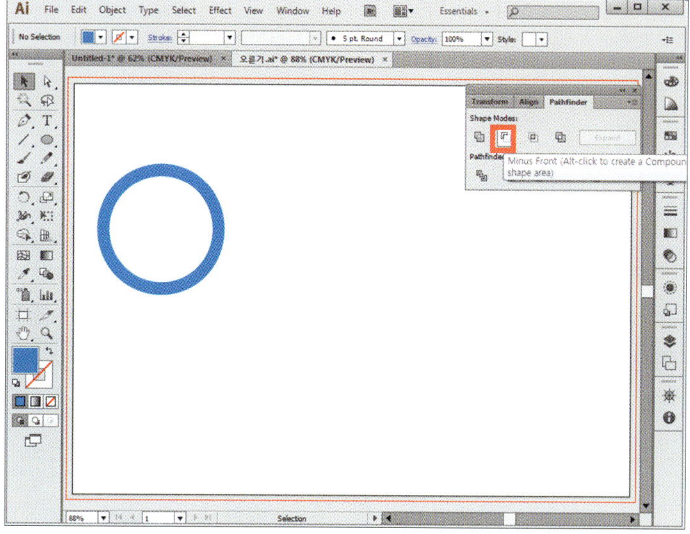

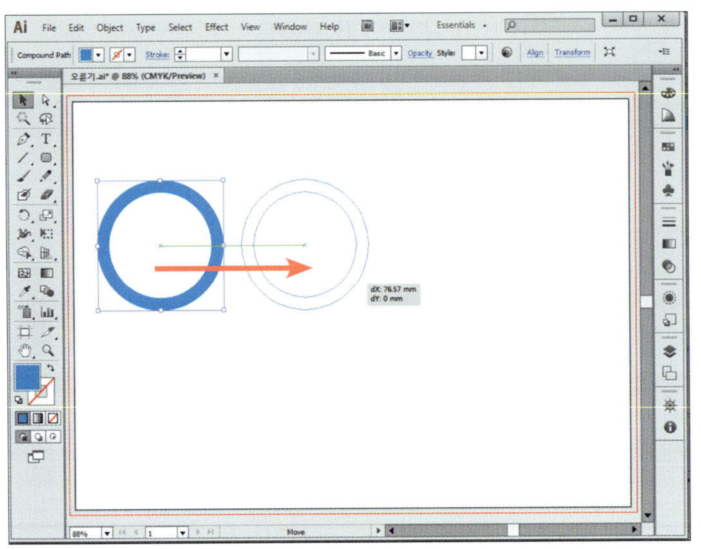

07 Selection Tool(선택 도구)로 **Alt** 키를 누르고 드래그합니다. [View]-[Smart Guides : 고급 안내선]를 체크해 놓으면 **Shift** 키를 누르지 않더라도 그린색 선을 따라가면서 수평으로 이동할 수 있습니다.

> **참고** Smart Guides는 출력되는 선은 아니지만 작업 시 활용하기 편리합니다. Smart Guides 색상은 [Edit]-[Preference : 환경설정]-[Smart Guides]에서 바꿀 수 있습니다.

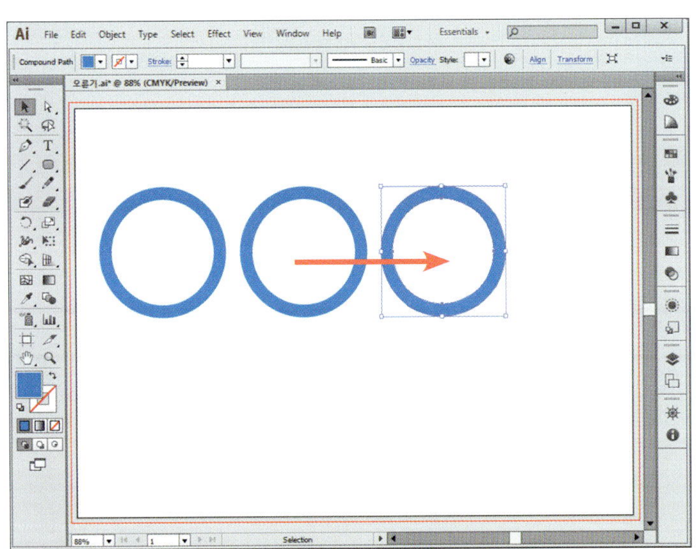

08 복사 후 선택된 두 번째 오브젝트를 **Alt** 키를 누르고 오른쪽 수평 방향으로 하나 더 복사합니다.

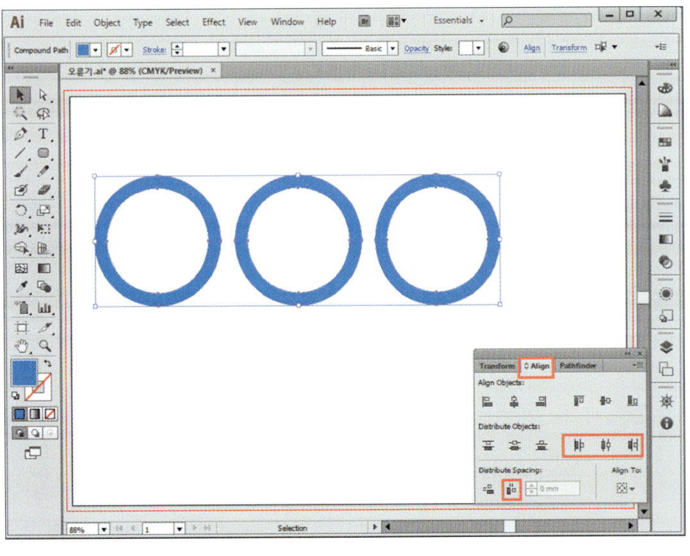

09 [Window]-[Align]을 클릭합니다. 오브젝트 간격을 조절하기 위해 세 개의 오브젝트를 모두 선택 후 [Align : 정렬]에서 Distribute(배열) Object 중 세로(vertical) 방향( ) 중 하나를 클릭하여 간격을 맞춥니다.

> **참고** Distribute Spacing(오브젝트 간격 조절)에서 Horizontal Distribute Object(오브젝트 가로 방향 간격 조절)를 사용해도 오브젝트 간격을 조절할 수 있습니다.

[Align : 정렬] 패널 알아보기

Align은 오브젝트의 일정한 배열 및 정확한 간격을 조절할 때 사용합니다.
[Align] 패널을 열기할 경우 [Window]–[Align] 또는 Control Bar(조절바)에서 Align 버튼을 클릭하면 Align 패널이 열립니다.

〈Align 패널〉

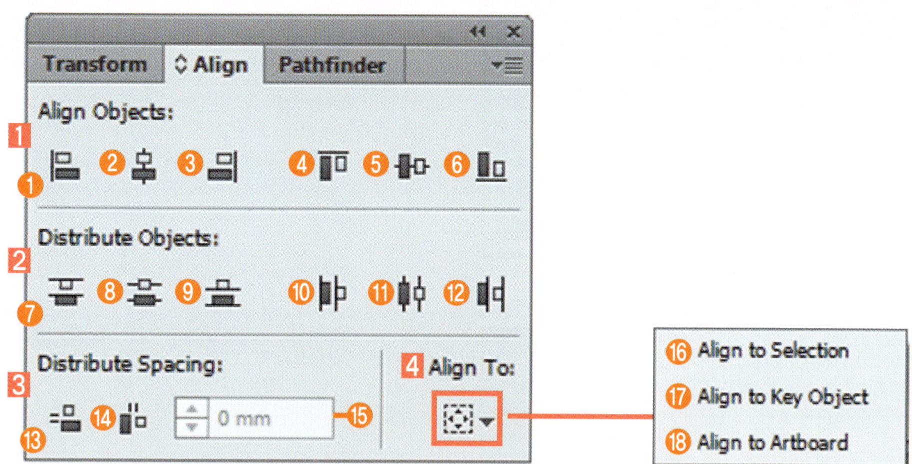

1 Align Objects : 두 개 이상의 오브젝트를 정렬합니다.

❶ Horizontal Align Left : 가로 방향 왼쪽 기준으로 정렬합니다.

❷ Horizontal Align Center : 가로 방향 가운데 기준으로 정렬합니다.

❸ Horizontal Align Right : 가로 방향 오른쪽 기준으로 정렬합니다.

❹ Vertical Align Top : 세로 방향 위쪽 기준으로 정렬합니다.

❺ Vertical Align Center : 세로 방향 가운데 기준으로 정렬합니다.

❻ Vertical Align Bottom : 세로 방향 아래쪽 기준으로 정렬합니다.

2 Distribute Objects : 세 개 이상의 오브젝트를 배열합니다.

❼ Vertical Distribute Top : 세로 방향으로 위쪽 기준으로 배열합니다.

❽ Vertical Distribute Center : 세로 방향으로 가운데 기준으로 배열합니다.

❾ Vertical Distribute Bottom : 세로 방향으로 아래쪽 기준으로 배열합니다.

❿ Horizontal Distribute Left : 가로 방향으로 왼쪽 기준으로 배열합니다.

⓫ Horizontal Distribute Center : 가로 방향으로 가운데 기준으로 배열합니다.

⓬ Horizontal Distribute Right : 가로 방향으로 오른쪽 기준으로 배열합니다.

3 Distribute Spacing : 세 개 이상의 오브젝트 간격을 배열합니다.

⓭ Vertical Distribute Space : 세로 방향으로 오브젝트 간격을 배열합니다.

⓮ Horizontal Distribute Space : 가로 방향으로 오브젝트 간격을 배열합니다.

⓯ 오브젝트의 간격을 수치로 입력합니다.

4 Align To : 정렬 기준을 지정합니다.

⓰ Align to Selection : 선택한 오브젝트를 기준으로 정렬합니다.

⓱ Align to Key Object : 선택한 오브젝트들 중에서 정렬 기준이 될 오브젝트를 재 선택하여 재 선택된 오브젝트를 기준으로 정렬합니다.

⓲ Align to Artboard : 아트보드 기준으로 정렬합니다.

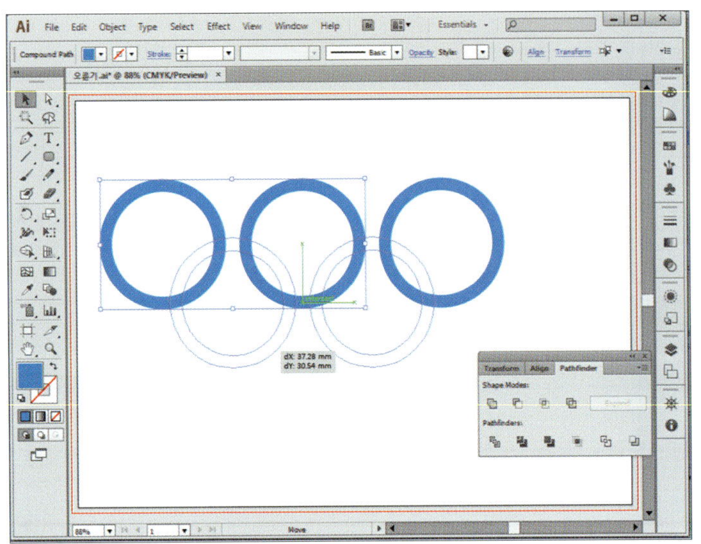

10 Selection Tool(선택 도구)로 왼쪽 두 개의 테두리 원을 선택 후 Alt 키를 눌러 아래쪽으로 드래그하여 복사합니다.

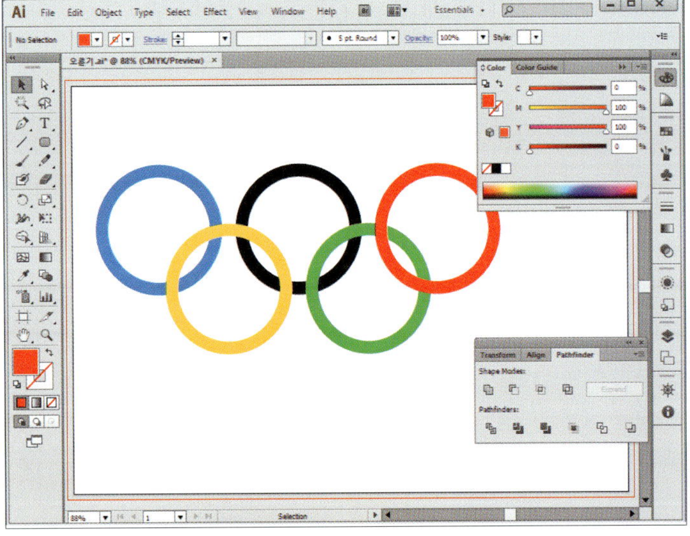

11 각 링 오브젝트를 선택하여 색상을 교체합니다.
검정색 링-K : 100%, 빨간색 링-C : 100%, M : 100%, 노랑색 링-M : 16%, Y : 100%, 초록색 링-C : 88%, Y : 100%로 지정합니다.

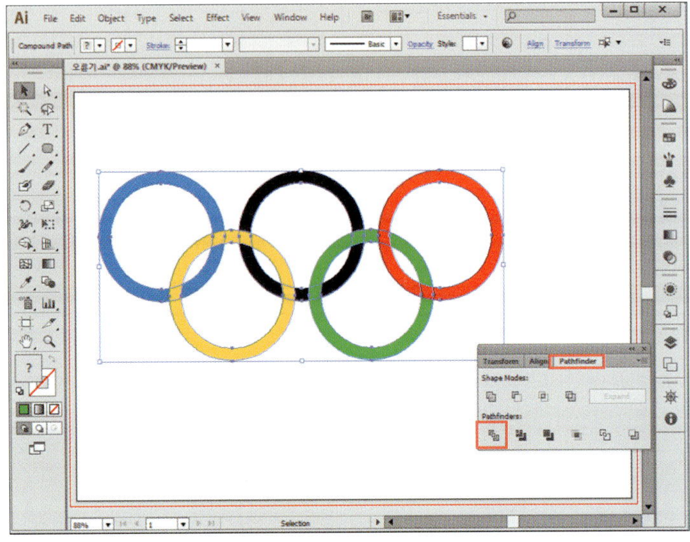

12 5개의 링을 모두 선택한 후 [Pathfinder]에서 ' : Divide'를 클릭하여 겹친 면들을 나눕니다.

Tip

[Pathfinder] 패널은 [Window]-[Pathfinder]에서 열어 줍니다.
모든 패널은 [Window] 메뉴에서 열기 또는 닫기합니다.

13 패스파인더로 그룹화된 오브젝트의 분리된 조각들을 선택하여 색상을 바꾸기 위해 오브젝트위에서 두 번 더블 클릭하여 편집 모드로 들어갑니다.

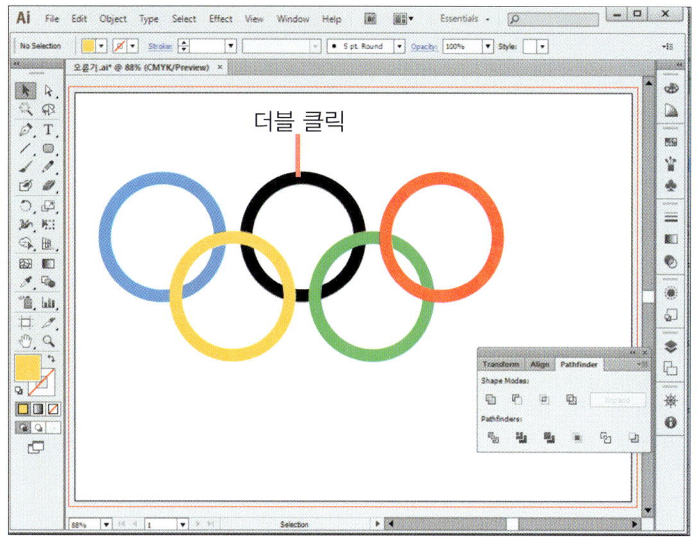

14 Layer1-Group 편집 모드로 들어가면 오브젝트 낱개 선택이 됩니다. 노랑색 오브젝트를 클릭하여 선택합니다.

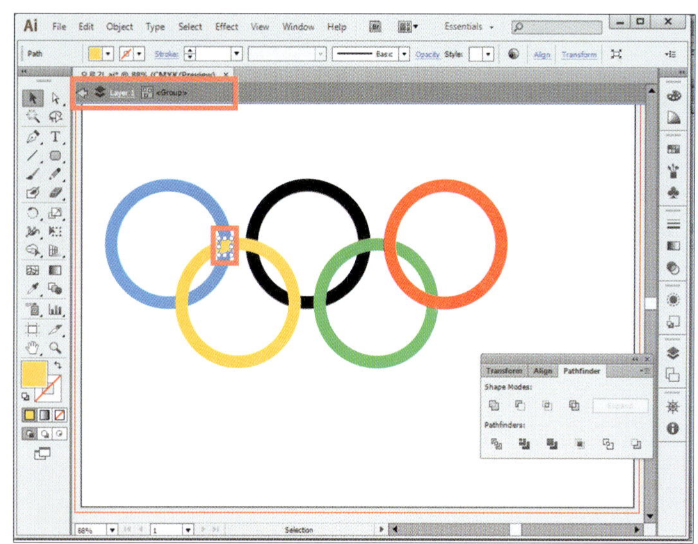

15 Eyedropper Tool(: 스포이드 도구)로 파랑색 링을 클릭하면 노랑색이 파랑색으로 바뀝니다. 각 조각들을 Selection Tool(선택 도구)로 클릭하여 선택 후 Eyedropper Tool로 ❶ – 검정색, ❸ – 검정색, ❸ – 초록색을 클릭합니다.

Tip

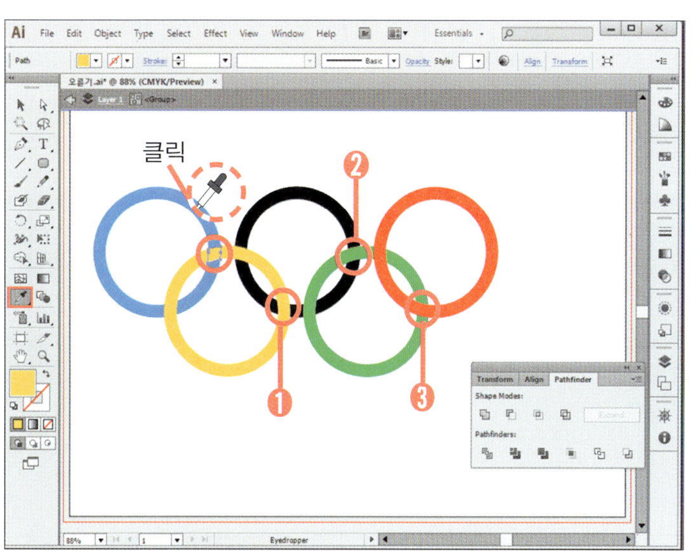

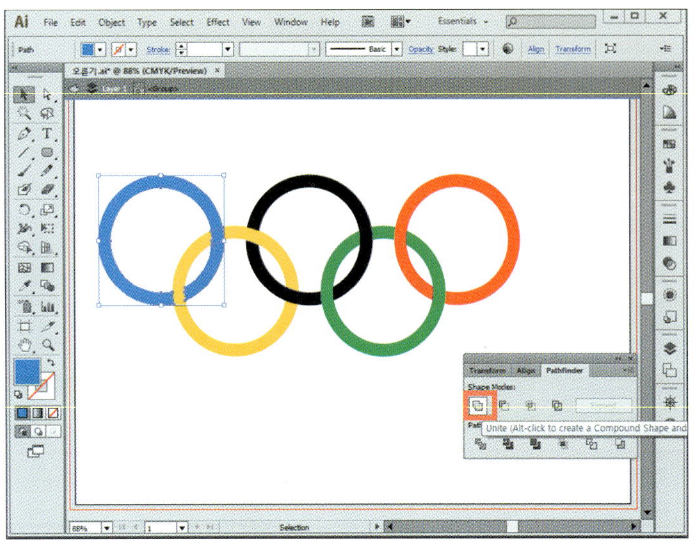

16 각 조각의 색상을 바꾼 다음, Magic Wand Tool(마술봉 도구)로 파란색을 클릭하여 파란색 오브젝트를 전부 선택해 줍니다. [Pathfinder] 패널에서 ⬜ : Unite(합치기)를 클릭하여 면을 한 개로 합쳐줍니다. 이와같은 방법으로 나머지 링도 같은 색상끼리 합쳐줍니다.

Tip

Pathfinder의 Merge(⬛)도 오브젝트를 합칩니다. Merge는 같은 색상의 오브젝트들을 합칩니다.

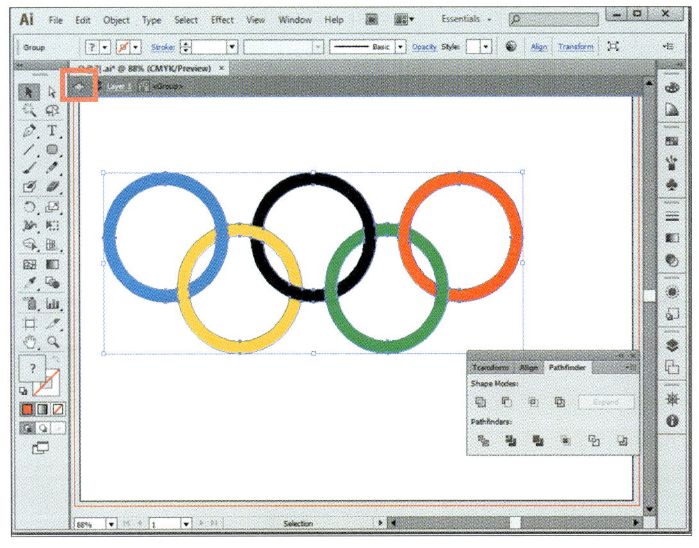

17 ◁ (Back one level) 화살표를 두 번 클릭하여 편집 모드에서 나옵니다.

18 문서 중앙으로 정렬하기 위해 오브젝트들을 모두 선택 후 [Align] 패널의 Align To : Align to Artboard를 클릭하여 아트보드 정렬 기준으로 지정 후 Align Objects : Horizontal Align Center(🔲)와 Vertical Align Center(🔲)를 클릭합니다. 아트보드 중앙에 배치 후 완성합니다.

01 [File]-[New]에서 Name : 태극마크, Number of Artboard : 1, Size : A4, Units : Millimeters, Orientation : Landscape(▤), Bleed / Top : 3mm, Bottom : 3mm, Left : 3mm, Right : 3mm로 지정 후 **OK** 합니다.

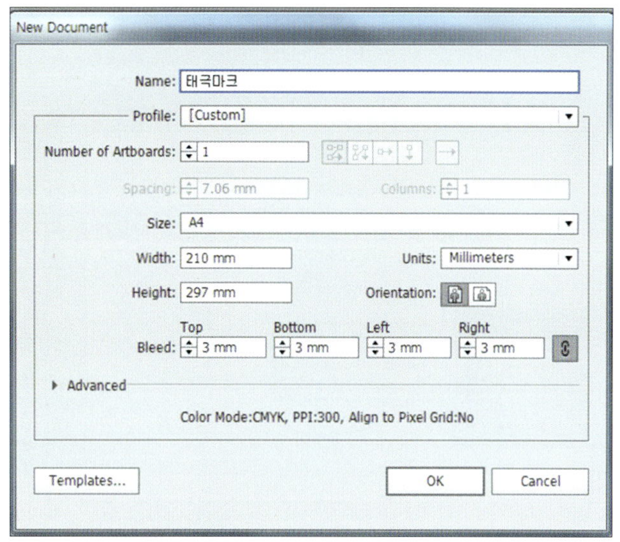

02 Tool Box(도구 상자)에서 Ellipse Tool(원형 도구)을 클릭합니다.

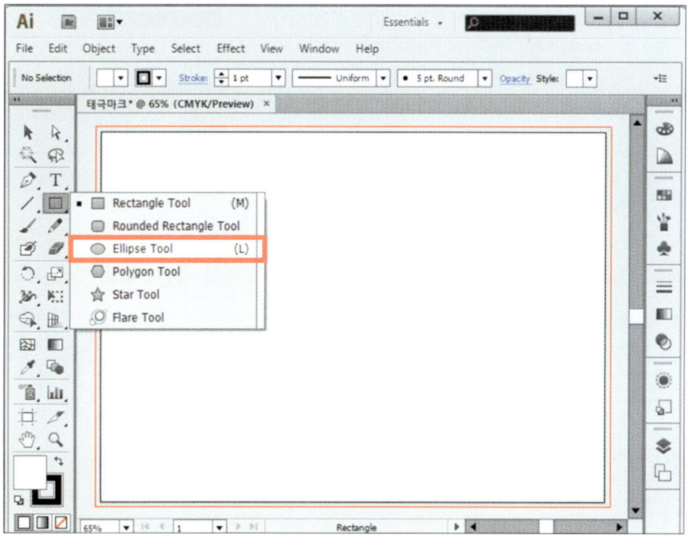

03 Fill-White(흰색), Stroke-Black (검정색)으로 지정된 상태에서 **Shift** 키를 누르고 드래그하여 정원을 그립니다.

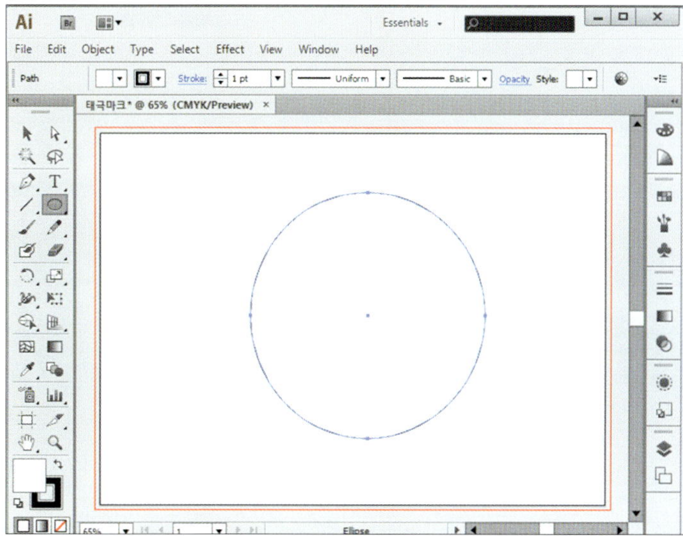

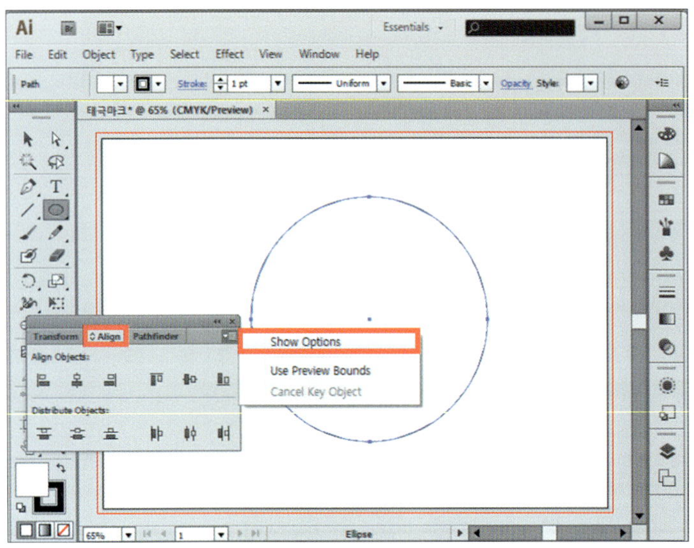

04 Shift + F7 을 눌러 [Align:정렬] 패널을 열어 줍니다. [Align] 패널의 드롭다운 메뉴(▼≣)를 클릭하여 나타난 메뉴 중 'Show Option'을 클릭하여 숨겨진 패널을 전부 보이게 펼칩니다.

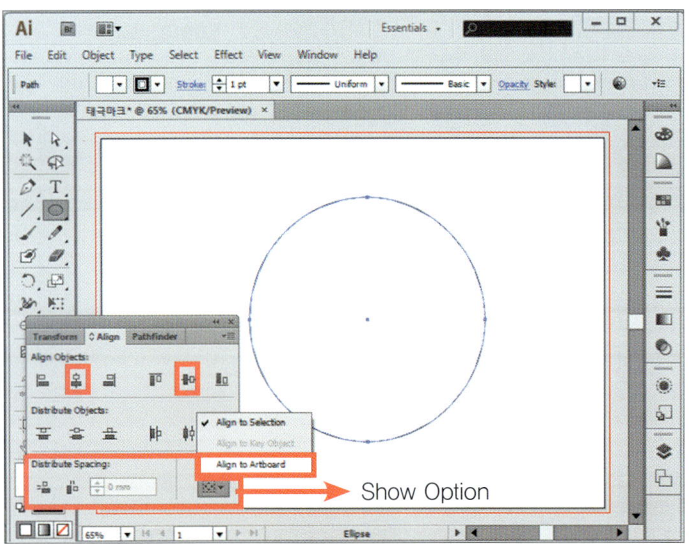

05 [Align] 패널의 옵션창이 열리면 Align To(정렬 기준)를 클릭하여 Align to Artboard를 클릭합니다. 원형 오브젝트를 선택 후 [Align] 패널의 Align Objects에서 Horizontal Align Center(🖬)와 Vertical Align Center(🖬)를 클릭하여 문서 중앙에 배열합니다.

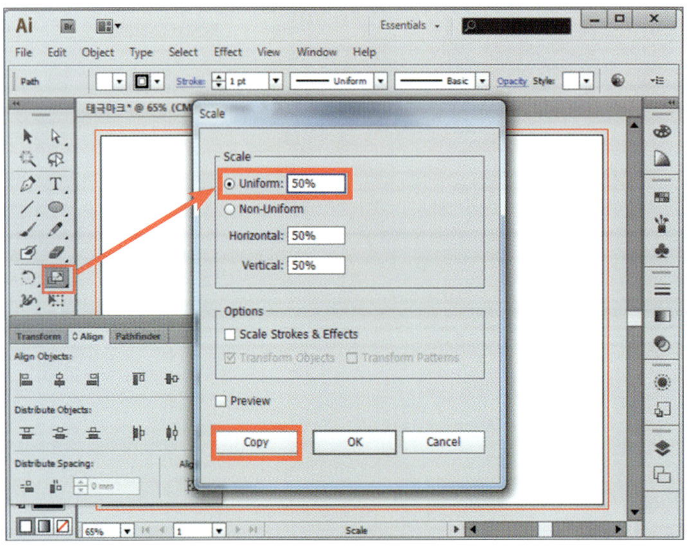

06 원형 오브젝트가 선택된 상태에서 Scale Tool(크기 조절 도구)을 두 번 더블 클릭하여 대화상자를 열어 줍니다. Uniform : 50%를 입력하고 Copy 버튼을 클릭합니다.

07 큰 정원 안쪽에 50% 축소된 작은 정원이 복사됩니다. Selection Tool(선택 도구)로 그린색의 Smart Guides의 표시를 따라 왼쪽으로 수평 이동하여 큰 정원 가장자리에 붙입니다.

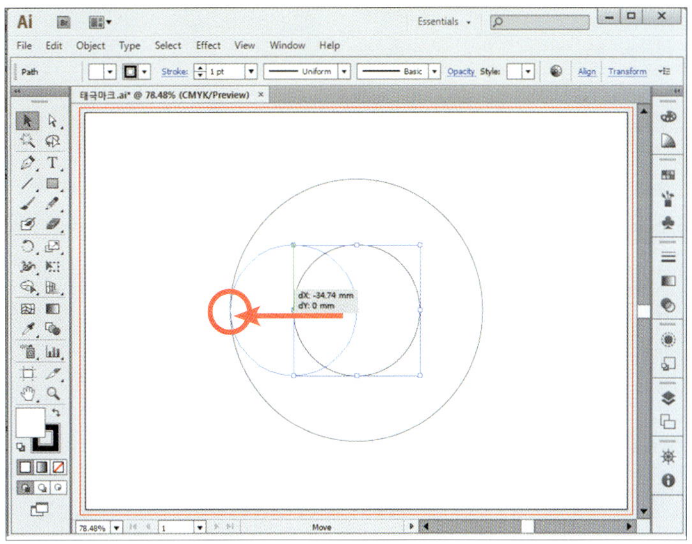

08 Alt 키를 누르고 커서 모양이 ▷로 바뀌면 Selection Tool(선택 도구)로 Smart Guides를 따라 드래그하여 오른쪽 끝 부분에 복사 배치합니다.

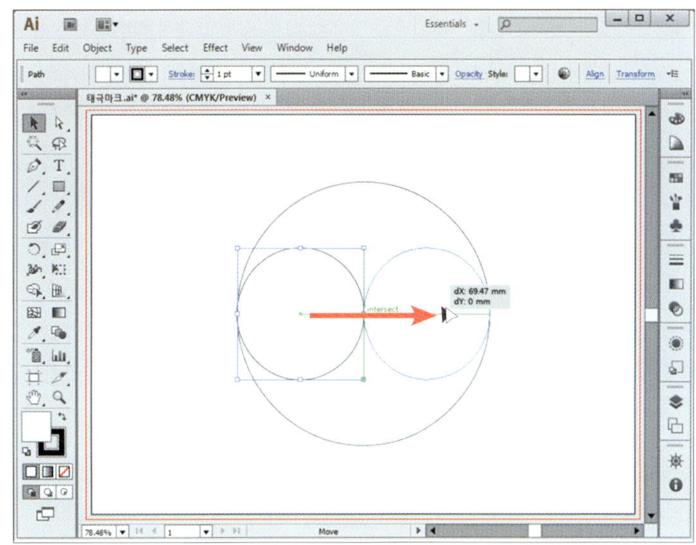

09 Line Segment Tool(선 도구)을 클릭 후 원 중앙에서 왼쪽 원 바깥쪽에서 오른쪽 방향으로 드래그하여 그립니다.

TIP
선은 면 분할용으로 사용되기 때문에 선 색상이 없어도 됩니다.

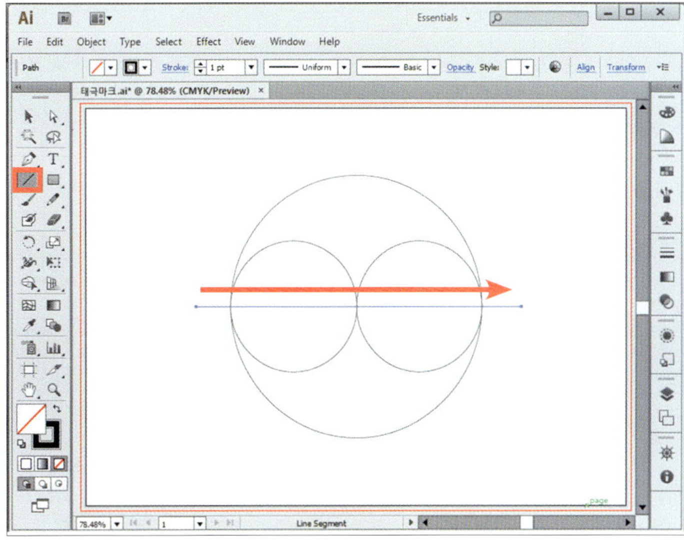

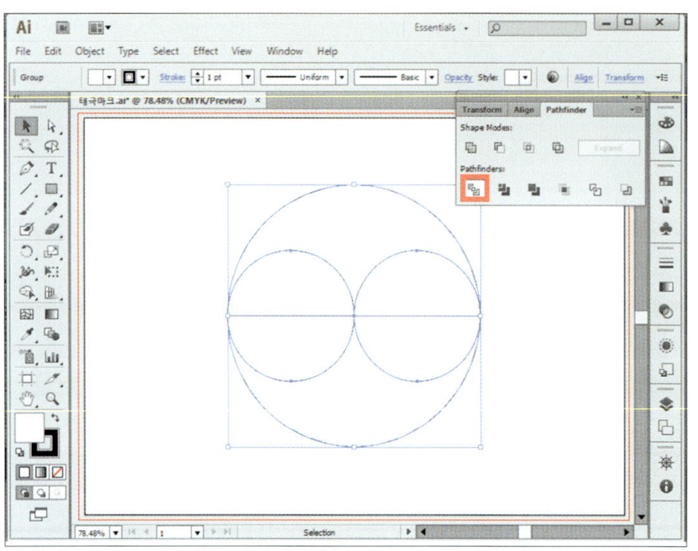

10 Selection Tool(선택 도구)로 드래그하여 오브젝트 전체를 선택합니다. Shift + Ctrl + F9 눌러 [Pathfinder] 패널을 열어줍니다. [Pathfinder]의 ' : Divide' 를 클릭하여 면을 분할합니다.

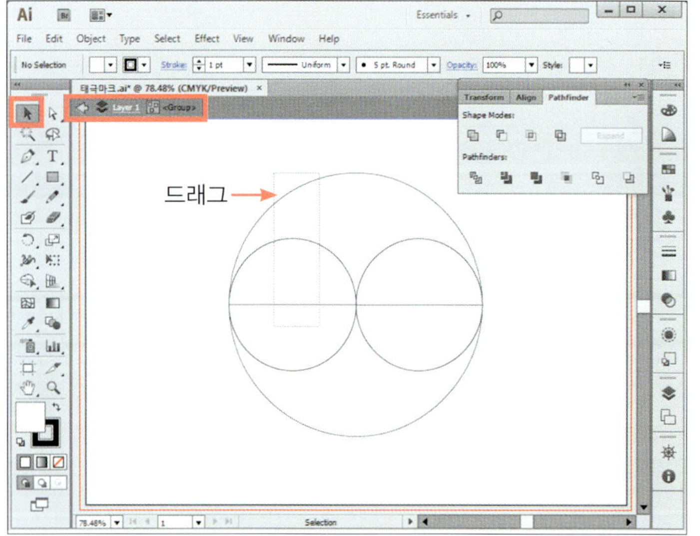

11 그룹화된 오브젝트를 낱개 선택하기 위해 Selection Tool(선택 도구)로 오브젝트위에서 두 번 더블 클릭하여 'Layer' 편집 모드로 들어갑니다. Selection Tool(선택 도구)로 왼쪽 상단을 드래그하여 오브젝트들을 선택합니다.

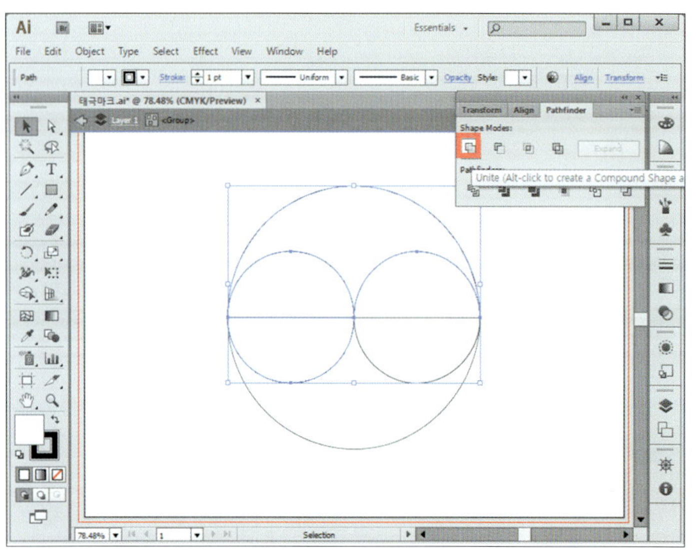

12 [Pathfinder]의 Unite(:합치기)를 클릭합니다.

13 왼쪽 상단 오브젝트들이 하나로 합쳐지면 다시 오른쪽 하단 오브젝트들을 선택하여 [Pathfinder]의 Unite( )를 클릭합니다.

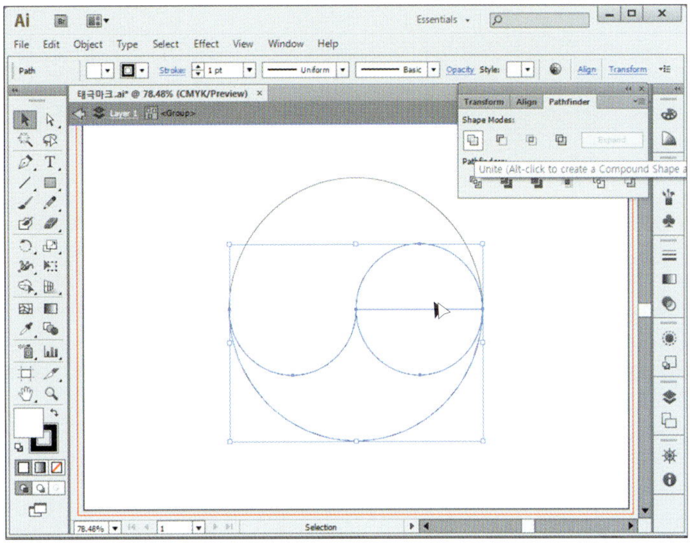

14 Selection Tool(선택 도구)로 아래쪽 오브젝트를 선택한 후, 패널 버튼 중 [Color( )]를 클릭하여 [Color] 패널을 열어줍니다. Stroke은 : None(없음)을 클릭하고, Fill 색상을 파랑색으로 지정하기 위해 [Color] 패널 우측 상단 버튼 을 클릭하여 메뉴 중 'CMYK'를 클릭합니다.

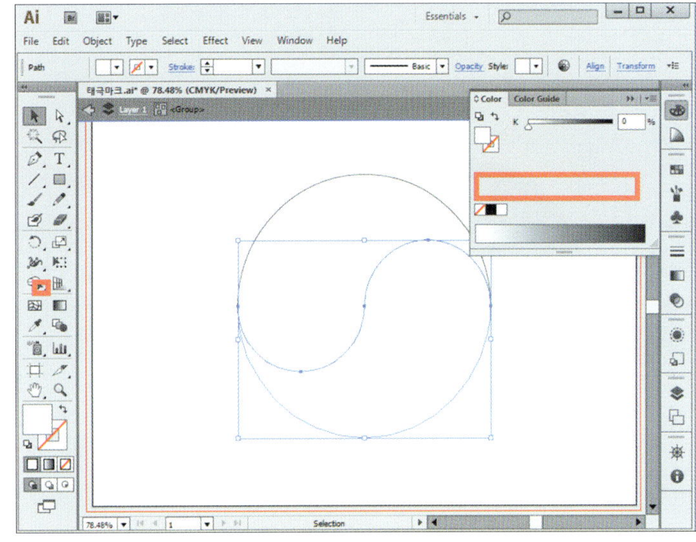

15 아래쪽 파랑색은 [Color] 패널에서 C : 100%, M : 100%로 지정하고 위쪽 오브젝트는 [Color] 패널에서 Stroke 색상은 'None(없음)'으로 하고 Fill 색상 빨강색인 M : 100%, Y : 100%로 지정합니다. 문서의 좌측 상단의 버튼(Back One Level)을 클릭하여 'Layer' 편집 모드에서 나와서 완성합니다.

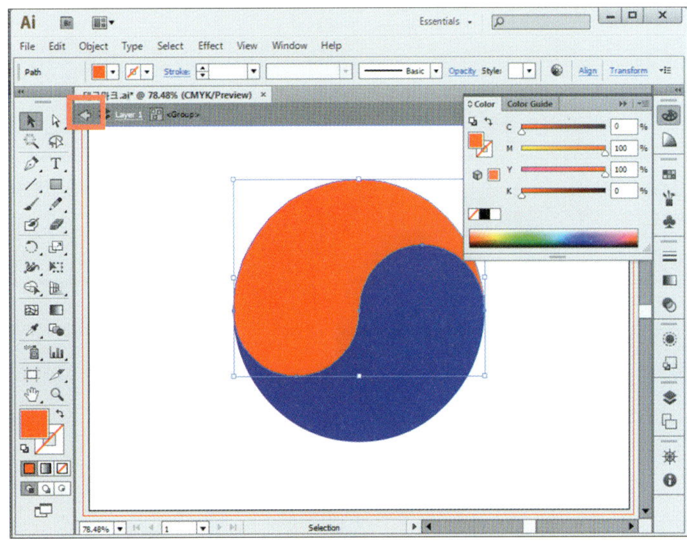

1

준비된 파일을 불러와 완성파일과 같이 오브젝트 순서를 바꿔 보세요.

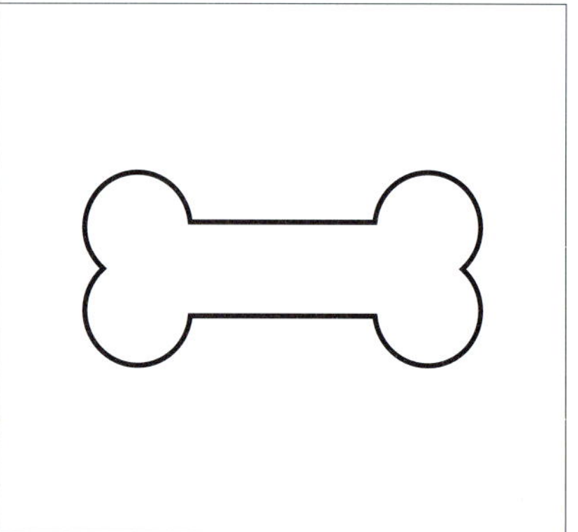

힌트

Ellipse Tool(원형 도구)로 양쪽의 두 개의 정원을 그리고 가운데는 Rectangle Tool(사각형 도구)로 직사각형을 그린 후 패스파인더에서 'Unite(합치기)' 합니다.

▲ 완성파일 : 기초문제\완성파일\기초완성S04-1.ai

2

패스파인더를 활용하여 완성파일과 같은 모양을 완성해 보세요.

▲ 완성파일 : 기초문제\완성파일\기초완성S04-2.ai

3

패스파인더를 활용하여 완성파일과 같은 모양을 완성해 보세요.

▲ 완성파일 : 기초문제\완성파일\기초완성S04-3.ai

활용실습

1) 패스파인더를 활용하여 완성파일과 같이 완성해 보세요.

▲ 완성파일 : 활용실습\완성파일\활용완성S04-1.ai

2) 준비파일을 활용하여 완성파일과 같이 완성해 보세요.

▲ 준비파일 : 활용실습\활용S04-2.ai

▲ 완성파일 : 활용실습\완성파일\활용완성S04-2.ai

3) 완성파일과 같이 애드벌룬을 완성해 보세요.

▲ 완성파일 : 활용실습\완성파일\활용완성S04-3.ai

Transform Again 활용하기

Transform Again은 마지막에 작업했던 내용을 반복 작업하도록 해줌으로써 빠르게 작업을 완료할 수 있게 도와줍니다. 이번 장에서는 이러한 반복 작업 기능인 Transform Again과 패스파인더의 Divide(디바이드)를 같이 활용하여 작업을 완료해 보도록 하겠습니다.

▲ 완성파일 : 실습예제\완성파일\실습완성05-01.ai
· Star Tool(별 도구)과 반복 기능인 Transform Again을 활용해서 만들어 본다.

▼ 완성파일 : 실습예제\완성파일\실습완성05-02.ai
· 원형 도구와 Transform Again, Divide를 활용하여 꽃 모양을 만들어 본다.

◀ 완성파일 : 실습예제\완성파일\실습완성05-03.ai
· Magic Wand Tool(마술봉 도구)로 같은 색상 오브젝트를 선택하여 그룹으로 지정하는 방법에 대해 알아본다.
· 그라데이션 색상을 적용하는 방법에 대해 알아본다.

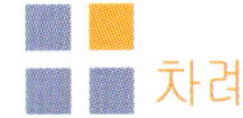 차례

따라하기 01 별 만들기

01 [File]-[New]에서 Name : 별, Number of Artboard : 1, Size : A4, Units : Millimeters, Orientation : Landscape( ), Bleed / Top : 0, Bottom : 0, Left : 0, Right : 0로 지정 후 **OK** 합니다.

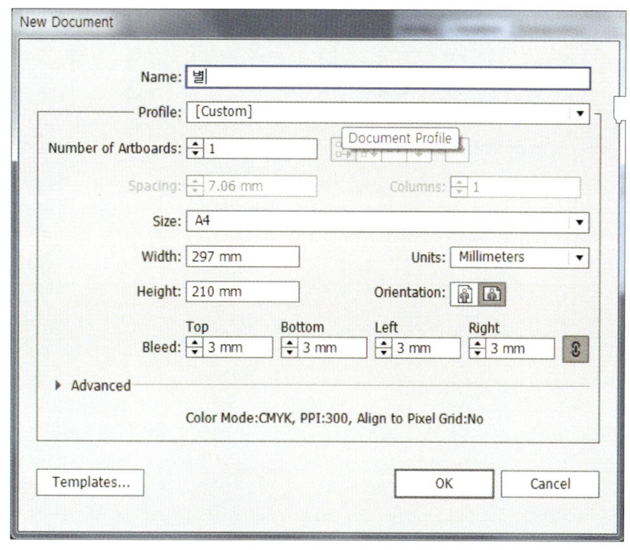

02 도형 도구 우측 하단의 화살표(Sub Menu)를 누르면 나머지 도형 도구들이 보입니다. 이 중 Star Tool(별 도구)을 클릭합니다.

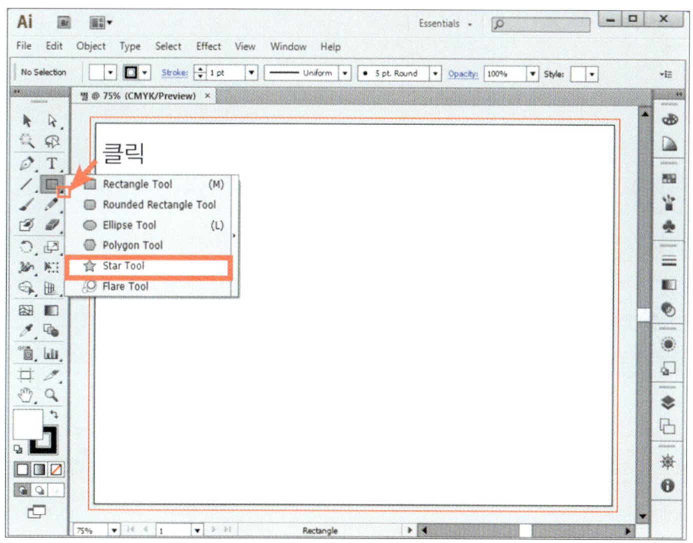

03 Star Tool 대화상자를 열려면 문서 바탕을 클릭합니다. Star 옵션에서 Radius 1 : 80 mm, Radius 2 : 40mm, Points : 8을 지정 후 **OK** 합니다.

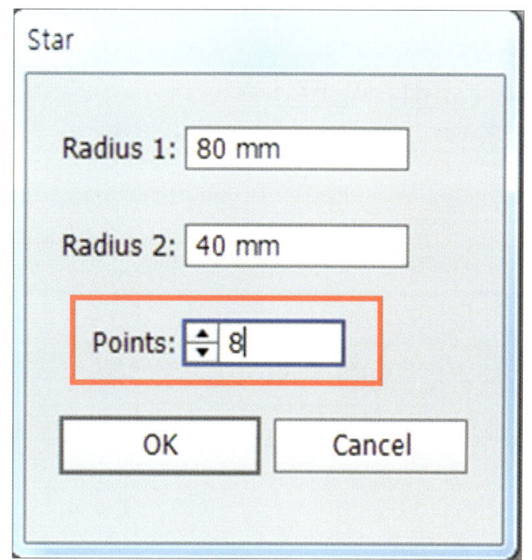

Star Tool(별 도구) 옵션

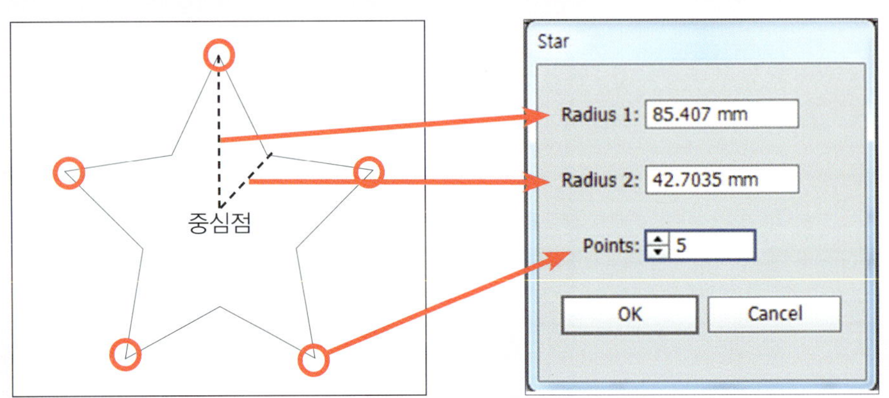

04 별이 그려지면 Line Segment Tool(선 도구)을 선택 후 문서 위에서 Smart Guides를 따라 수직으로 드래그하여 수직선 한 개를 그립니다. 여러 개의 선을 그려 활용하여야 하므로 선 색상은 [Color] 패널에서 Black(검정색)–C : 100%를 지정합니다.

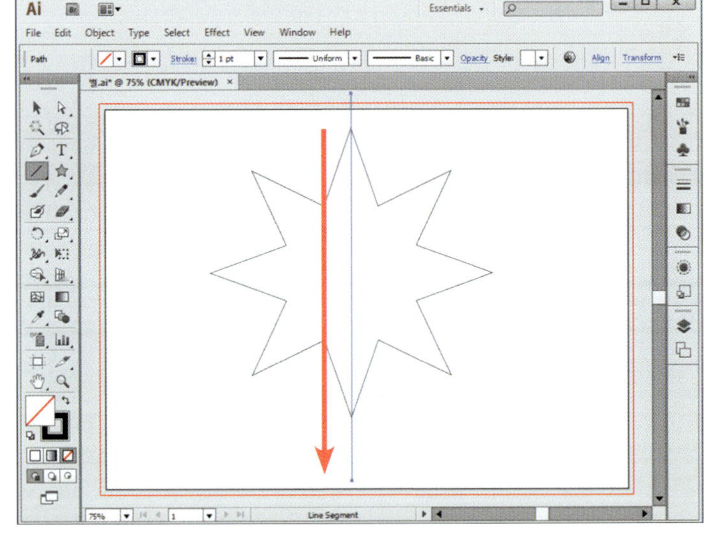

05 별과 수직선을 문서 중앙으로 정렬하기 위해 Shift + F7 을 눌러 [Align] 패널을 열어줍니다. 별과 수직선을 선택 후 [Align:정렬] 패널의 Align Objects에서 Horizontal Align Center (:수평 중앙정렬)와 Vertical Align Center(:수직 중앙정렬)를 클릭하여 문서 중앙에 배열합니다.

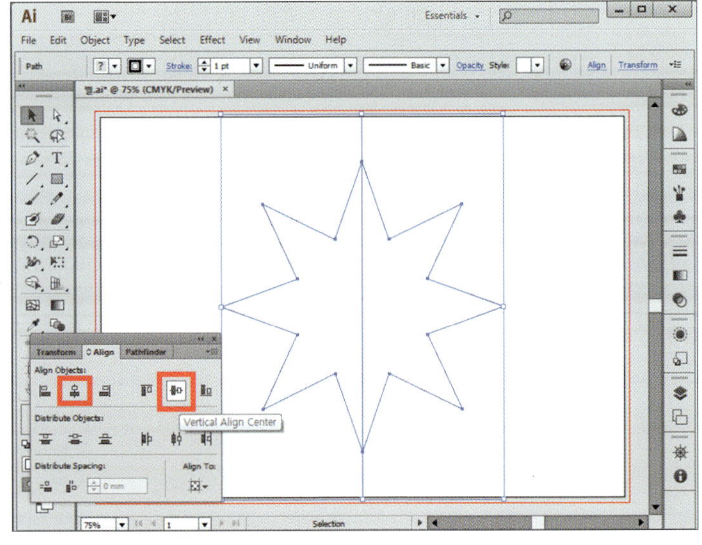

06 열려있는 [Align] 패널은 단축키 또는 패널 우측 상단 Close (×)버튼을 클릭하여 닫아 줍니다. 수직선을 선택 후 Rotate Tool(회전 도구)을 더블 클릭합니다.

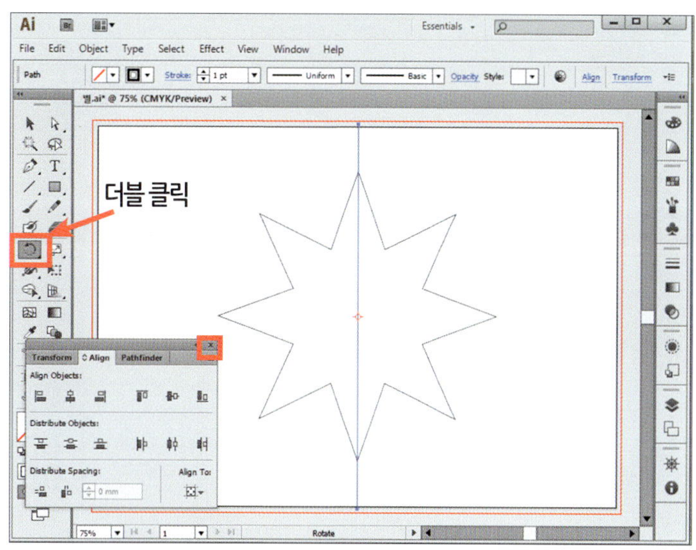

07 Rotate 대화상자가 열리면 Angle : 90/4를 입력 후 **Copy** 버튼을 클릭합니다.

Tip
Angle에서 90/4는 90은 90도를 뜻하며 4는 90도 사이에 나눠지는 갯수를 말합니다. ' / '는 나누기를 의미합니다. Angle에 90/4를 입력하면 90/4에 대한 22.5˚의 각도를 자동 출력합니다.

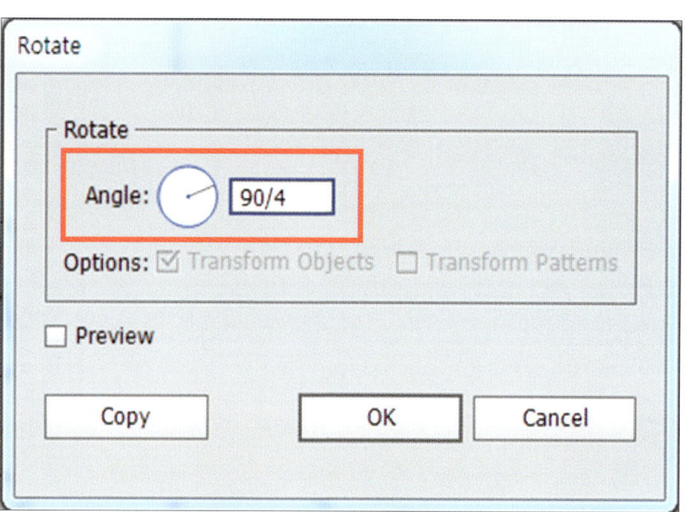

08 Angle Tool(회전 도구)의 옵션에서 Angle : 90/4(22.5˚)에 의해 사선이 하나 더 복사됩니다.

참고 일러스트레이터와 인디자인 프로그램은 그래픽 표현 방식인 벡터 그래픽 표현 방식으로 작업되며 도구 및 패널과 단축키 등이 유사한 부분들이 많습니다. 회전 또한 다른 프로그램과는 달리 시계 반대 방향(왼쪽 방향)이 '+'이고, '-'는 시계방향(오른쪽 방향)으로 회전됩니다.

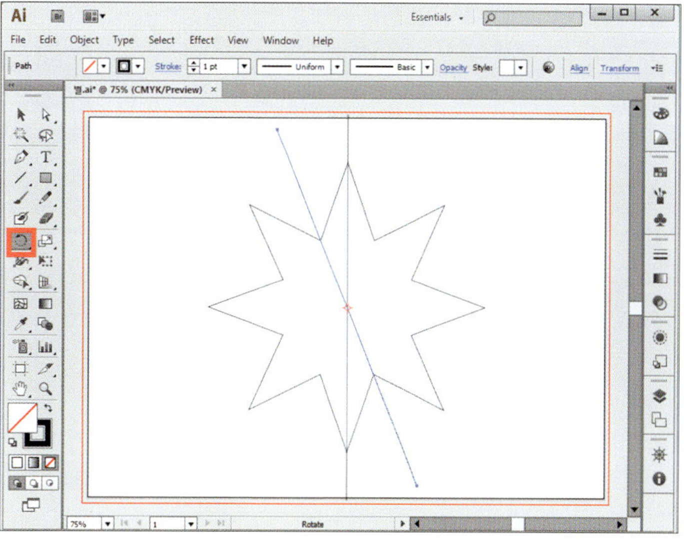

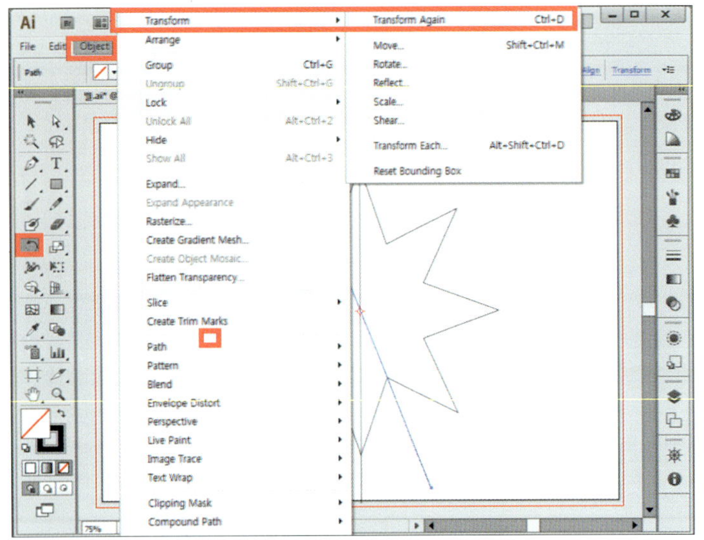

09 Rotate Tool(회전 도구)을 여러 번 사용하는 것이 아니라 마지막에 적용한 변형을 반복할 수 있는 기능을 활용하면 신속하면서 정확한 작업을 할 수 있습니다. [Object:개체]-[Transform:변형]-[Transform Again:반복 변형]을 클릭합니다.

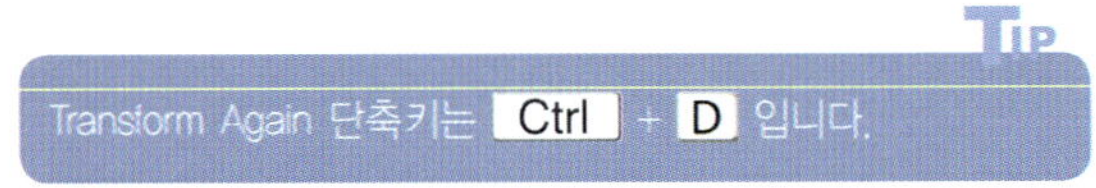

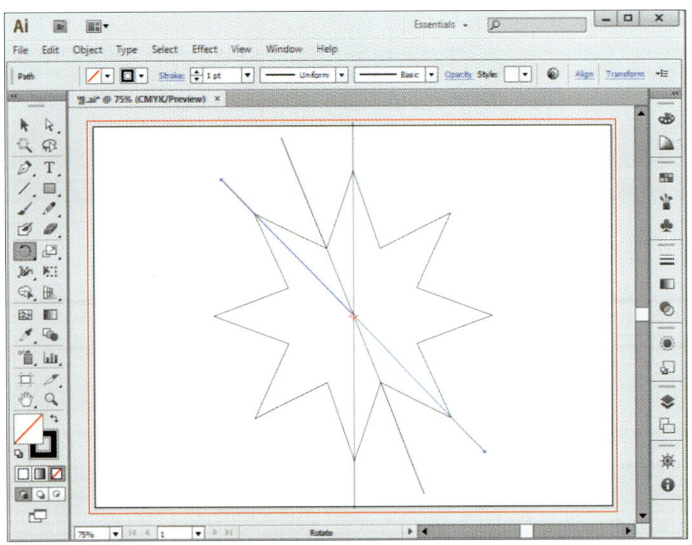

10 22.5°로 회전된 직선이 한 개 더 복사됩니다.

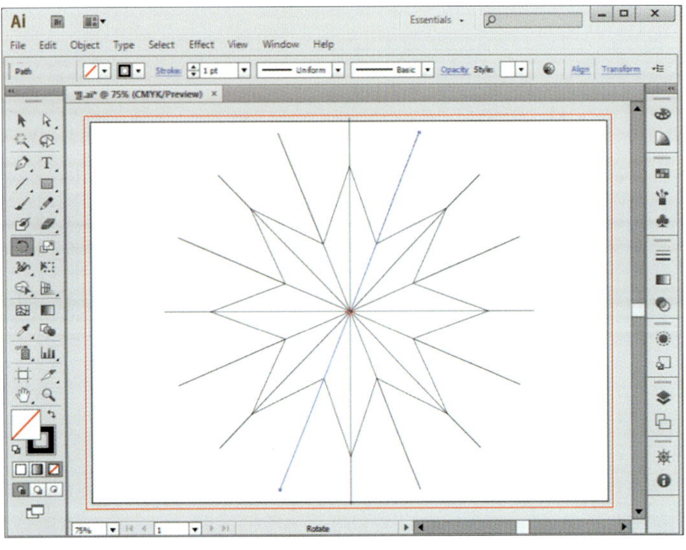

11 빠른 작업을 위해 [Transform Again] 단축키 Ctrl + D 를 5번 눌러 직선을 복사합니다.

12 면을 분할하기위해 Shift + Ctrl + F9 키를 눌러 [Pathfinder] 패널을 열어줍니다. [Pathfinder]의 'Divide'를 클릭하여 면을 분할 합니다.

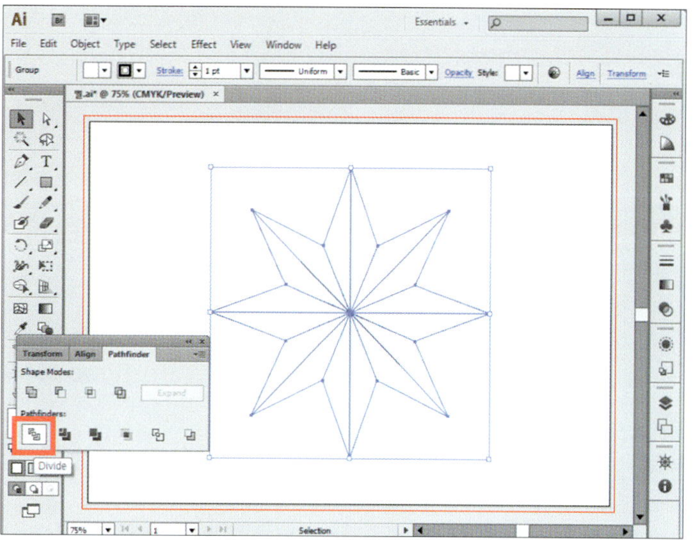

13 별 오브젝트를 두 번 더블 클릭하여 'Layer' 안의 'Group' 편집 모드에서 분할된 면을 Shift 키를 누르고 한 개씩 건너뛰어 클릭합니다.

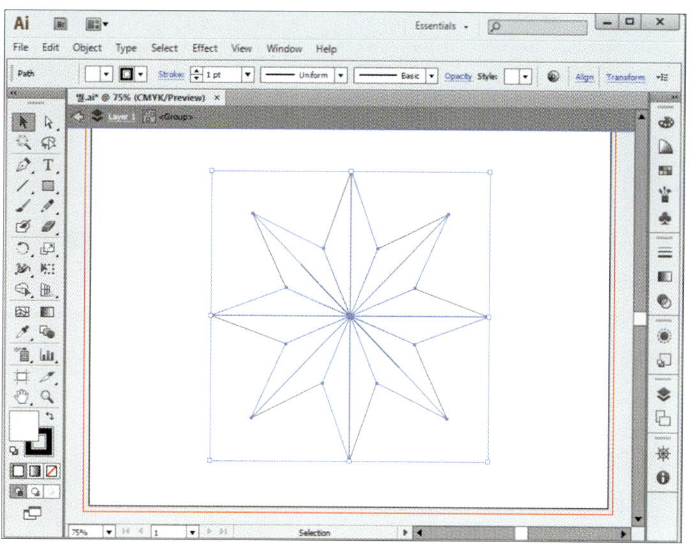

14 Fill Color(면 색상)를 지정하기 위해 [Color] 패널의 드롭다운 메뉴 화살표(▼≡)를 눌러 메뉴 중 'CMYK'를 클릭합니다.

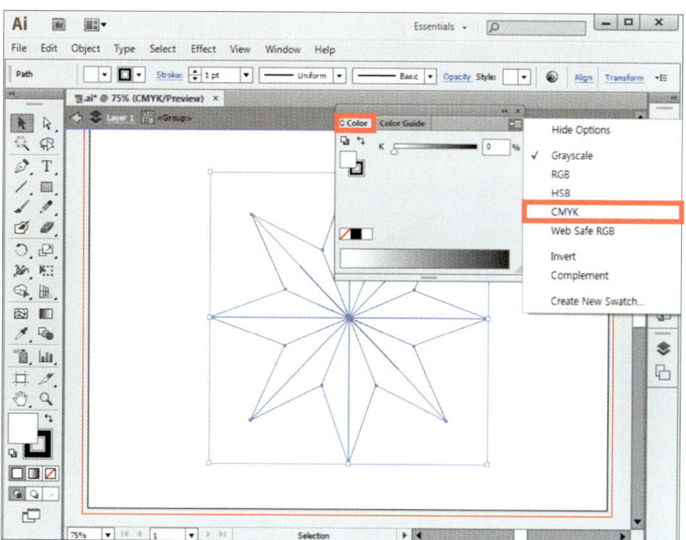

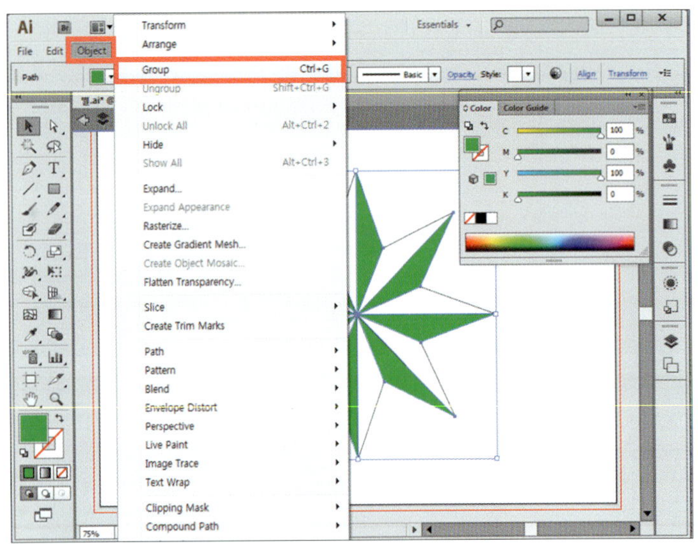

15 Stroke 색상은 None(없음)으로 지정하고 Fill 색상은 C : 100%, Y : 100%으로 지정하고 [Object]-[Group]을 클릭하여 그룹으로 만듭니다.

참고 [Group]은 단축키 Ctrl + G 를 많이 사용하기도 합니다.

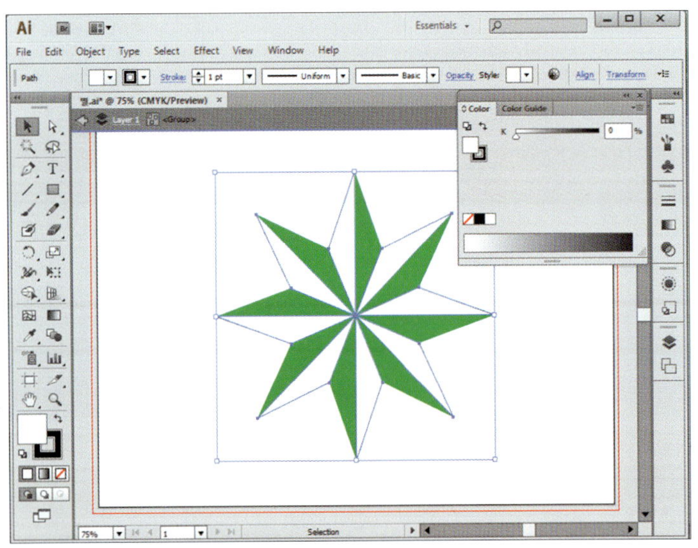

16 흰색 오브젝트만 선택하기 위해 오브젝트를 모두 선택 후 Shift 키를 누르고 초록색 오브젝트를 클릭하면 반대로 그룹인 초록색 오브젝트만 선택이 해제됩니다.

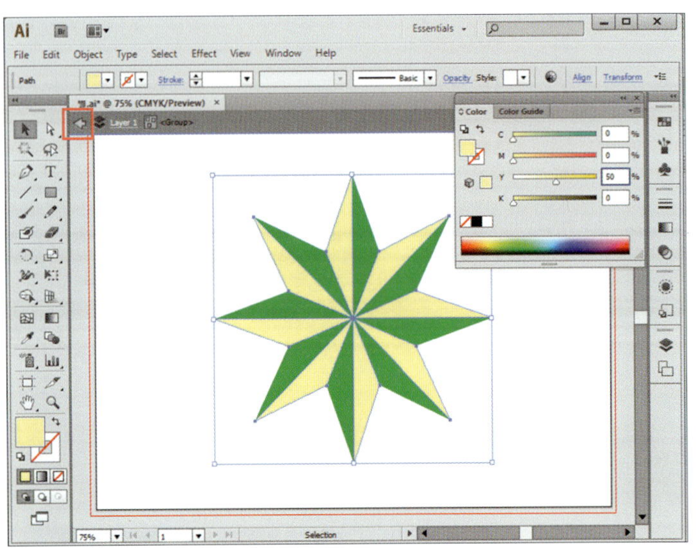

17 [Color] 패널에서 색상 모드를 CMYK로 바꾸고 Stroke 색상은 없음, Fill 색상은 Y : 50%로 지정합니다. Ctrl + G 를 눌러 그룹으로 만듭니다. 문서의 좌측 상단의 화살표 버튼(Back One Level ◀)을 클릭하여 'Layer' 편집 모드 밖으로 나온 뒤 완료합니다.

 꽃 만들기

01 [File]-[New]에서 Name : 실습 05-02, Number of Artboard : 1, Size : A4, Units : Millimeters, Orientation : Landscape( ), Bleed / Top : 3mm, Bottom : 3mm, Left : 3mm, Right : 3mm로 지정 후 OK 합니다.

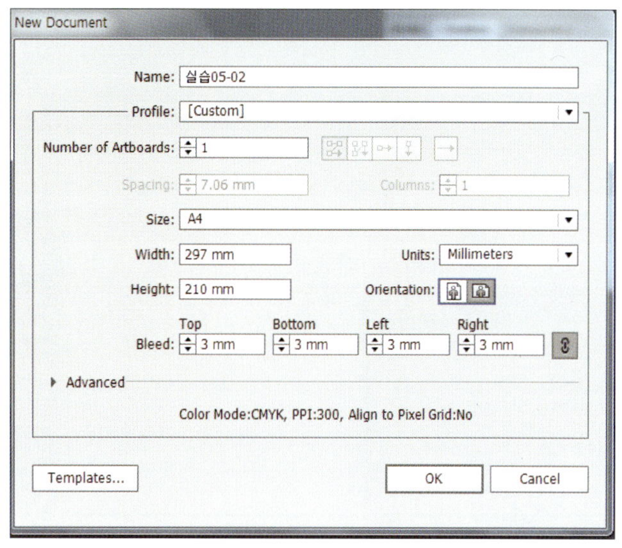

02 Ctrl + R 을 눌러 Ruler(눈금자)를 열어줍니다. 눈금자위에서 마우스로 드래그하여 가로, 세로의 가이드를 꺼내 십자 모양의 중심선을 만들어 줍니다. Ellipse Tool(원형 도구)을 클릭 후 십자모양의 가이드 중심에 마우스를 올린 다음 Alt + Shift 를 누르고 드래그하여 정원을 그립니다. Fill과 Stroke 색상은 모양이 완성된 후에 바꾸도록 합니다.

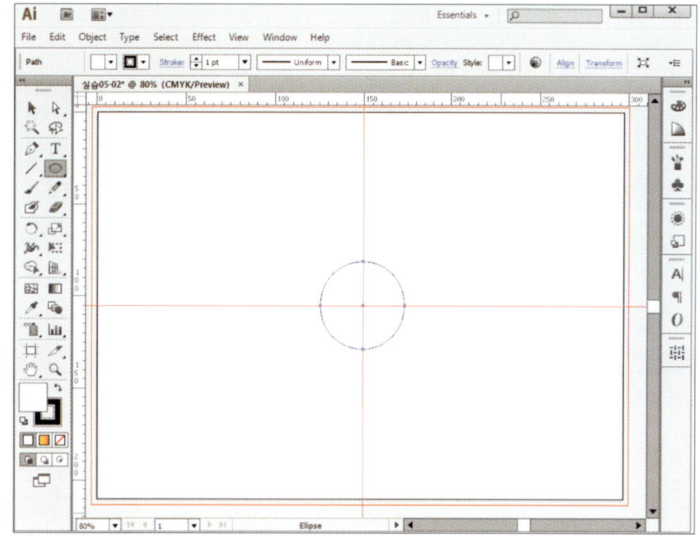

03 Selection Tool(선택 도구)로 그린색상의 Smart Guides를 따라 위로 드래그하여 이동합니다.

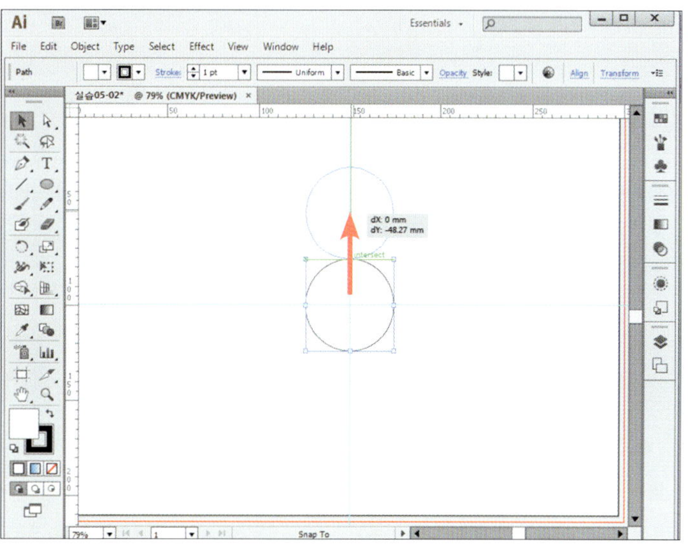

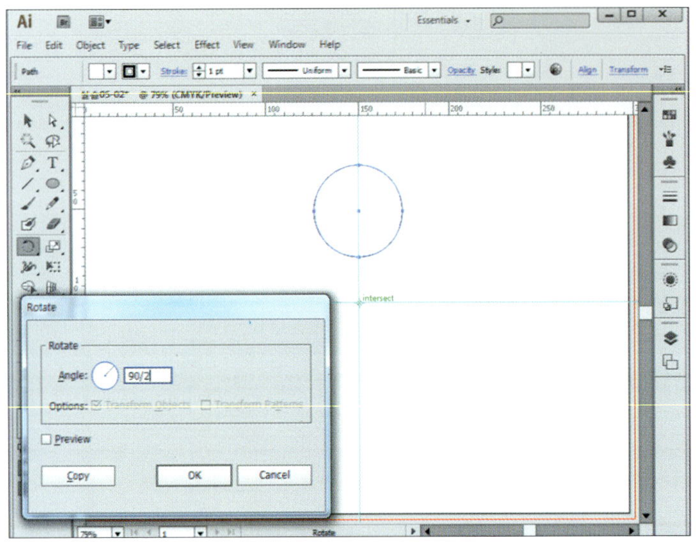

04 정원이 이동된 후 정원이 선택된 상태에서 Rotate Tool(회전 도구)을 클릭 후 가이드 중심점에 마우스를 올린 다음 Alt 키를 누르고 클릭합니다. Rotate 대화상자가 열리면 Angle : 90/2를 입력 후 Copy 를 누릅니다.

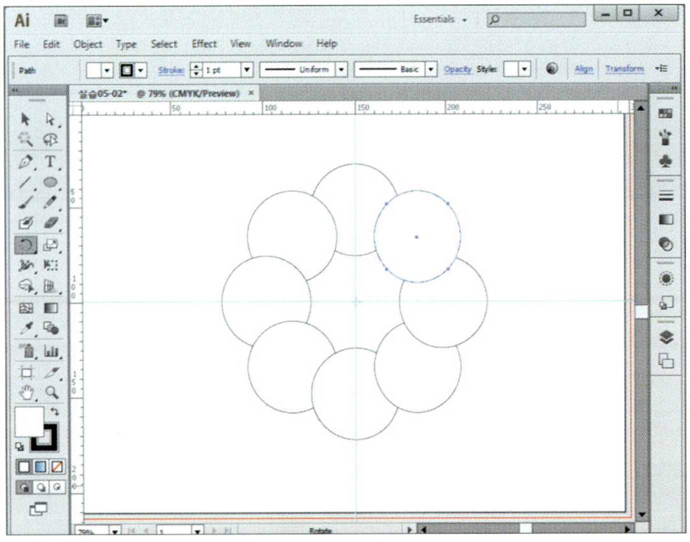

05 작업을 반복하기 위해 Ctrl + D 를 누릅니다.

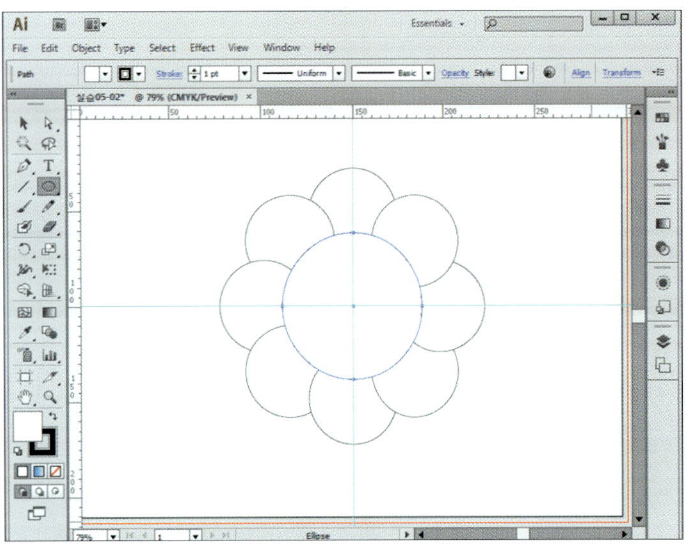

06 십자모양 가이드 가운데 중심점에 마우스를 올리고 Alt 키를 누르고 드래그하여 모든 원을 겹칠 크기를 그립니다.

TIP

Alt 키는 선택 도구에서 복사하거나 도형을 그리거나 크기를 조절할 때 가운데 중심점에 맞춰 조절하기 때문에 많이 사용됩니다.

07 Selection Tool(선택 도구)로 드래그 하여 오브젝트 전체를 선택합니다. Shift + Ctrl + F9 를 클릭하거나 오른쪽 패널 아이콘 을 클릭하여 [Pathfinder]패널을 열어 줍니다. [Pathfinder]에서 Uinte( )를 클릭하면 모든 오브젝트를 합쳐줍니다.

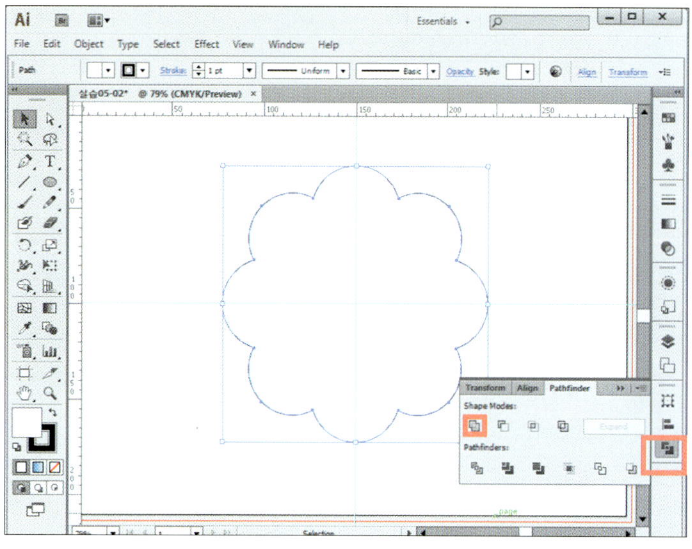

08 오브젝트를 회전하기 위해 Rotate Tool(회전 도구)을 두 번 더블 클릭 하여 대화상자를 엽니다. 대화상자 옵션에 서 Angle : 45/2를 입력합니다.

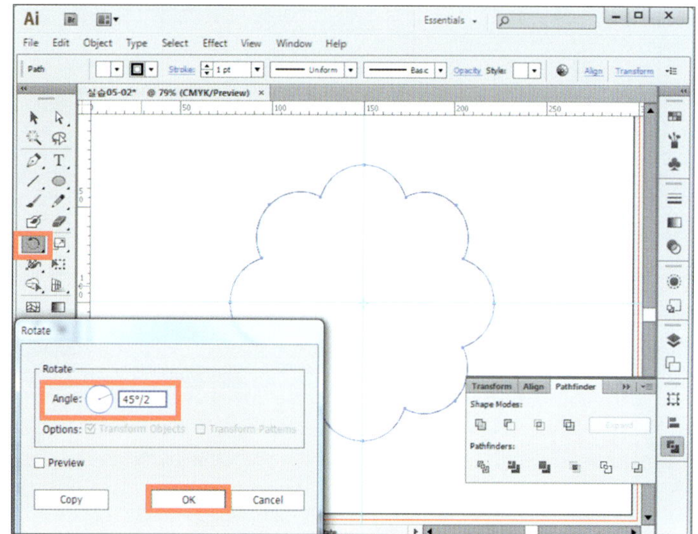

09 오브젝트가 회전되면 Line Segment Tool(선 도구)을 클릭 후 수직선을 아래쪽으로 그어줍니다.

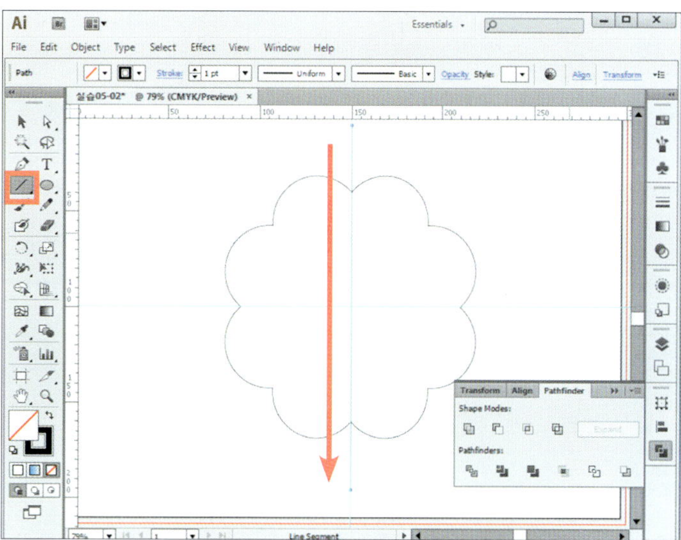

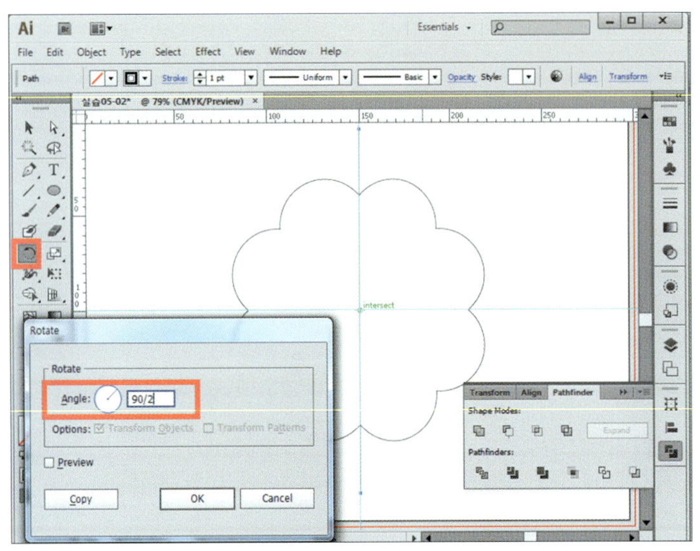

10 수직선을 선택한 다음 Rotate Tool(회전 도구)을 클릭 후 가이드 중심점에 마우스를 올리고 Alt 키를 누르고 클릭합니다. Rotate 옵션에서 Angle : 90/2를 입력 후 Copy 를 클릭합니다.

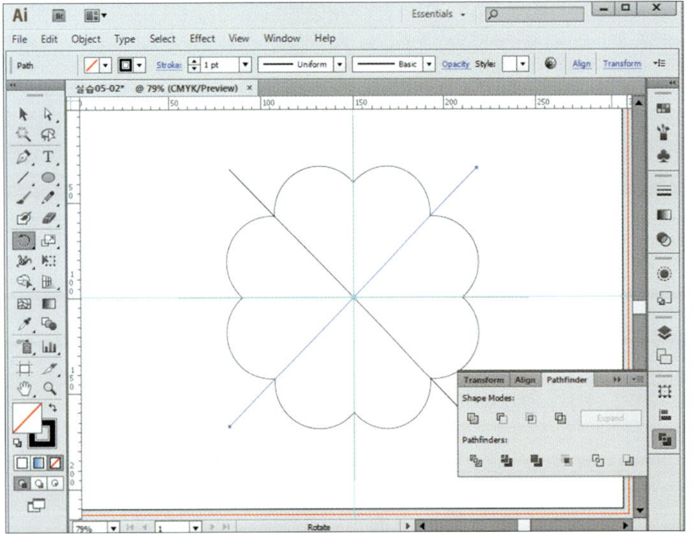

11 시계 반대 방향으로 선이 하나 더 복사되면 Ctrl + D 를 2번 더 눌러 선을 반복 복사합니다.

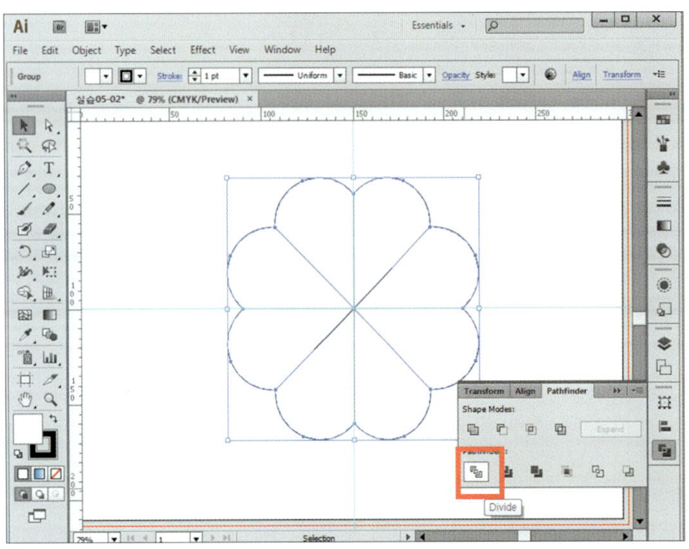

12 [Pathfinder] 패널에서 Divide(디바이드)를 클릭하여 면을 분할합니다.

13 오브젝트위에서 두 번 더블 클릭하여 'Layer-Group' 편집 모드로 들어갑니다. F6 을 눌러 [Color] 패널을 엽니다. [Color] 패널이 회색음영일 경우 칼라를 넣기 위해 [Color] 패널의 드롭다운 메뉴(▼≡)를 눌러 'CMYK'로 바꿉니다.

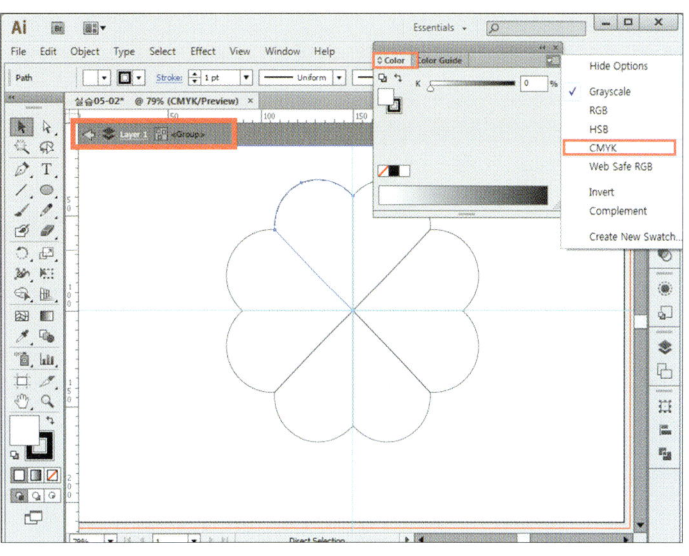

14 각 오브젝트의 색상은 ❶ C : 100%, ❷ C : 100% Y-100%, ❸ Y : 100%, ❹ M : 100% Y : 100%을 지정합니다.

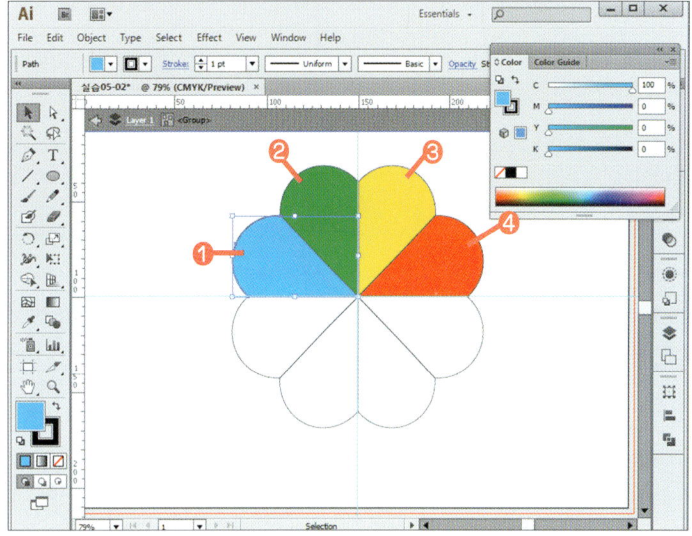

15 왼쪽 하단 두 개의 오브젝트를 드래그하여 선택 후 [Pathfinder]의 'Unite 🔲 ' 를 클릭하여 오브젝트들을 합칩니다.

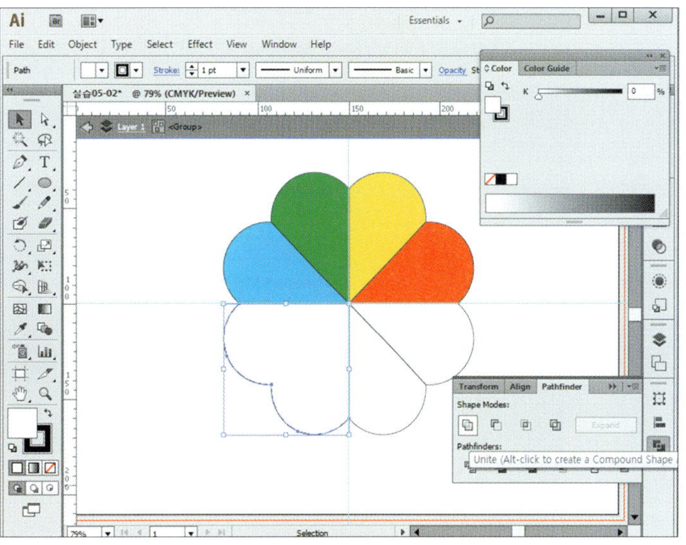

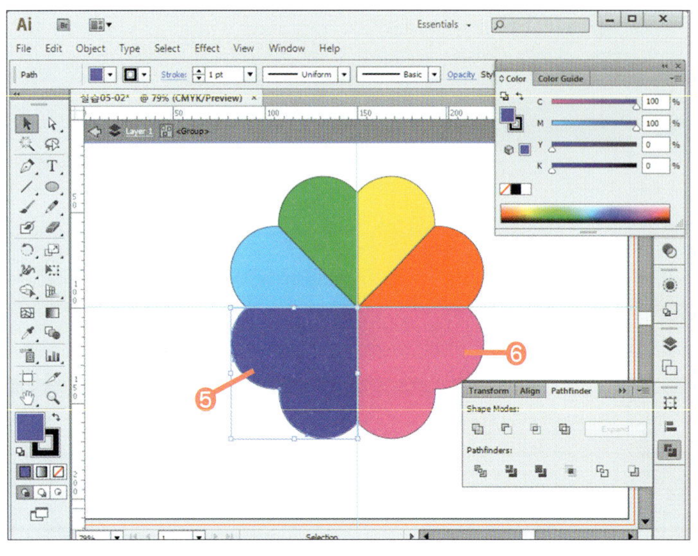

16 오른쪽 하단의 두 개의 오브젝트도 합친 후 각 각 색상을 교체합니다. ❺ C : 100% M : 100%, ❻ M : 100%로 지정합니다.

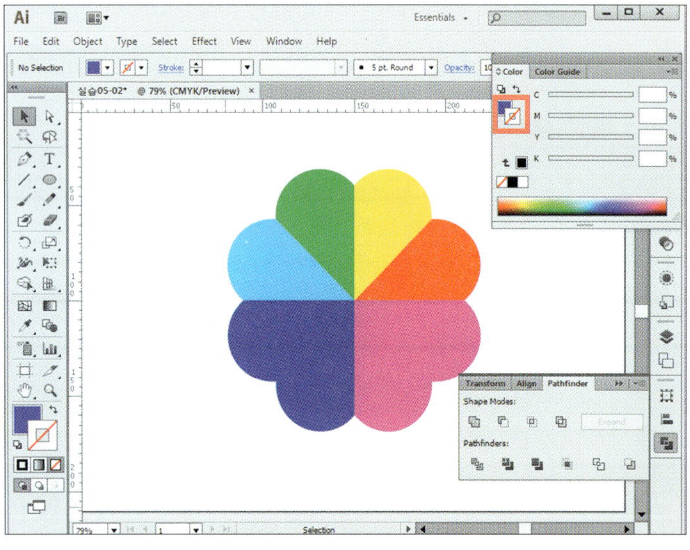

17 오브젝트를 모두 선택한 다음 Stroke(선) 색상은 'None(없음)'으로 합니다. 문서의 좌측 상단의 화살표 버튼(Back One Level ◁)을 클릭하여 'Layer' 편집 모드 밖으로 나온 뒤 [Ctrl] + [;] 을 누르면 Guides가 사라집니다. [Ctrl] + [S] 를 눌러 파일을 저장하여 완성합니다.

[Save:저장] 옵션 알아보기

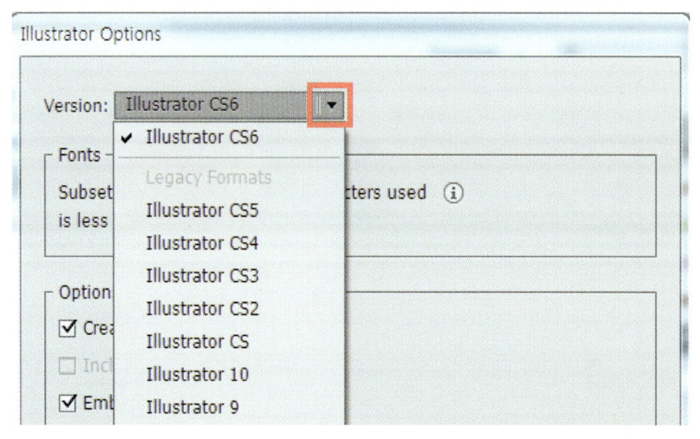

하위 버전에서 작업했을 경우 열고자하는 일러스트레이터 프로그램 버전이 낮은 버전일 경우 화살표(▼)를 눌러 버전을 선택하여 저장할 수 있습니다.
일러스트레이터는 상위 버전 문서를 하위 버전 프로그램에서도 열 수 있지만 상위 버전에서 작업된 업데이트 작업들은 편집하기가 힘들 수 있습니다. 업데이트된 내용으로 작업했을 경우 같은 버전에 맞춰 저장하는것이 좋습니다.

 꽃 문양 만들기

01 Ctrl + N 를 누르면 새 문서 대화상자가 열립니다. Name : 별, Number of Artboard : 1, Size : A4, Units : Millimeters, Orientation : Landscape( ), Bleed / Top : 3mm, Bottom : 3mm, Left : 3mm, Right : 3mm로 지정 후 OK 합니다.

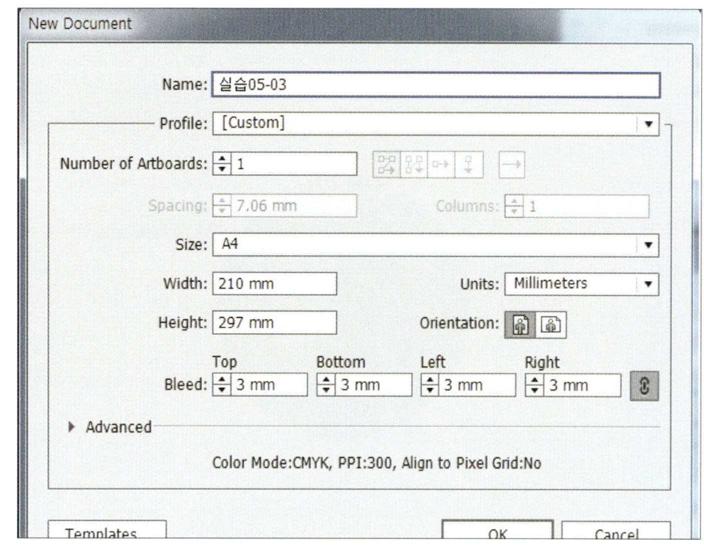

02 Ctrl + R 을 눌러 Ruler(눈금자)가 보이면 눈금자 위에서 드래그하여 가로, 세로 선의 가이드를 만듭니다.

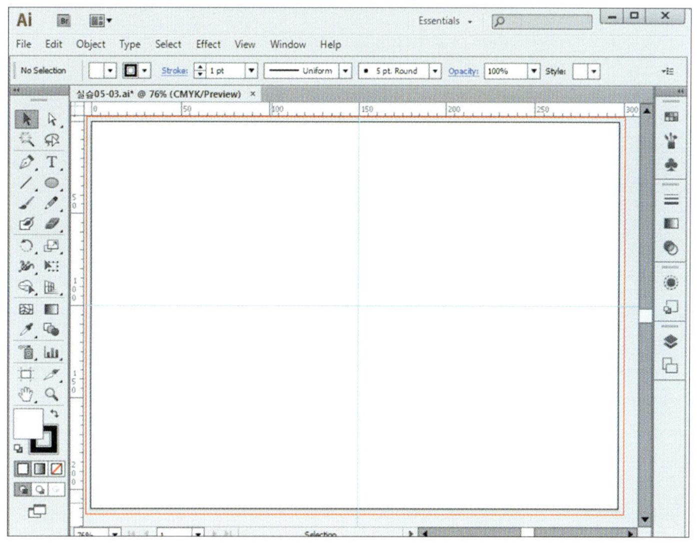

03 Ellipse Tool(타원 도구)을 선택 후 Fill - C : 100%, Y : 100%, B : 57%로 지정하고 Stroke-None으로 지정합니다. 문서 중앙의 가이드에 마우스 커서를 올리고 Shift + Alt 를 누르고 정원을 그립니다.

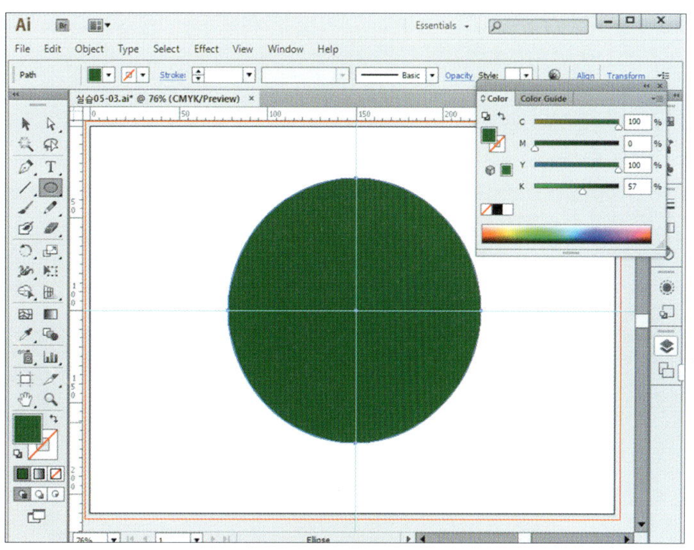

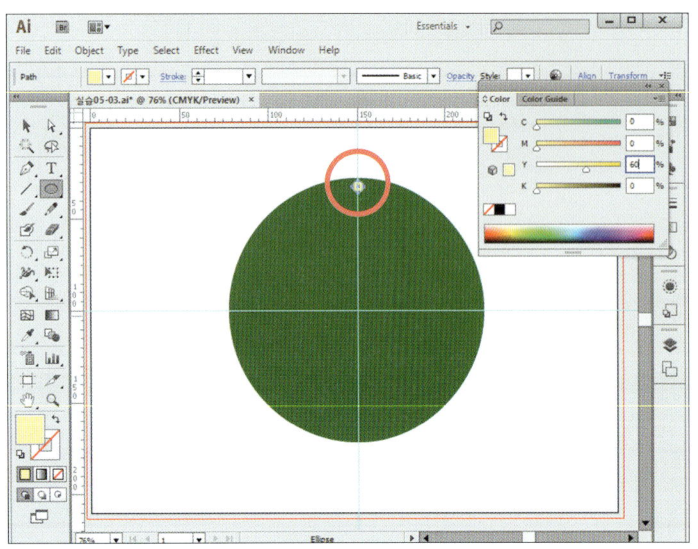

04 Ellipse Tool(타원 도구) 위쪽 수직선 가이드에 맞춰 **Shift** + **Alt** 를 누르고 정원을 그립니다. Fill 색상은 Y : 60%로 지정합니다.

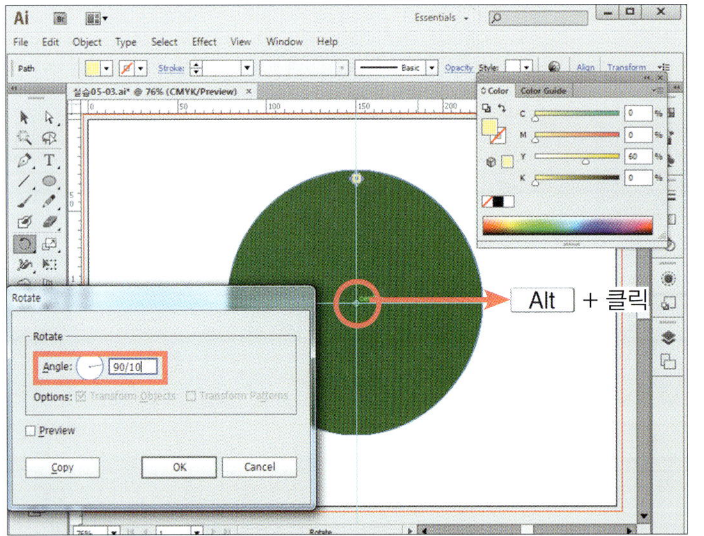

05 Rotate Tool(회전 도구)을 클릭 후 가이드 가운데 마우스를 올린 다음 **Alt** 키를 누르고 클릭합니다. Rotate 대화상자가 열리면 Angle(각도) : 90/10을 입력하고 **Copy** 버튼을 누릅니다.

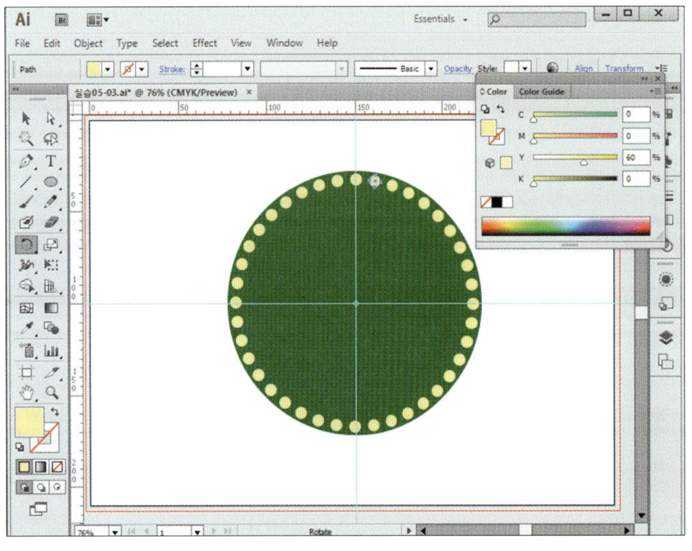

06 **Ctrl** + **D**를 눌러 한 바퀴 회전하여 복사합니다.

07 Magic Wand Tool(마술봉 도구)로 노랑색 작은 원을 클릭하여 노랑색 작은 원만 선택된 상태에서 Ctrl + G 를 눌러 그룹으로 만듭니다.

Tip

Magic Wand Tool(마술봉 도구)은 같은 색상의 오브젝트를 찾아 선택해 주는 도구입니다.

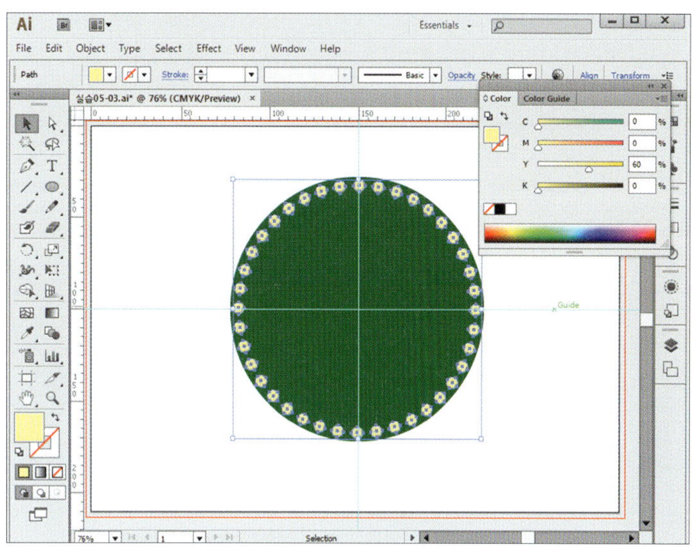

08 Ellipse Tool(원형 도구)을 클릭 후 가이드 중심점에 마우스를 올리고 Shift + Alt 를 누르고 드래그하여 안쪽 연두색 원을 그립니다. Fill 색상은 C : 45%, Y : 100% Stroke은 None(없음)으로 지정합니다.

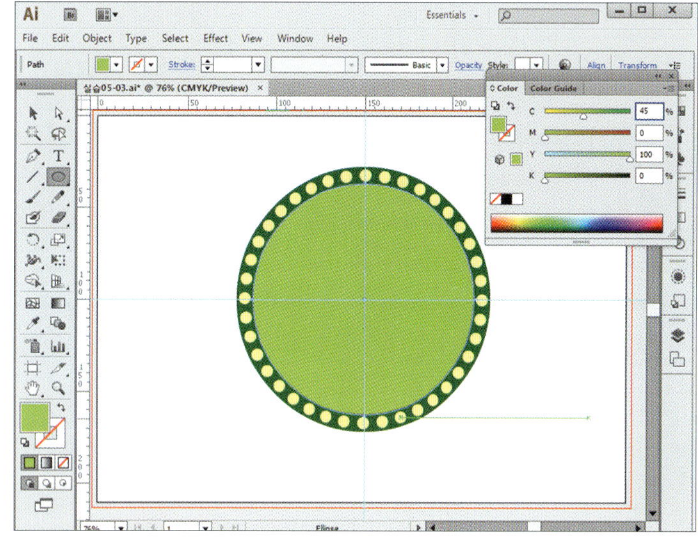

09 Line Segment Tool(선 도구)을 클릭 후 수직 가이드에 맞춰 수직선을 한 개 그립니다. Rotate Tool(회전 도구)을 클릭 후 가이드 중심점에서 Alt 키를 누르고 클릭하면 Rotate 대화상자가 열립니다. Angle : 90/5를 입력하고 Copy 버튼을 누릅니다.

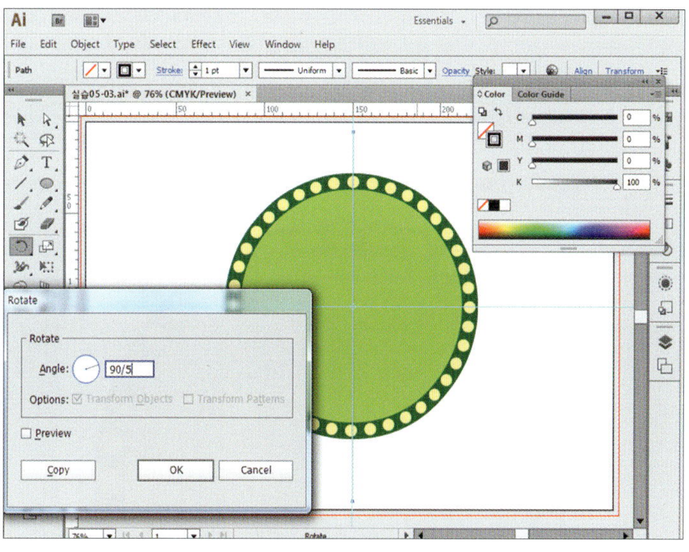

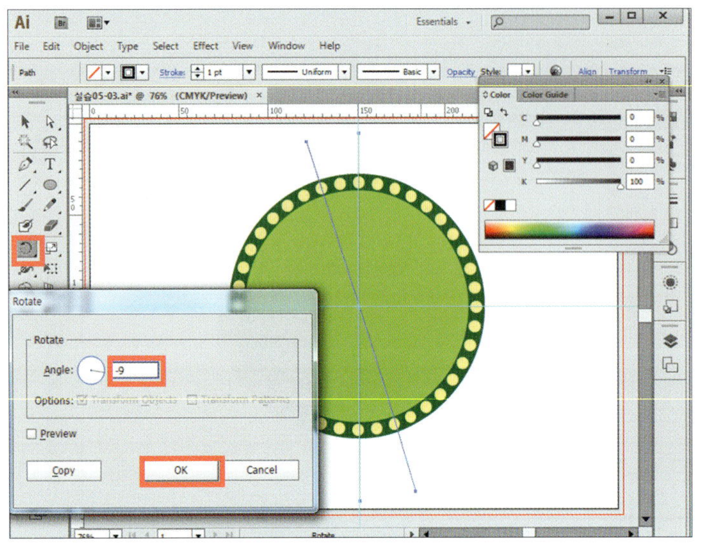

10 Selection Tool(선택 도구)로 두 개의 직선을 드래그하여 선택 후 Rotate Tool(회전 도구)을 클릭 후 가이드 중심점에서 **Alt** 키를 누르고 클릭하면 Rotate 대화상자가 열립니다. 옵션 상자가 열리면 Angle : −9를 입력한 후 **OK** 를 클릭합니다.

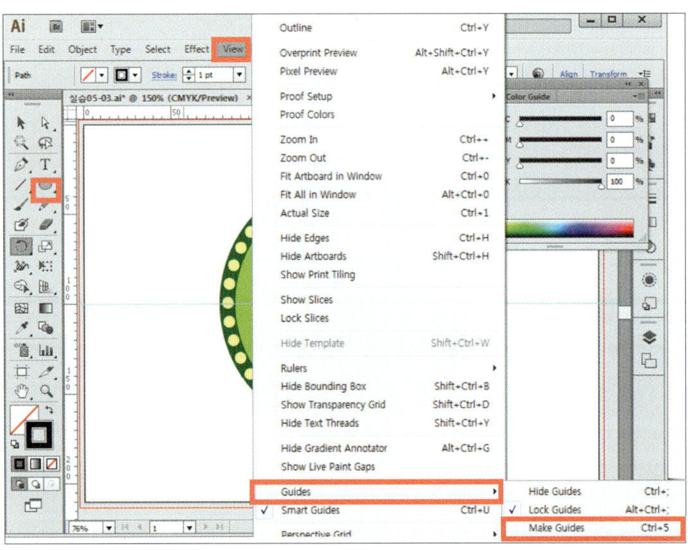

11 회전된 두 개의 직선을 선택한 상태에서 [View]-[Guides]-[Make Guides]을 클릭하여 가이드로 만듭니다.

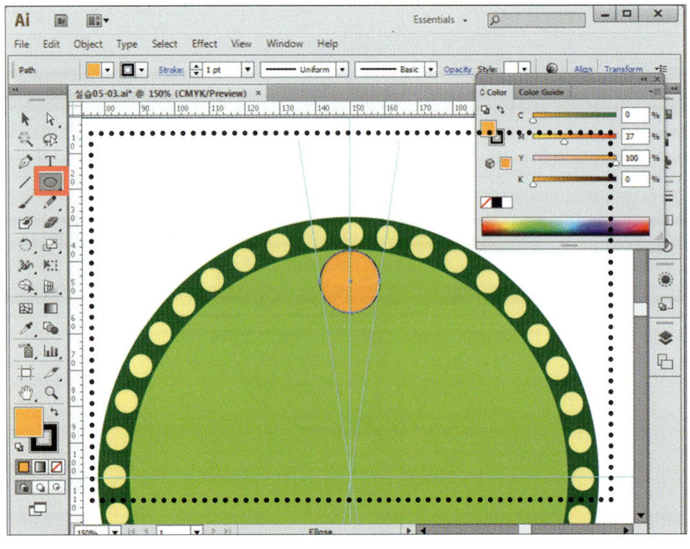

12 Zoom Tool(돋보기 도구)로 윗쪽 오브젝트를 드래그하여 화면을 확대합니다. Ellipse Tool(원형 도구)을 클릭한 다음 Fill(면) 색상은 M:37% Y:100%, Stroke(선) 색상은 검정색으로 지정 후, 가운데 가이드에 마우스를 올리고 **Shift** + **Alt** 를 누르고 드래그하여 정원을 양쪽 가이드 선에 맞춰 그립니다.

13 Direct Selection Tool(직접 선택 도구)로 정원 아래쪽 정점(Anchor Point)을 선택하여 가이드 중심점에 맞춰 드래그하여 이동합니다.

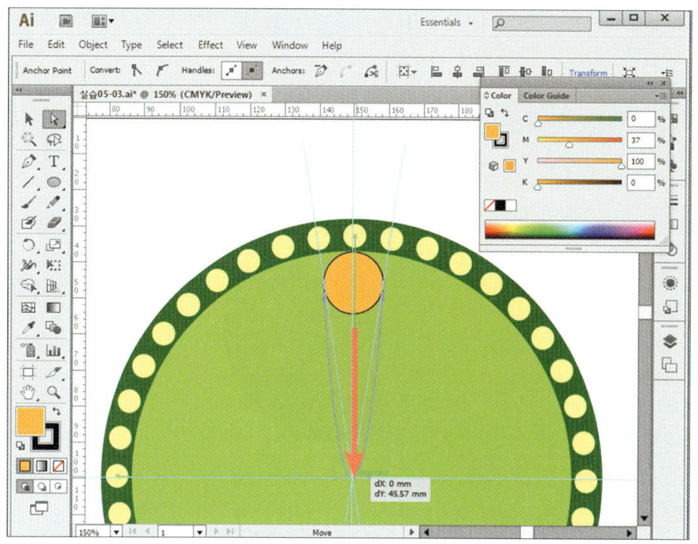

14 방향키를 제거하기 위해 Convert Anchor Point Tool(정점 전환 도구)을 클릭합니다.

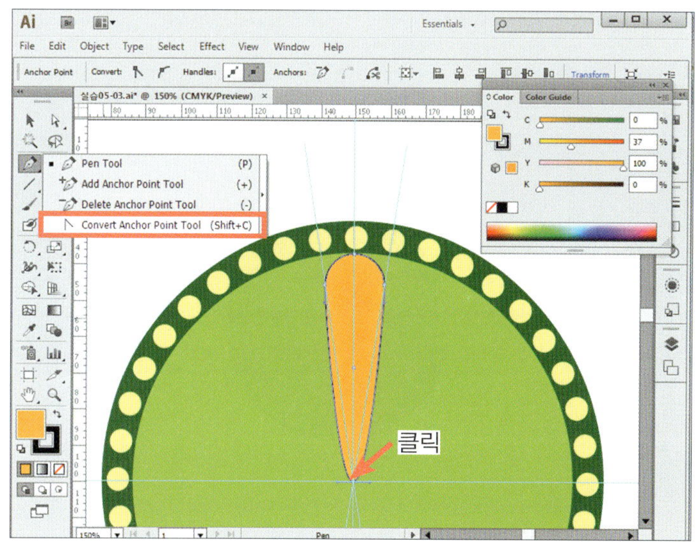

15 아래쪽 모서리가 뽀족해졌을 때, 왼쪽 방향으로 오브젝트의 ½을 회전하기 위해 Rotate Tool(회전 도구)을 클릭 후 가이드 중심점에서 Alt 키를 누르고 클릭합니다. Rotate 대화상자가 열리면 Angle : 9° 를 입력한 후 OK 합니다.

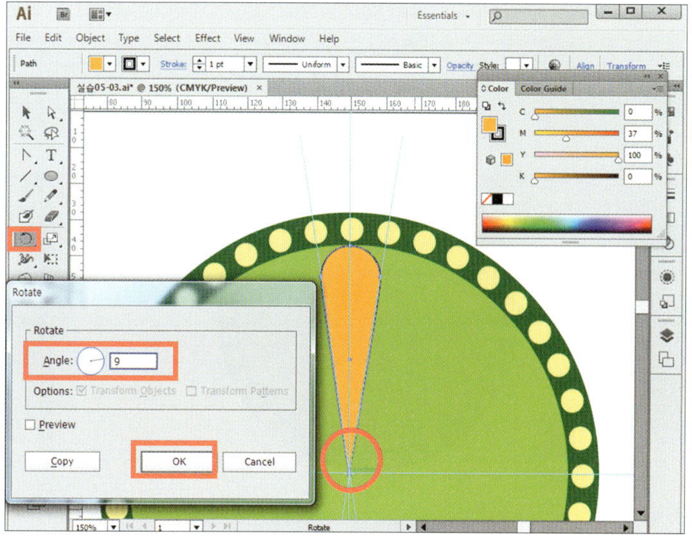

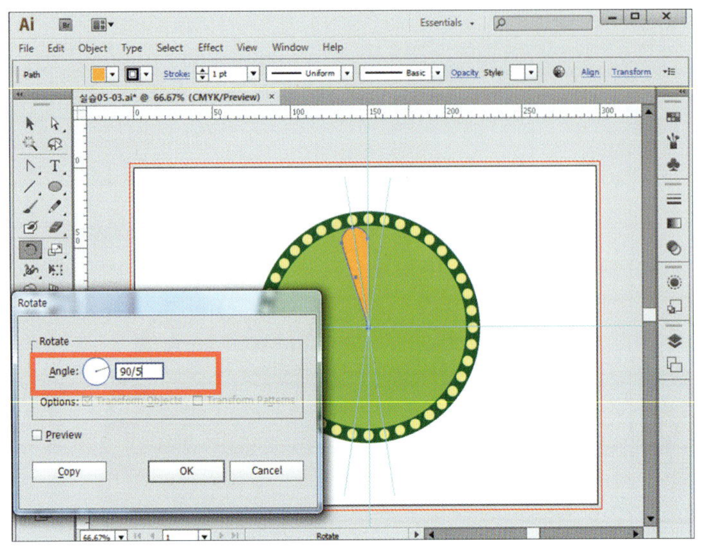

16 Ctrl + - 을 눌러 화면을 축소한 뒤, Rotate Tool(회전 도구)을 클릭 후 가이드 중심점에서 Alt 키를 누르고 클릭합니다. Rotate 대화상자가 열리면 Angle : 90/5를 입력한 후 Copy 버튼을 클릭합니다.

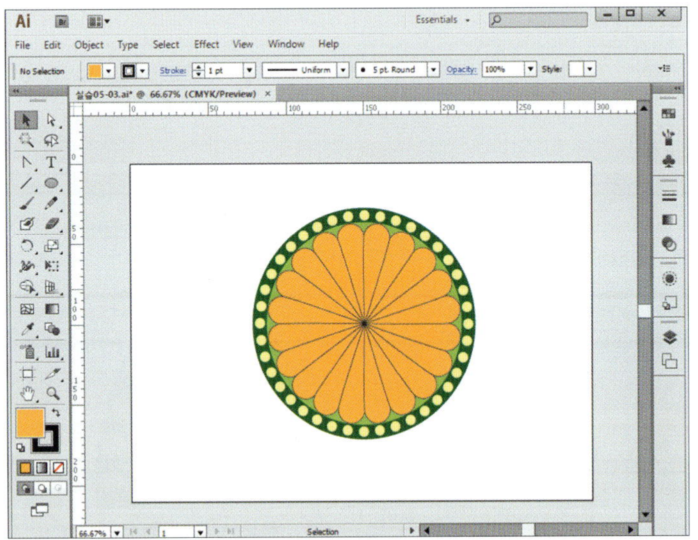

17 Ctrl + D 를 눌러 반복 작업을 해서 오브젝트를 일정한 간격으로 복사합니다. Ctrl + ; 를 눌러 가이드를 안보이게 합니다.

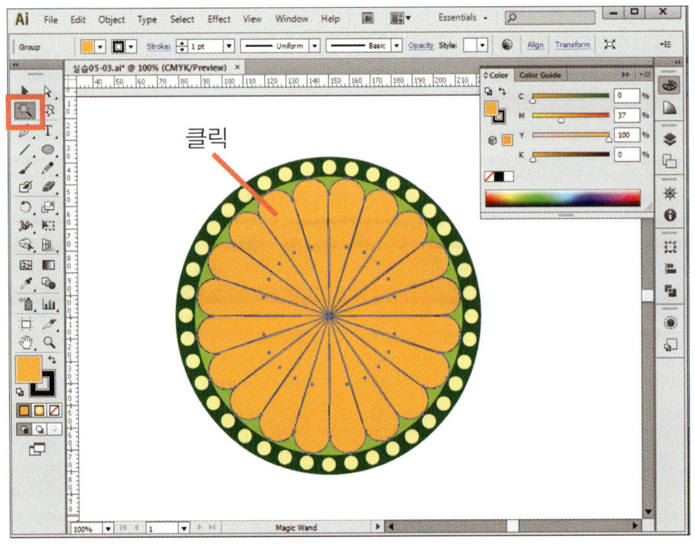

18 Magic Wand Tool(마술봉 도구)로 노랑색 꽃잎을 클릭하여 선택한 다음 Ctrl + G를 눌러 그룹으로 만듭니다.

19 꽃 모양 오브젝트가 선택된 상태에서 입체적인 색상 효과를 주기위해 그라데이션을 적용합니다. Gradient Tool (그라디언트 도구)을 클릭하여 선택 후 하단 색상 모드 중 그라데이션 버튼 ■ 을 누릅니다.

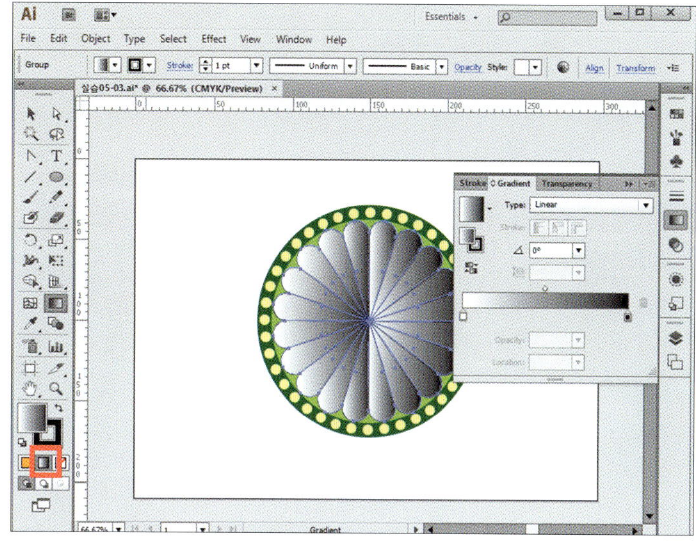

20 [Gradient] 패널에서 Type-Radial (방사형 그라디언트)를 클릭합니다. 오브젝트 중심점에서 꽃 모양 오브젝트 끝 부분으로 드래그합니다.

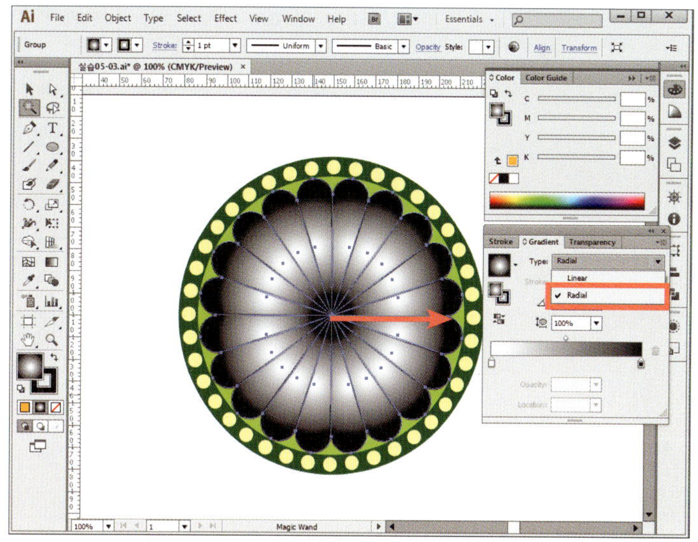

21 [Gradient] 패널 왼쪽 시작 색상 (■)을 클릭한 후 두 번 더블 클릭하면 [Color] 패널이 열립니다. 색상을 넣어 주기 위해 드롭 다운 메뉴(▼≡)를 클릭하여 CMYK로 바꿉니다.

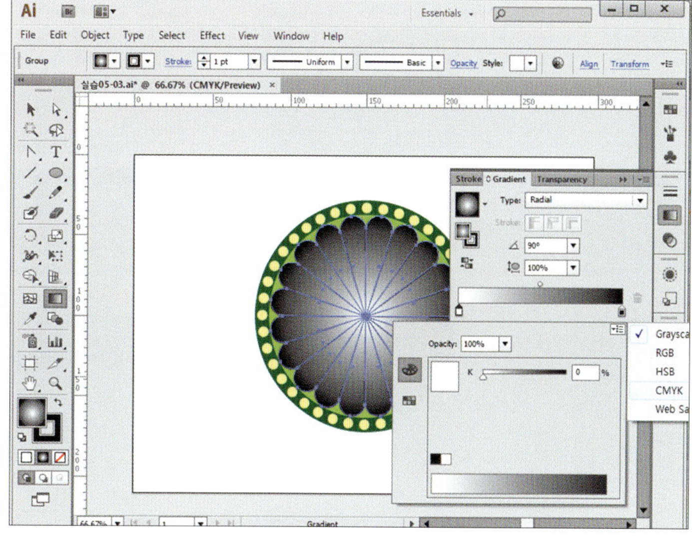

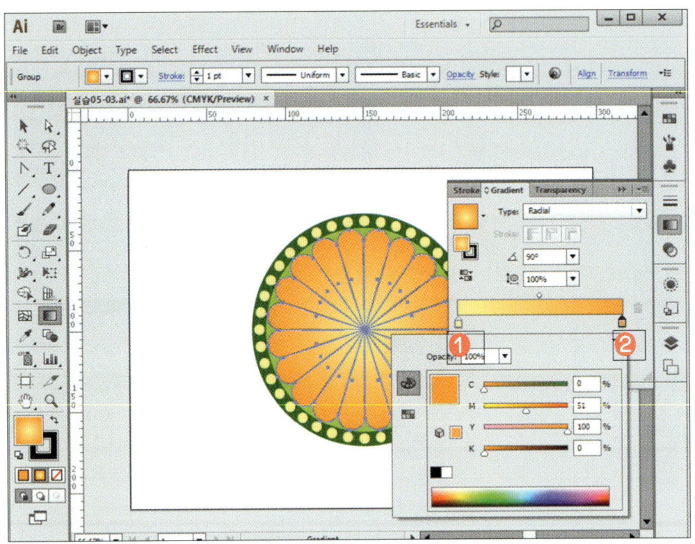

22 ❶ 왼쪽 시작 색상은 Y : 58% ❷오른쪽 끝 색상은 M : 51%, Y : 100%로 지정합니다.

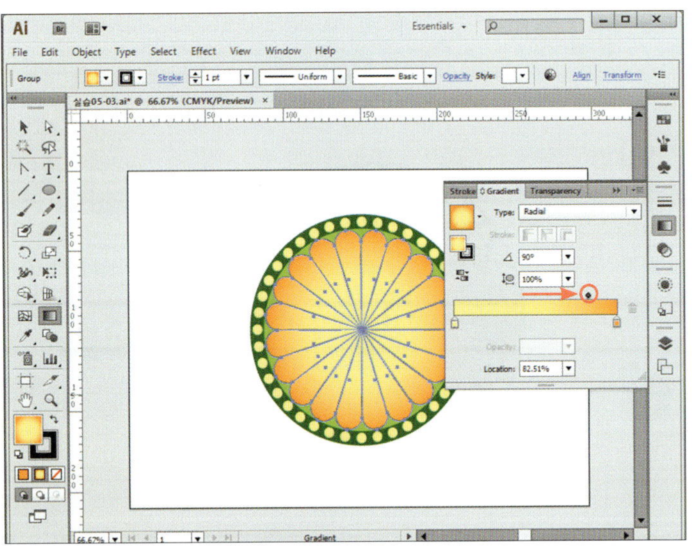

23 Gradient Slider에서 중간 조절점( )을 드래그하여 오른쪽 방향으로 이동하면 시작 색상이 더 많이 보이게 됩니다.

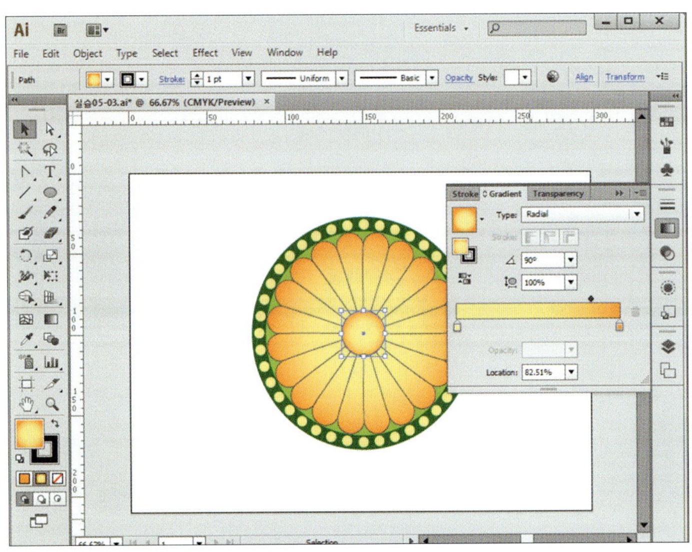

24 Ellipse Tool(원형 도구)을 클릭 후 가운데 중심점에 마우스를 올리고 Shift + Alt 를 누르고 드래그하여 정원을 그려줍니다. 그라데이션 색상은 꽃잎과 같은 색상으로 지정합니다.

[Gradient:그라디언트] 패널 알아보기

❶ 그라디언트 색상 견본 패널입니다. 새 그라디언트 색
상도 그라디언트 견본 패널에 등록할 수 있습니다.

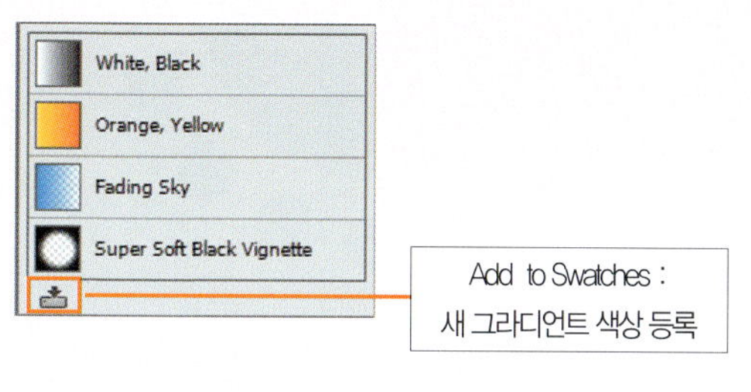

❷ Type(유형) : 그라디언트 모양을 지정합니다.

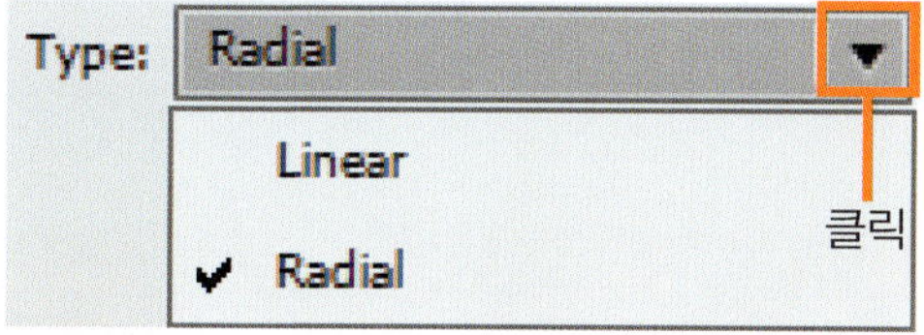

Linear : 선형 그라디언트 모양입니다.

Radial : 방사형 또는 타원형 그라디언트
모양입니다.

❸ Stroke : 선에 그라디언트 색상을 적용하였을 때 선스타일을 지정해 줍니다. 그라디언트 도구를 사용하지 못
하며 Gradient Annotator Bar(그라디언트 주석 표시)가 나타나지 않습니다. 그라디언트 패널을 통해 각도를
변경할 수 있습니다.

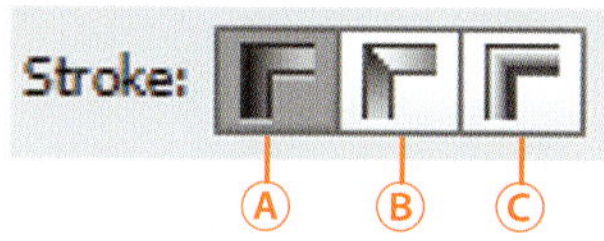

Ⓐ Apply gradient within stroke : 그라디언트 색상의 기본 값입니다. Stroke 내에서 그라데이션을 적용합니다.

Ⓑ Apply gradient along stroke : 그라데이션이 스트로크의 길이를 따라 적용됩니다.

Ⓒ Apply gradient across stroke : 그라데이션이 스트로크의 폭을 가로 질러 적용됩니다.

❹ Angle : 그라디언트 색상의 각도를 지정합니다.

❺ Reverse Gradient : 그라디언트 색상을 반전해 줍니다.

❻ Aspect Ratio : Type이 Radial일 경우 적용됩니다. 정원 또는 타원형 모양으로 바꿔줍니다.

❼ 그라디언트의 시작 색상입니다.

❽ 그라디언트의 끝 색상입니다.

❾ Opacity(불투명도) : 불 투명도를 지정해 줍니다.

❿ Location : 그라디언트 색상 및 그라디언트 색상 조절점 등의 위치를 지정해 줍니다.

1

패스파인더를 활용하여 오른쪽과 같이 완성해
보세요.

▲ 완성파일 : 기초문제\완성파일\기초완성S05-1.ai

2

패스파인더를 활용하여 오른쪽과 같이 완성해
보세요.

▲ 완성파일 : 기초문제\완성파일\기초완성S05-2.ai

3

패스파인더를 활용하여 오른쪽 완성작과 같은 도형
을 완성해 보세요.

▲ 완성파일 : 기초문제\완성파일\기초완성S05-3.ai

1) 오른쪽과 같이 완성해 보세요.

힌트

Rotate Tool(회전 도구)와 반복 변형(Transform again)을 활용하여 작업을 완료합니다.

▲ 완성파일 : 활용실습\완성파일\활용완성S05-1.ai

2) 오른쪽과 같이 완성해 보세요.

힌트

Ellipse Tool(원형 도구)로 가장자리에 반복적으로 복사(Transform Again)한 후 패스파인더를 활용합니다.

▲ 완성파일 : 활용실습\완성파일\활용완성S05-2.ai

3) 면 분할 후 단계별 색상을 넣어 완성해 보세요.

힌트

Line Segment Tool(선 도구)로 활용하여 패스파인더에서 각 면을 Divide한 후 [Color]패널에서 M, Y, K 색상을 단계별로 색상을 넣습니다.

▲ 완성파일 : 활용실습\완성파일\활용완성S05-3.ai

06 그라디언트 도구 활용하기

입체적인 효과를 주기위한 방법으로 그라데이션 색상을 적용하는 경우가 많습니다. 입체적인 물체 표현이나 배경 등에 많이 활용되는 그라디언트 도구(Gradient Tool)와 그라디언트 패널 활용 방법에 대해 배워 보겠습니다.

▲ 완성파일 : 실습예제\완성파일\실습완성S6-2.ai
· 그라디언트 유형 중 선형 그라디언트(Linear Graduent)를 활용
  하여 정육면체를 만들어 본다.

▼ 완성파일 : 실습예제\완성파일\실습완성S6-3.ai
· 그라디언트 유형 중 원형 그라디언트(Radial Graduent)를 활용
  하여 입체적인 구를 만들어 본다.

◀ 완성파일 : 실습예제\완성파일\실습완성S6-4.ai
· 그라디언트과 스캐터 브러시(Scatter Brush)를 접목하여 리본
  트리를 만들어 본다.

차례

따라하기 01 Gradient 사용법 알아보기

01 **Ctrl** + **N**을 눌러 새 문서 대화 상자를 엽니다. Name : 실습 06-01, Number of Artboard : 1, Size : A4, Units : Millimeters, Orientation : Landscape( ), Bleed / Top : 3mm, Bottom : 3mm, Left : 3mm, Right : 3mm로 지정 후 **OK** 합니다.

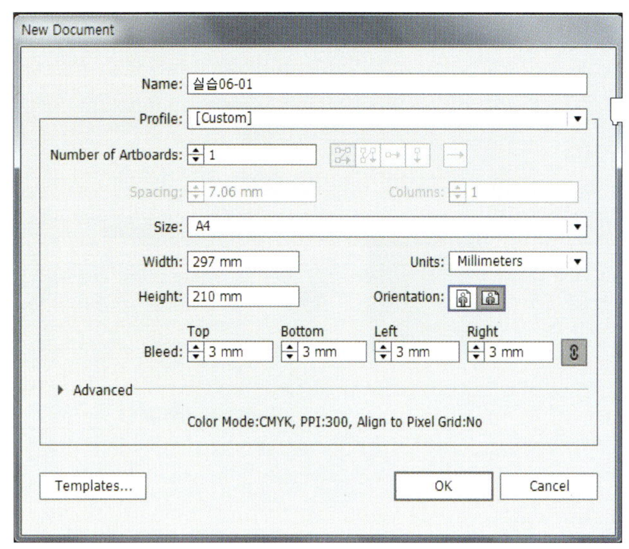

02 도구 상자에서 Rectangle Tool(사각 형 도구)을 클릭 후 Fill 색상은 하단 색상 모드의 그라디언트 버튼( )을 클릭 합니다. Document(도큐멘트 : 문서) 위에서 마우스로 드래그하여 지정한 그라데이션 색 상이 적용된 사각형을 그립니다.

TIP
그라디언트 색상을 적용하면 화면에 [Gradient] 패널이 자동 나타납니다.

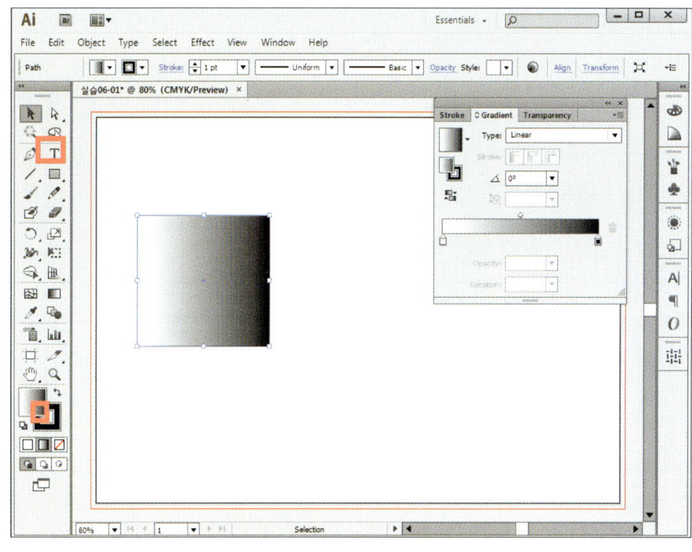

03 [Gradient] 패널의 색상을 두 번 더 블 클릭하여 색상 패널을 엽니다. 색상 패널이 열리면 왼쪽의 [Color] 버튼을 클릭합니다. 드롭다운 메뉴( )를 클릭하 고 'CMYK'를 클릭하여 칼라 색상 모드로 바 꿉니다.

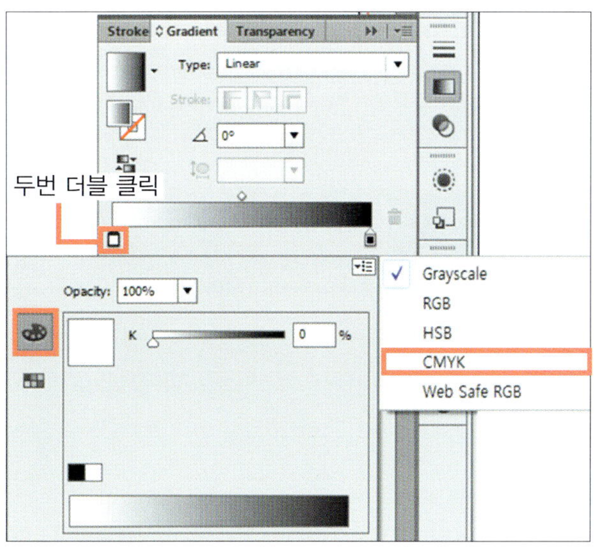

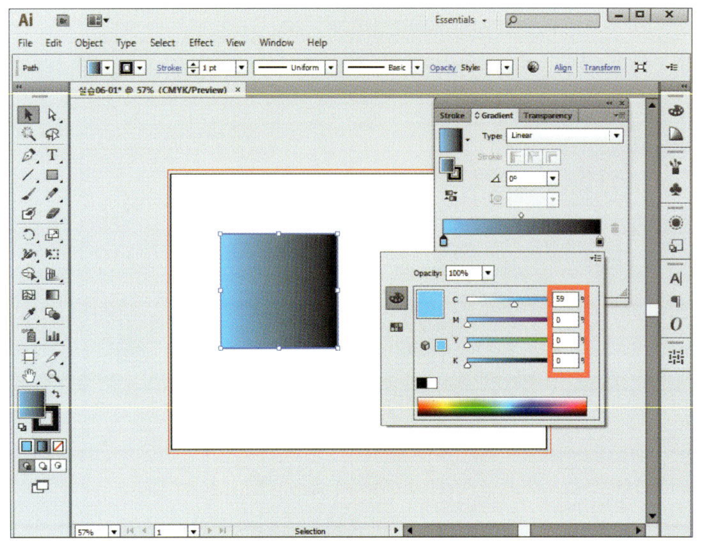

04 CMYK로 바뀌면 색상을 교체합니다. 왼쪽 Color Stop(색상 정지)을 두 번 더블 클릭하여 [Color] 패널이 열리면 Fill(면) 색상을 C:59%로 교체해줍니다.

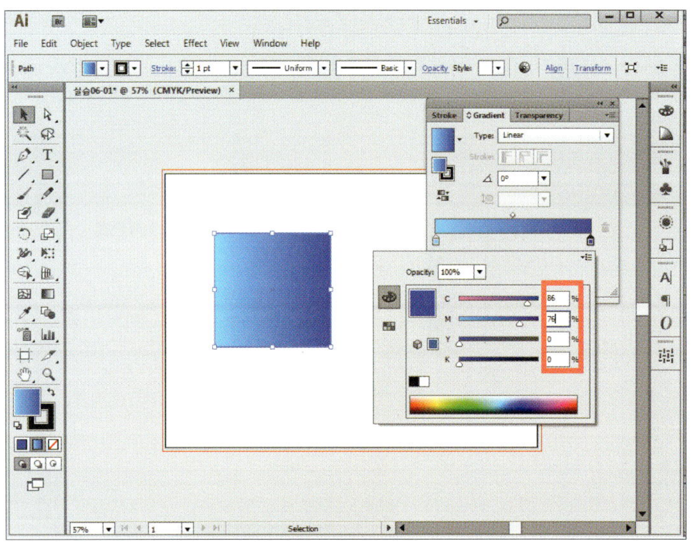

05 [Color] 패널에서 드롭다운 메뉴( )를 클릭하고 메뉴 중 'CMYK ' 색상 모드를 클릭하여 선택합니다. 오른쪽 두 번째 Color Stop(:색상 정지) 색상을 두 번 더블 클릭하여 [Color] 패널이 열리면 Fill(면) 색상을 C:86% M:76%로 교체해줍니다.

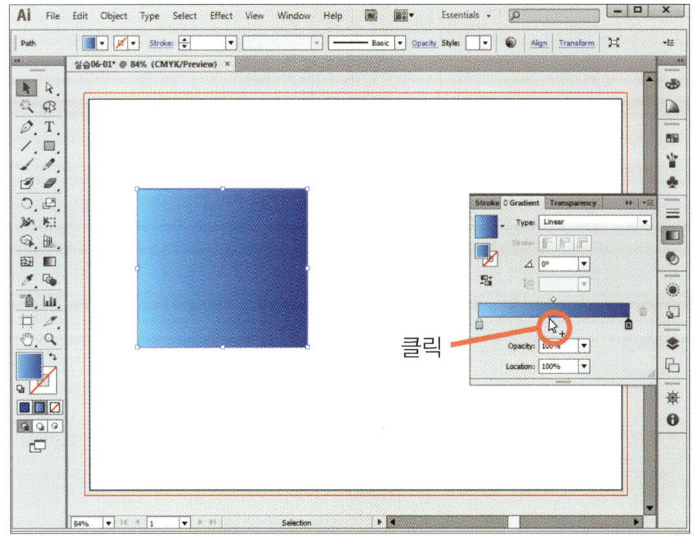

06 그라디언트 막대에 마우스를 올려 커서 모양이 로 바뀌면 마우스를 클릭합니다.

07 중간 색상으로 추가된 Color Stop(:색상 정지)에서 두 번 더블 클릭하여 [Color] 패널이 열리면 색상을 교체합니다.

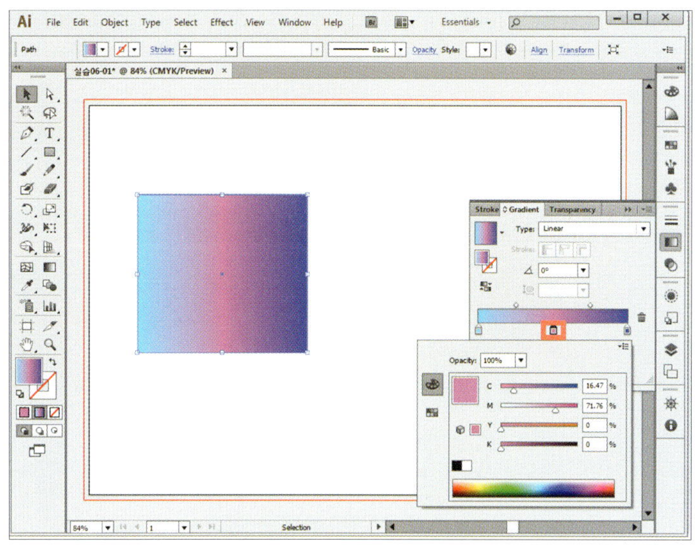

08 Color Stop(:색상 정지) 색상을 클릭하여 선택한 후 그라디언트 막대 오른쪽 끝에 있는 휴지통( )을 클릭하면 선택한 Color Stop(색상 정지)이 제거됩니다.

> **TIP**
> Gradient Stop(그라디언트 정지)를 그라디언트 패널 밖으로 드래그하여도 제거됩니다.

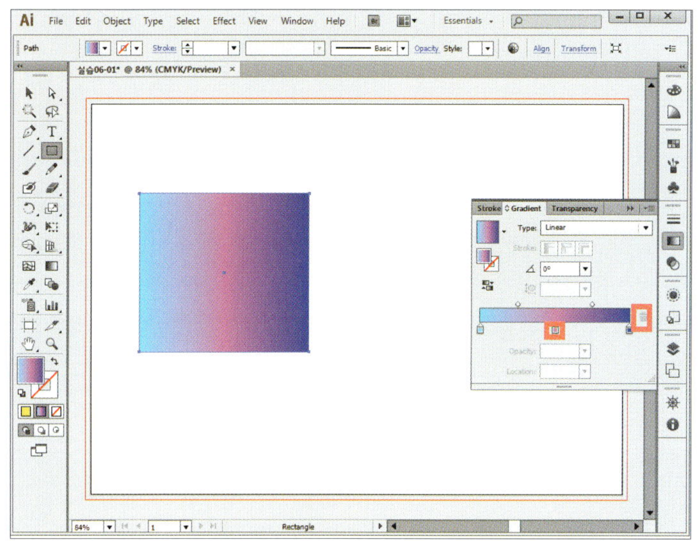

09 Gradient 패널에서 Angle( ) 메뉴 화살표( )를 클릭하여 135°를 클릭하면 그라데이션 방향이 바뀝니다.

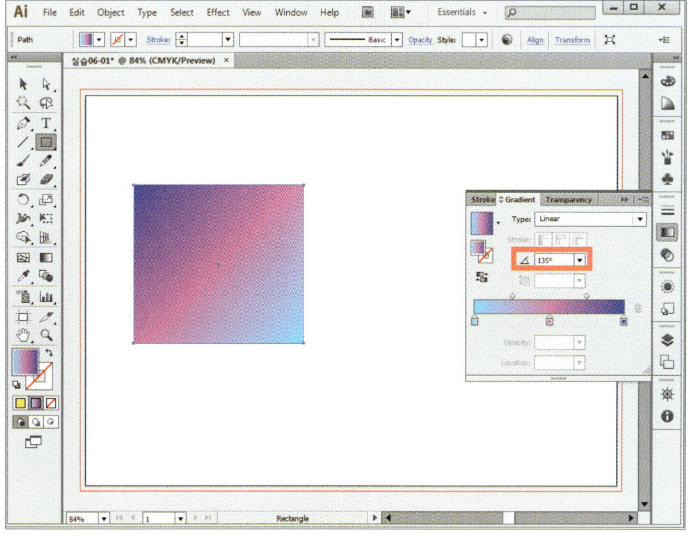

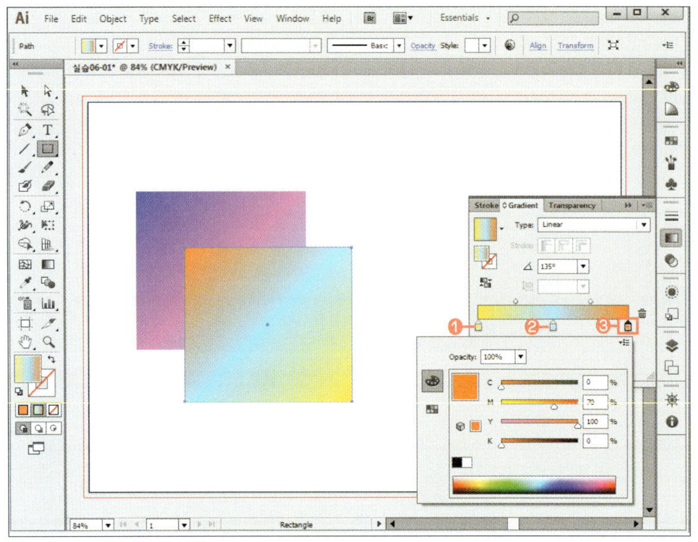

10 Rectangle Tool(사각형 도구)을 클릭 후 그라데이션 사각형위에 드래그하여 두 번째 사각형을 그린 후 각 Color Stop(색상 정지)을 두 번 더블 클릭하여 색상을 바꿔 줍니다.

❶ M : 70%, Y : 100%

❷ C : 50%

❸ Y : 100%

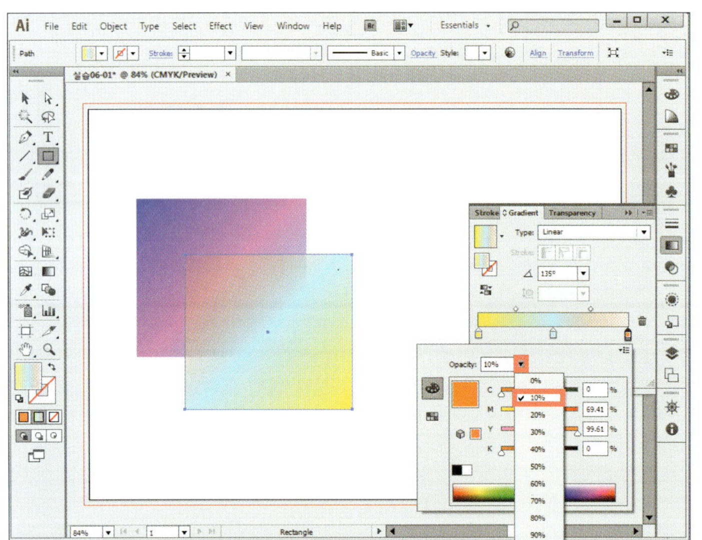

11 Color Stop(색상 정지)을 두 번 더블 클릭하여 [Color] 패널이 열린 후 Opacity(불투명도)에서 10%를 클릭하면 색상이 반 투명하게 비쳐집니다.

< Opacity 적용 전 >

< Opacity 적용 후 >

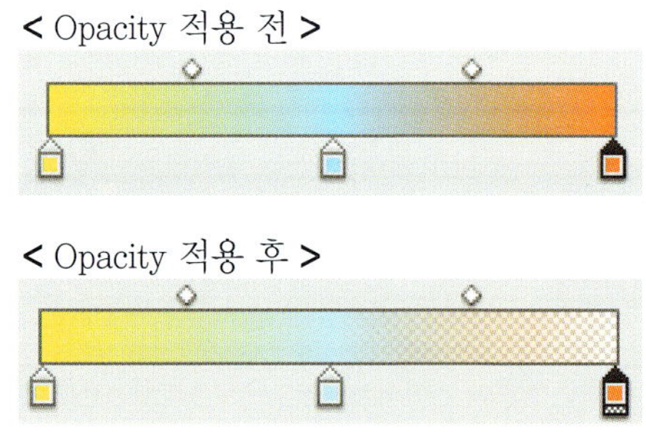

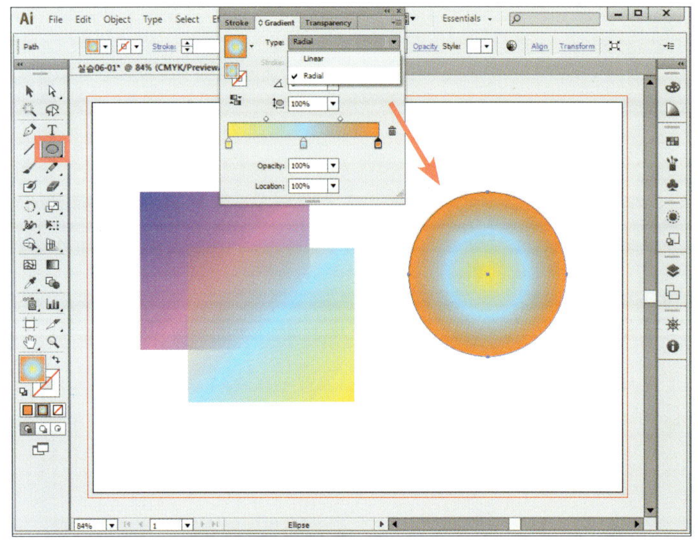

12 Ellipse Tool(원형 도구)을 클릭 후 아트보드위에서 드래그하여 원형 모양을 그립니다. Gradient 패널에서 Type을 Radial(방사형 그라디언트)로 교체합니다.

13 위쪽에 위치한 사각형은 Selection Tool(선택 도구)로 클릭하여 선택 후 키보드에서 Delete 또는 ← (Backspace)를 눌러 제거 하고 나머지 두 개의 오브젝트를 드래그하여 모두 선택 후 Gradient Tool(그라디언트 도구)을 클릭하면 각 오브젝트에 그라데이션을 조절할 수 있는 Gradient Annotator(그라디언트 주석자)가 나타납니다.

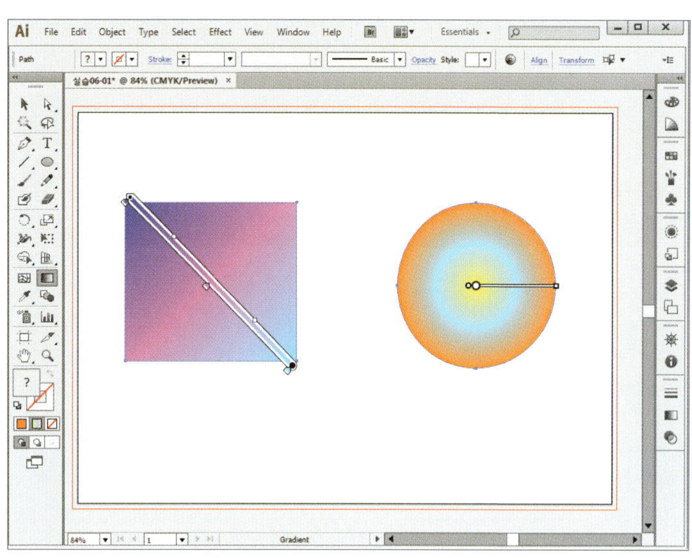

참고 Gradient Tool(그라디언트 도구)을 선택하고 오브젝트를 선택했을때에만 Gradient Annotator가 보이며, [View] 메뉴에서 보이기 또는 안보이기를 설정할 수 있습니다. [View]–[Hide Gradient Annotator]를 클릭하면 안보이게 되며, [Show Gradient Annotator]를 클릭하면 나타납니다.

[Gradient Annotator:그라디언트 주석자] 알아보기

■ Linear Gradient Annotator (선형 그라디언트 주석자)

Gradient Annotator 끝 부분에 마우스를 올려 커서 모양이 (색상 크기조절)로 자동전환되면 마우스를 드래그시 Gradient Annotator이 길어지면서 색상 범위도 커집니다. 마우스를 Gradient Annotator 밖으로 약간 이동시에는 (Rotate : 회전)로 바뀌면서 드래그시 그라데이션 방향이 회전됩니다.

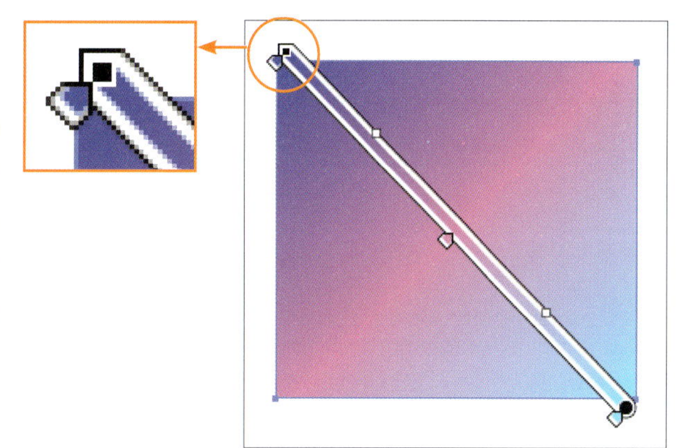

■ Radial Gradient Annotator(방사형 그라디언트 주석자)

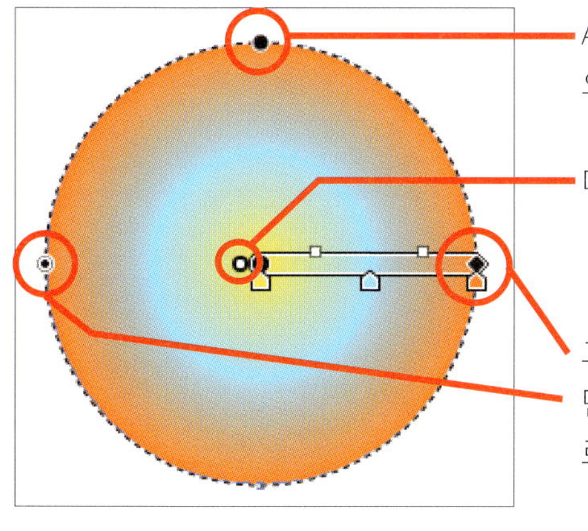

Aspect Ratio : 그라디언트 모양을 방사형 또는 타원형 모양으로 만듭니다.

마우스로 드래그시 중심부에서 이동됩니다.

그라디언트 크기조절과 회전을 조절해줍니다. 마우스를 올리면 커서 모양이 (색상 크기 조절)과 (회전) 모양으로 바뀝니다.

정육면체 만들기

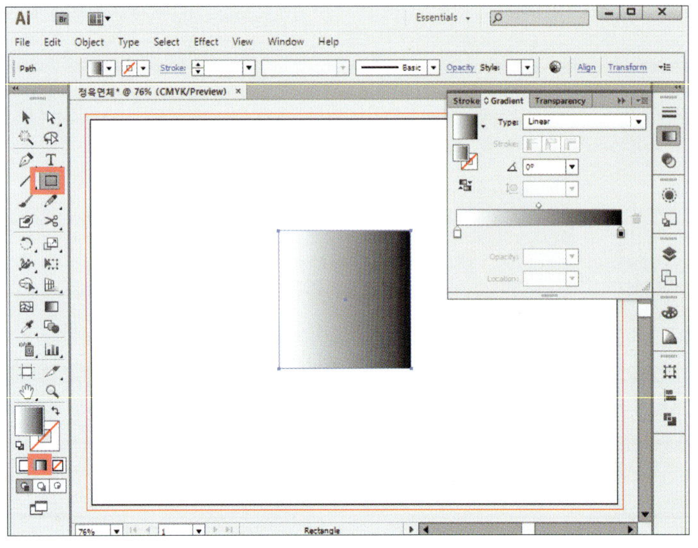

01 Ctrl + N 을 눌러 새 문서를 연 후 Name : 정육면체, Size : A4로 지정 후 OK 를 클릭합니다. Rectangle Tool(사각형 도구)을 클릭한 후 Shift 키를 누르고 Artboard(아트보드)위에서 드래그하여 정사각형을 그립니다. 도구 상자 하단 색상 버튼 중 그라디언트 버튼( )을 클릭합니다.

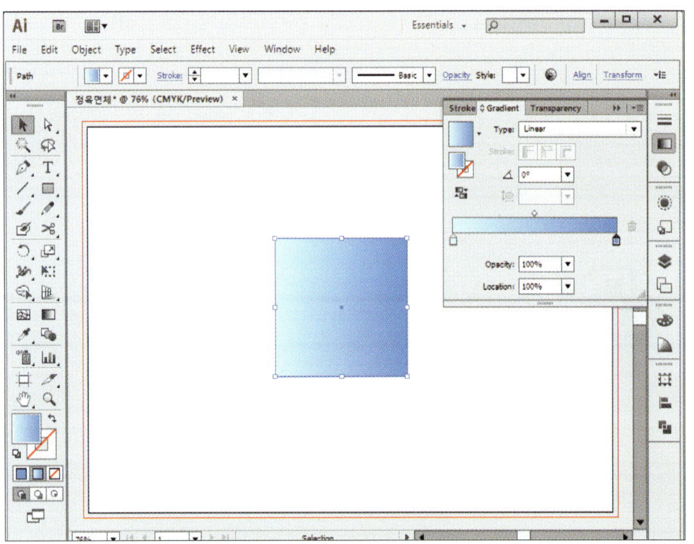

02 첫 번째 Color Stop(색상 정지)을 두 번 더블 클릭하여 색상을 밝은 파랑색(C : 24%), 두 번째 Color Stop(색상 정지) 색상은 짙은 파랑색(C : 73%, M : 38%)로 지정해 줍니다.

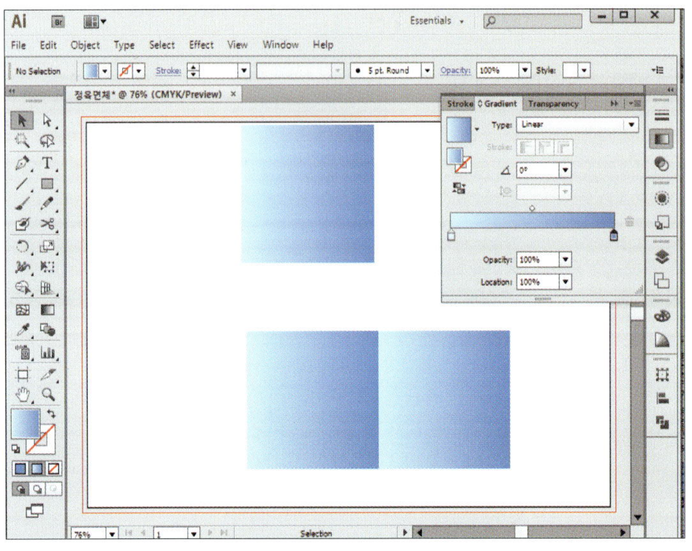

03 Selection Tool(선택 도구)로 Alt 키를 눌러 위, 오른쪽으로 두 개 더 복사합니다.

04 Direct Selection Tool(직접 선택 도구)로 ❶번 정사각형 왼쪽 두 개의 정점(Anchor Point)을 드래그하여 선택합니다.

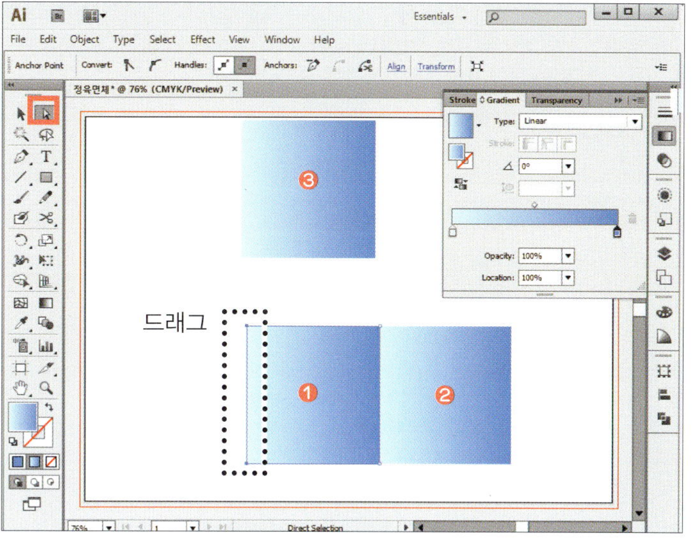

05 Direct Selection Tool(직접 선택 도구)로 드래그하여 왼쪽 위쪽으로 이동하고 아래쪽 정점(Anchor Point)을 클릭하여 오른쪽 사선 방향으로 드래그하여 이동합니다.

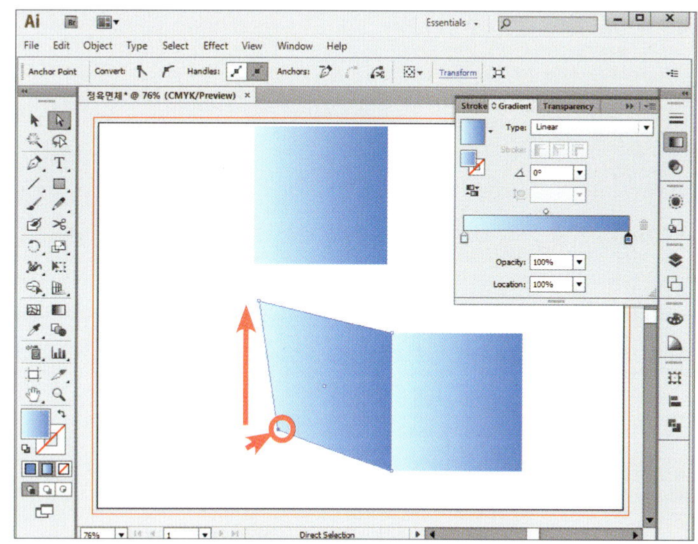

06 오른쪽 정사각형면도 왼쪽면과 같이 Direct Selection Tool(직접 선택 도구)로 오른쪽 두 개의 정점(Anchor Point)을 드래그하여 선택 후 위쪽으로 이동하고 왼쪽 방향으로 드래그하여 너비를 줄인 뒤 아래쪽 정점(Anchor Point)을 클릭하여 오른쪽 사선 방향으로 드래그하여 이동합니다.

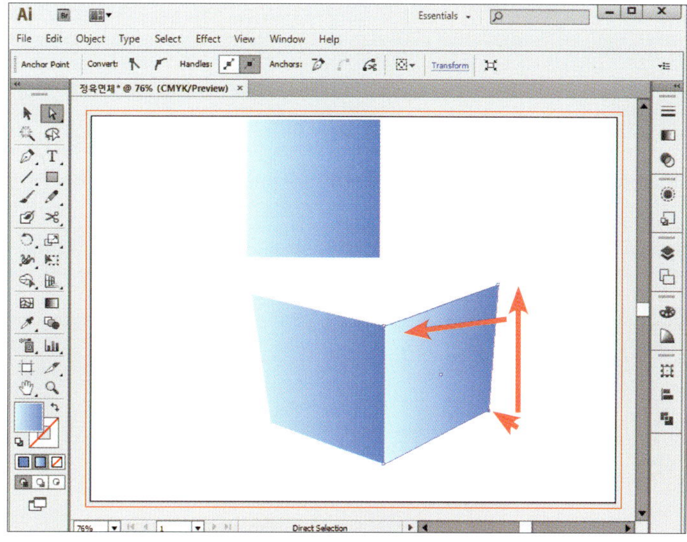

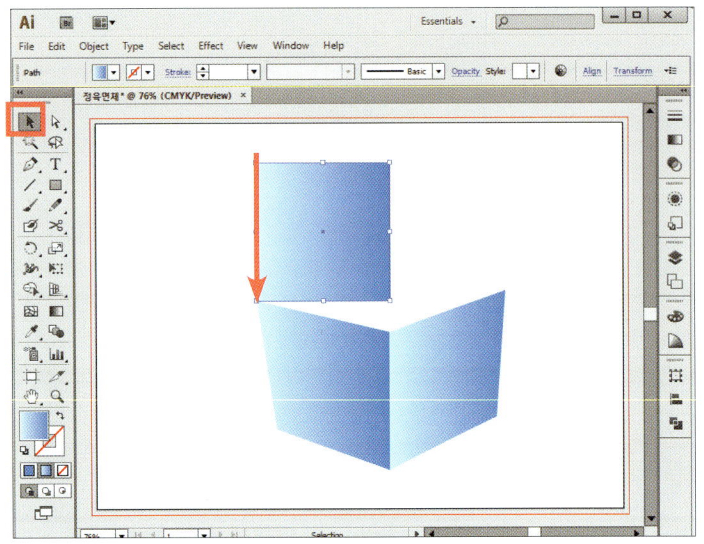

07 Selection Tool(선택 도구)로 위쪽 면을 클릭 후 아래쪽 방향으로 이동하여 아래쪽 면의 꼭지점과 위쪽 면의 꼭지점을 붙입니다.

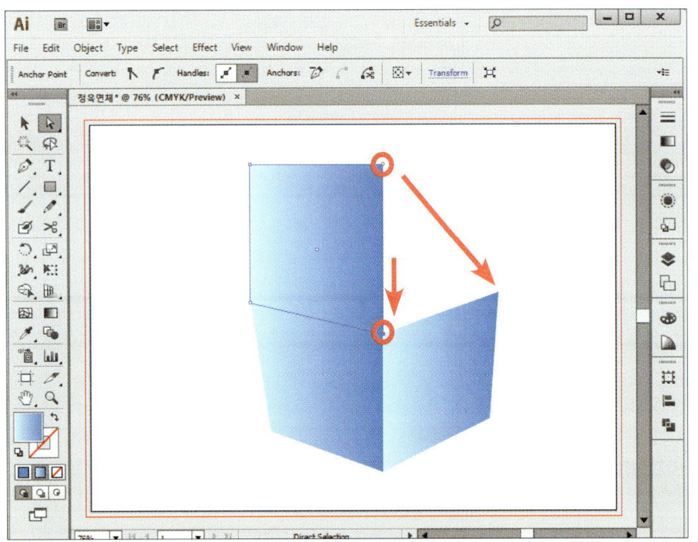

08 Direct Selection Tool(직접 선택 도구)로 각 정점(Anchor Point)을 클릭하여 아래쪽 왼쪽과 오른쪽면의 꼭지점에 붙입니다.

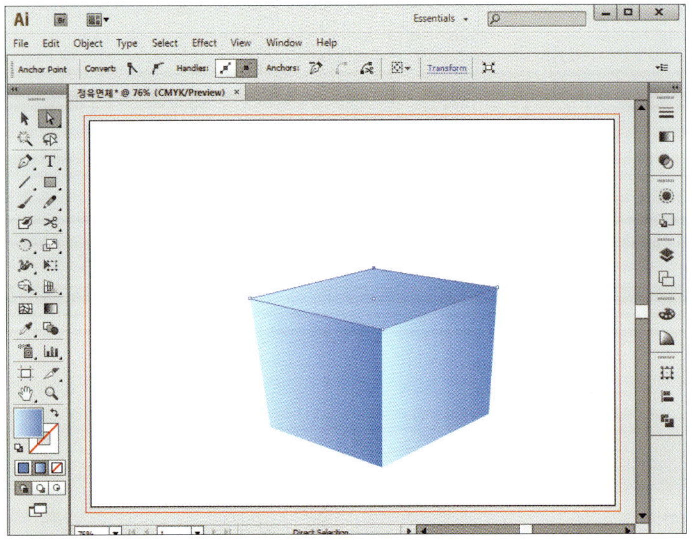

09 각 꼭지점을 이동하여 윗면의 모양을 완료합니다.

10 Gradient Tool(그라디언트 도구)로 아래쪽에서 위쪽으로 사선 방향으로 드래그하여 그라데이션 각도를 바꿔줍니다.

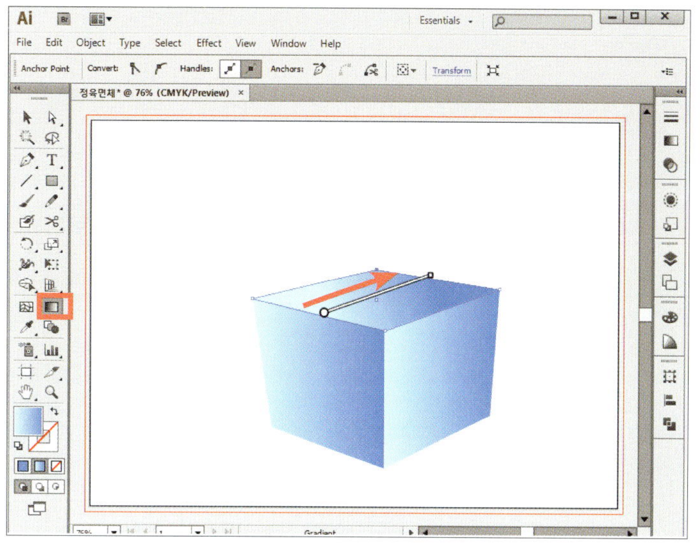

11 Ctrl + F9 를 눌러 Gradient 패널을 열어 준 뒤, 첫 번째 ❶ Color Stop(색상 정지) 색상은 C : 13%, 두 번째 ❷ Color Stop(색상 정지) 색상은 C : 52%, M : 9%로 지정합니다.

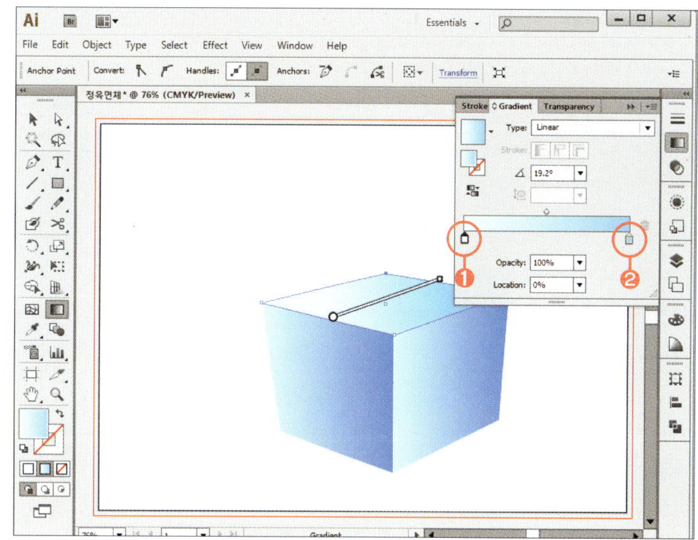

12 Selection Tool(선택 도구)로 왼쪽 면을 클릭 후 Gradient Tool(그라디언트 도구)로 위쪽에서 아래쪽으로 사선 방향으로 드래그합니다. 색상은 첫 번째 ❶ Color Stop(색상 정지) 색상은 C : 42%, M : 7%로 두 번째 ❷ Color Stop(색상 정지) 색상은 C : 61%, M : 13%, K : 7%로 지정합니다.

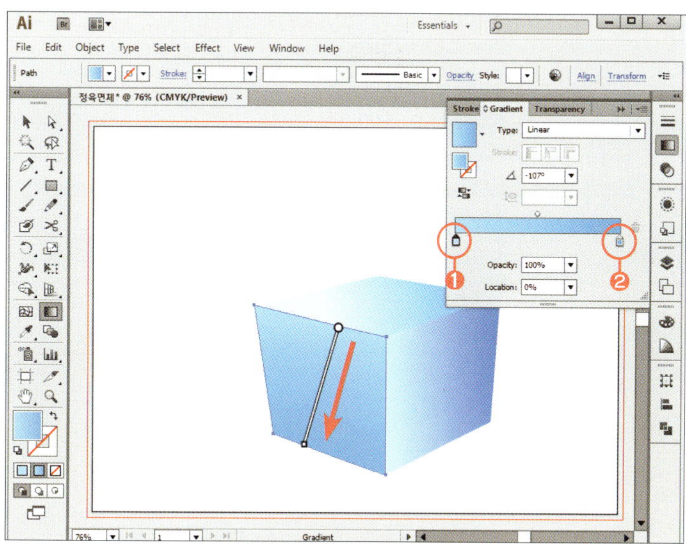

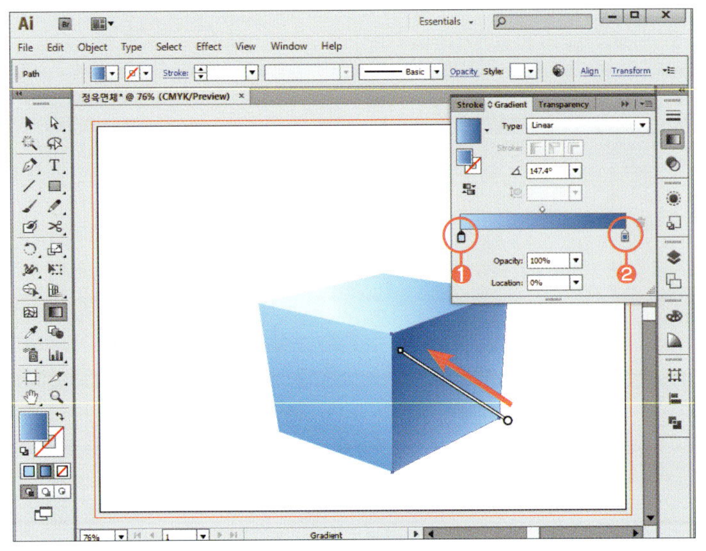

13 Selection Tool(선택 도구)로 오른쪽 면을 클릭 후 Gradient Tool(그라디언트 도구)로 아래쪽에서 윗쪽으로 사선 방향으로 드래그합니다. 색상 지정은 ❶ Color Stop(색상 정지) – C:42%, M:5%로 ❷ Color Stop(색상 정지) – C:80%, M:38%, K:17%로 지정합니다.

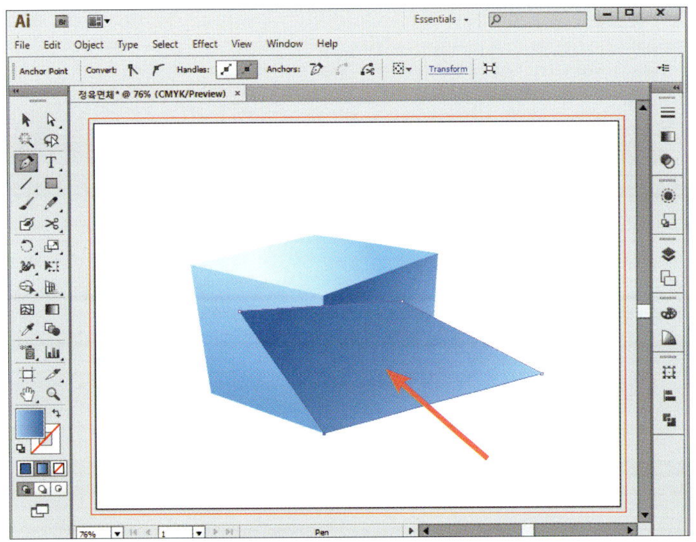

14 Selection Tool(선택 도구)로 드래그 하여 오브젝트를 모두 선택하고 좌측 상단으로 이동 후 Pen Tool(펜 도구)로 그림자를 그립니다.

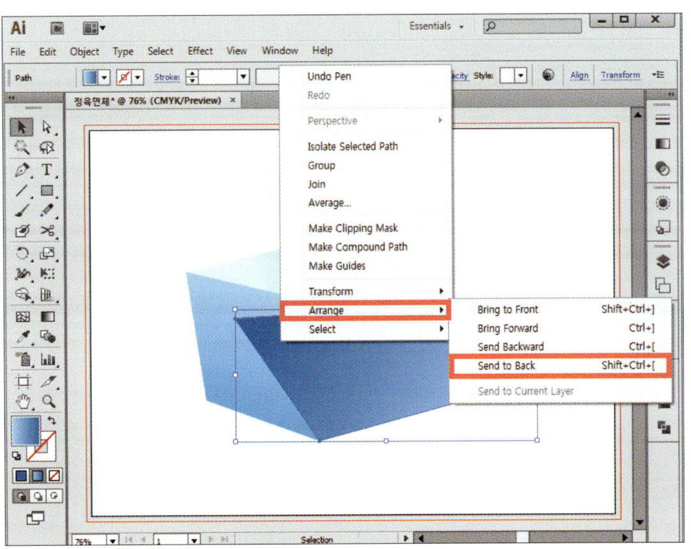

15 그림자 오브젝트가 선택된 상태에서 오브젝트위에 마우스를 올리고 마우스 오른쪽 버튼을 누르면 관련 메뉴들이 나타납니다. [Arrange]–[Send to Back]을 클릭합니다.

16 Gradient Tool(그라디언트 도구)로 드래그하여 그라데이션 방향을 바꿉니다.

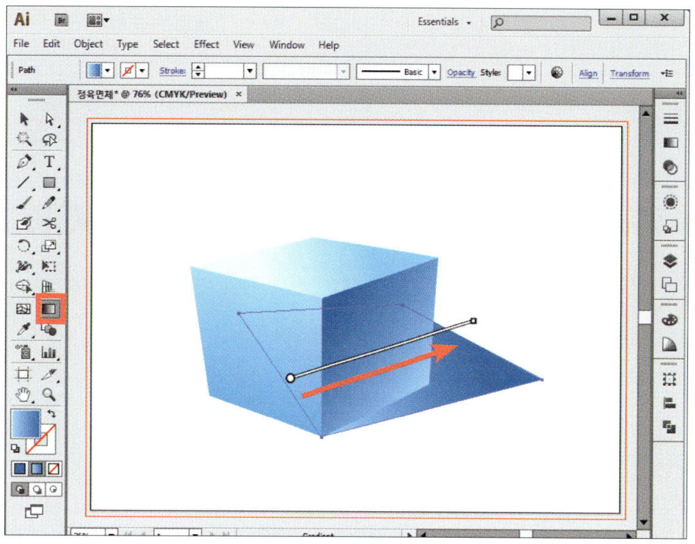

17 왼쪽 패널 단축 아이콘 중 ▣를 클릭하여 Gradient 패널을 열어 준 뒤, ❶ – Color Stop(색상 정지) 색상은 K:100%인 검정색으로 ❷ – Color Stop(색상 정지) 색상은 C:0%, M:0%, Y:0%, K:0%인 흰색으로 지정합니다.

Tip

Ctrl + F9 을 눌러도 Gradient 패널을 열 수 있습니다.

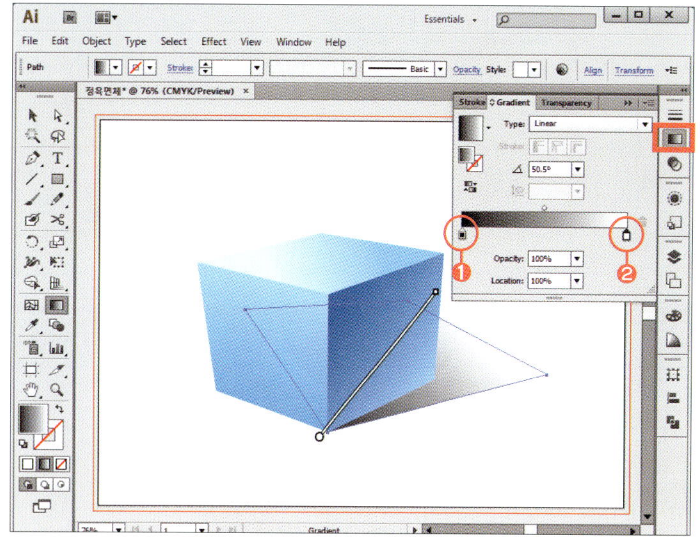

18 그림자 가장자리를 부드럽게 하기 위해 [Effect]-[Stylize]-[Feather]를 클릭합니다. [Feather:페더] 대화상자가 열리면 Radius:3mm를 지정하고 Preview(미리보기)를 클릭하여 체크해서 완성 결과를 OK 전에 확인해 볼 수 있습니다. 미리보기 결과가 예상과 같으면 OK 버튼을 클릭하여 완성합니다. Ctrl + S 를 눌러 문서를 저장합니다.

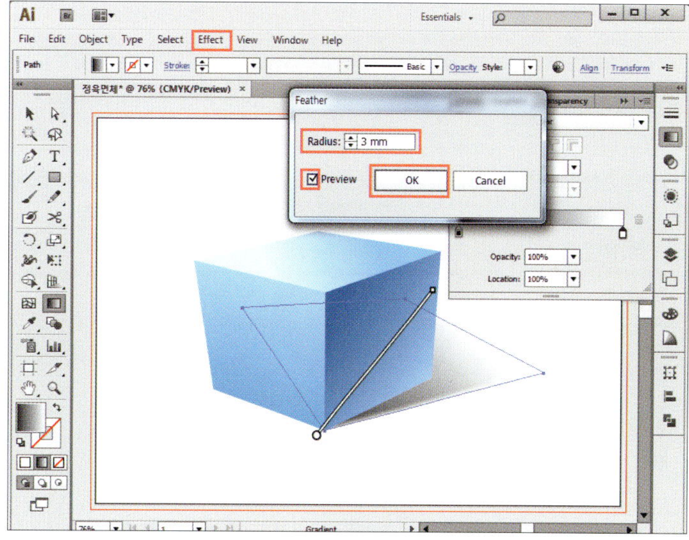

입체적인 구 그리기

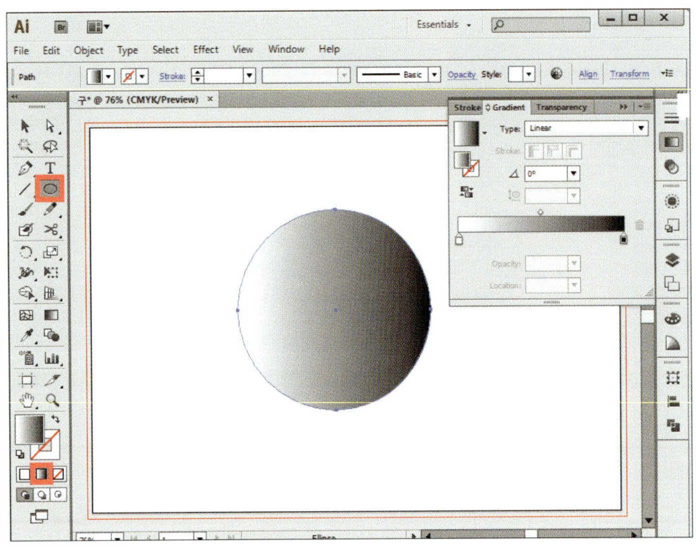

01 Ctrl + N 을 눌러 새 문서 Name :구, Size:A4로 지정 후 OK 을 클릭합니다. Ellispe Tool(원형 도구)을 클릭한 후 Shift 키를 누르고 Artboard (아트보드)위에서 드래그하여 정원을 그립니다. Stroke은 None(없음)으로 지정하고, Fill Color를 클릭 후 도구상자 하단 색상 버튼 중 그라디언트 버튼 ( )을 클릭합니다.

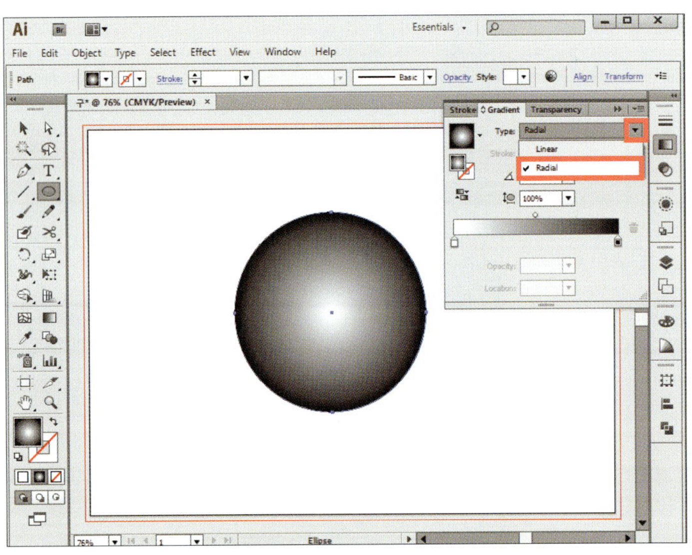

02 Gradient 패널에서 Type 옆 화살표를 클릭하여 메뉴 중 Radial(방사형 그라디언트)을 클릭합니다.

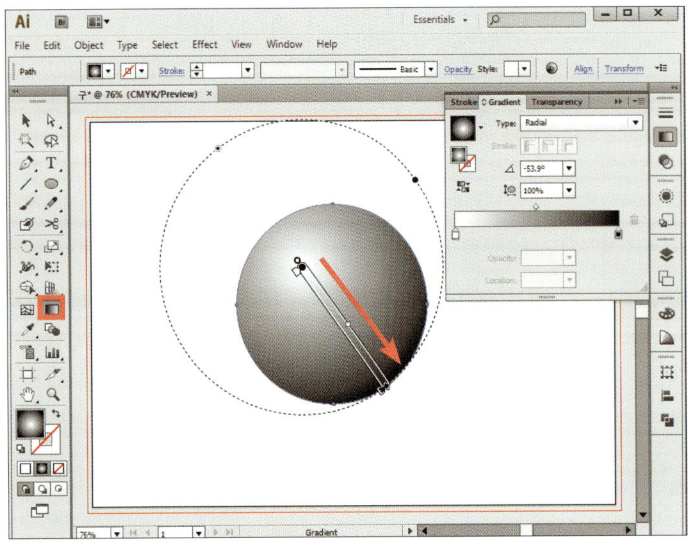

03 Gradient Tool(그라디언트 도구)을 클릭 후 도형 왼쪽 상단에서 오른쪽 하단으로 드래그합니다.

04 Gradient Tool(그라디언트 도구)을 클릭하면 그라데이션 색상이 적용된 오브젝트에는 자동 Gradient Annotator(그라디언트 주석자)가 나타납니다. 색상 교체를 위해 Gradient Annotator에 마우스를 올려 커서 모양이 로 바뀌면 클릭합니다.

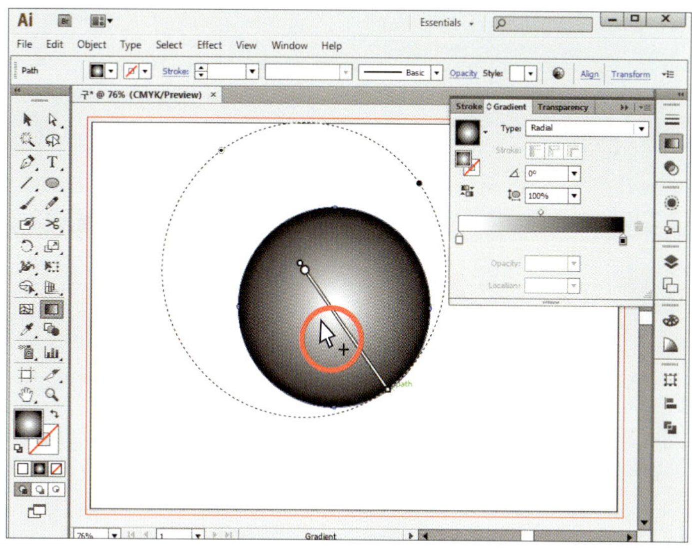

05 클릭해서 생성된 Color Stop(색상 정지)을 더블 클릭하여 [Color] 패널이 열리면 M : 77%로 지정합니다.

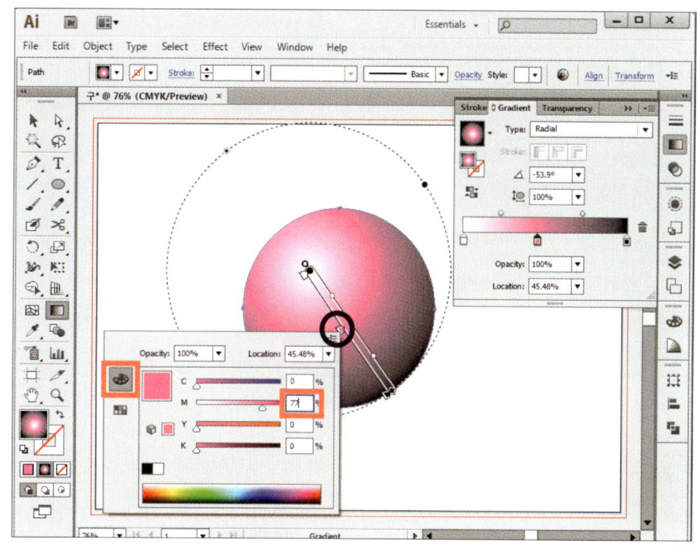

06 ❸번 Color Stop(색상 정지) 색상은 C : 90%, K : 53% ❹번 Color Stop(색상 정지) 색상은 C : 89%, K : 28%로 지정합니다.

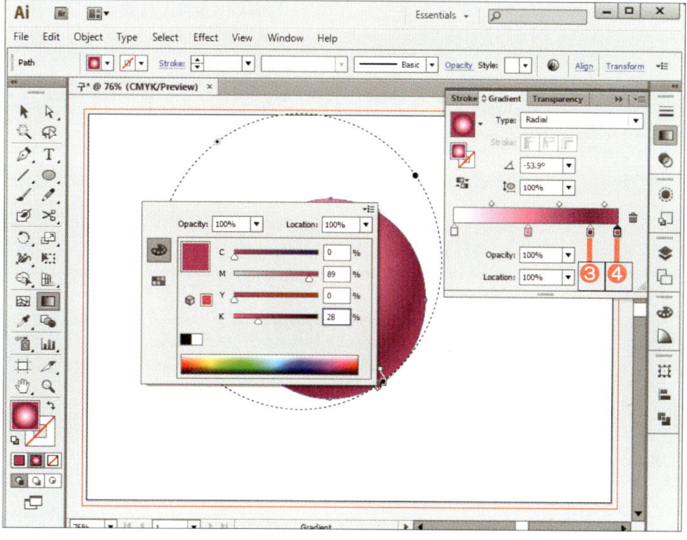

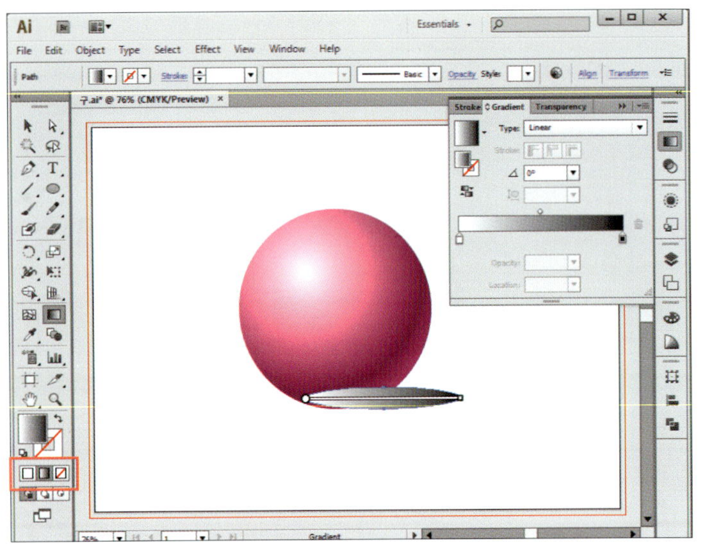

07 Ellipse Tool(타원형 도구)을 클릭 후 구 아래쪽에 드래그하여 타원을 그립니다. 색상은 Fill(칠)은 도구 상자 하단 색상 모드에서 그라디언트 버튼(▣)을 클릭하고 Stroke은 None(없음: ⬜)을 클릭합니다. 그림자 오브젝트를 선택 후 단축키 Shift + Ctrl + [을 눌러 구 뒤로 보냅니다.

TIP

Shift + Ctrl + [는 Send to Back(맨 뒤로 보내기)의 단축키입니다.

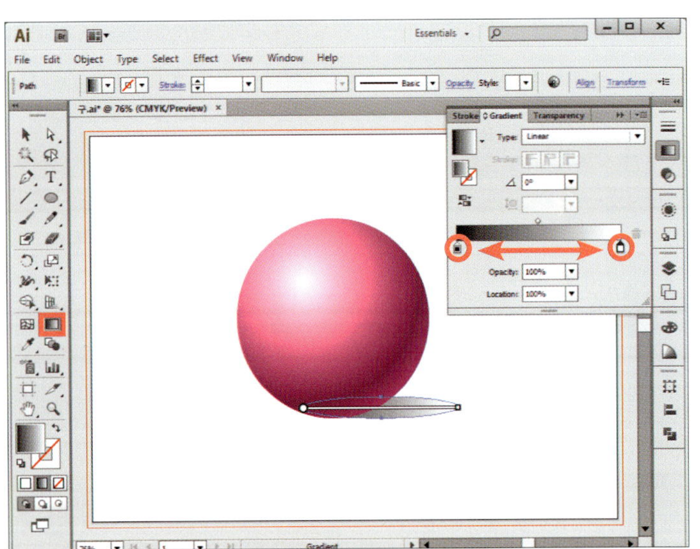

08 그림자 오브젝트의 그라디언트 방향을 [Gradient] 패널에서 Color Stop(색상 정지)을 마우스로 드래그하여 위치를 서로 바꿔줍니다.

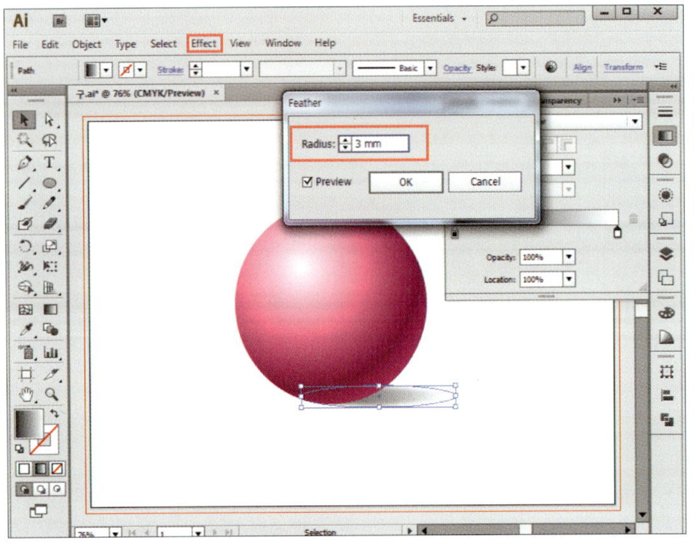

09 Selection Tool(선택 도구)로 타원 오브젝트를 클릭하여 이동시켜 구 위치에 맞춥니다. 그림자를 부드럽게 처리하기 위해 [Effect]-[Stylize]-[Feather]를 클릭합니다. [Feather]-Radius : 3mm를 지정 후 OK 버튼을 클릭한 후 완성합니다.

01 Ctrl + N 을 눌러 새 문서 대화 상자를 엽니다. Name : 크리스마스트리, Number of Artboard : 1, Size : A4, Units : Millimeters, Orientation : Portrait( ), Bleed / Top : 3mm, Bottom : 3mm, Left : 3mm, Right : 3mm로 지정 후 OK 합니다.

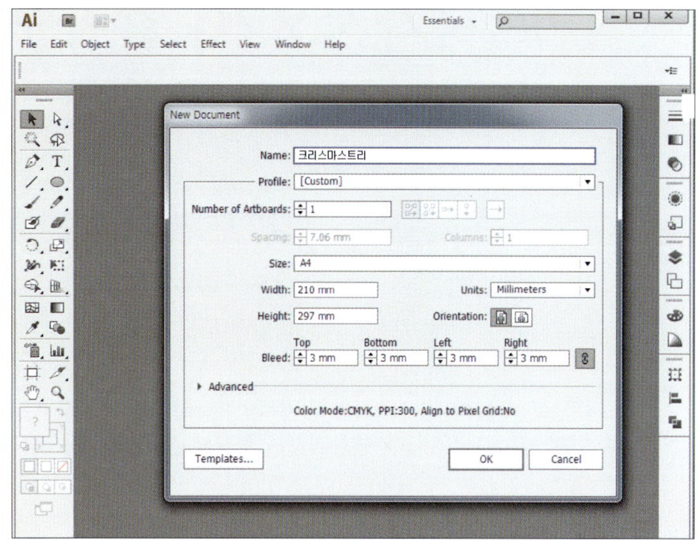

02 [File]-[Place:가져오기]를 클릭합니다.

참고 [Place]는 외부 파일의 이미지만 가져올 때 사용합니다. 일러스트레이터에서 작업 중 비트맵 이미지 파일(포토샵 작업 파일들)을 가져올 때 주로 많이 사용합니다.

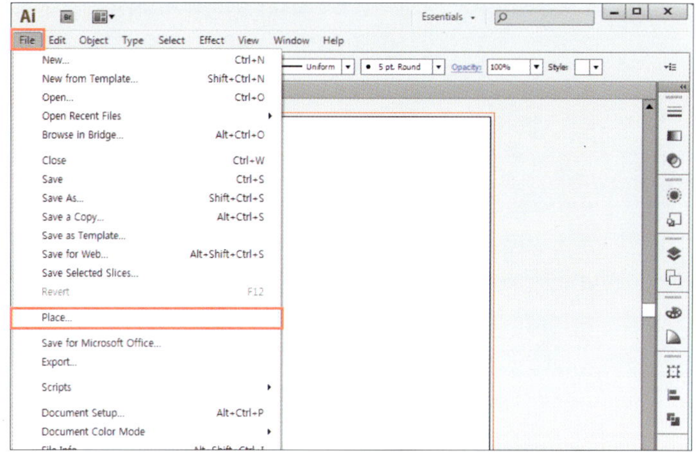

03 [Place]에서 '실습파일/실습S06-04. jpg'를 클릭 후 Link는 체크를 해제하고 Template는 체크한 상태에서 Place 합니다.

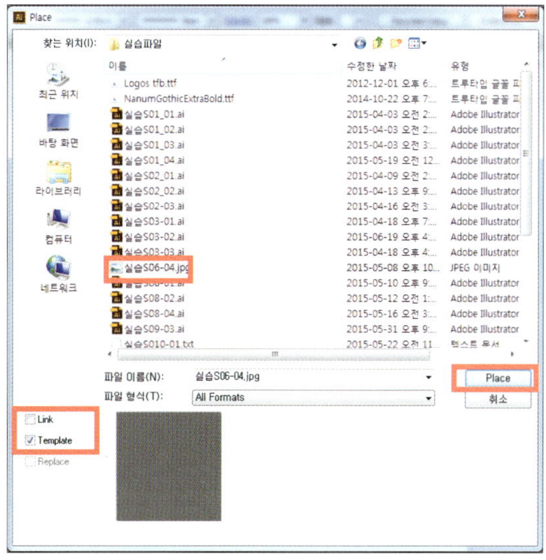

[Place:가져오기] 알아보기

❶ Link(링크:연결) : 체크 박스에 체크(☑)가 되어 있으면 외부파일을 일러스트레이터 파일에 포함시키지 않고 연결 상태로 가져옵니다. 일러스트레이터 파일을 열때는 항상 연결된 파일이 함께 있어야 일러스트레이터 파일안에 있는 이미지가 보입니다. 반대로 체크가 안되어 있으면 연결 상태가 아닌 일러스트레이터 파일에 외부 이미지가 포함된 상태로 저장됩니다. 이 경우에는 외부 파일이 따로 필요 없습니다.

❷ Template : 레이어 패널에 Template의 Dim Image to속성 값으로 지정됩니다. 가져온 이미지의 농도를 흐릿하게한 후 잠금 처리해 줌으로써 밑그림으로 활용을 합니다.

❸ Replace : Link(연결) 상태의 이미지를 수정할 경우 자동적으로 이미지를 로딩해 줍니다.

❹ 가져올 수 있는 외부 파일 확장자입니다.

• Adobe FXG(*.FXG) : FLEX 프레임워크에서 사용하는 XML 기반의 프로그래밍 언어인 MXML 하위 세트를 기반으로 하는 그래픽 파일 포맷입니다.

• Adobe Illustrator(*.AI, *.AIT) : 일러스트에서 기본적으로 저장하게 되는 벡터 형식으로 색상의 보존력이 높습니다.

• Adobe PDF(*.AI, *.AIT, *.PDF) : 어도비(ADOBE)사의 아크로뱃 프로그램에서 사용되는 문서 작성용 파일 형식입니다.

• AutoCAD Drawing(*.DWG) : 가장 널리 사용되는 설계 데이터 형식 중 하나로, 거의 모든 설계 환경에서 사용되고 있습니다.

• BMP(*.BMP, *.RLE, *.DIB) : 비트맵 디지털 그림을 저장하는 데 쓰이는 그림 파일 포맷입니다.

• Computer Graphics Metafiles(*.CGM) : Auto CAD에서 사용하는 2차원 형식의 파일입니다.

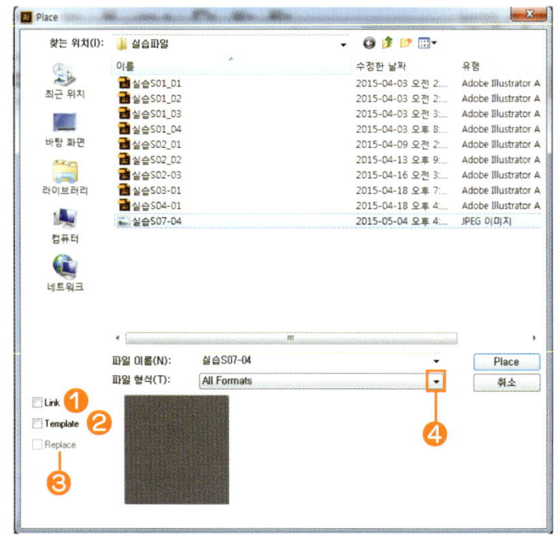

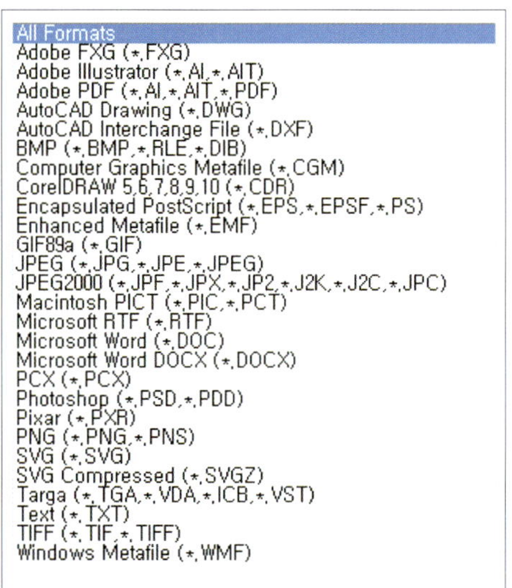

04 [Place]로 가져온 이미지는 'Template' 체크로 이미지 농도가 흐릿하게 되면서 잠금 처리가 됩니다.

05 [Place] 메뉴에서 Template를 체크하면 Layer 패널에 Template 레이어가 자동 생성됩니다.

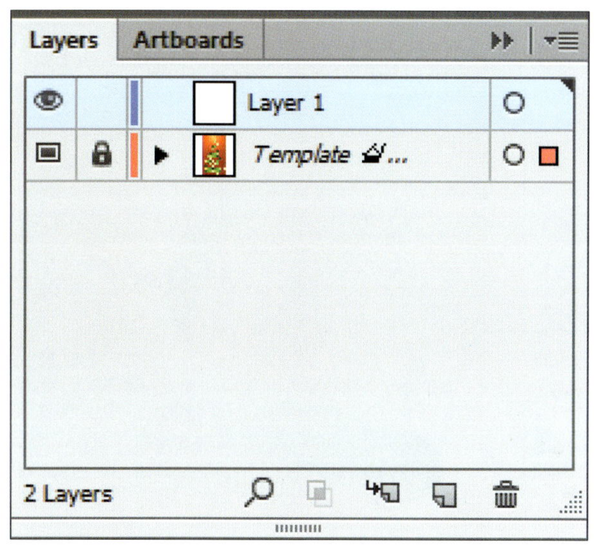

06 Layer 패널을 두 번 더블 클릭하면 Layer Options 대화상자가 열립니다. Name : 크리스마스 트리라고 입력 후 OK 버튼을 클릭합니다.

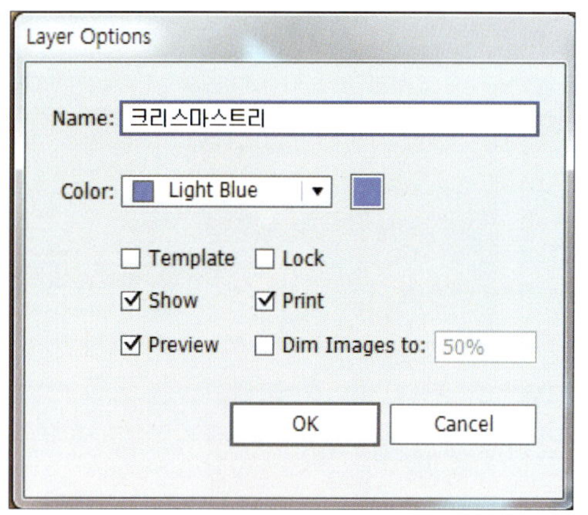

[Layer:레이어] 대화상자 알아보기

❶ Name(이름) : [레이어] 패널에 표시할 항목 이름을 지정합니다.

❷ Color(색상) : 레이어의 아트웍을 선택 시 표시되는 윤곽선 색상을 지정합니다.

❸ Template(템플릿) : 레이어를 템플릿 레이어로 만듭니다. 즉, 불러온 비트맵 이미지를 밑그림으로 만듭니다. 체크 시 Dim Images to가 자동 체크되면서 이미지를 흐릿하게 해줍니다.

❹ Lock(잠금) : 항목을 변경하지 못하도록 합니다.

❺ Show(표시) : 대지 상의 레이어에 포함되어 있는 모든 아트웍을 표시합니다.

❻ Print(인쇄) : 레이어에 포함된 아트웍을 인쇄 가능하게 만듭니다.

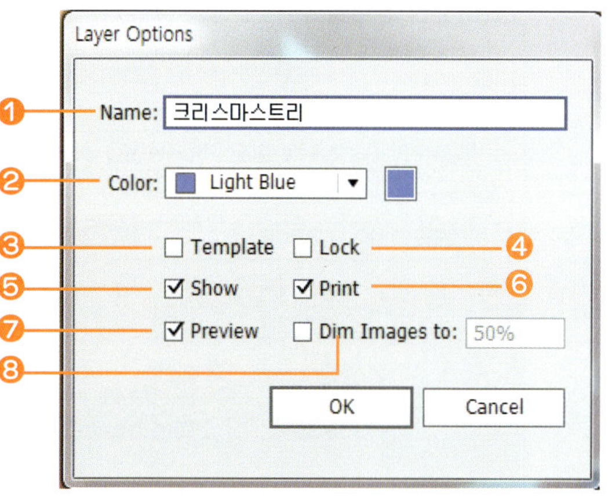

❼ Preview(미리보기) : 윤곽선 대신 색상이 있는 레이어에 포함된 아트웍을 표시합니다.

❽ Dim Images to : 레이어에 포함 또는 연결된 비트맵 이미지의 강도를 지정된 백분율로 낮춥니다.

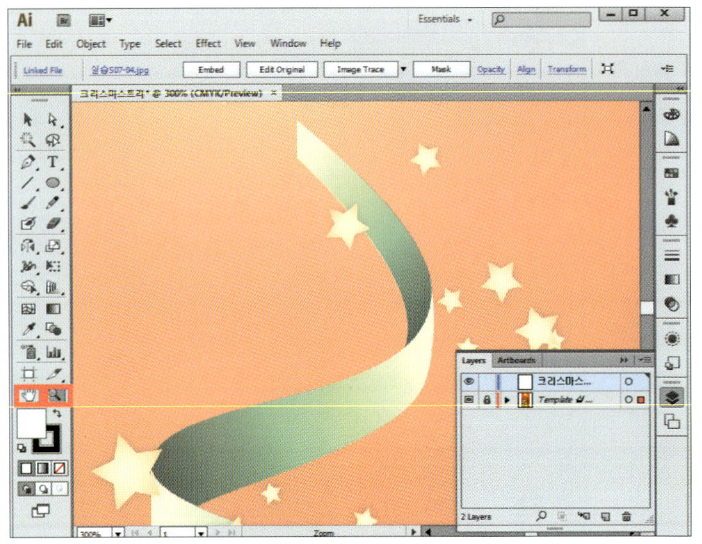

07 Zoom Tool(돋보기 도구)을 클릭 후 화면 위쪽에서 클릭하여 확대 후 Hand Tool(손 도구)로 드래그하여 아래쪽으로 이미지를 내려서 윗 부분의 이미지를 보이게 합니다.

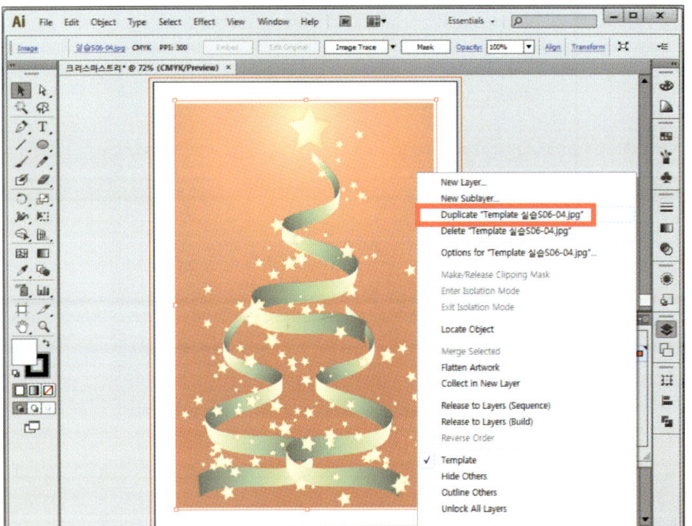

08 드로잉된 오브젝트에 완성 이미지와 똑같은 색상을 넣기 위해 밑그림 이미지 옆에 밑 그림 이미지를 한 개 더 복사하여 선명한 완성 이미지를 배치합니다. [Layer] 패널에서 'Template 실습S07-04.jpg' 레이어를 선택 후, [Layer] 패널의 드롭 다운 메뉴( )를 클릭하여 'Duplicate "Template 실습S07-04.jpg"'를 클릭합니다.

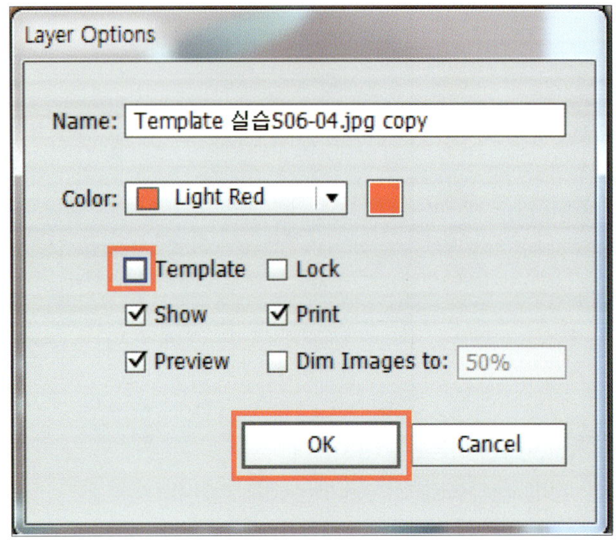

09 Layer Options에서 'Template'를 체크 해제 후 OK 버튼을 클릭합니다.

10 `Ctrl` + `-` 를 눌러 화면을 축소한 뒤 Selection Tool(선택 도구)로 복사된 이미지를 클릭한 후 드래그하여 왼쪽으로 이동합니다.

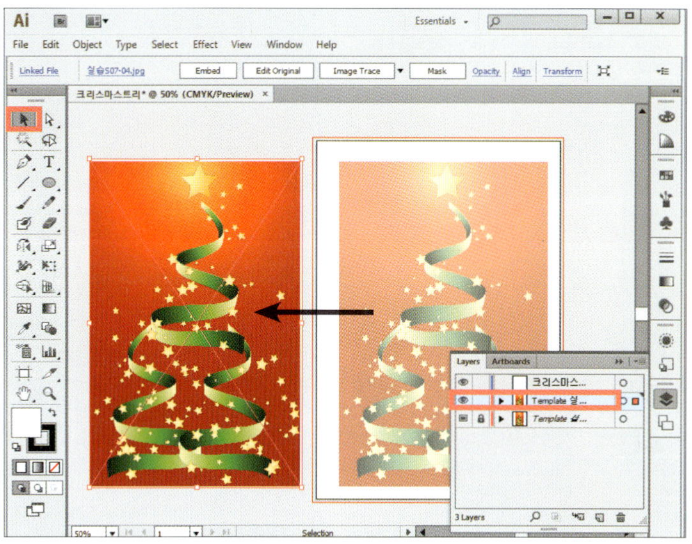

11 '크리스마스 리본' 레이어를 클릭하여 선택한 다음 Zoom Tool(돋보기 도구)로 위쪽 부분을 클릭하여 확대합니다.

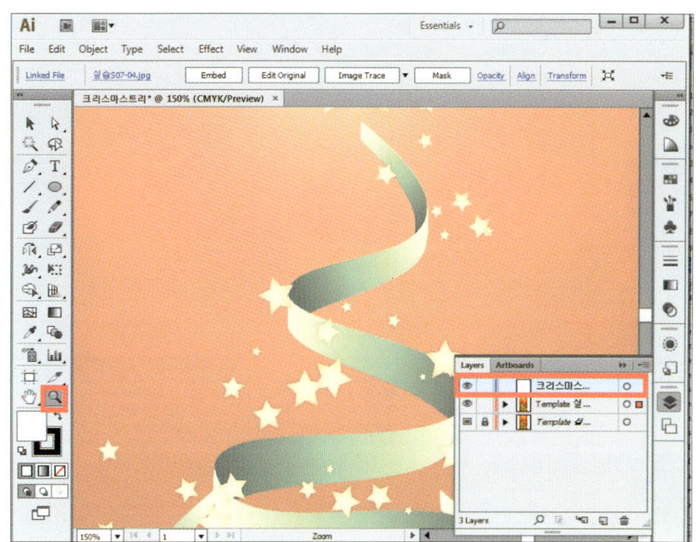

12 Fill-None(없음), Stroke-검정색 (K :100%)으로 지정 하고 Pen Tool (펜 도구)을 클릭 후 직선은 클릭, 곡선은 드래그하여 드로잉합니다.

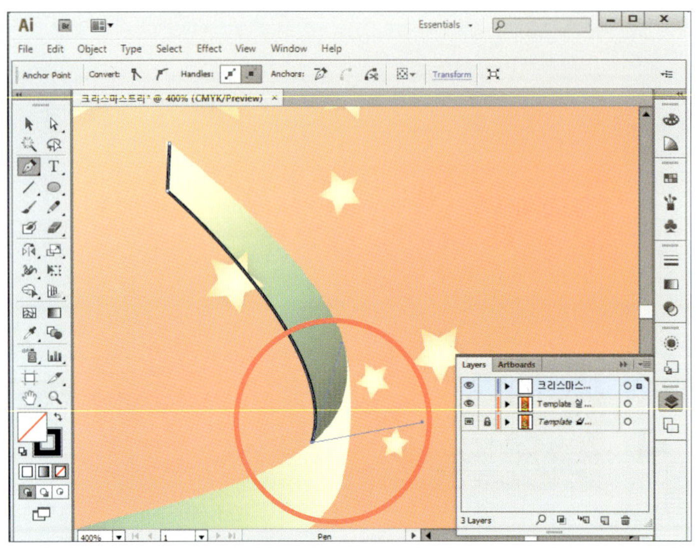

13 정확한 모양을 그리기 위해 `Ctrl` + `+`를 눌러 화면을 확대하고 `Spacebar`를 눌러 일시적으로 Hand Tool (손 도구)로 전환되면 화면을 드래그하여 중앙으로 이동합니다. Pen Tool(펜 도구)에서 단축키 `Alt` 키를 누르고 아래쪽 방향키의 방향점을 드래그하여 두 개의 방향키 모양이 'V' 모양이 되도록 꺾어 줍니다.

TIP

Direct Selection Tool(직접 선택 도구)로 `Alt` 키를 누르고 방향점을 드래그하여도 방향키를 꺾을 수 있습니다.

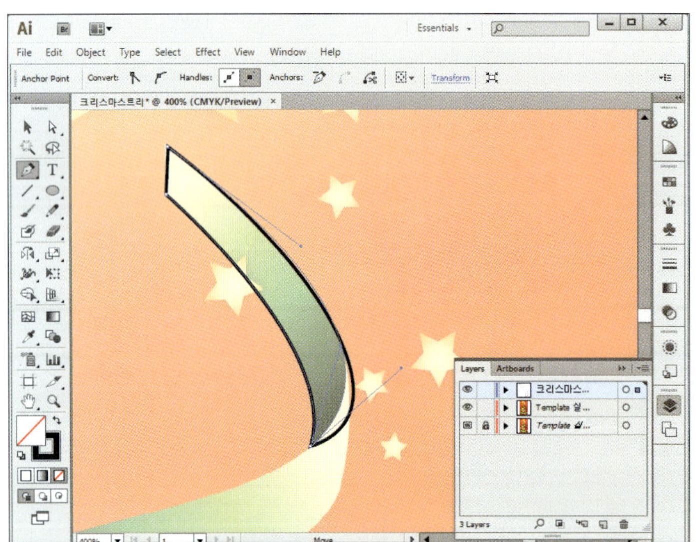

14 시작 정점(Anchor Point)으로 와서 Pen Tool(펜 도구)이 ✎。로 나타나면 마우스를 클릭하여 마무리합니다. 모양을 수정하기 위해 단축키 `Ctrl` 키를 눌러 Direct Selection Tool(직접 선택 도구)로 바뀌면 방향점에서 드래그하여 모양을 수정합니다.

TIP

선택 도구들(Selection Tool, Direct Selection Tool, Group Selection Tool)의 단축키는 `Ctrl` 키입니다. 다른 도구들 사용 시 선택 도구의 단축키 `Ctrl` 키를 활용할 경우 마지막에 선택했던 선택 도구로 전환됩니다.

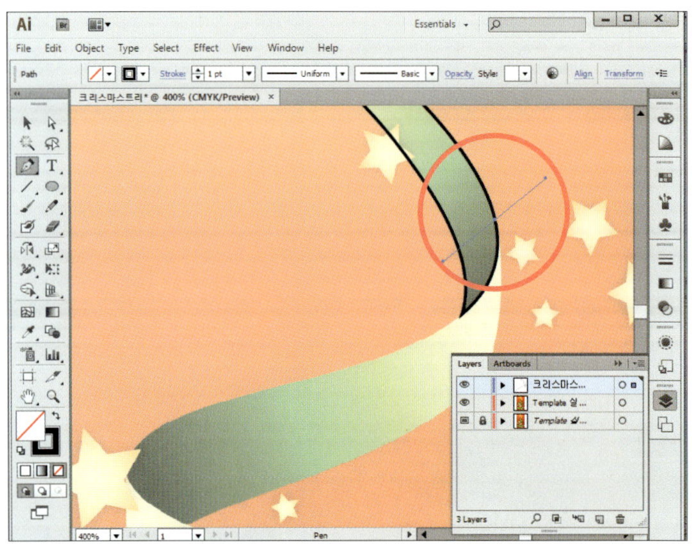

15 'S' 모양을 그릴 때는 처음부터 드래그하여 방향키를 만들어주면 자연스러운 곡선을 그리기가 편리합니다.

16 아래쪽에서 드래그하여 선을 그린 다음 단축키 Ctrl 키를 눌러 Direct Selection Tool(직접 선택 도구)로 전환되면 윗쪽 정점(Anchor Point)의 방향점을 아래로 내리면서 곡선 모양을 조절합니다.

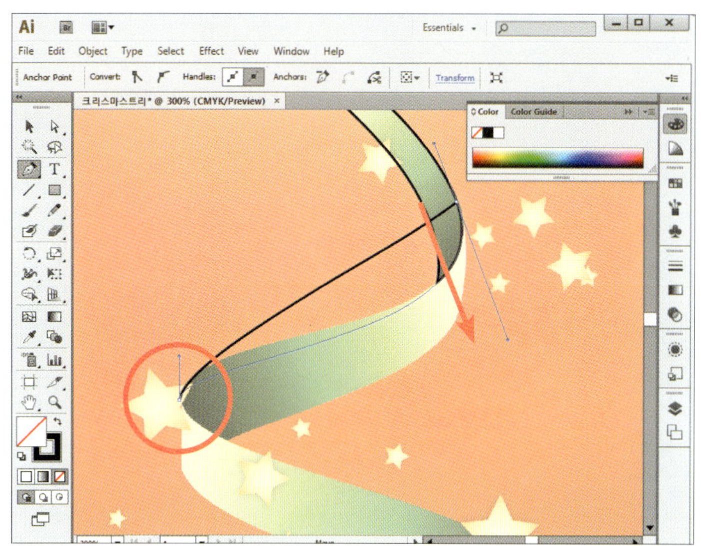

17 각 방향점을 드래그하여 곡선을 조절 후 밑그림에 맞춰 아래쪽을 클릭합니다.

18 S자 곡선을 그리기 위해 Pen Tool (펜 도구)로 정점(Anchor Point)에서 드래그하면 방향키 한 개가 생성됩니다.

Tip
면으로 완성되지 않은 열린 패스 끝 부분에서는 Pen Tool(펜 도구)로 정점을 클릭하면 방향키 한 개가 제거되고, 드래그하면 방향키 한 개가 생성됩니다.

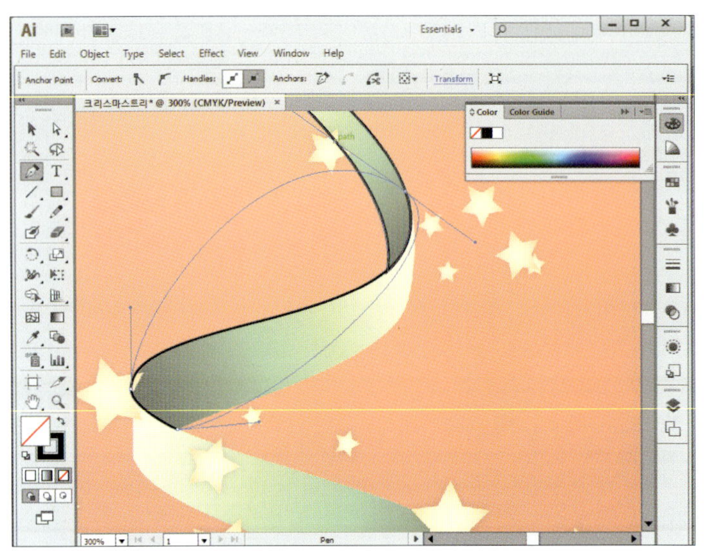

19 시작 정점(Anchor Point)에 마우스를 올려 Pen Tool(펜 도구)의 표시가 로 바뀌면 드래그하여 패스를 완료합니다.

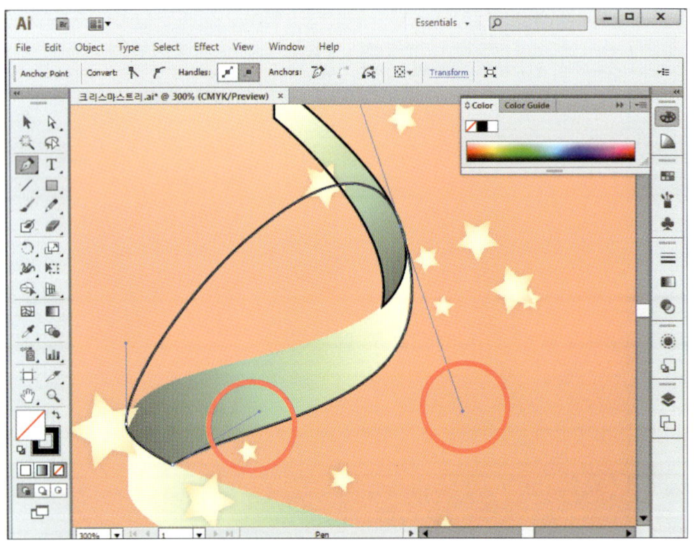

20 Ctrl 키를 눌러 전환된 Direct Selection Tool(직접 선택 도구)로 각 방향점을 드래그하여 모양을 수정합니다.

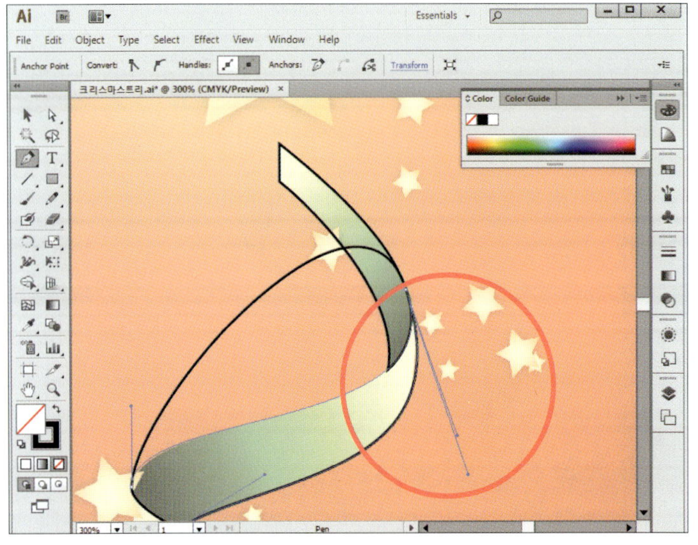

21 Pen Tool(펜 도구)이 선택된 상태에서 단축키 Alt 키를 눌러 Covert Anchor Point Tool(정점 전환 도구)로 전환되었을 때 방향점을 드래그하여 아래쪽 방향으로 드래그하여 꺾어 줍니다.

22 세 번째 오브젝트를 그리는 방법은 두 번째 오브젝트를 그리는 방법과 같습니다. 단 왼쪽 모서리를 각진 모양을 그리기위해 정점(Anchor Point)을 한 개 더 그려줍니다.

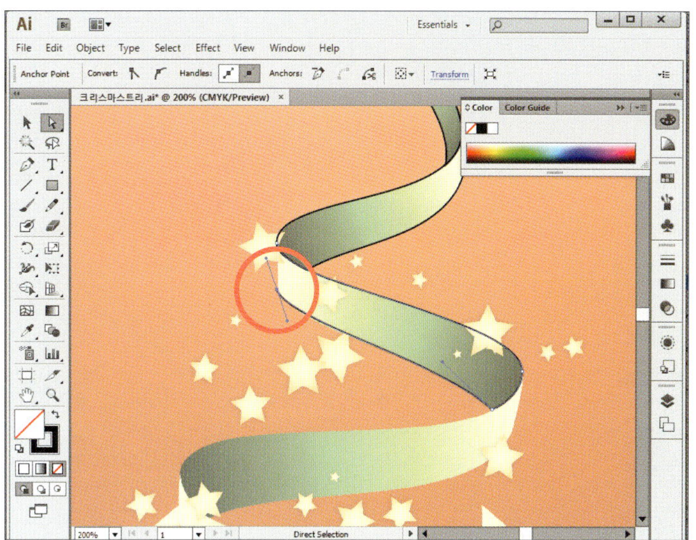

23 그려진 정점(Abchor Point) 위에 마우스를 올리면 Pen Tool(펜 도구) 모양이 으로 바뀝니다. 정점(Abchor Point)을 클릭하면 방향키 한 개가 제거됩니다.

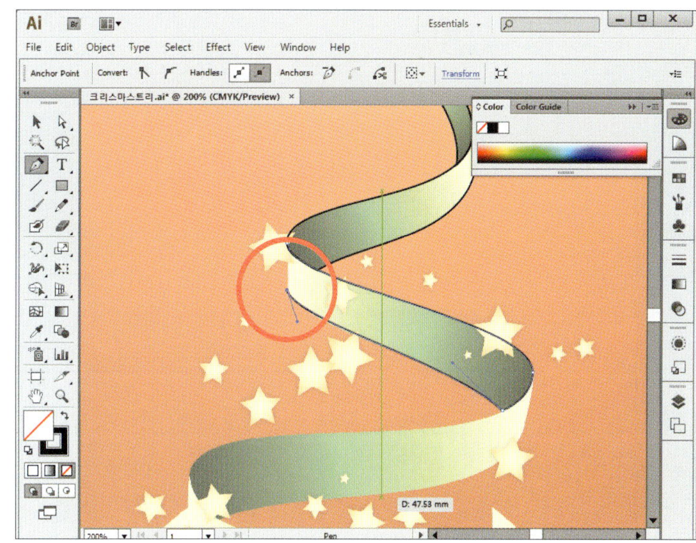

24 Ctrl + + 를 눌러 화면을 확대하고 처음 시작했던 정점(Abchor Point)에 마우스를 올려 펜 도구가 로 바뀌면 드래그하여 완료합니다.

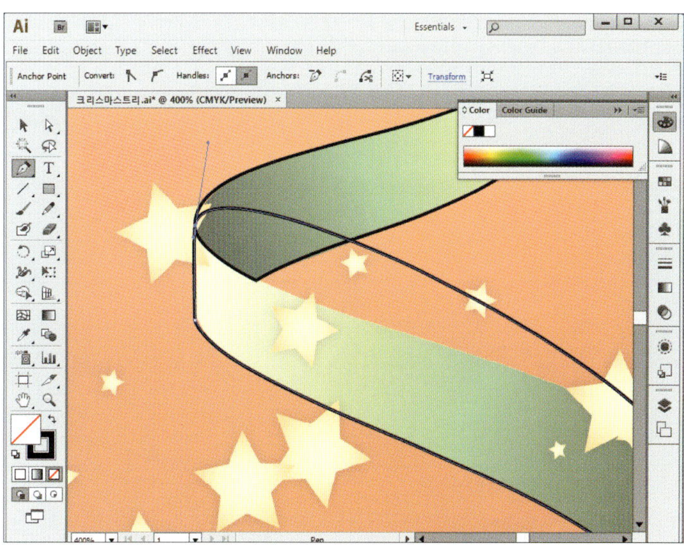

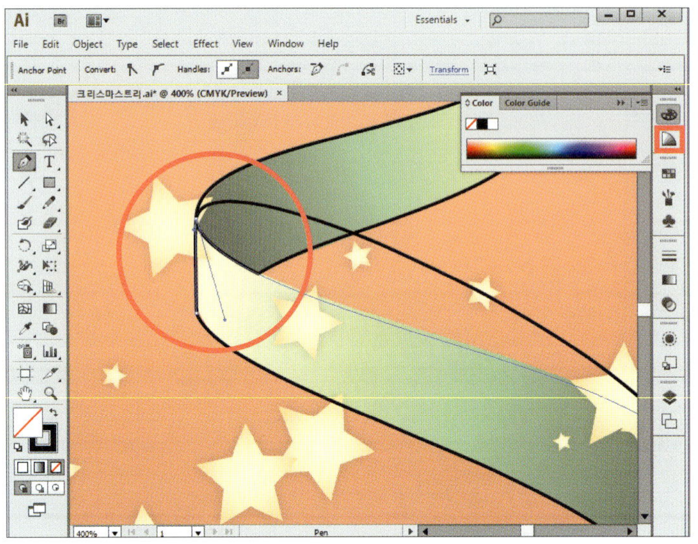

25 ［Alt］ 키를 눌러 Covert Anchor Point Tool(정점 전환 도구)로 전환 되었을 때 방향점을 드래그하여 아래쪽 방향으로 드래그하여 꺽어 줍니다.

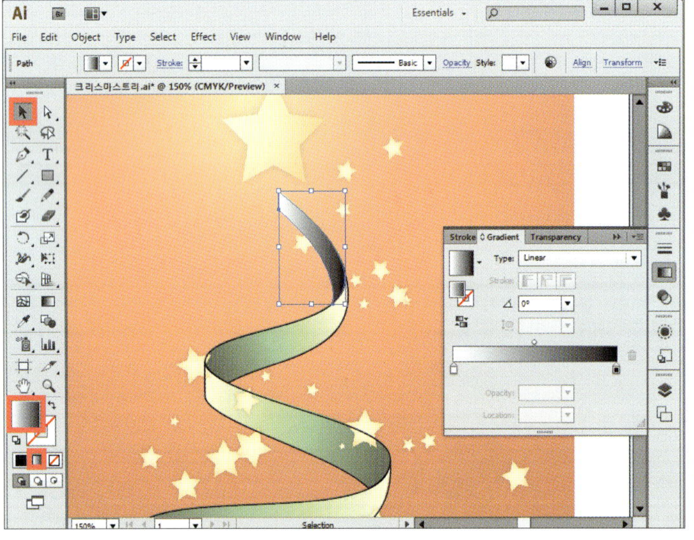

26 위와같은 방법으로 맨 윗쪽의 리본 모양을 Pen Tool(펜 도구)을 활용하여 완성 후, Selection Tool(선택 도구)로 첫 번째 오브젝트를 클릭 후 도구 상자의 Fill(칠)을 클릭하고 색상 모드중에서 Gradient(그라디언트:▣) 버튼을 클릭합니다. Gradient(▣ :그라디언트) 버튼과 같은 색상이 적용되면서 [Gradient] 패널이 자동 열립니다.

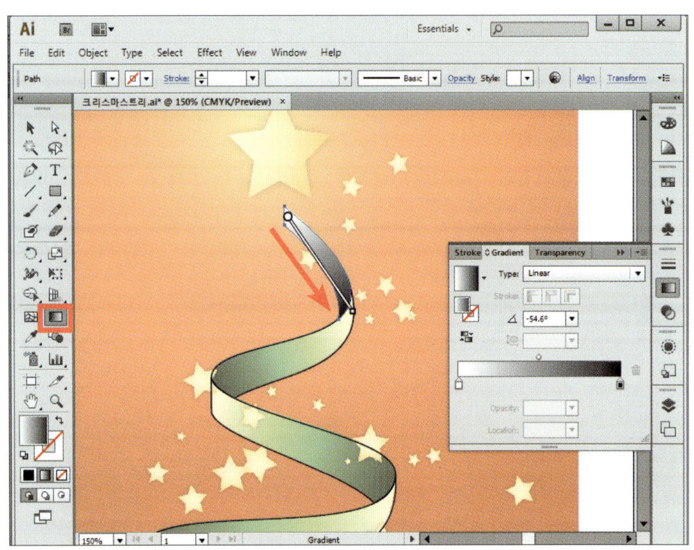

27 Gradient Tool(그라디언트 도구)을 클릭 후 드래그하여 그라디언트 방향을 바꿔줍니다.

28 [Gradient] 패널에서 Color Stop(색상 정지)을 클릭하고 추가하여 색상을 지정합니다.

❶번 Color Stop-Y : 41%

❷번 Color Stop-C : 37%, Y : 81%

❸번 Color Stop-C : 76%, Y : 100%

❹번 Color Stop-C : 88%, M : 25%, Y : 100%, K : 66%

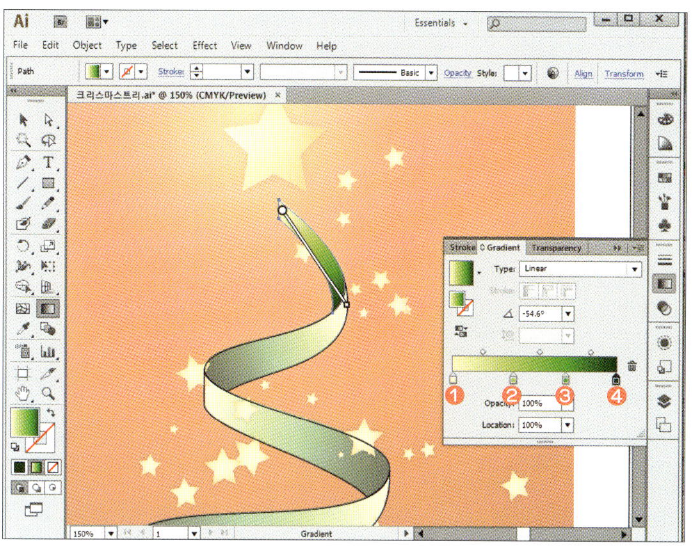

29 Selection Tool(선택 도구)로 두 번째 오브젝트를 클릭 후 Eyedropper Tool(아이드롭퍼 도구:스포이드 도구)로 첫 번째 오브젝트를 클릭하면 똑같은 색상이 두 번째 오브젝트에 적용됩니다.

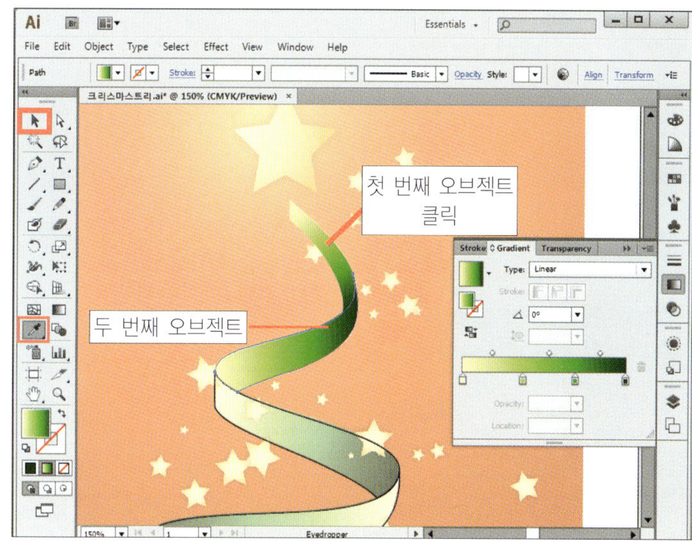

30 Gradient Tool(그라디언트 도구)을 클릭 후 윗쪽에서 아래쪽 사선 방향으로 드래그합니다.

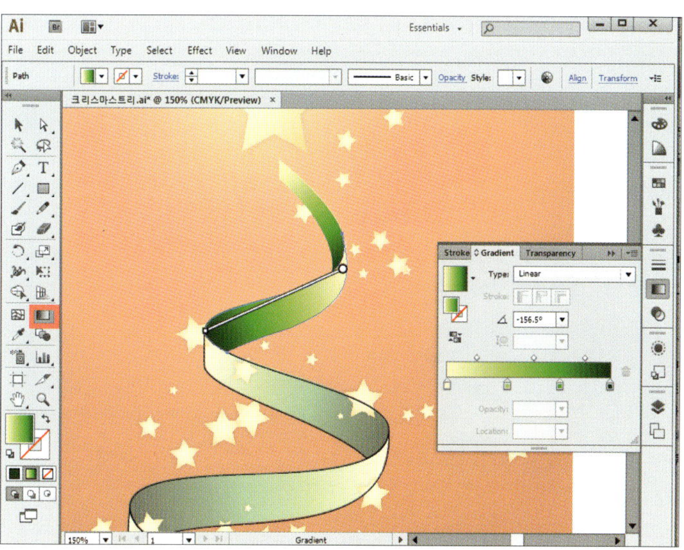

31 나머지 리본 오브젝트도 각각 선택하여 위와같은 방법으로 그라데이션 색상을 넣어서 완성합니다. Selection Tool(선택 도구)로 드래그하여 모두 선택 후 `Ctrl` + `G`를 눌러 그룹으로 만듭니다.

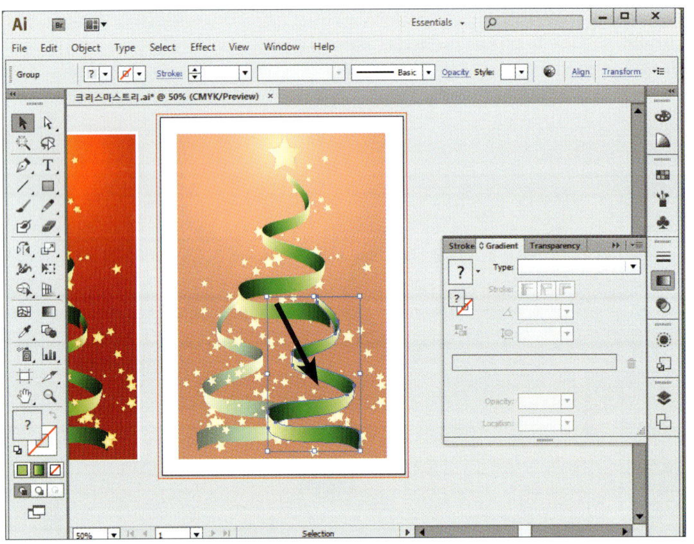

32 Selection Tool(선택 도구)로 `Alt` 키를 눌러 오른쪽 아래로 드래그하여 복사합니다.

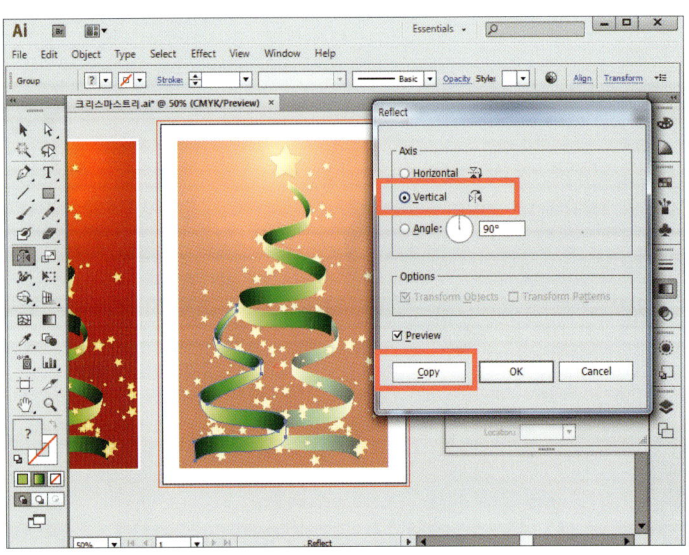

33 Reflect Tool(반사 도구)을 클릭 후 원본 오브젝트와 복사할 오브젝트 가운데 마우스를 올린 후 `Alt` 키를 누르고 마우스를 클릭하면 중심점이 이동되면서 Reflect 대화상자가 열립니다. 옵션은 Axis(축)-Vertical(세로축)을 지정 후 `Copy` 버튼을 눌러 대칭된 오브젝트를 복사합니다.

34 Selection Tool(선택 도구)로 각 오브젝트들을 밑그림에 맞추어 배치합니다. 맨 윗쪽 오브젝트를 클릭 후 마우스 오른쪽 버튼을 눌러 [Arrange]-[Bring to Front:맨 앞으로 가져오기]를 클릭하여 맨 앞으로 배치합니다.

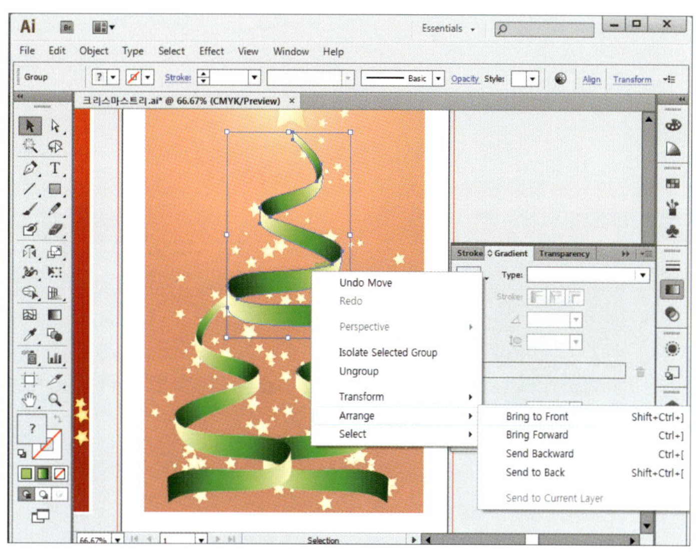

35 [Gradient] 패널에서 Type-Radial(원형 그라디언트)로 지정 후 각 Color Stop(색상 정지) 색상을 바꿔줍니다.

❶번 Color Stop-M:12%, Y:87%

❷번 Color Stop-M:72%, Y:98%

❸번 Color Stop-M:100%, Y:100%, K:16%

❹번 Color Stop-M:85%, Y:100%, K:48%

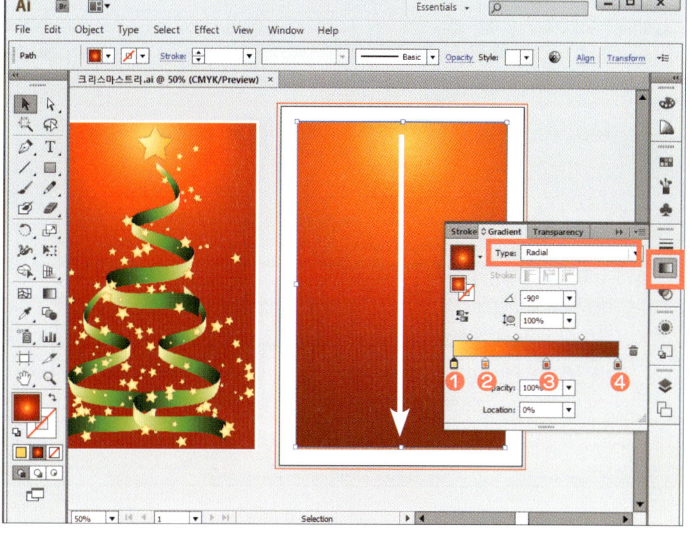

36 배경이 선택된 상태에서 단축키 Ctrl + Shift + [ ] 를 눌러 맨 뒤로 보냅니다.

Tip

Ctrl + Shift + [ ] 는 [Arrange]-[Send to back]의 단축키입니다.

37 Star Tool(별 도구)을 클릭 후 Shift 키를 누르고 리본 윗쪽에서 드래그합니다. 별이 그려진 후 Gradient Tool(그라디언트 도구)로 Shift 키를 누르고 왼쪽에서 오른쪽으로 드래그합니다. Type(유형) – Radial(원형 그라디언트), ❶ –Y : 55%, ❷ – M : 26% Y : 100%로 지정합니다. Mid Point(색상 중간 조절점 ◇)의 위치를 이동하여 그라데이션 색상을 조절합니다.

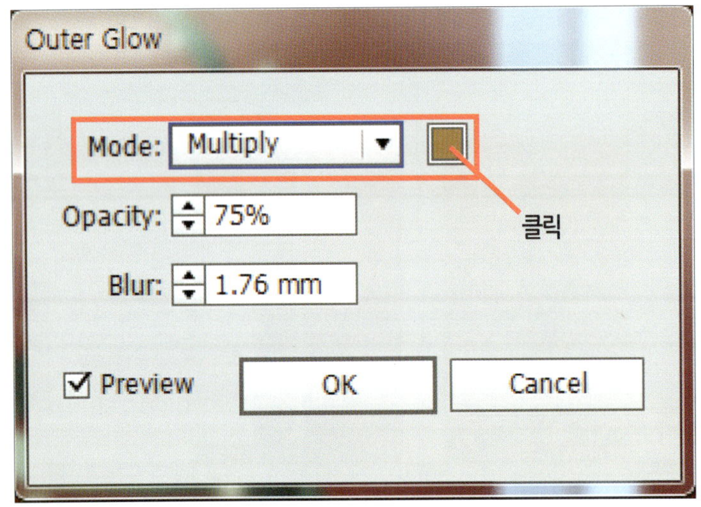

38 별 가장자리에 그림자 효과를 줍니다. [Effect]–[Stylize]–[Outer Glow : 외부 광선 효과]를 클릭하여 Outer Glow– Mode : Multiply(멀티플라이:곱하기), 광선 색상은 C : 31% M : 48% Y : 73% K : 9%로 지정 후 OK 버튼을 클릭합니다.

참고 Blend Mode(블렌드 모드)는 오브젝트끼리 겹쳤을 때 겹친 부분을 밝게 또는 어둡게 나타내줍니다. Multiply(멀티플라이)는 오브젝트끼리 겹쳤을 때 어두운 색상으로 나타내줍니다.

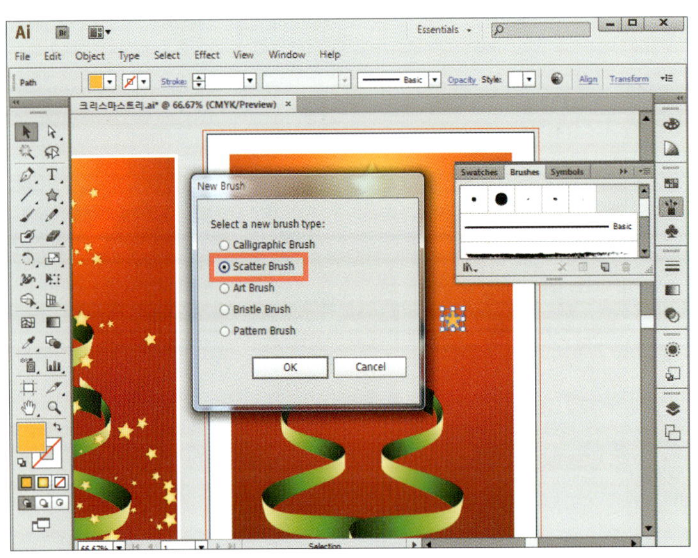

39 Star Tool(별 도구)로 Shift 키를 누르고 드래그하여 별을 한 개 그립니다. 별이 선택된 상태에서 F5 를 눌러 [Brush] 패널을 열어 줍니다. [Brush] 패널의 드롭다운 메뉴 버튼(▼≡)을 클릭합니다. New Brush 옵션에서 Select a new brush type : Scatter brush(분산 브러시)를 클릭 후 OK 버튼을 클릭합니다.

참고 브러시로 등록할 경우 그라데이션 및 필터 효과를 적용한 오브젝트는 브러시 등록이 안됩니다.

40 Scatter Brush Options 상자가 열리면 Size, Spacing, Scatter, Rotation을 각각 Random(불규칙)으로 지정 후 Minimum(최소화)을 왼쪽 방향으로 드래그하여 수치를 최소화 시킨 후 **OK** 버튼을 클릭합니다.

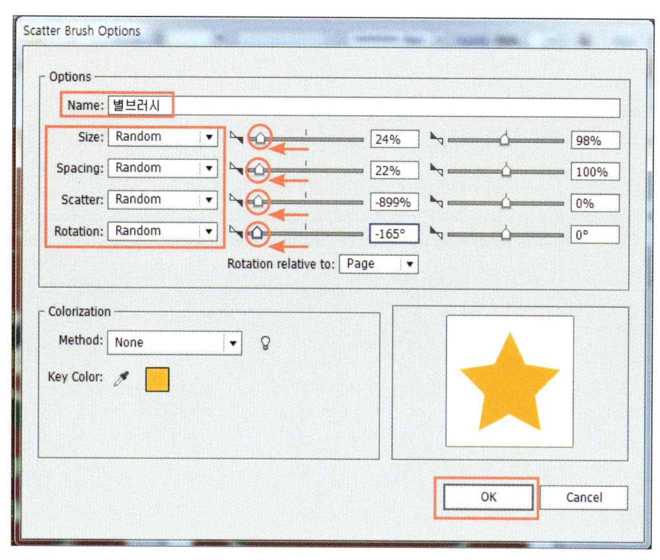

41 Brush Tool(브러시 도구)을 클릭 후 리본위에서 지그재그로 드래그하여 드로잉합니다.

42 별 브러시가 뿌려진 뒤 브러시 배열을 수정하기 위해 [Brush] 패널에서 등록된 '별 브러시'를 두 번 더블 클릭합니다.

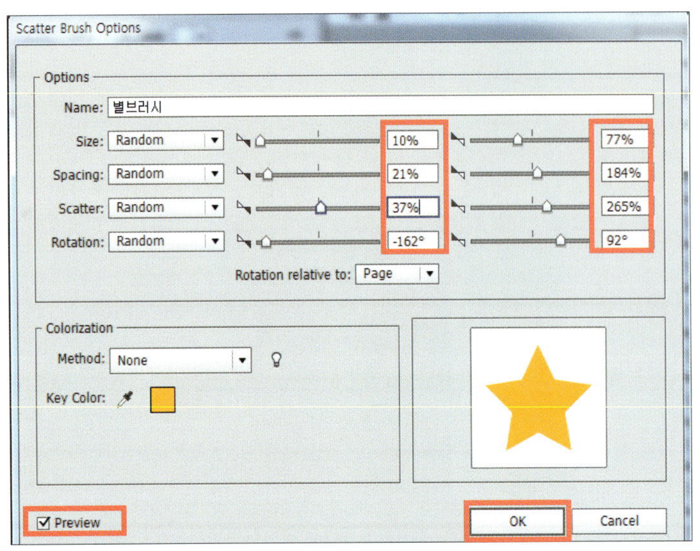

43 Scatter Brush Options 대화상자가 열리면 Preview(미리보기)를 체크 후 화면에 뿌려진 별 브러시를 보면서 각 옵션 값을 재 조정 후 **OK** 버튼을 클릭합니다. Scatter Brush Options-SIze:10% 77%, Spacing:21% 184%, Scatter:37% 165%, Rotation:-162° 92°

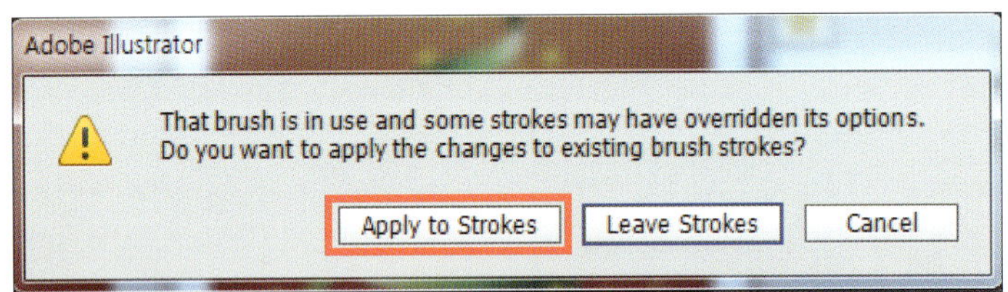

44 **OK** 를 눌러 브러시 적용 여부의 경고상자가 나타나면 'Apply to Strokes'를 클릭합니다.

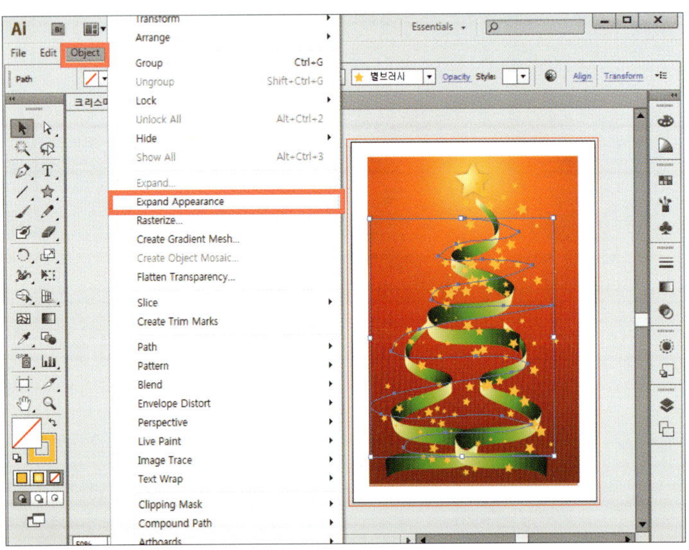

45 각 별 모양에 그라데이션과 별 윤곽에 그림자 효과를 넣기위해 면으로 전환합니다. 그려진 브러시 선을 클릭 후 [Object]-[Expand Appearance]를 클릭합니다.

46 개별적으로 윤곽선이 만들어지면 별을 감싸는 사각형을 제거하기 위해 [Object]-[Path]-[Clean Up] 합니다.

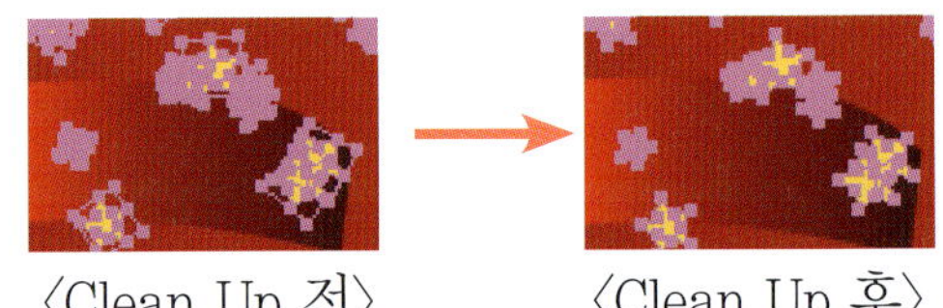

〈Clean Up 전〉　　　　〈Clean Up 후〉

47 Selection Tool(선택 도구)로 그룹화 된 별을 클릭하고 Eyedropper Tool (스포이드 도구)로 큰 별을 클릭하여 브러시로 그려진 작은 별들에도 똑같은 그라데이션 색상을 적용합니다.

48 F7 을 눌러 [Layer] 패널이 열리면 'Template 실습S06-04.jpg'를 클릭 후 단축키 Shift 키를 눌러 'Template 실습 S06-04.jpg copy'를 동시에 선택 후 하단 아이콘에서 Delete Selection(🗑)를 클릭하여 선택된 레이어들을 제거합니다. 단축키 Ctrl + S 로 저장하여 완료합니다.

1

오른쪽과 같이 완성해 보세요.

힌트

Star Tool(별 도구)과 Ellipse Tool(원형 도구)을 활용하여 모양을 만든 후 Gradient Tool로 색상을 채웁니다.

▲ 완성파일 : 기초문제\완성파일\기초완성S06-1.ai

2

밑그림위에 Pen Tool을 활용하여 그린 후 그라데이션 색상을 채워서 완성해 보세요.

▲ 준비파일 : 기초문제\기초S06-2.ai

▲ 완성파일 : 기초문제\완성파일\기초완성S06-2.ai

3

오른쪽 아쿠아 버튼을 새 문서에서 완성해 보세요.

힌트

맨 위쪽 원형 하이라이트는 Gradient 패널의 Opacity를 활용해 보세요.

▲ 완성파일 : 기초문제\완성파일\기초완성S06-3.ai

1) 왼쪽 준비파일을 연 후 오른쪽 완성파일과 같이 완성해 보세요.

▲ 준비파일 : 활용실습\활용S06-1.ai

▲ 완성파일 : 활용실습\완성파일\활용완성S06-1.ai

2) 준비파일을 연 뒤 완성파일과 같이 완성해 보세요.

▲ 준비파일 : 활용실습\활용S06-2.ai

▲ 완성파일 : 활용실습\완성파일\활용완성S06-2.ai

3) 준비파일을 연 뒤 완성파일과 같이 완성해 보세요.

▲ 준비파일 : 활용실습\활용S06-3.ai

▲ 완성파일 : 활용실습\완성파일\활용완성S06-3.ai

07 브러시 활용법 익히기

이번 장에서는 많이 활용될 수 있는 다양한 브러시 활용 방법에 대해 익혀보고 실습해 보겠습니다.

▲ 완성파일 : 실습예제\완성파일\실습완성07-02.ai
· Calligraphic Brush(캘리 그래픽 브러시) 사용 방법에 대해 익혀
  본다.

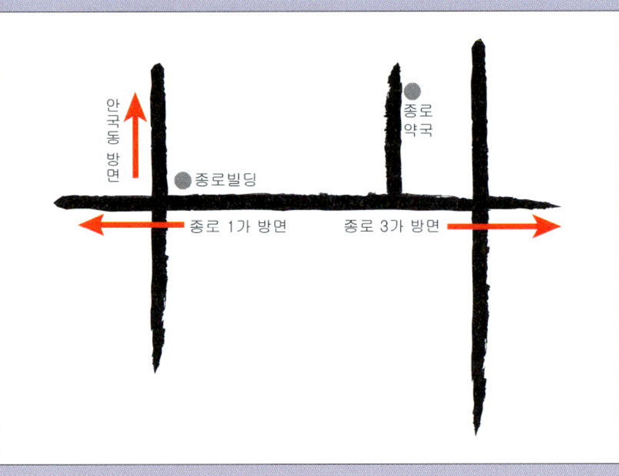

▲ 완성파일 : 실습예제\완성파일\실습완성07-03.ai
· 아트 브러시로 약도를 그려본다.

▲ 완성파일 : 실습예제\완성파일\실습완성07-04.ai
· 딩벳 폰트를 Scatter Brush(스캐터 브러시)로 등록하여 눈
  내리는 장면을 그려본다.

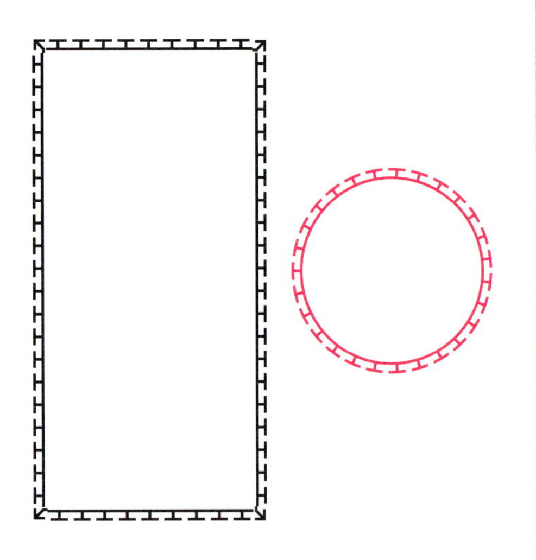

▶ 완성파일 : 실습예제\완성파일\실습완성07-05.ai
· 패턴 브러시 활용 방법에 대해 익혀본다.

 차례

 Paintbrush Tool 옵션 알아보기

01 Ctrl + N 으로 새 문서를 연 후 A4로 지정 후 OK 합니다. 새 문서에서는 Fill-흰색, Stroke-검정색이 기본 색상으로 지정됩니다. Paintbrush Tool (페인트브러시 도구)을 클릭합니다.

02 F5 를 눌러 [Brush] 패널을 엽니다. Paintbrush Tool(페인트브러시 도구)로 드래그 시 모양을 그리는 동안에는 곡선 모양이 부드럽게 나타나지 않지만 완료후에는 부드러운 곡선 모양이 그려지면서 Fill-None(없음), Stroke-Black(검정)으로 자동 지정됩니다.

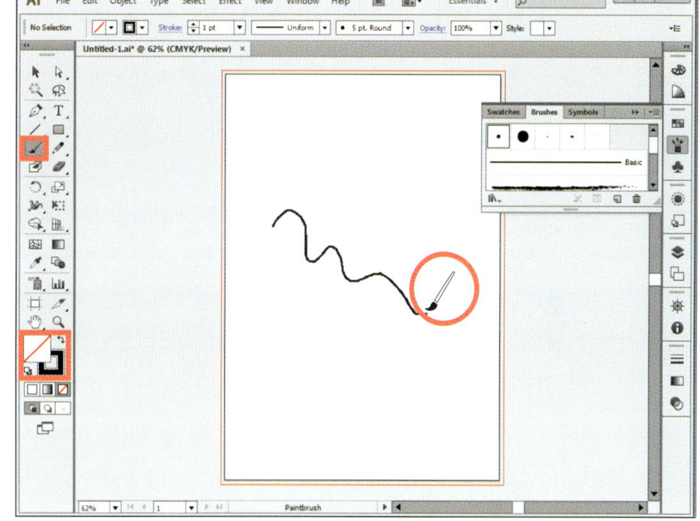

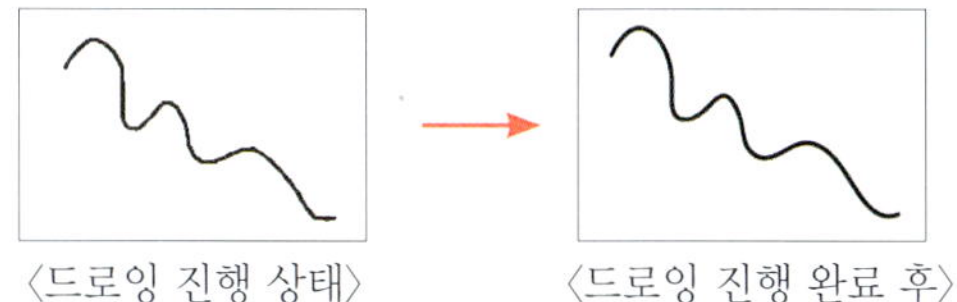

〈드로잉 진행 상태〉　　　〈드로잉 진행 완료 후〉

03 Brush Tool(브러시 도구)을 두 번 더블 클릭하면 Paintbrush Tool Options(페인트 도구 옵션) 대화상자가 열립니다. 곡선의 부드러움 정도는 Fidelity (정확도)와 Smoothness(곡선화)로 조절합니다.

〈Fidelity와 Smottheness 적용 예〉

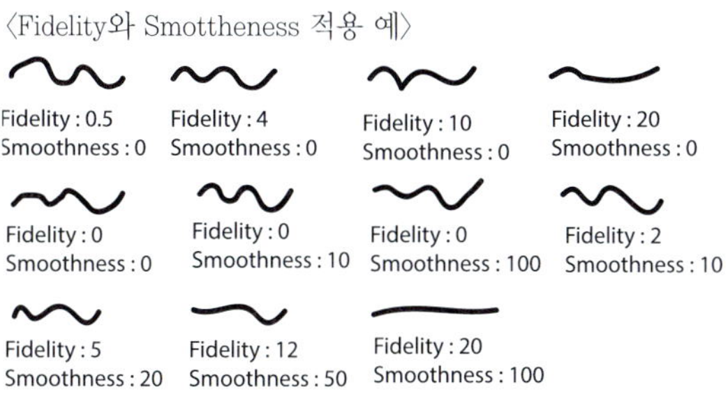

Fidelity : 0.5　Fidelity : 4　Fidelity : 10　Fidelity : 20
Smoothness : 0　Smoothness : 0　Smoothness : 0　Smoothness : 0

Fidelity : 0　Fidelity : 0　Fidelity : 0　Fidelity : 2
Smoothness : 0　Smoothness : 10　Smoothness : 100　Smoothness : 10

Fidelity : 5　Fidelity : 12　Fidelity : 20
Smoothness : 20　Smoothness : 50　Smoothness : 100

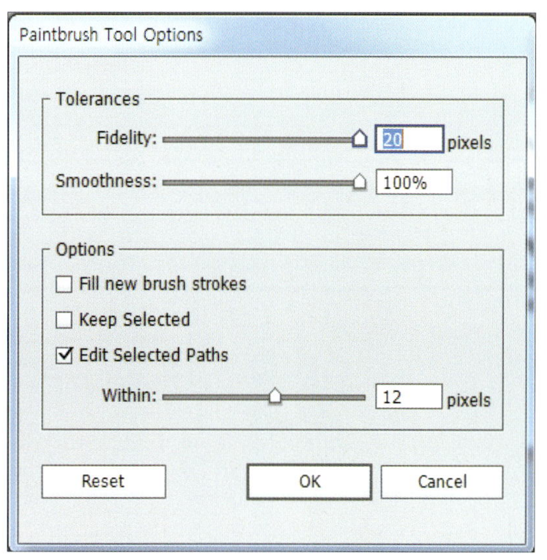

[Paintbrush Tool Options] 대화상자 알아보기

Paintbrush Tool(페인트 도구)과 Pencil Tool(연필 도구) 옵션은 같습니다.

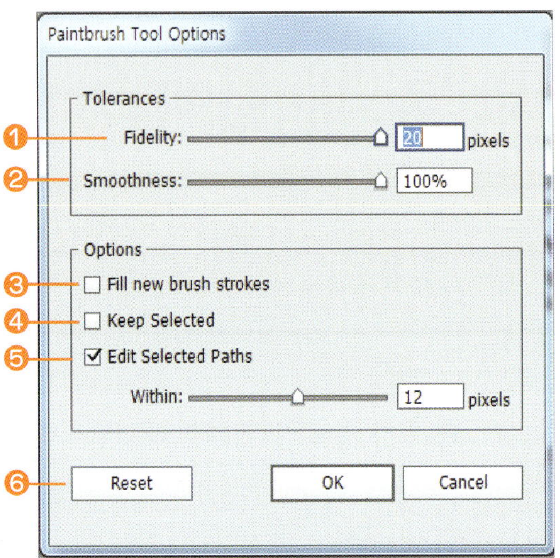

■ Tolerances(허용 범위)

: Fidelity와 Smoothness의 범위를 지정합니다.

❶ Fidelity(정확도) : 0.5~20 픽셀 범위내에서 곡선의 부드러움 정도를 지정합니다. 수치가 높을수록 정점(Anchor Point) 갯수가 줄어들면서 곡선이 더 부드럽게 됩니다.

❷ Smoothness(곡선화) : 이미지 창을 생성할 때 작업의 종류 및 이미지 창의 형태를 선택합니다.

■ Options(옵션)

: Paintbrush(페인트브러시)의 여러가지 옵션을 지정합니다.

❸ Fill new Brush strokes : Path(경로)에 Fill 색상 채우기를 적용합니다. 닫힌 패스를 그릴 때 이 옵션은 가장 유용합니다.

❹ Keep Selected : 선을 그린 후 Path(경로)를 유지할지 여부를 결정합니다.

❺ Edit Selected Paths : 열린 패스의 끝 정점(Anchor Point)에서 새로운 선을 연결할 정점 사이의 간격을 지정해줍니다.

  – Within : 페인트 브러시 도구를 사용하여 기존 경로와 새로운 경로와 연결할 간격을 수치로 지정해줍니다.
   Edit Selected Paths(선택한 경로 편집) 옵션을 선택한 경우에만 이 옵션을 사용할 수 있습니다.

❻ Reset : 초기 설정으로 되돌립니다.

캘리그래픽 브러시로 과일 그리기

01 `Ctrl` + `N`을 눌러 'New Document:새 문서' 옵션에서 Name:토마토 그리기, Size:A4, Orientation: (Landscape:가로 방향)을 클릭 후 `OK` 버튼을 클릭합니다.

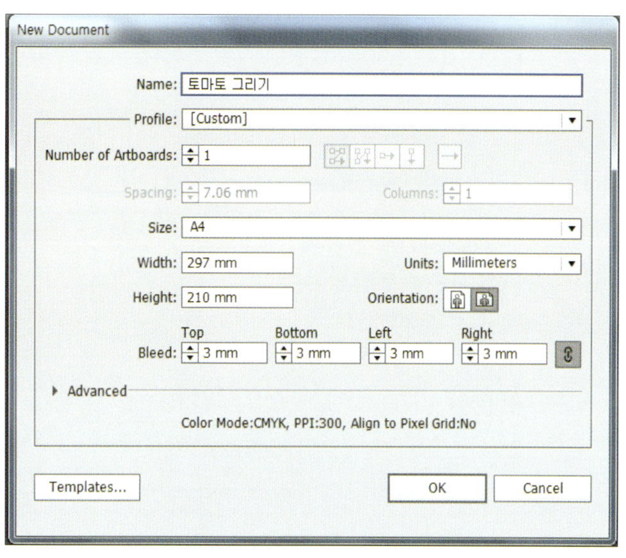

02 [File]-[Place]을 클릭하여 '실습 S07-02.jpg'을 클릭하고 Link는 체크를 클릭하여 해제 하고 Template는 체크박스(☑)를 클릭하여 체크 후 `Place` 버튼을 클릭합니다.

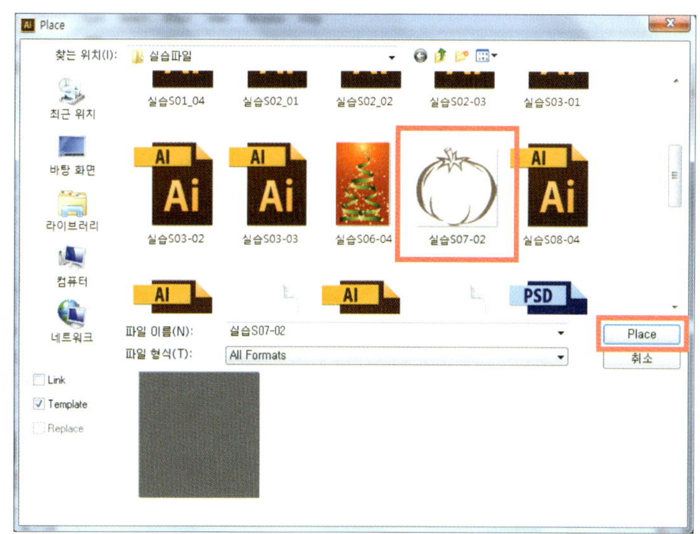

03 `F7`을 눌러 [Layer] 패널을 열어 줍니다. 'Template' 레이어 위쪽에 새 레이어가 자동 생성되어집니다.

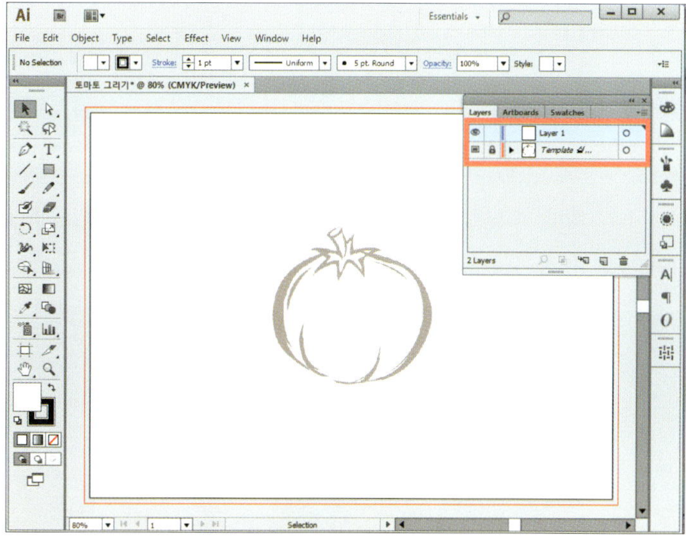

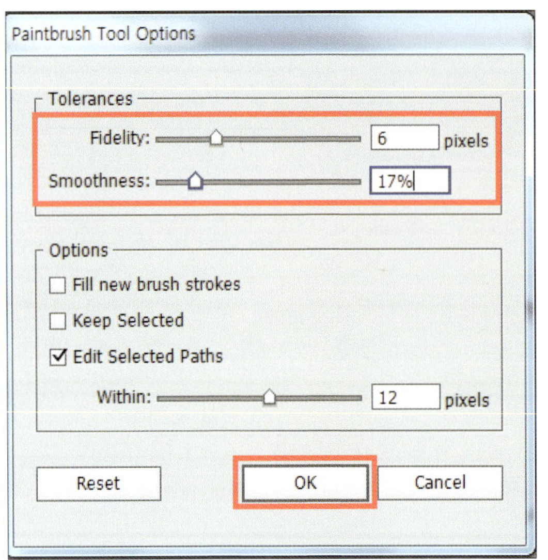

04 Paintbrush Tool Options(페인트 도구 옵션)상자가 열리면 Fidelity : 6pixels, Smoothness : 17%을 입력 후 **OK** 버튼을 클릭합니다.

열린 패스(끊어진 패스) 연결하기

끊어진 패스를 열린 패스라고 합니다. 모양을 반만 그린 상태에서 반사시켜 복사한 후 열린 패스의 정점(Anchor Point)을 연결하여 닫힌 패스의 오브젝트를 만들 경우 많이 사용됩니다. 특히 면에서는 열린 패스에서는 다른 오브젝트와 연결될 수 있기 때문에 닫힌 패스로 완료하는 것이 좋습니다.

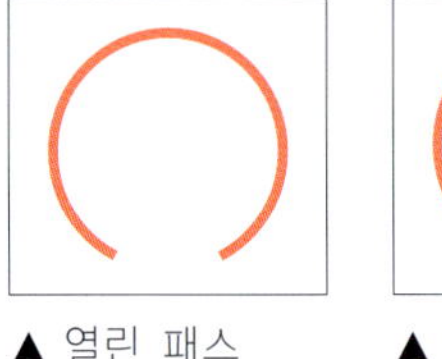

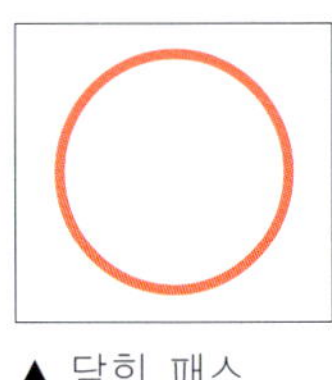

▲ 열린 패스　　▲ 닫힌 패스

■ 열린 패스 연결 방법

❶ Pen Tool(펜 도구)로 끊어진 패스의 정점(Anchor Point)과 정점을 클릭하여 연결합니다.

❷ 끊어진 두 개의 정점(Anchor Point)들을 Direct Selection Tool(직접 선택 도구)로 선택 후 [Object]–[Path]–[Join]으로 연결합니다.

❸ 끊어진 두 개의 정점(Anchor Point)들을 Direct Selection Tool(직접 선택 도구)로 선택 후 컨트롤 바의 Anchors : Connect selected end points를 클릭합니다.

[Undo:실행취소], [Redo:다시 실행] 알아보기

[Undo] 및 [Redo] 명령을 사용하면 작업을 취소하거나 다시 실행할 수 있으므로 작업 중에 실수를 교정할 수 있습니다. [Save] 명령을 선택한 후에도 작업의 실행을 취소하거나 작업을 다시 실행할 수 있지만 파일을 닫았다가 다시 연 경우에는 실행을 취소하거나 다시 실행할 수 없습니다.

[Edit]–[Undo] 또는 [Edit]–[Redo]를 선택합니다.

메모리에 따라서는 [Undo] 명령을 반복적으로 선택하면 수에 제한 없이 많은 작업의 실행을 취소할 수 있습니다.

■ 단축키

[Undo] 단축키 : **Ctrl** + **Z**

[Redo] 단축키 : **Shift** + **Ctrl** + **Z**

05 Paintbrush Tool(페인트브러시 도구)을 클릭 후 Fill 색상은 None(:없음), Stroke 색상은 검정색으로 지정합니다. 밑그림위에 왼쪽 선을 드래그하여 그립니다.

참고 브러시 도구를 사용할 경우 브러시 패널 기본 브러시인 캘리그래픽 브러시(Calligraphic Brush)로 적용됩니다.

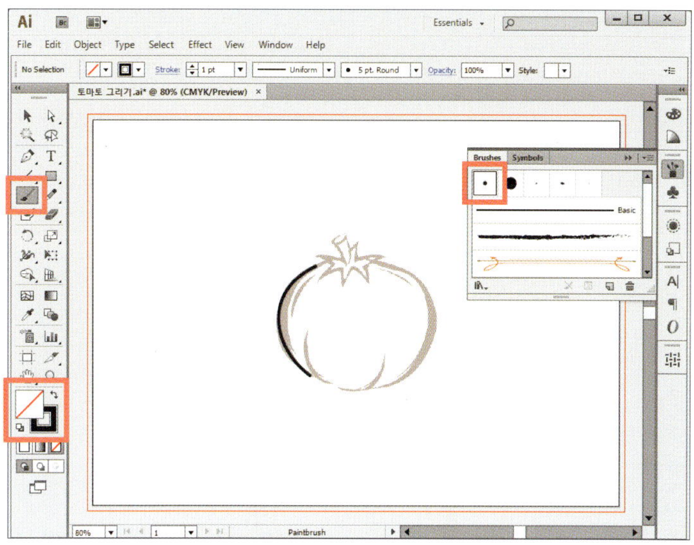

06 선 모양을 수정하기 위해 [Brush] 패널에서 적용된 브러시 목록을 두 번 더블 클릭하여 'Calligraphic Brush Options' 상자를 열어 줍니다.

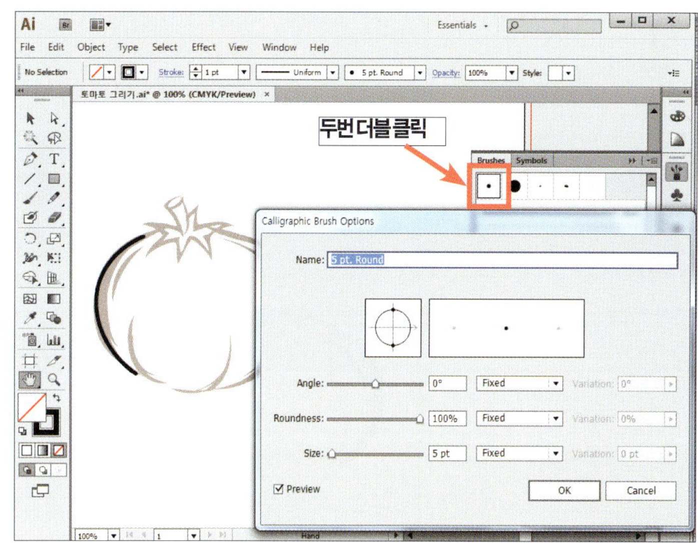

07 Preview(미리보기) 체크 상자를 체크한 다음, Angle(각도):−153°, Roundness(원형 모양):9%, Size(크기):14pt을 지정 후 OK 합니다. 그려진 선을 선택하지 않아도 적용된 브러시 목록을 열어 옵션을 조절하면 밑그림 위에 그려진 선도 같이 수정 됩니다.

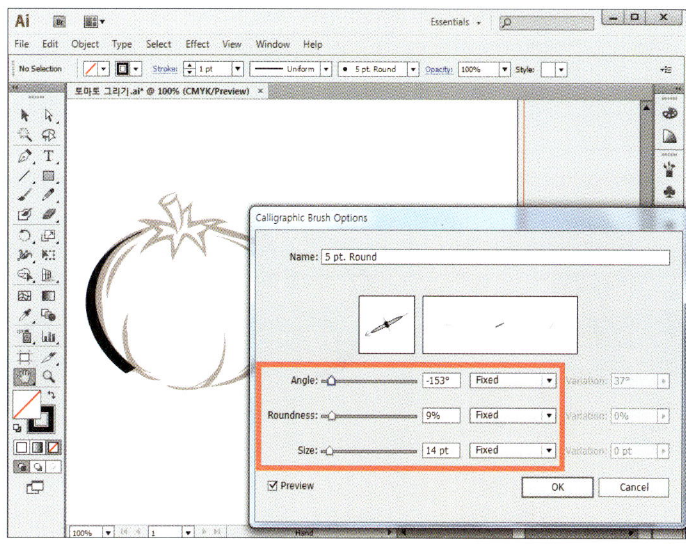

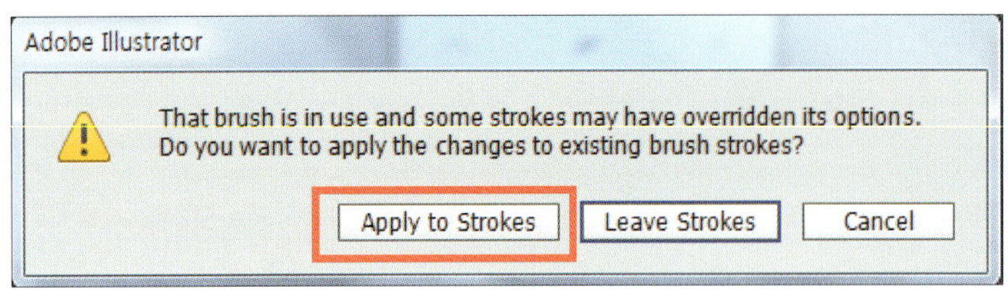

08 OK 한 다음 경고상자가 열리면 그려진 선에 바로 적용될 수 있도록 Apply to Strokes 버튼을 클릭합니다.

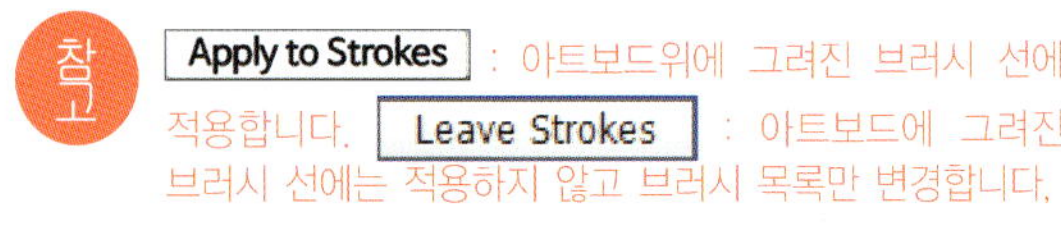

참고 Apply to Strokes : 아트보드위에 그려진 브러시 선에 적용합니다. Leave Strokes : 아트보드에 그려진 브러시 선에는 적용하지 않고 브러시 목록만 변경합니다.

09 Paintbrush Tool(페인트브러시 도구)로 오른쪽 위에서 아래로 드래그하여 선을 그려줍니다.

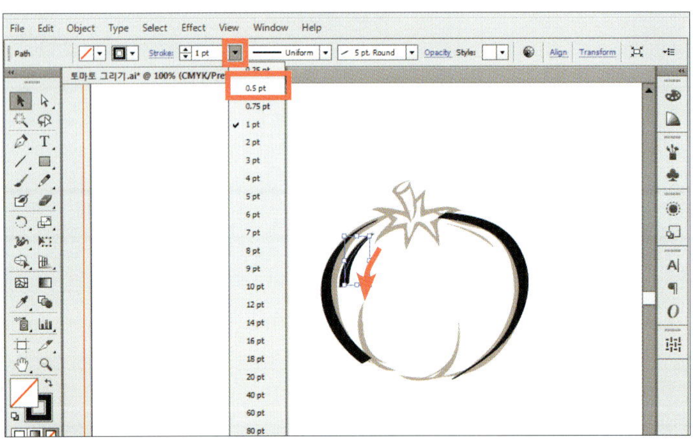

10 왼쪽 짧은 선을 아래쪽으로 드래그하여 그린 후 Selection Tool(선택 도구)로 그린 선을 클릭하여 선택하고 Control Bar(조절바)에서 Stroke의 ▼을 클릭하여 0.5pt를 선택하여 선 두께를 가늘게 합니다.

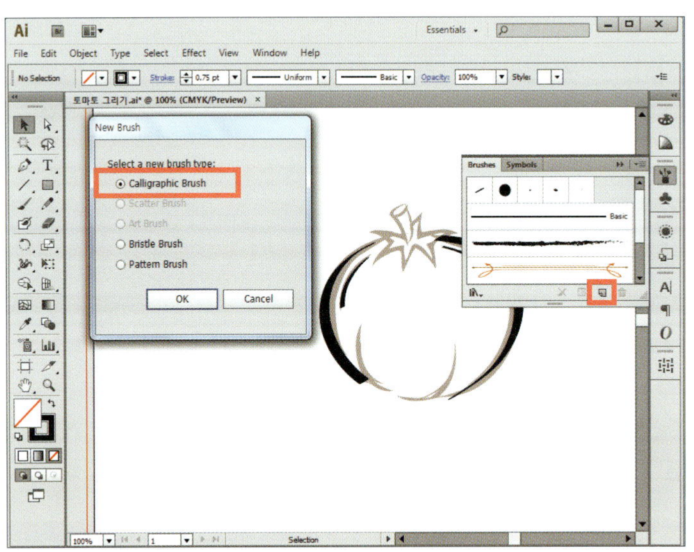

11 각 선 모양을 다르게 적용하려면 새 브러시를 등록하여 사용합니다. [Brush] 패널 하단 버튼 중 ⬚ (New Brush)를 클릭하면 'New Brush' 대화상자가 열립니다. Calligraphic Brush(필기체 브러시)를 클릭 후 OK 합니다.

12 Angle(각도):62°, Roundness(원형 모양):13%, Size(크기):9pt를 지정 후 **OK** 합니다.

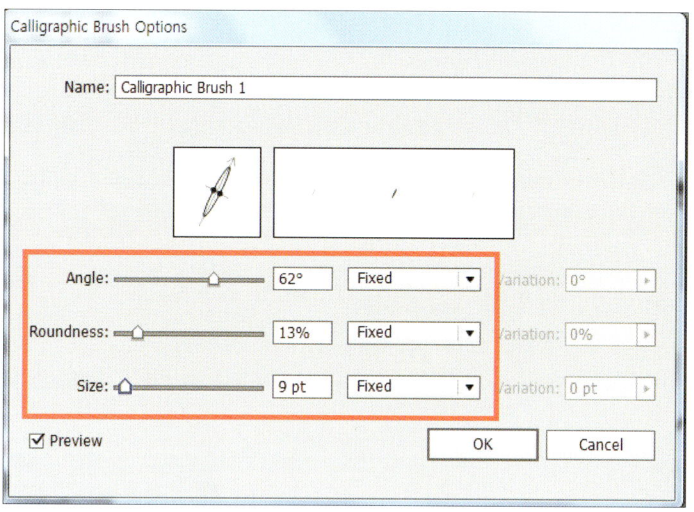

13 Calligraphic Brush Options 대화상자가 열리면 Angle(각도):55°, Roundness(원형):46%, Size(크기):5pt로 지정 후 **OK** 합니다.

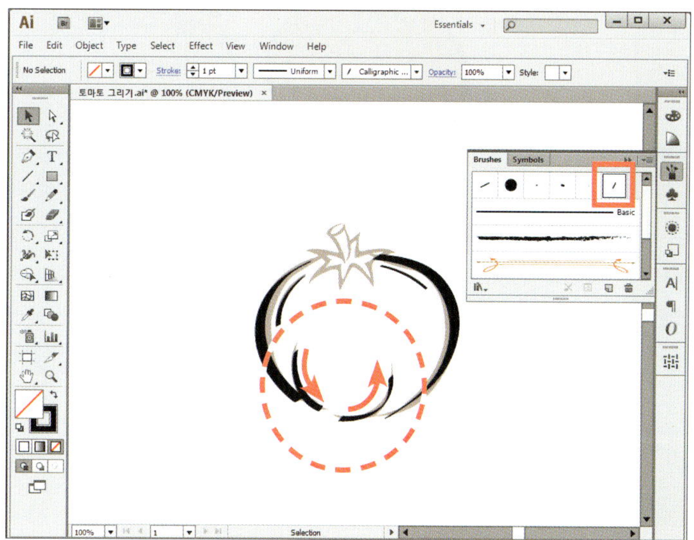

14 [Brush] 패널 목록 중 다른 브러시를 클릭하여 그려진 선에 적용 또는 새로운 브러시를 등록 후 브러시 옵션 상자에서 Angle(각도):99°, Roundness(원형): 0%, Size(크기):9pt로 지정 후 **OK** 합니다. 나머지 모양도 똑같은 방법으로 그립니다.

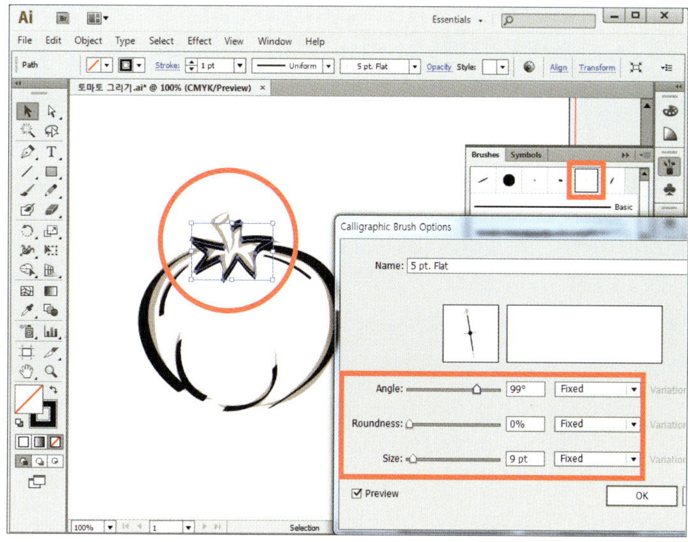

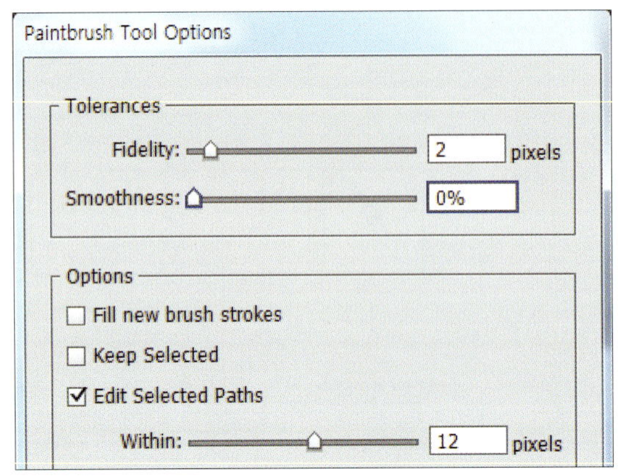

15 Paintbrush Tool(페인트브러시 도구)을 사용하여 과일의 면 색상을 그려줍니다. Paintbrush Tool(페인트브러시 도구)을 두 번 더블 클릭하여 'Paintbrush Tool Options(페인트브러시 도구 옵션)' 상자를 열어준 뒤 Fidelity(정확도):2pixels, Smoothness(곡선화):0%로 지정 후 OK 합니다.

16 Paintbrush Tool(페인트브러시 도구)로 주황색(Fill-M:55 Y:100, Stroke-None:없음)의 면을 그린 후 초록색 꼭지(Fill-C:67 Y:100, Stroke-None:없음)를 그립니다. 시작점으로와서 면을 완료할 때 Alt 키를 눌러 표시가 나타나면 패스가 닫히게 됩니다.

17 [Layer] 패널에서 Template의 눈을 클릭하여 밑그림 이미지를 안보이게 한 다음 주황색과 초록색 면을 클릭하여 선택 후 Shift + Ctrl + [을 눌러 맨 뒤로 보내고 Ctrl + S 로 저장합니다.

[Brush:브러시] 패널 알아보기

브러시를 이용하면 패스의 모양을 스타일화할 수 있습니다. 이미 그려진 패스에 브러시 선 스타일을 적용하거나, [페인트브러시] 도구를 사용하여 패스를 그릴 경우 브러시패널의 선 스타일이 바로 적용됩니다. Illustrator에는 Calligraphic(붓글씨), Scatter(산포), Art(아트), Pattern(패턴) 및 Bristle(강모)와 같은 여러 브러시 유형이 있습니다.

■ [Brush] 패널 옵션

❶ New Brush : 새로운 브러시를 등록합니다.

▶New Brush 옵션

- Calligraphic Brush(캘리그래픽 브러시:붓글씨 브러시) : 기본 브러시로서 패스의 중앙을 따라 붓의 각진 부분으로 그린 선과 비슷한 선을 만들 수 있습니다.
- Scatter Brush(스캐터 브러시:산포 브러시) : 패스를 따라 오브젝트의 사본을 뿌려놓은 듯한 효과를 줄 수 있습니다.

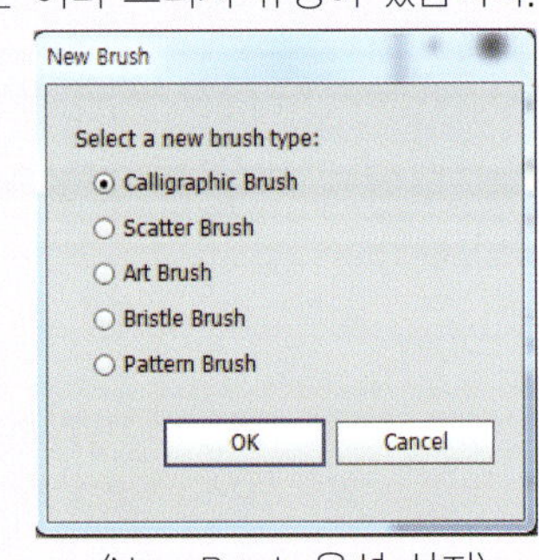

〈New Brush 옵션 상자〉

Power Upgrade

■ [Brush] 패널

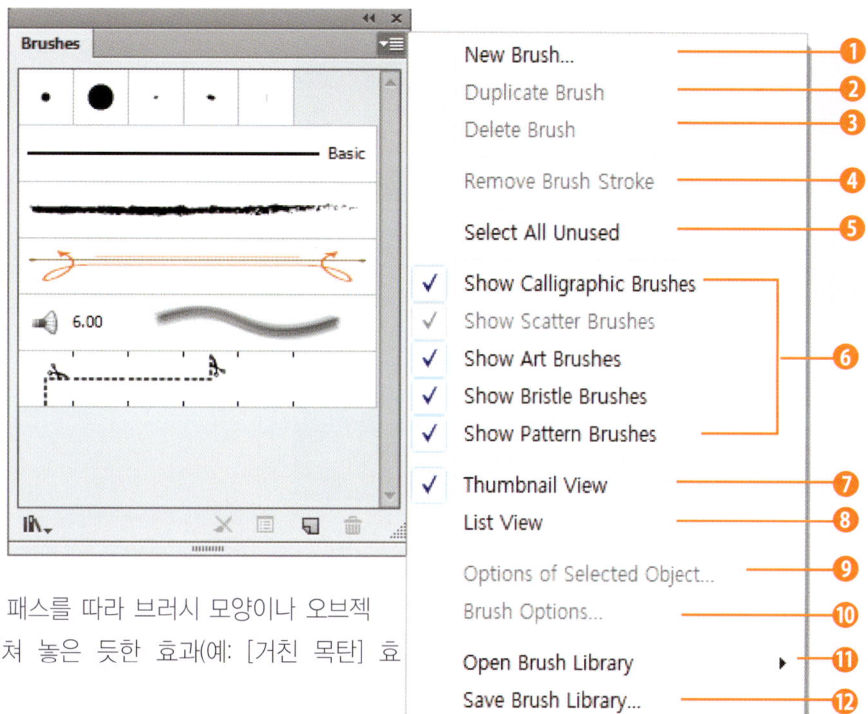

– Art brush(아트 브러시) : 패스를 따라 브러시 모양이나 오브젝트 모양을 균일하게 펼쳐 놓은 듯한 효과(예: [거친 목탄] 효과)를 줄 수 있습니다.
– Bristle Brush(강모 브러시) : 강모가 있는 자연스러운 브러시 모양을 가진 브러시 선을 만듭니다.
– Pattern Brush(패턴 브러시) : 패스를 따라 반복되고 개별 타일로 구성된 패턴을 페인트합니다. 패턴 브러시에는 패턴의 옆, 내부 모퉁이, 외부 모퉁이, 시작 및 끝 등 최고 다섯 개의 타일이 포함될 수 있습니다.

⟨Calligraphic Brush⟩ ⟨Scatter Brush⟩ ⟨Art Brush⟩ ⟨Bristle Brush⟩ ⟨Pattern Brush⟩

❷ Duplicate Brush : [Brush] 패널에서 선택된 브러시를 복사해 줍니다.
❸ Delete Brush : [Brush] 패널에서 선택된 브러시를 제거해 줍니다.
❹ Remove Brush Stroke : 선택한 개체에 적용된 브러시 모양을 제거해서 기본 선속성으로 전환합니다.
❺ Select All Unused : [Brush] 패널에서 개체에 사용되지 않은 브러시를 모두 선택해 줍니다.
❻ 체크된 브러시 모양을 패널에 보여줍니다. 반대로 체크 해제가 되었을 경우 패널에는 안보이게 됩니다.
❼ Thumnail View : 패널에 브러시 모양을 간단히 보여줍니다.
❽ Listl View : 패널에 브러시들을 목록으로 보여줍니다.
❾ Options of Selected Object : 선택된 브러시 모양이 적용된 개체의 브러시 옵션 상자를 열어 수정해 줍니다.
❿ Brush Options : 마지막에 선택했던 개체의 브러시 옵션 상자를 열어서 모양을 수정해줍니다.
⓫ Open brush Library : Illustrator에서 제공되는 사전 설정 브러시 컬렉션입니다. 여러 브러시 라이브러리를 열어 해당 내용을 검색하고 브러시를 선택할 수 있습니다.
⓬ Save brush Library : 새로 등록된 브러시들을 [Save brush Library:브러시 라이브러리 저장]을 선택하고 다음 폴더 중 하나에 새 라이브러리 파일을 저장합니다.

따라하기 03 아트 브러시로 약도 그리기

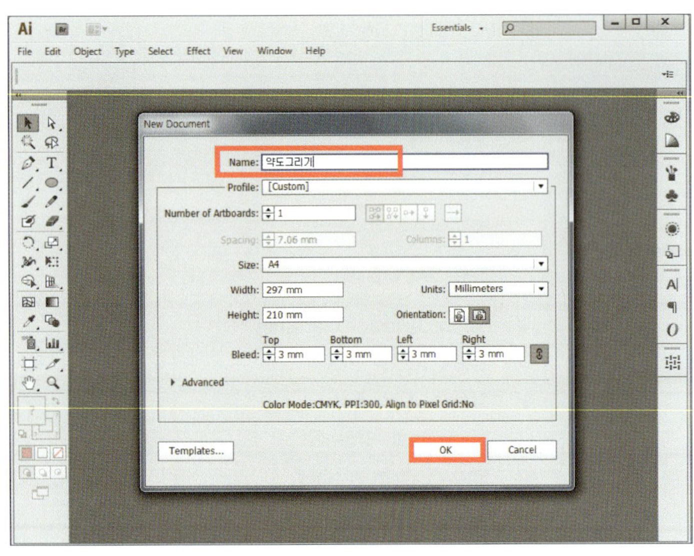

01 Ctrl + N을 눌러 'New Document' 대화상자를 엽니다. Name : 약도그리기, Number of Artboard : 1, Size : A4, Orientation : Landscape(가로방향), Bleed - Top : 3mm, Bottom : 3mm, left : 3mm, Right : 3mm로 지정하고 OK 버튼을 클릭합니다.

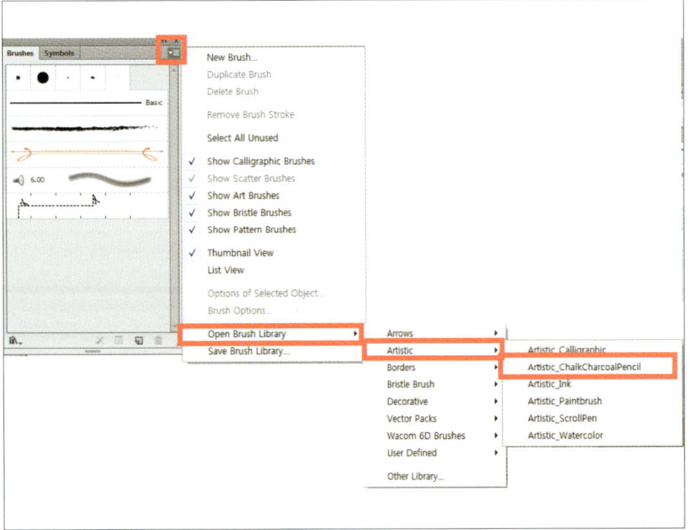

02 [Brush] 패널 ≡ : 드롭다운 메뉴 버튼을 클릭 후 Open Brush Library-Artistic-Artistic_ChalkCharcoal Pencil을 클릭합니다.

03 [Artistic_ChalkCharcoalPencil] 패널에서 Chalk-Round를 클릭합니다.

04 Stroke Weight(선 굵기):1pt, Stroke 색상은 검정색, Fill 색상은 None(없음)으로 합니다. Brush Tool(브러시 도구)로 [Brush] 패널에 등록된 Artistic_Chalk CharcoalPencil이 선택된 상태에서 드래그하여 가로와 세로 선을 그려줍니다.

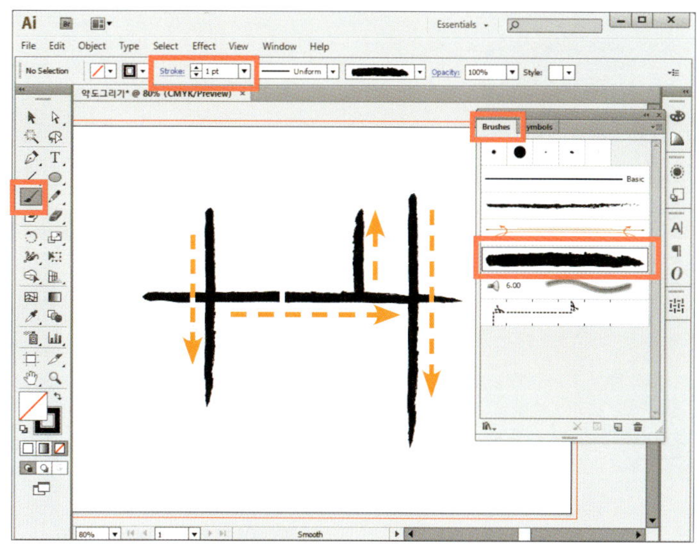

05 Line Segment Tool(선 도구)로 Shift 키를 누르고 왼쪽 방향으로 드래그하여 수평선을 그립니다. Controlbar(조절바)에서 Stroke을 클릭 후 대화상자가 열리면 Weight(굵기):6pt, Arrowheadds(화살표머리)를 End(끝)에서 화살표 모양을 클릭하여 적용하고 크기는 아래쪽에서 Scale factor for end arrowhead에서 50%로 축소합니다. Stroke(선) 색상은 M:100 Y:100으로 지정해줍니다.

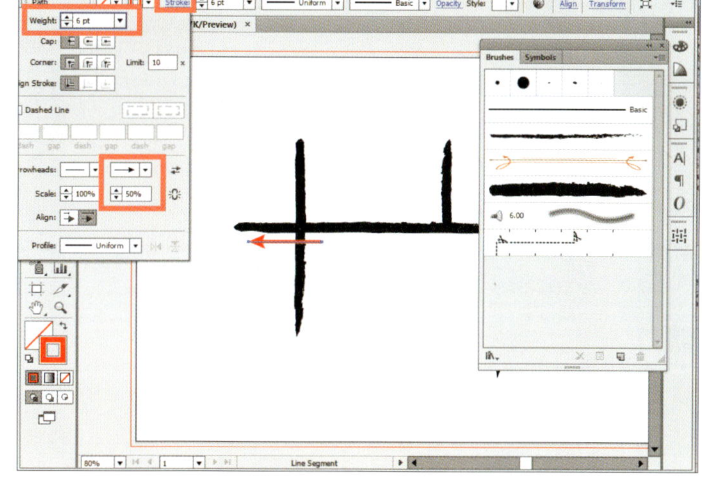

06 Type Tool(문자 도구)로 화살표 오른쪽에 '종로 1가 방면'을 입력 후 Ctrl + T 를 눌러 [Character:문자] 패널을 열어 줍니다. Font family(글꼴):굴림, Font size(글자 크기):16pt로 지정해 줍니다.

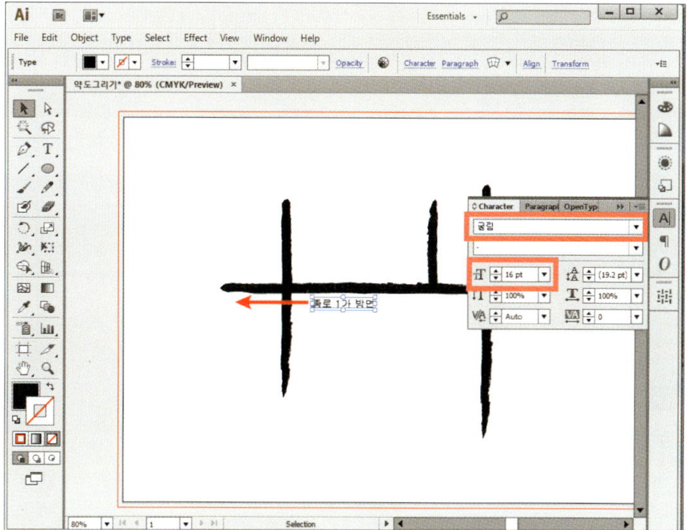

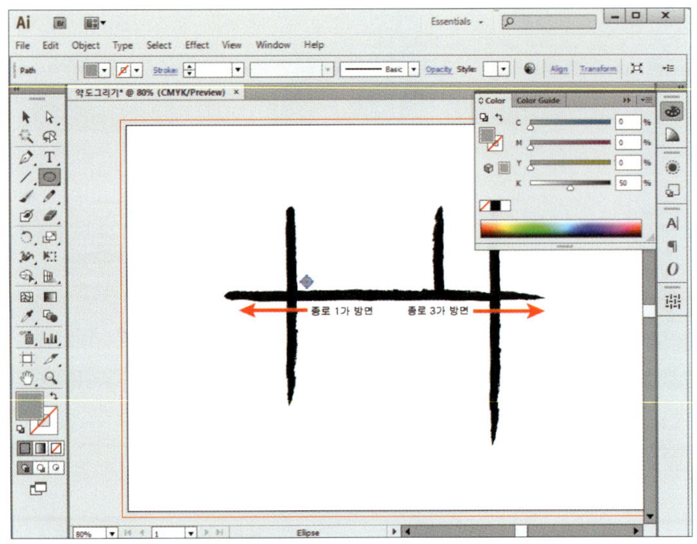

07 Ellipse Tool(원형 도구)로 **Shift** 키를 누르고 정원을 그린 후 [Color] 패널에서 Fill 색상-K:50%, Stroke 색상-None(없음)으로 합니다.

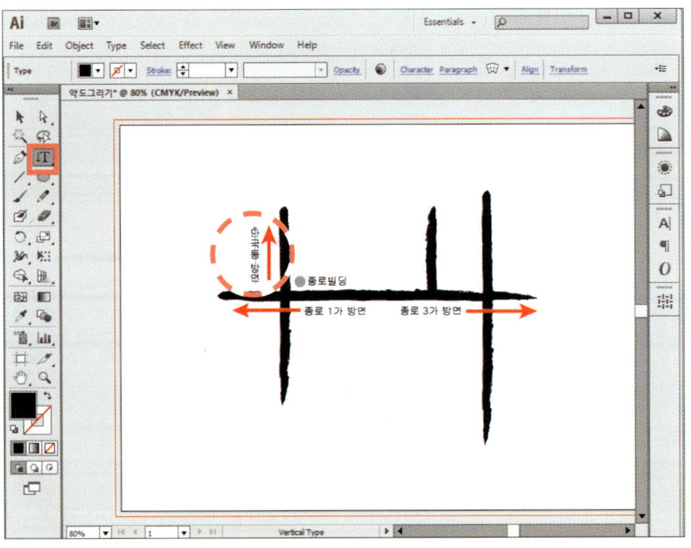

08 회색 정원 옆에 '종로 빌딩'을 입력합니다. 왼쪽 상단에 화살표를 그린 후 Vertical Type Tool(세로 문자 도구)을 클릭 후 '안국동 방면'을 입력합니다.

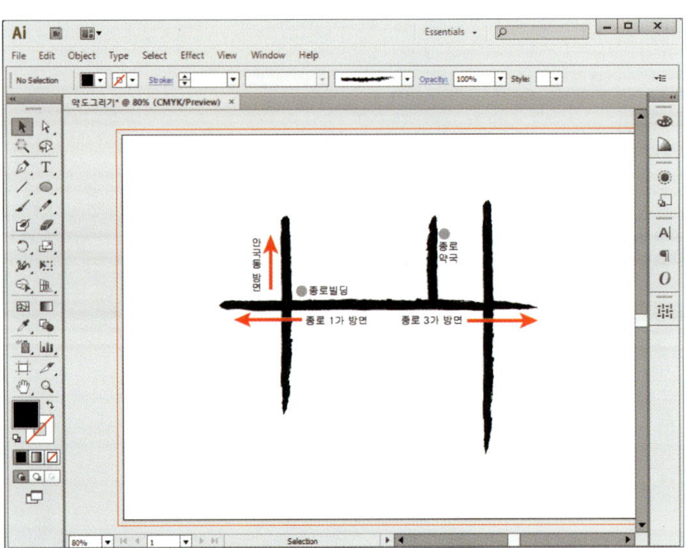

09 회색원과 '종로빌딩'을 Selection Tool(선택 도구)로 선택한 다음 **Alt** 키를 눌러 오른쪽 상단에 복사 배치한 뒤 제목을 '종로약국'으로 바꾸고 **Ctrl** + **S** 로 저장 완성합니다.

01 그림문자인 딩벳 폰트를 설치해 보겠습니다. 바탕화면에서 실습파일 폴더를 열고 폰트 파일 'littlecity2000'을 더블 클릭합니다.

02 'littlecity2000' 옵션 상자가 열리면 [설치(I)] 버튼을 클릭하여 글꼴을 설치합니다. 두 번째 글꼴 'WWFlakes'도 같은 방법으로 설치합니다.

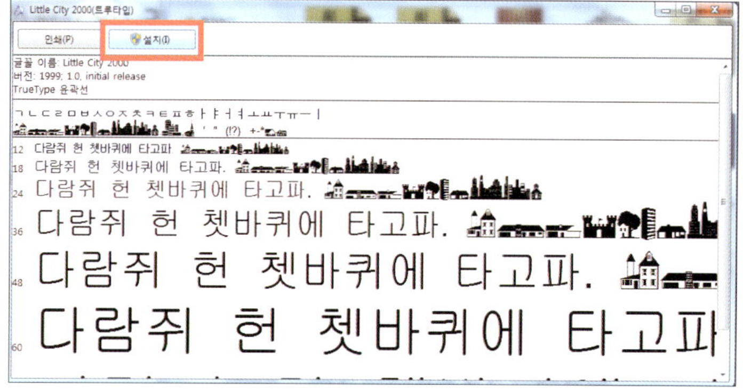

03 Ctrl + N 을 눌러 'New Document' 대화상자를 엽니다. Name:실습07-04, Number of Artboard:1, Size:Custom Width:200mm height:100mm, Orientation:Landscape(가로 방향), Bleed – Top:3mm, Bottom:3mm, left:3mm, Right:3mm로 지정하고 OK 버튼을 클릭합니다.

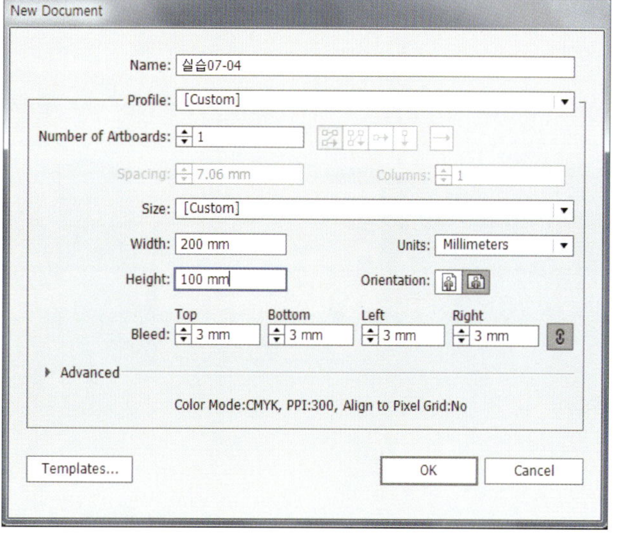

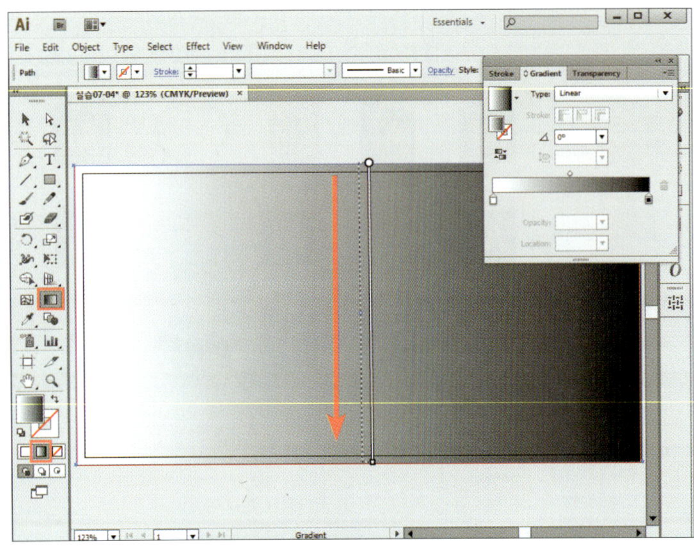

04 Rectangle Tool(사각형 도구)을 클릭 후 바깥쪽 빨간색 Bleed(도련)에 맞춰 사각형을 그립니다. 사각형이 선택된 상태에서 도구상자 하단 버튼 ▦ (Gradient)을 클릭하면 검정색과 흰색의 그라데이션 색상이 칠해집니다. Gradient Tool(그라디언트 도구)로 [Shift] 키를 누르고 위에서 아래쪽으로 드래그합니다.

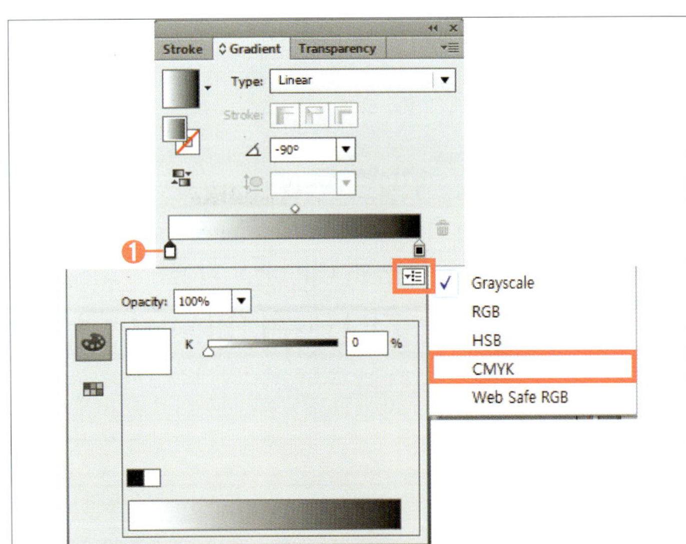

05 Gradient(그라디언트) 패널에서 ❶번그라데이션 색상을 두 번 더블 클릭하여 [Color] 패널을 엽니다. 색상이 Grayscale(회색 음영)일 경우 패널 오른쪽 상단에서 ▼≣ (드롭 다운 버튼)을 눌러 메뉴가 나타나면 'CMYK'를 클릭하여 색상 모드를 바꿔줍니다.

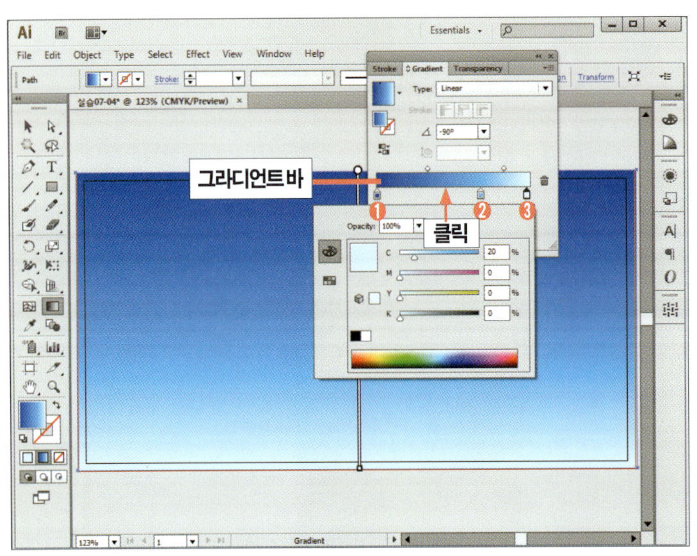

06 ❶번 색상은 C:100 M:81로 색상을 바꿔주고 그라디언트 바에서 마우스를 클릭하여 ❷와 ❸을 추가합니다. ❷번 색상은 C:70 M:10 로 색상을 바꿔주고 그라디언트 바에서 마우스를 클릭하여 ❸번을 추가한 후 색상 C:20으로 지정합니다.

TIP

그라디언트 바 아래쪽에서 마우스를 올리면 ▨+ 로 커서 모양이 바뀔 때, 마우스를 클릭하면 그라데이션 색상이 추가됩니다.

07 Ctrl + T 또는 오른쪽 패널 단축 버튼에서 Ai 패널 아이콘을 클릭하여 [Character:문자] 패널을 열어 Font Family(글꼴):Little city 2000 Regular, Font Size(글자 크기):90pt로 지정 후 Type Tool(문자 도구)을 클릭하고 그라데이션 배경 왼쪽 아래에 클릭 후 커서가 깜빡거리면 키보드에서 알파벳을 G, J, K, L, B, O, M을 누르면 건물 폰트가 쓰여집니다.

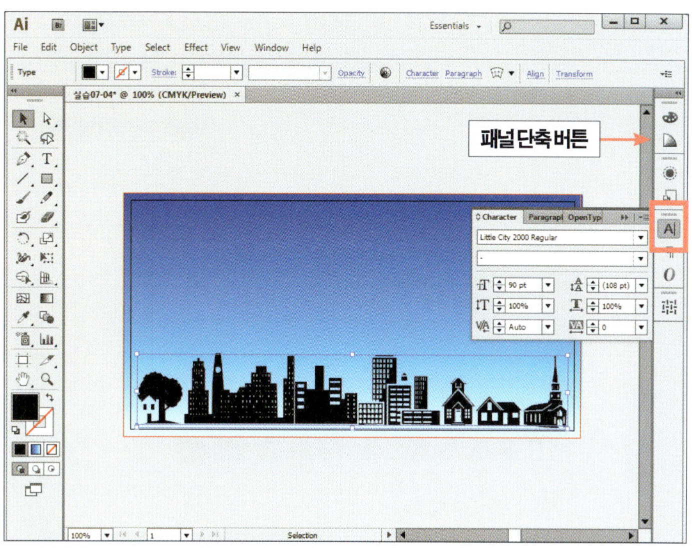

08 Type Tool(문자 도구)을 클릭한 다음 Ctrl + T 로 [Character] 패널을 열어줍니다. Font Family(글꼴) : WWFlakes, Font Size(글자 크기) : 18pt로 입력 후 색상은 흰색으로 지정합니다. Type Tool(문자 도구)로 그라데이션 배경을 클릭 후 키보드에서 'Y'를 누르면 눈(Snow) 이미지가 입력됩니다.

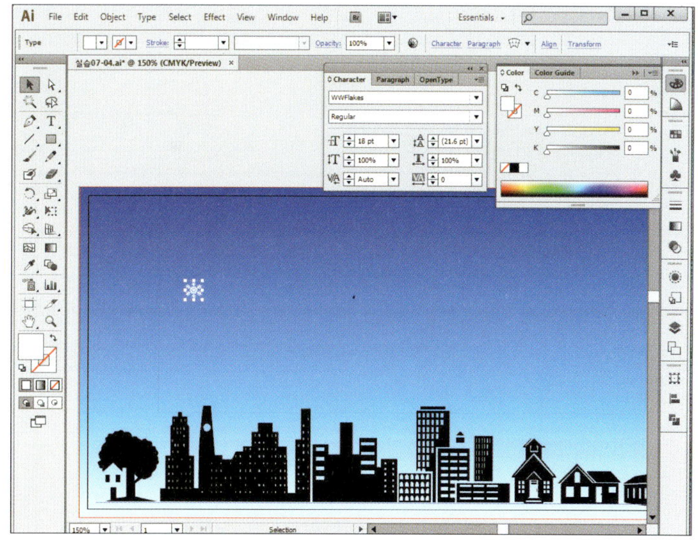

09 눈 모양의 딩벳 폰트가 선택되었을 때 단축키 F5 를 누르거나 오른쪽 최소화 패널에서 버튼을 클릭하면 [Brush] 패널이 열립니다. 하단 버튼 중 : New Brush를 클릭하면 New Brush 상자가 열립니다. Select a new brush type : Scatter Brush(분산형 브러시)를 체크 후 OK 버튼을 클릭합니다.

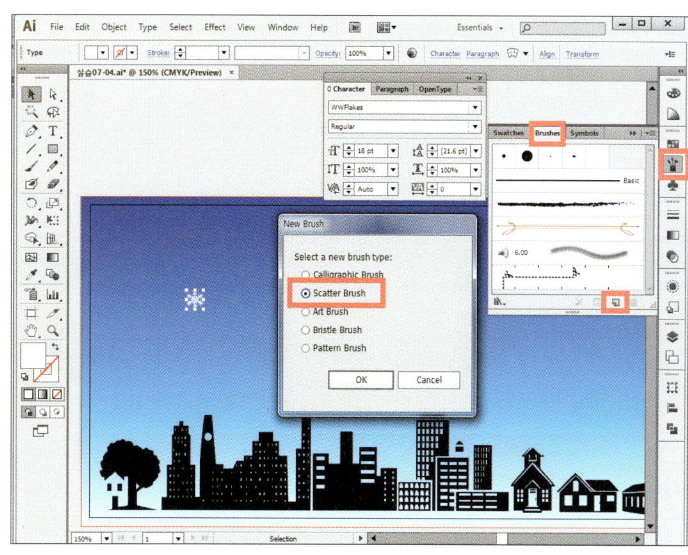

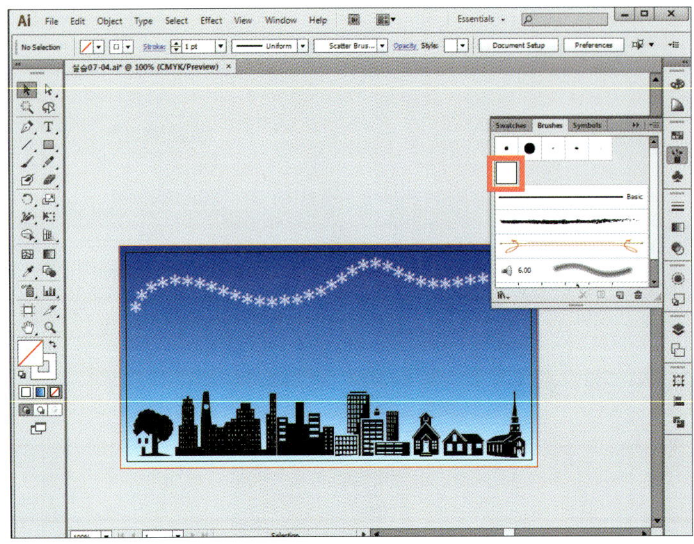

10 Brush Tool(브러시 도구)로 [Brush] 패널에 등록된 브러시를 클릭하여 선택 후 배경 위쪽을 드래그하여 눈을 그려줍니다. 눈 브러시를 두 번 더블 클릭하여 Scatter Brush Options 상자를 열어 줍니다.

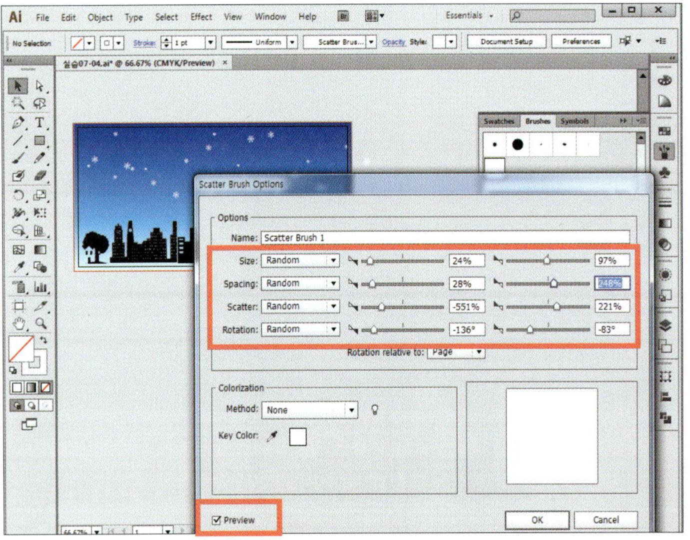

11 아래쪽 Preview(미리보기)를 체크한 후, Size(크기):Random Minium(최소화)/24% Maxium(최대화)/97%, Spacing(간격):Random Minium(최소화)/28% Maxium(최대화)/248%, Scatter(산포):Random Minium(최소화)/-551% Maxium(최대화)/221%, Rotate(회전):Random Minium(최소화)/-136˚ Maxium(최대화)/-83˚을 지정 후 **OK** 버튼을 클릭합니다.

[Smart Guides:스마트 가이드] 알아보기

스마트 가이드는 Artboard(아트보드)를 기준으로 개체를 스냅(Snap:물리기) 상태에서 정렬, 편집 및 X, Y 위치 등을 표시해주며 또한 임시적인 가이드를 표시해주기도 합니다. 스마트 가이드는 환경 설정을 설정하여 (예 : 측정 레이블, 개체 강조, 또는 라벨로) 스마트 가이드를 표시하거나 여러가지 유형을 지정할 수 있습니다.

■ 스마트 가이드 보이기, 안보이기 설정

-스마트 가이드 보이기 : [View]–[Guides]–[Show Guides]

-스마트 가이드 안보이기 : [View]–[Guides]–[Hide Guides]

■ 스마트 가이드 환경설정

[Edit]–[Preference : 환경설정]–[Smart Guides]

❶ Color : 스마트 가이드 색상을 지정합니다.

❷ Alignment Guides(정렬 가이드) : 오브젝트들 간의 정렬 및 아트보드 가장자리와 오브젝트간의 정렬을 가이드로 표시해 줍니다.

❸ Anchor/Path Labels(앵커/경로 레이블) : 커서가 개체에 닿았을 때 용어에 대한 정보를 표시해줍니다.

❹ Object Highlighting(개체 강조) : 커서가 오브젝트에 닿았을 때 오브젝트를 가이드로 강조 표시합니다. 하이라이트 색상은 개체의 레이어 색상과 일치합니다.

〈스마트 가이드 환경설정 상자〉

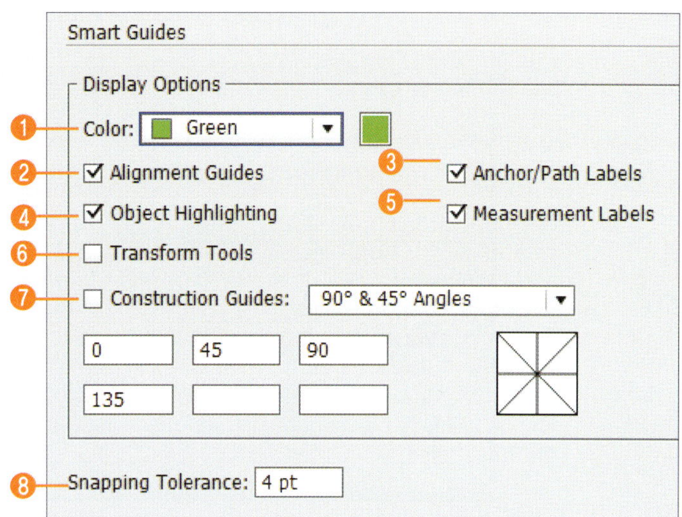

❺ Measurement Labels(측정 레벨) : 오브젝트를 생성, 선택, 이동 또는 변환하는 동안 오브젝트의 원래 위치에서 x와 y, 각도, 거리 등을 측정하여 표시해 줍니다.

❻ Transform Tools(측정 레벨) : 오브젝트를 이동할 때 드래그를 진행하는 동안에 처음 위치한 곳에서 다른 곳으로 이동하는 위치까지 가이드를 생성해서 보여줍니다.

❼ Construction Guides(건축 가이드) : 정점을 이동할 경우 설정된 각도에 맞춰 입력된 각도로 출력해 줍니다. 각도 설정은 6개까지 설정할 수 있습니다.

❽ Snapping Tolerance(스냅 범위) : 오브젝트를 이동할 때 생성되는 가이드가 나타나는 정도를 지정합니다. 수치가 0 이면 가이드는 나타나지 않습니다.

12 OK 버튼을 클릭한 후 경고 상자가 나타나면 배경에 그려진 브러시를 변경된 브러시 모양으로 적용할 수 있도록 Apply to Strokes 을 클릭합니다.

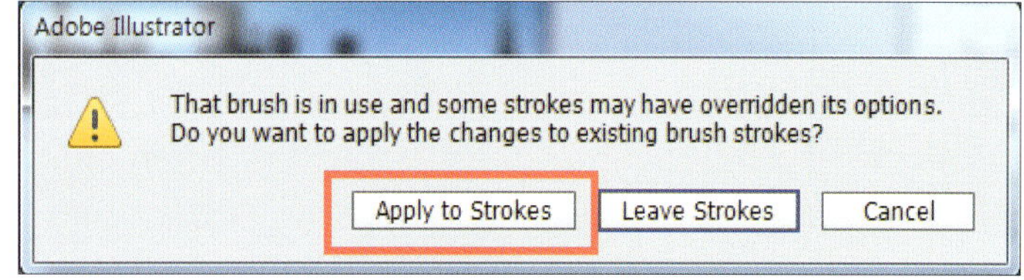

13 오른쪽도 Brush Tool(브러시 도구)로 드래그하여 완성합니다.

패턴 브러시 활용하기

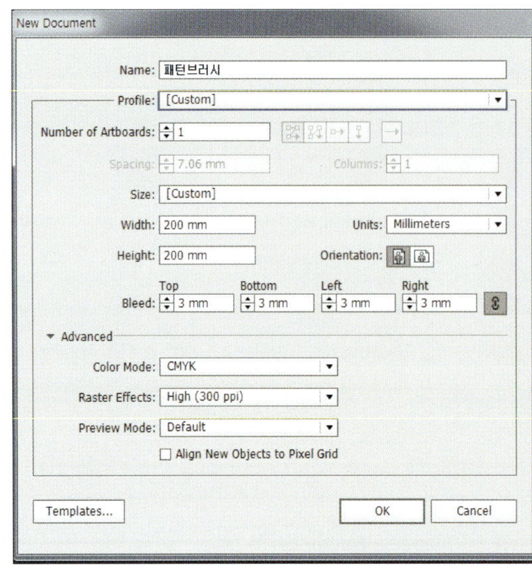

01 Ctrl + N 을 눌러 'New Document' 대화상자를 엽니다. Name:패턴브러시, Number of Artboard:1, Size:Custorm Width:200mm height:200mm, Bleed - Top:3mm, Bottom:3mm, left:3mm, Right: 3mm로 지정하고 OK 버튼을 클릭합니다.

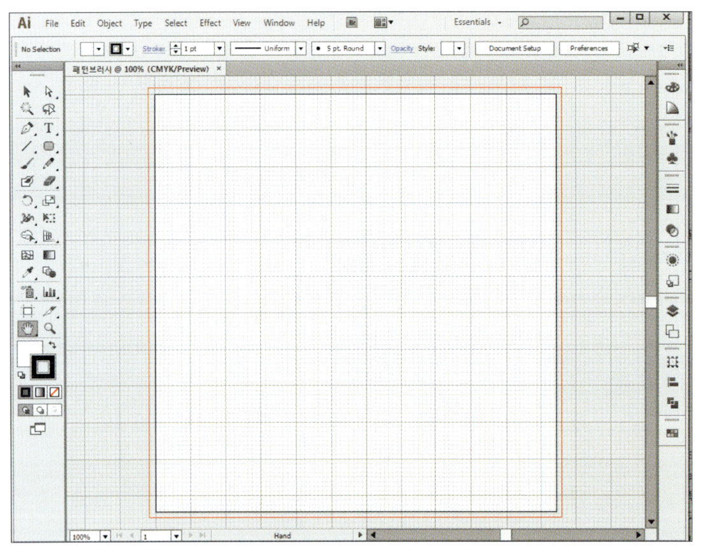

02 Ctrl + ‖ 을 눌러 격자를 꺼낸 후 Shift + Ctrl + ‖ 를 눌러 Snap to Grid(격자에 맞추기)를 활성화 시킵니다.

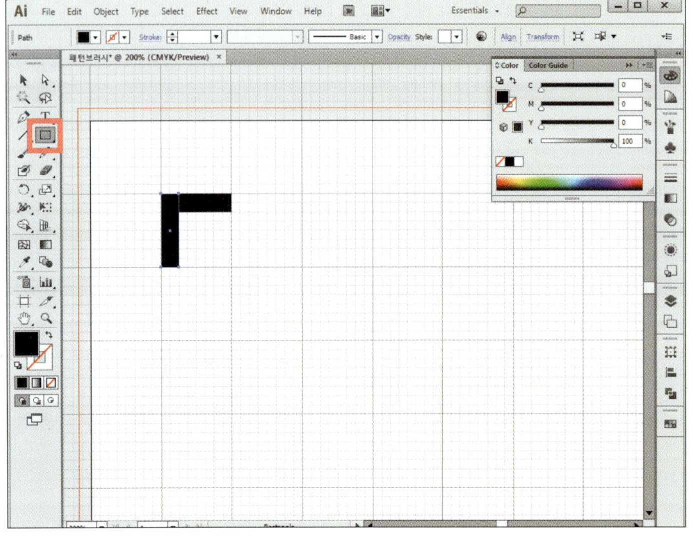

03 Ctrl + + 를 눌러 화면을 확대하고 Rectangle Tool(사각형 도구)을 클릭하여 선택 후 Fill 색상-검정색, Stroke:None(없음)으로 지정하고 격자 간격에 맞춰 그립니다.

04 격자에 맞춰 직사각형을 겹쳐 그립니다.

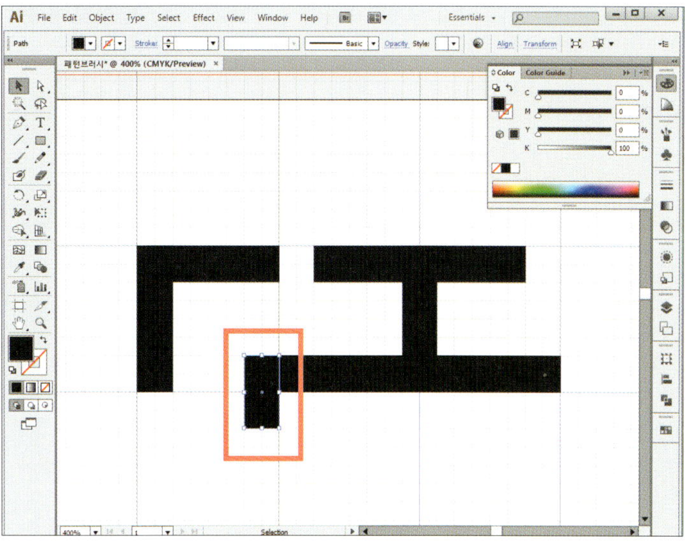

05 직사각형을 한 개 그립니다.

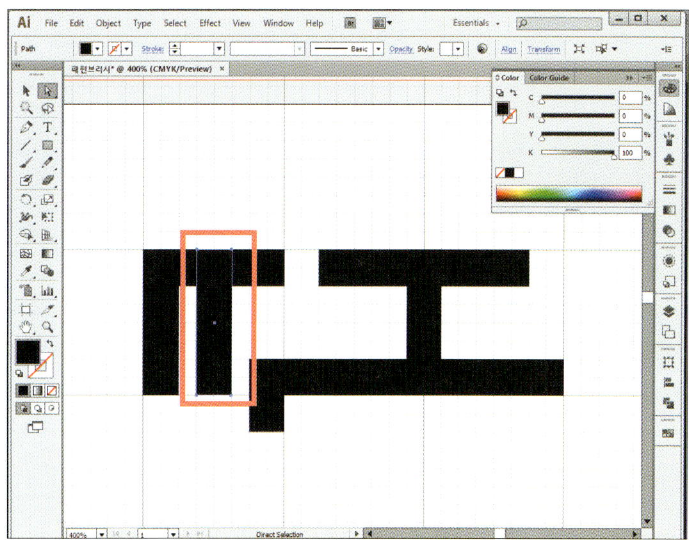

06 Rotate Tool(회전 도구)을 두 번 더블 클릭하여 대화상자가 열리면 Angle : 45° 을 입력 후 OK 버튼을 클릭합니다.

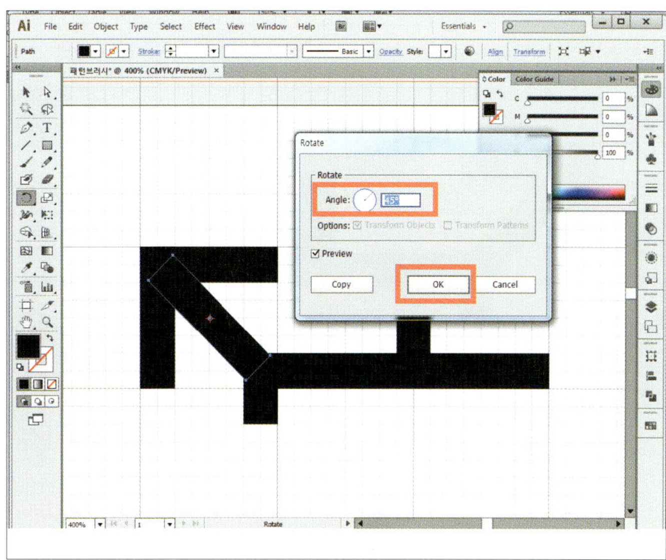

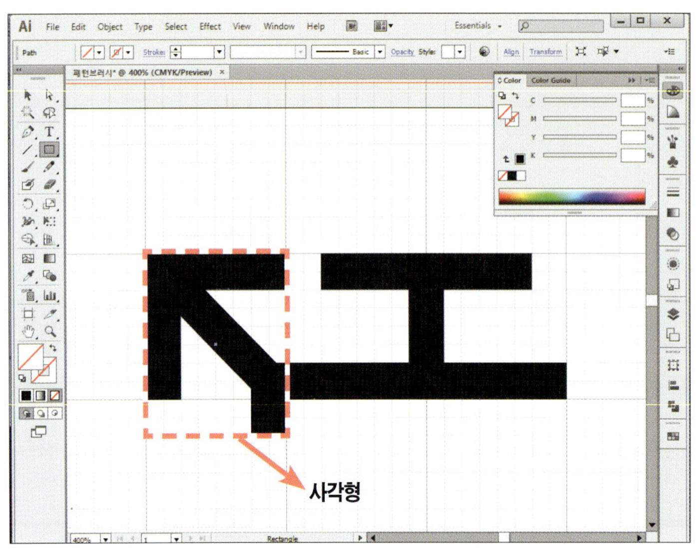

07 모서리 모양에 맞춰 사각형을 그린 후 Fill(칠)과 Stroke(선) 색상은 ☑ (None:없음)으로 지정합니다.

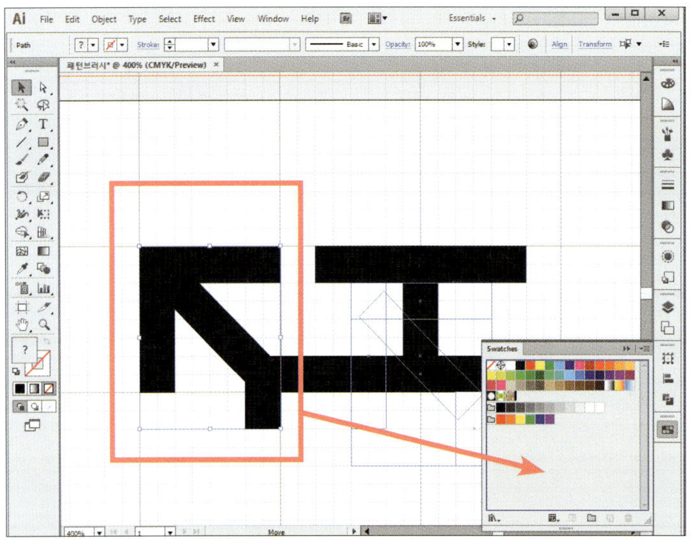

08 모서리 오브젝트와 사각형 오브젝트를 모두 선택 후 [Swatch:색상 등록] 패널에 드래그하여 패턴으로 등록(패턴 이름–New Pattern Swatch 20)합니다.

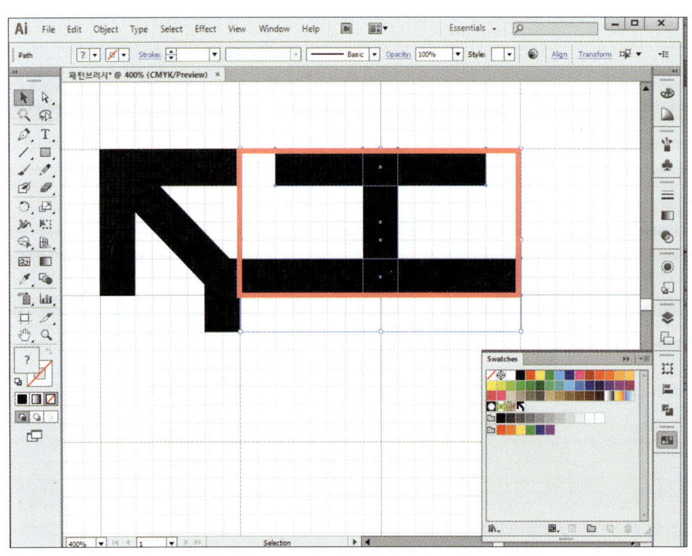

09 오른쪽 오브젝트의 바깥쪽에 사각형을 그리되 모서리 오브젝트 높이에 맞춰 그리고, Fill과 Stroke 색상은 ☑ (None:없음)으로 지정하고 [Swatch:색상 등록] 패널에 드래그하여 패턴으로 등록(패턴 이름–New Pattern Swatch 21)합니다.

10 [Brush] 패널에서 ⬚ (New Brush)를 클릭하면 대화상자가 열립니다. Select a new brush type : Pattern Brush를 클릭합니다.

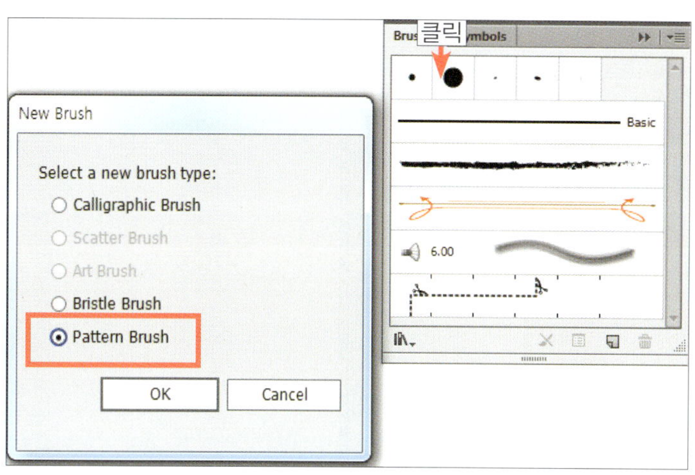

11 Pattern Brush Options가 열리면 Name:패턴 문양이라고 입력 후 타일 중 ⬚(Side Tile) – ⬚, ⬚ (Outer Corner Tile) – ⬚ 으로 등록한 후 OK 버튼을 클릭합니다.

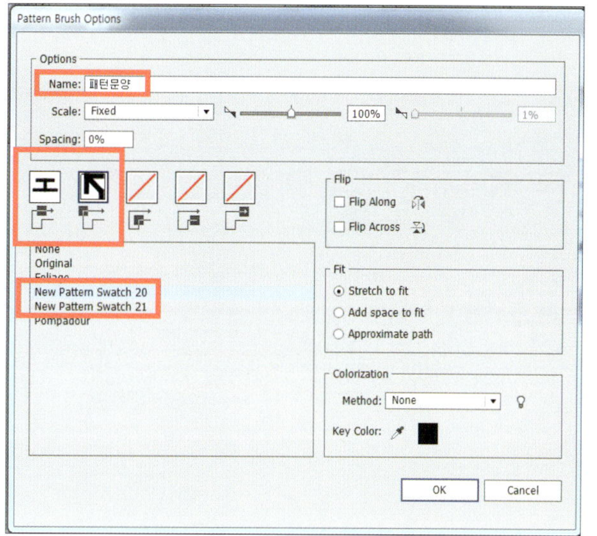

12 Rectangle Tool(사각형 도구)을 클릭 후 아트보드에서 드래그하여 직사각형을 그린 다음 [Brush] 패널에서 등록된 패턴 브러시를 클릭하여 사각형 선에 적용합니다.

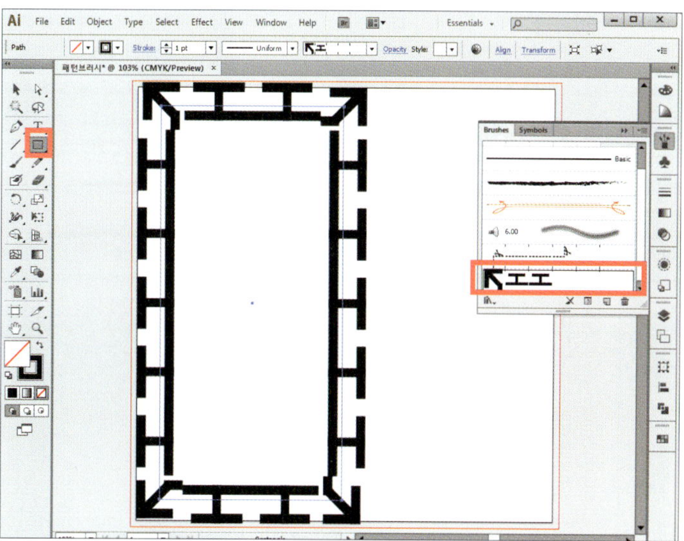

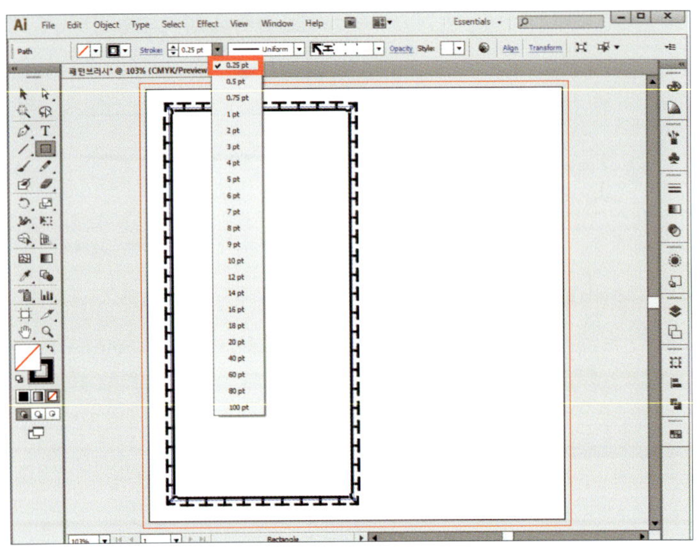

13 Controlbar(조절바)에서 Stroke Weight(선 굵기)를 0.25pt로 굵기를 조절합니다.

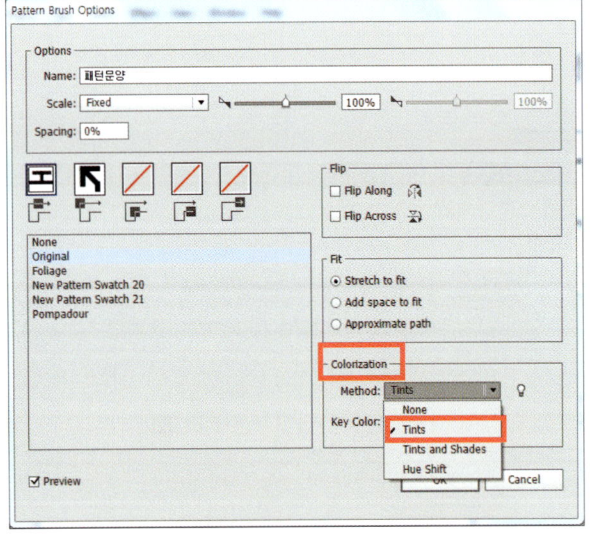

14 **F5** 를 눌러 [Brush] 패널을 연 후 등록된 '패턴문양' 목록을 두 번 더 블 클릭하여 Pattern Brush Options(패턴 브러시 옵션) 상자를 열어 줍니다. Colorization – Method: Tints (색조)로 지정 후 **OK** 합니다. 브러시 적용에 대한 경고 상자가 나타나면 **Apply to Strokes** 을 클릭합니다.

참고 Scatter Brush, Art Brush, Pattern Brush는 Colorization에서 None(없음)일 경우 선 색상을 바꿀 수 없습니다.

15 Ellipse Tool(타원형 도구)로 **Shift** 를 누르고 정원을 그린 후 [Brush] 패널의 '패턴문양' 브러시를 클릭하여 적용한 다음, Stroke Weight:0.25pt, Stroke(선) 색상은 C:100%의 색상을 넣어 줍니다.

[Pattern Brush Option:패턴 브러시 옵션] 상자 알아보기

패턴 브러시에서는 여러 Tile(타일)이 전체 패턴을 구성합니다. 우선 [Swatch] 패널에 패턴을 등록 후 패턴 브러시 옵션 상자에서 패턴의 측면, 내부 모퉁이, 외부 모퉁이, 시작 및 끝에 다른 타일을 패턴 목록에서 지정하여 사용합니다.

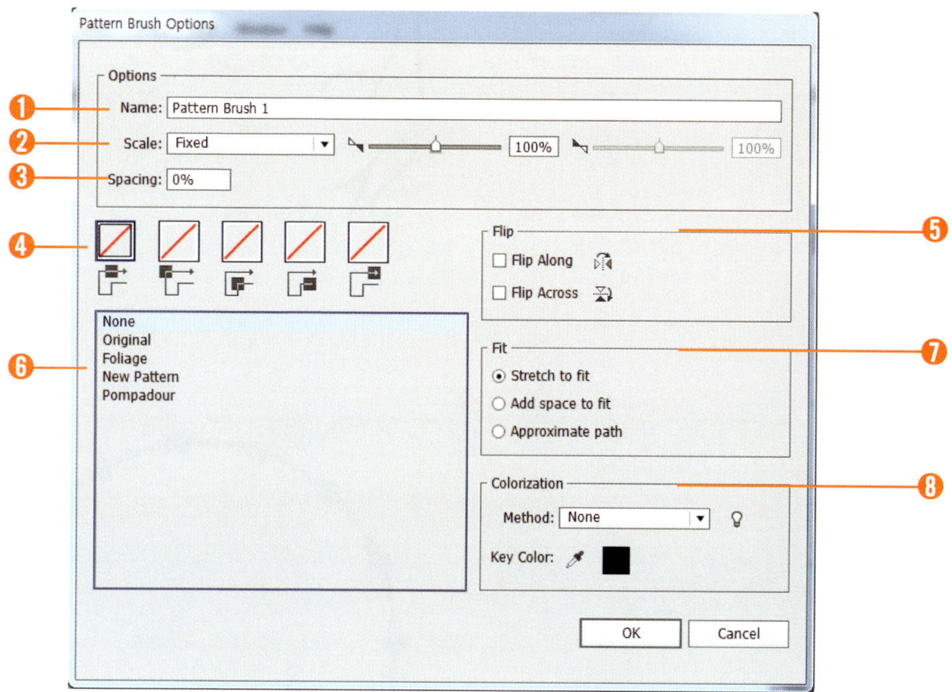

❶ Name : 패턴 브러시 이름을 지정합니다.

❷ Scale : 브러시 크기의 최소, 최대 값을 지정합니다. ⬞–최소화, ⬞–최대화

❸ Spacing : 브러시 간격을 지정합니다.

❹ 타일 단추 : 선의 형태에 맞춰 각기 다른 패턴을 적용합니다. 정의하려는 타일에 대한 타일 단추를 클릭하고 스크롤 목록에서 패턴 견본을 선택합니다. 필요에 따라 패턴 견본을 다른 타일에 반복적으로 적용합니다.

   ⬞ Side Tile : 측면에 패턴을 적용합니다. ⬞ Outer Corner Tile : 바깥쪽 모서리에 적용합니다.

   ⬞ Inner Corner Tile : 안쪽 모서리에 적용합니다. ⬞ Start Tile : 시작점에 패턴을 적용합니다.

   ⬞ EndTile : 끝점에 패턴을 적용합니다.

❺ Flip : 가로, 세로 방향으로 뒤집어 줍니다. Flip Along : 가로로 뒤집어 줍니다. Flip Across : 세로로 뒤집어 줍니다.

❻ [Swatch] 패널에 등록된 패턴 목록입니다.

❼ Fit : 이미지를 100% 상태로 보여줍니다. 돋보기 도구를 더블 클릭하는 것과 같은 기능입니다.

   Stretch to fit : 패턴 브러시에서 패턴의 이음새가 보이지 않도록 최대한 늘려서 표현합니다.

   Add space to fit : 패턴 이미지 사이에 빈 공간을 추가합니다.

   Approximate path : 패스에 최대한 근접하도록 표현합니다.

❽ Colorization : 브러시 선 색상을 지정해 줍니다.

   None : 지정된 Stroke(선) 색상을 적용하지 않고 등록된 원본 이미지 색상으로 적용됩니다.

   Tint : 지정된 선 색상보다 농도가 흐릿하게 적용됩니다.

   Tint & Shades : 지정된 선 색상 농도와 음영을 적용합니다.

   Hue Shift : 지정된 선 색상으로 지정합니다.

1

[Brush] 패널에서 Calligraphic Brush를 활용하여 나무 줄기를 그린 후 꽃 모양은 Scatter Brush로 등록하여 완성해 보세요.

힌트

Art Brush(아트픽 브러시) 모양은 [Window]–[Brush Libraries]–[Artistic Chalk ChaorcoalPencil]에서 Chaorcoal–Feather를 클릭하면 [Brush] 패널에 자동 등록됩니다. Chaorcoal–Feather를 클릭 후 굵기에 따라 따로 그린 뒤 Stroke 굵기를 다르게 지정합니다. Scatter Brush(스캐터 브러시)를 더블 클릭하여 Scatter Brush Options 상자를 열어 조절합니다.

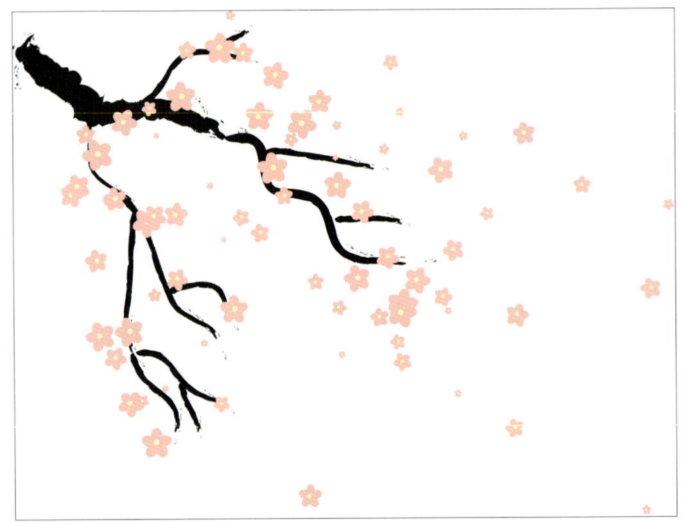

▲ 완성파일 : 기초문제\완성파일\기초완성S07-1.ai

2

패턴 브러시를 사용하여 화살표 선을 만들어 보세요.

힌트

화살표를 그린 후 [Swatch] 패널에 등록한 다음, [Brush] 패널에서 New brush(새 브러시)로 등록하세요.

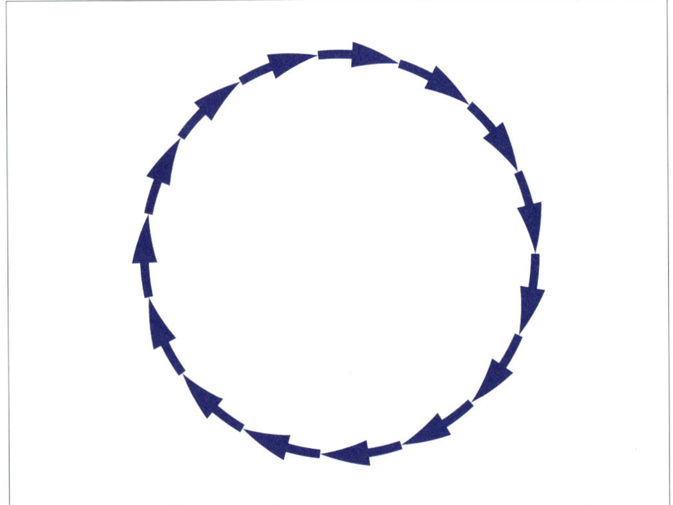

▲ 완성파일 : 기초문제\완성파일\기초완성S07-2.ai

3

정원 모양과 잎사귀 모양을 그린 후 Scatter Brush로 등록한 다음 'Adobe Illustrator' 글자를 넣어 완성하세요.

힌트

Scatter brush 옵션상자에서 Colorization을 조절 후 Paint Brush Tool을 활용하여 그립니다. 반투명하게 겹친 효과는 Controlbar(조절바)의 Opacity로 조절합니다.

▲ 완성파일 : 기초문제\완성파일\기초완성S07-3.ai

1) 패턴 브러시를 활용하여 문양 모양을 완성해 보세요.

힌트

패턴은 반복되기전의 모양만 그린 후 패턴으로 등록합니다. 패턴 등록은 [Swatch:스와치(색상 등록)] 패널로 드래그하여 등록합니다.

▲ 완성파일 : 활용실습\완성파일\활용완성S07-1.ai

2) Art Brush(아트 브러시)를 활용하여 약도를 그려보세요.

힌트

노란색 선은 [Window]-[Brush Libraries]-[Artistic]-[Artistic Chalk ChaorcoalPencil]중 하나를 클릭하여 [Brush] 패널 목록에 추가된 후 활용합니다. 나머지 약도선들은 [Window]-[Brush Libraries]-[Artistic]-[Artistic Water Color]에서 선택한 후 사용합니다.

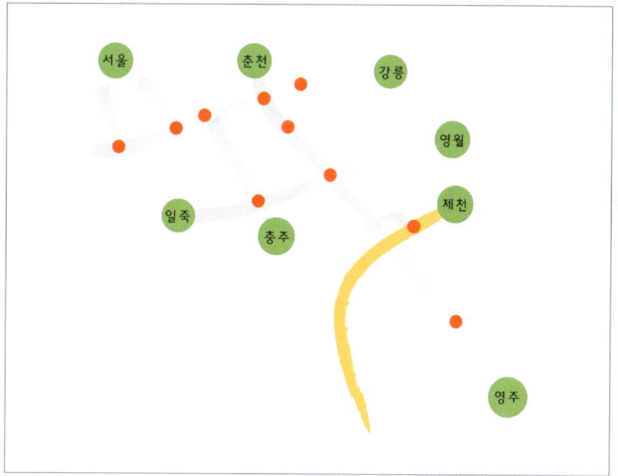

▲ 완성파일 : 활용실습\완성파일\활용완성S07-2.ai

3) 별을 그린 후 Art Brush(아트 브러시) 등록한 다음 크리스마스 트리를 완성해 보세요.

힌트

전구는 그라데이션 색상을 적용합니다. 별의 불투명도는 Controlbar(조절바)의 Opacity(불투명도)로 조절합니다.

▲ 완성파일 : 활용실습\완성파일\활용완성S07-3.ai

08 패턴과 메시 사용법 익히기

이미지를 반복적으로 사용할 수 있는 패턴 만들기와 자연스러운 채색 효과를 줄 수 있는 메시 기능과 사용 방법에 대해 익혀 보겠습니다.

▲ 완성파일 : 실습예제\완성파일\실습완성08-01.ai

▲ 완성파일 : 실습예제\완성파일\실습완성08-04.ai

▲ 완성파일 : 실습예제\완성파일\실습완성08-02.ai

차례

 패턴 만들기(1)

01 Ctrl + N 을 눌러 New Document (새 문서) 대화상자를 엽니다. Name : 패턴 만들기, Number of Artboards:1, Size: A4를 지정 후 OK 버튼을 클릭합니다.[View]-[Show Grid:그리드 보이기]와 [Snap to Grid:그리드에 물리기]를 각각 클릭합니다.

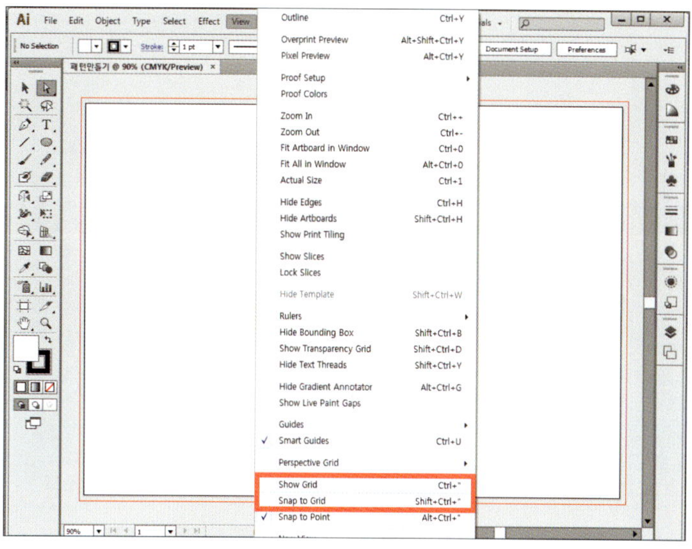

02 Pen Tool(펜 도구)을 클릭 후 Fill 색상은 M:21% Y:52%, Stroke:None (없음)으로 지정하고 그리드 선에 맞춰 마름모 도형을 그립니다.

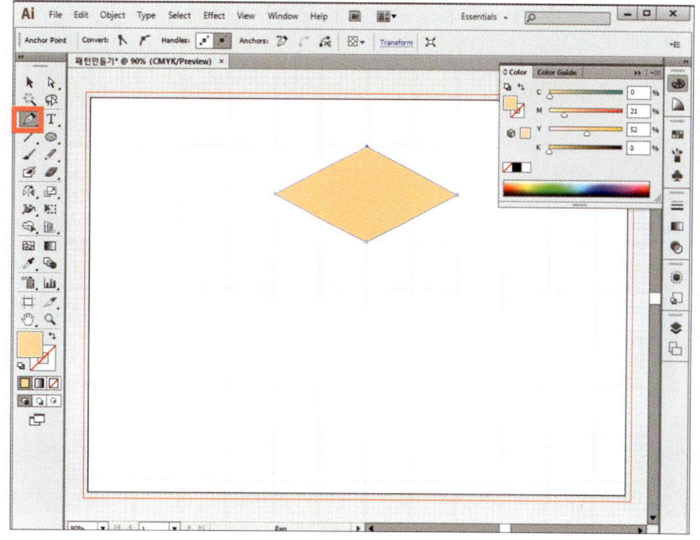

03 Selection Tool로 오브젝트의 바깥쪽을 클릭하여 패스를 해제 후 Pen Tool(펜 도구)로 ❶-왼쪽 측면을 그린 후 Fill 색상은 C:0% M:36% Y:52% K:31%, Stroke:None으로 지정합니다. Selection Tool로 오브젝트의 바깥쪽을 클릭하여 패스를 해제 후 Pen Tool로 ❷-오른쪽 측면을 그린 후 Fill 색상은 C:0% M:36% Y:52% K:67%, Stroke:None으로 지정합니다.

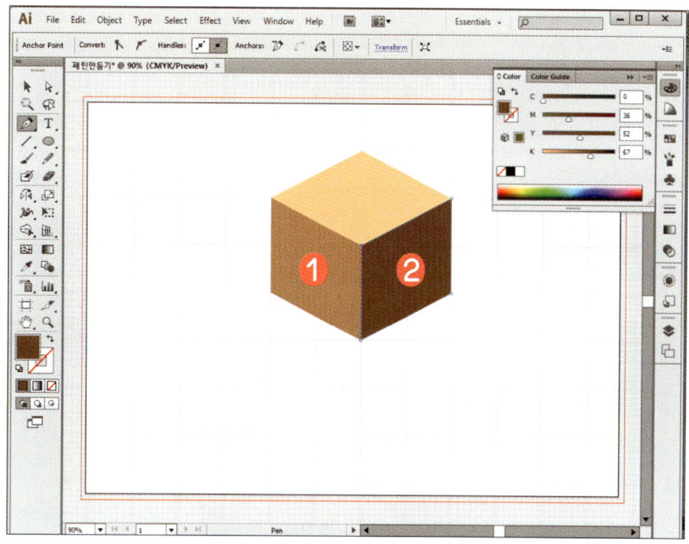

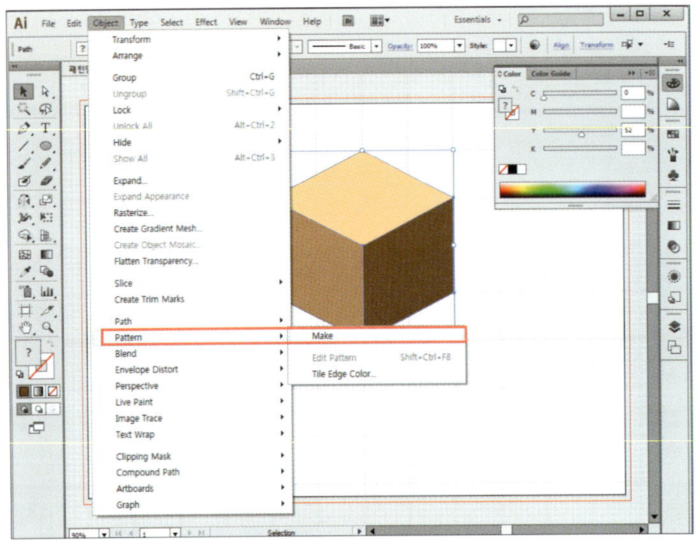

04 [Object]-[Pattern]-[Make]를 클릭합니다.

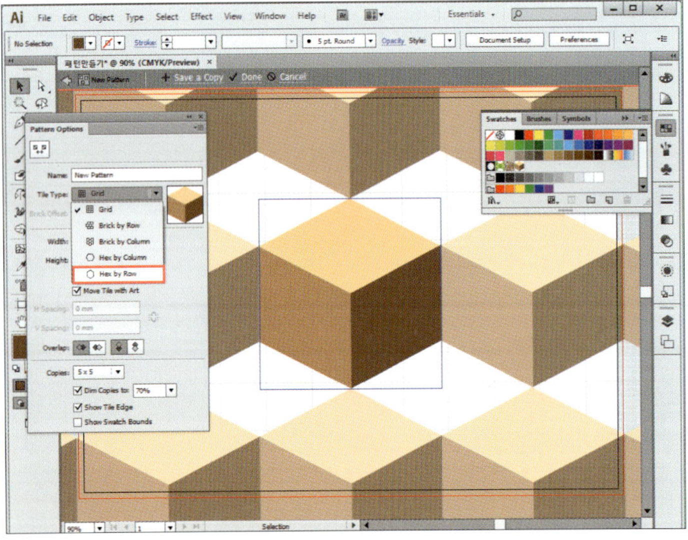

05 [Pattern Option] 패널이 열리면 Tile Type:Hex by Row를 클릭합니다.

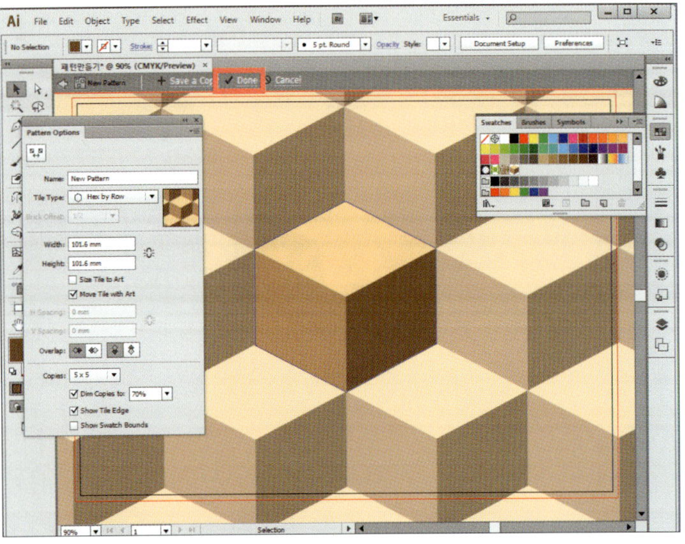

06 문서탭 제목 아래쪽에 New Pattern 편집 모드 탭에서 Done(적용)을 클릭합니다.

07 패턴으로 등록된 오브젝트는 Selection Tool(선택 도구)로 드래그하여 전체를 선택 후 Delete 로 삭제합니다. Ellipse Tool(원형 도구)을 클릭 후 단축키 Shift 키를 누르고 드래그하여 정원을 그립니다. 원형 오브젝트에 선택된 상태에서 Swatch(스와치:색상 등록) 패널에서 등록된 패턴을 클릭하여 원 도형에 적용합니다.

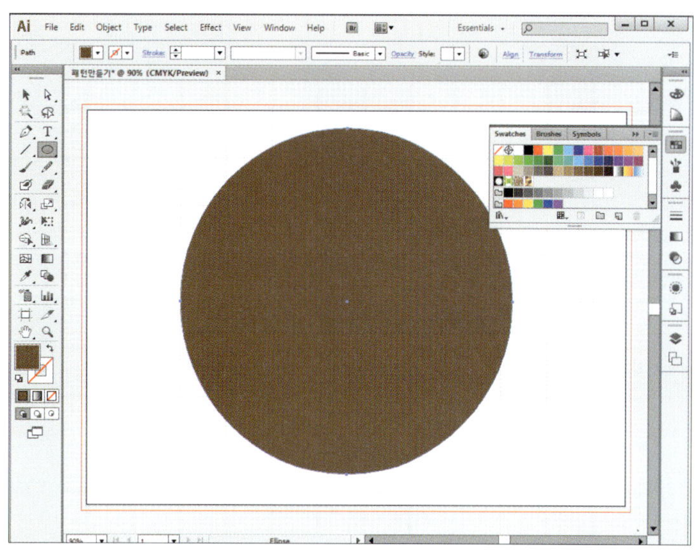

08 원형 오브젝트가 선택된 상태에서 [Swatch] 패널에 등록한 패턴 'New Pattern'을 클릭합니다.

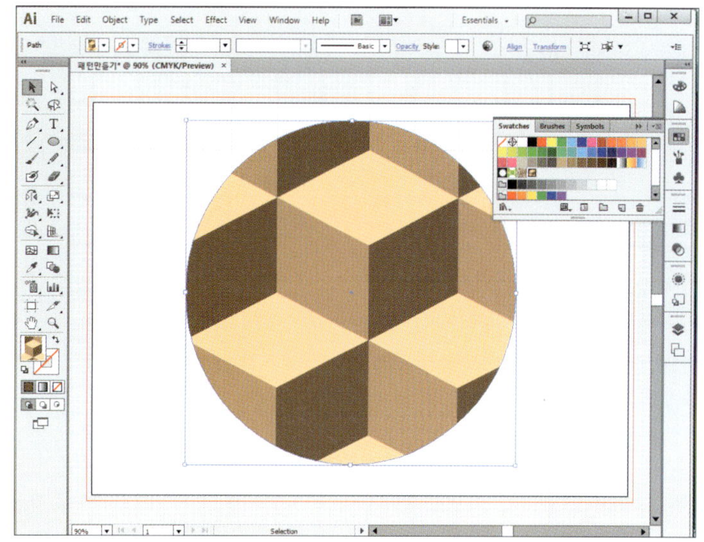

09 Scale Tool(크기 조절 도구)을 두 번 더블 클릭하여 Scale(크기조절) 대화상자를 열어 줍니다. Scale-Uniform:40%, Options-Transform Objects을 체크 해제 후 Transform Patterns를 체크하고 Preview(미리보기)로 확인 후 OK 을 클릭하여 완성합니다.

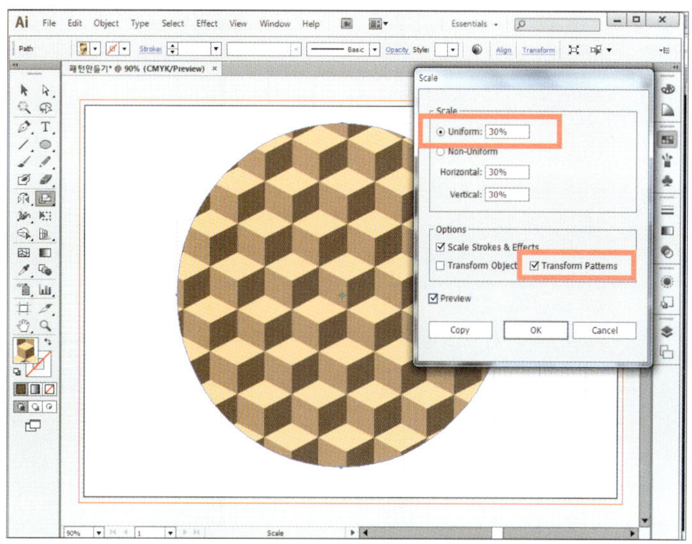

[Pattern Options:패턴 옵션] 패널 알아보기

패턴 등록 메뉴는 [Object]–[Pattern]–[Make]로 등록하여 [Pattern Options] 패널에서 다양한 패턴 유형으로 적용할 수 있습니다.

❶ Pattern Tile Tool : 패턴 타일 도구입니다. 클릭하면 패턴 타일이 선택됩니다.

❷ Name : 패턴 이름을 지정합니다.

❸ Tile Types : 타일의 배치 방식을 선택합니다.

Grid(격자) : 각 타일의 가운데가 인접 타일의 가운데에 따라 가로 및 세로로 맞춰집니다.

Brick by Row(행으로 벽돌형) : 타일은 사각형 모양이며 행에서 정렬됩니다. 행에서 타일의 가운데는 가로로 맞춰집니다. 대체 열에서 타일의 가운데는 세로로 맞춰집니다.

Brick by Column(열로 벽돌형) : 타일은 사각형 모양이며 열에서 정렬됩니다. 열에서 타일의 가운데는 세로로 맞춰집니다. 대체 열에서 타일의 가운데는 가로로 맞춰집니다.

Hex By Column(열로 육각형) : 타일은 육각형 모양이며 열에서 정렬됩니다. 열에서 타일의 가운데는 세로로 맞춰집니다. 대체 열에서 타일의 가운데는 가로로 맞춰집니다.

Hex by Row(행으로 육각형) : 타일은 육각형 모양이며 행에서 정렬됩니다. 행에서 타일의 가운데는 가로로 맞춰집니다. 대체 행에서 타일의 가운데는 세로로 맞춰집니다.

❹ Brick offset(벽돌 오프셋)

■ 적용 대상

Brick by Row(행으로 벽돌형)–인접 행에서 수직 맞춤에서 벗어난 타일의 가운데 너비의 정도를 확인합니다.

Brick by Column(열로 벽돌형)–인접 열에서 수평 맞춤에서 벗어난 타일의 가운데 높이의 정도를 확인합니다.

❺ Width, Height(너비, 높이) : 타일의 전체 높이 및 너비를 지정합니다.

❻ Scale Tile to Art(아트에 타일 크기 조정) : 이 옵션을 선택하면 타일의 크기를 패턴을 만드는 데 사용 중인 아트웍 크기에 맞도록 축소할 수 있습니다.

❼ Move Tile with Art(아트와 함께 타일 이동) : 이 옵션을 선택하면 아트웍 이동 시 타일도 함께 이동합니다.

❽ H Spacing(가로 간격), V spacing(세로 간격) : 인접 타일 사이에 공간을 배치합니다.

❾ Overlap : 인접 타일이 겹칠 때 어느 타일이 전면에 나타나는지 결정합니다.

❿ Copies(사본) : 패턴을 수정하는 동안 몇 개의 타일 행과 열이 표시되는지 결정합니다.

⓫ Dim Copies to(사본을 흐릿하게) : 패턴을 수정하는 동안 미리 표시되는 아트웍 타일 사본의 불투명도를 결정합니다.

⓬ Show Tile Edge(타일 가장자리 표시) : 타일 주위에 상자를 표시합니다.

⓭ Show Swatch Bounds(견본 테두리 표시) : 패턴을 만들 때 반복되는 패턴의 단위 부분을 표시합니다.

〈Pattern Options 옵션 상자〉

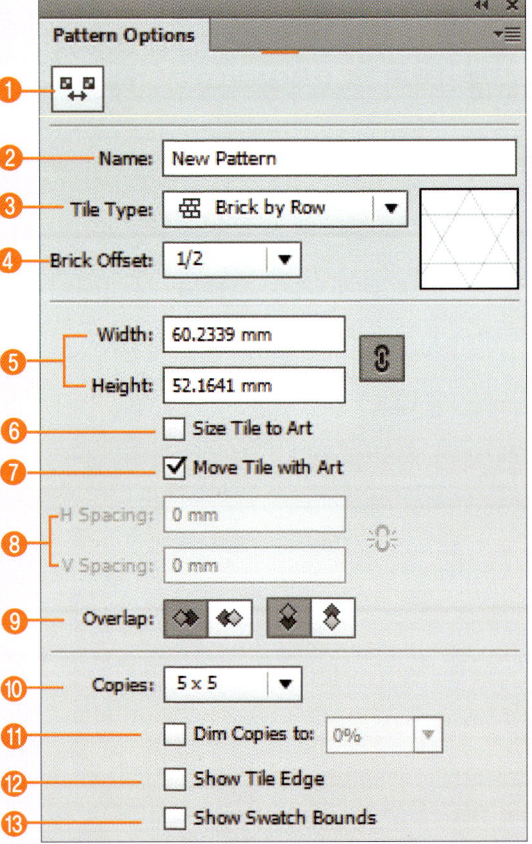

[Scale Tool:크기 조절 도구] 옵션 상자 알아보기

■ Scale

❶ Uniform : 가로, 세로 크기를 같은 비율로 지정해 줍니다.

❷ Non-uniform : 가로, 세로 비율을 다르게 지정해 줍니다.

■ Options

❸ Scale Strokes & Effects : Stroke(선) 굵기와 Effect(필터 효과)를 함께 확대, 축소합니다.

❹ Transform Objects : 오브젝트 크기를 변형해 줍니다.
Transform Patterns : 패턴의 크기를 변형해 줍니다.

❺ Preview(미리보기) : Scale(크기 조절) 옵션이 지정된 작업을 완료하기전에 미리보기를 볼 수 있습니다.

❻ Copy : 설정된 값으로 복사본을 만듭니다.

❼ OK : 설정된 값으로 변형합니다.

❽ Cancel : 지정된 값을 모두 취소합니다.

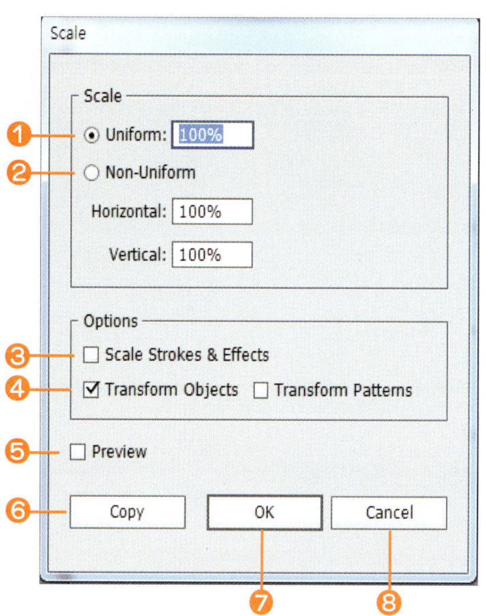

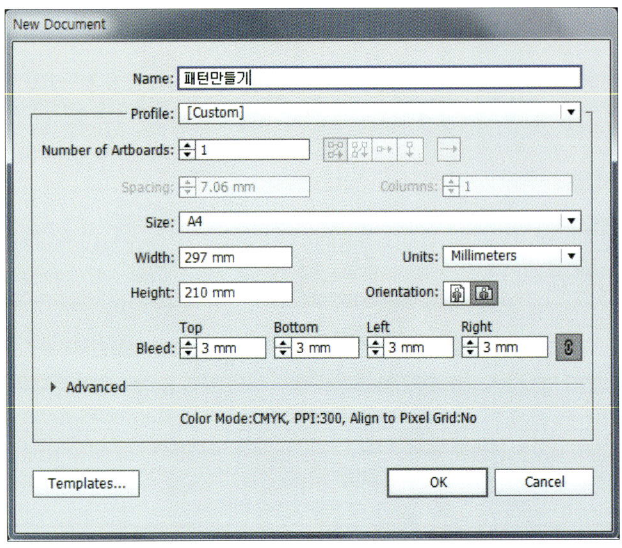

01 Ctrl + N 을 눌러 New Document (새 문서) 대화상자를 엽니다. Name : 패턴 만들기2, Number of Artboards:1, Size: A4, Orientation(문서 방향:Landscape(가로 방향), Bleed(도련)는 각각 3mm를 지정 후 OK 버튼을 클릭합니다.

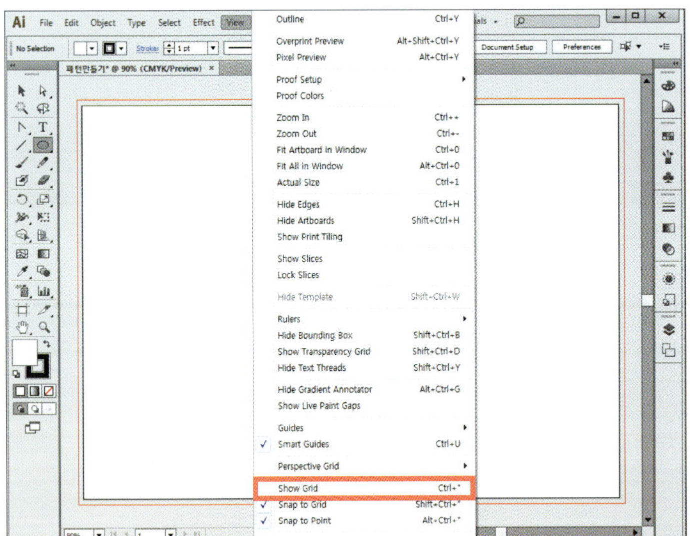

02 [View:보기]−[Show Grid:그리드 보이기]와 [Snap to Grid:그리드에 물리기]를 클릭합니다.

TIP

[Snap to Grid]는 자석처럼 그리드에 물려서 작업됨으로써 그리드에 맞춰 정확한 작업을 할 때 사용합니다.

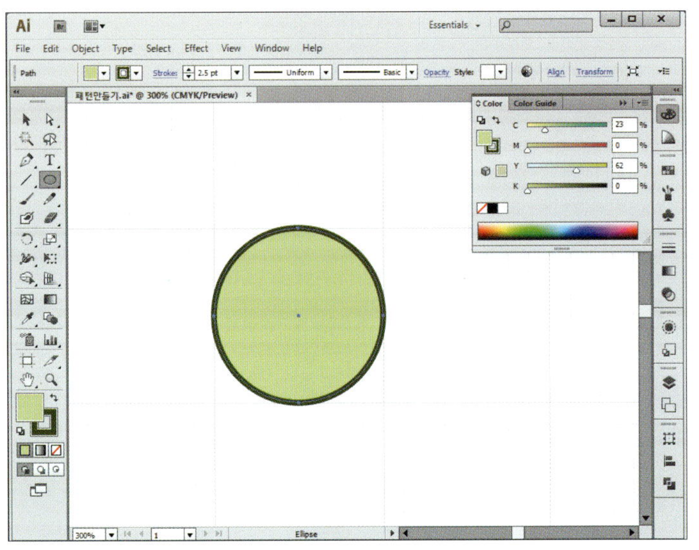

03 Ellipse Tool(타원형 도구)을 클릭 후 굵은 선의 그리드 사각형에 맞춰 단축키 Shift + Alt 를 누르고 그리드 가운데 중심점에서 정원을 그립니다.

04 Scale Tool(크기조절 도구)을 두 번 더블 클릭하여 Scale 옵션 상자를 열어 줍니다. Scale에서 Uniform : 83%, Scale Strokes & Effects을 체크 해제 후 **Copy** 버튼을 클릭합니다.

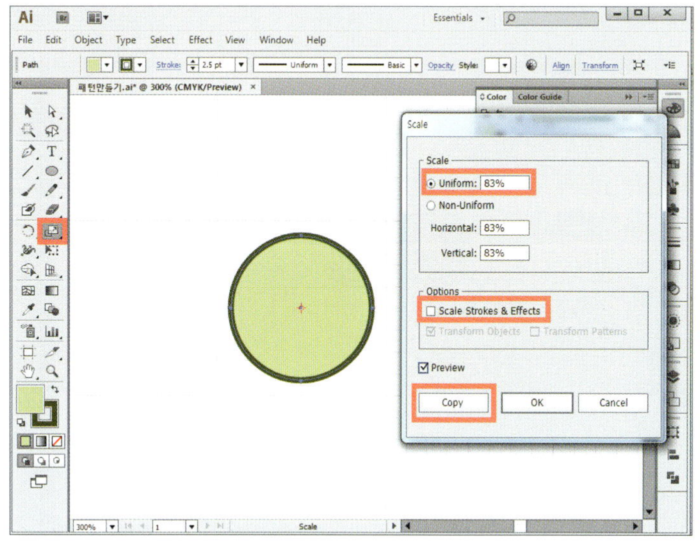

05 이와같은 방법으로 축소 복사할 원을 3개 더 그립니다. Scale 옵션에서 각 각 Uniform을 79%, 74%, 63%로 입력 후 **Copy** 버튼을 클릭합니다.

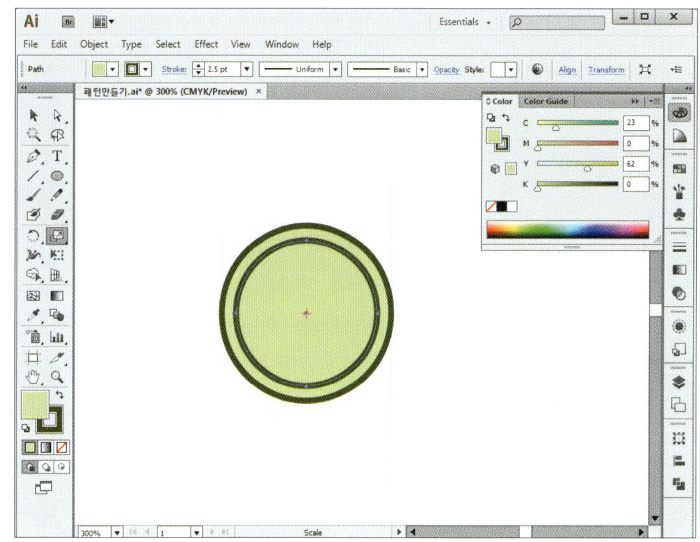

06 네 개의 정원이 복사가 완료된 후 오브젝트를 전부 선택하고 **Ctrl** + **G** 를 눌러 그룹으로 만듭니다.

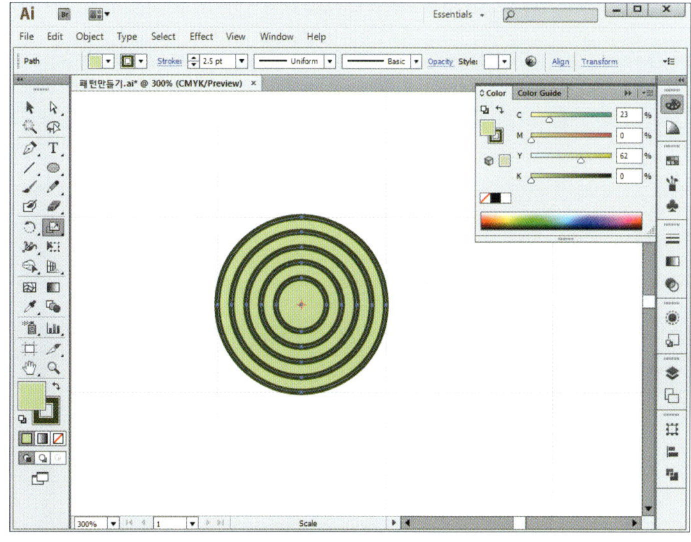

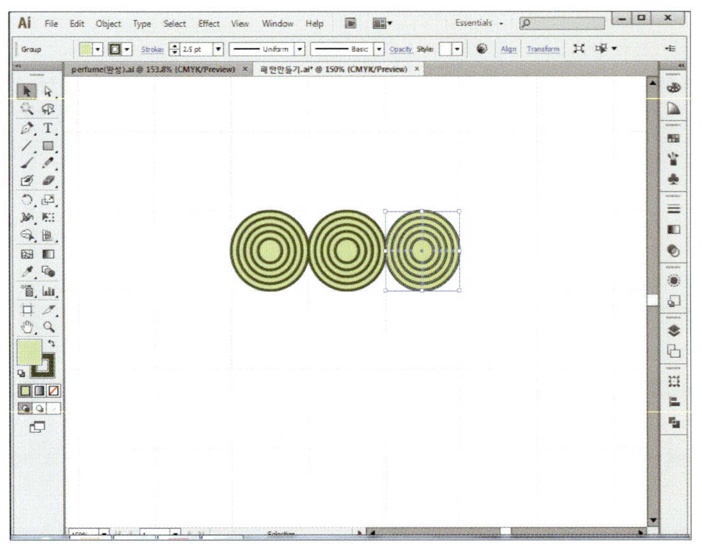

07 [Ctrl] + [−] 를 눌러 화면을 축소한 뒤 Selection Tool(선택 도구)로 오브젝트를 클릭 후 단축키 [Alt]를 눌러 그리드에 맞춰 두 개 더 복사합니다.

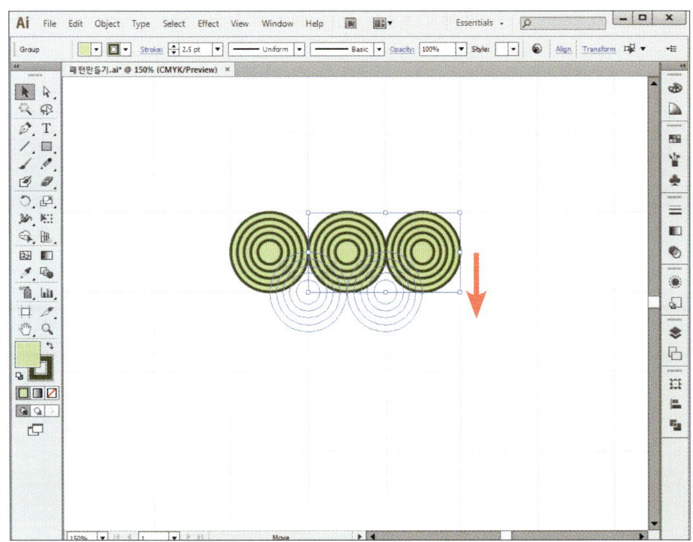

08 Selection Tool(선택 도구)로 두 개의 오브젝트들을 선택 후 단축키 [Alt]를 눌러 아래쪽으로 복사합니다.

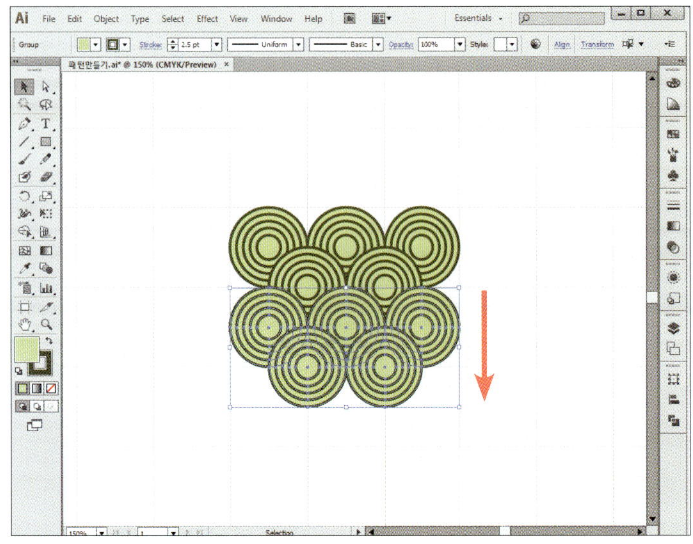

09 다섯개의 오브젝트를 드래그하여 전부 선택 후 단축키 [Alt]를 눌러 아래쪽으로 복사합니다.

10 세 번째 줄 오브젝트 3개를 선택 후 단축키 Alt 를 눌러 드래그하여 맨 아래쪽으로 복사합니다.

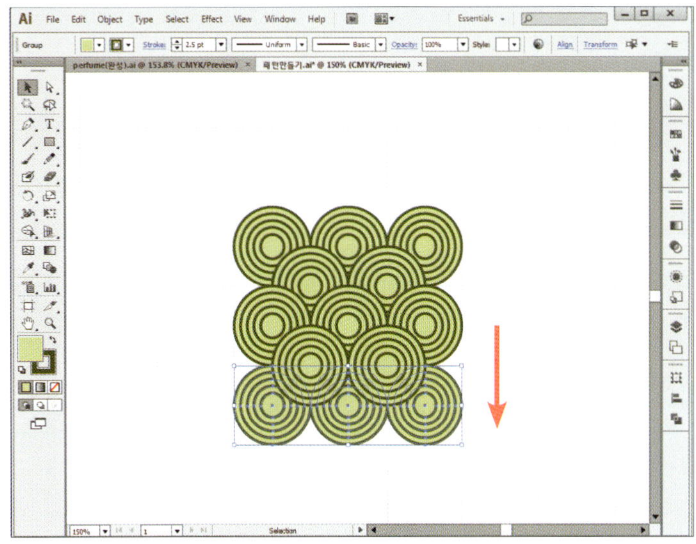

11 Selection Tool(선택 도구)로 각 오브젝트를 클릭하여 마우스 오른쪽 버튼을 눌렀을 때 나타나는 메뉴 중 [Arrange]-[Bring toFront:맨 앞으로 가져오기]를 클릭하여 각 오브젝트의 순서를 교체합니다.

12 Ctrl + R 을 눌러 Ruler(눈금자)을 연 뒤, 눈금자에서 마우스로 드래그하여 네 개의 가로와 세로의 가이드 선을 생성해 줍니다.

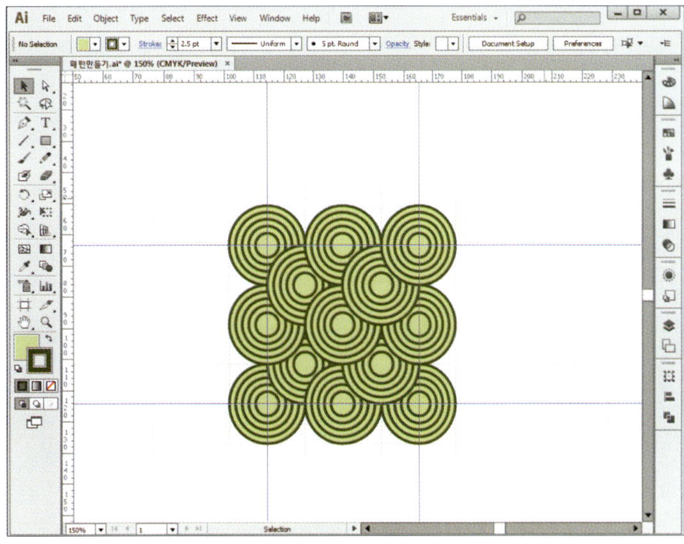

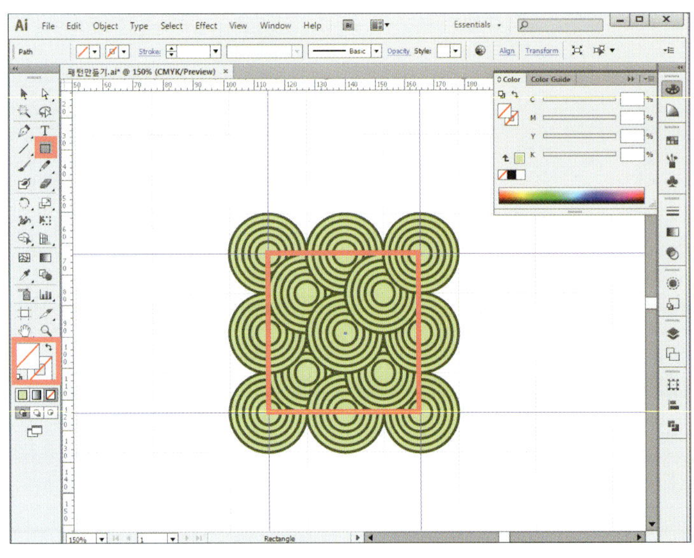

13 Rectangle Tool(사각형 도구)을 클릭 후 Fill과 Stroke은 None(▧)으로 지정하고 중앙의 사각형 모양의 가이드 위에서 드래그하여 사각형을 그립니다. 사각형을 선택한 상태에서 단축키 Shift + Ctrl + [를 눌러 순서(Arrange)를 맨 뒤로 보냅니다.

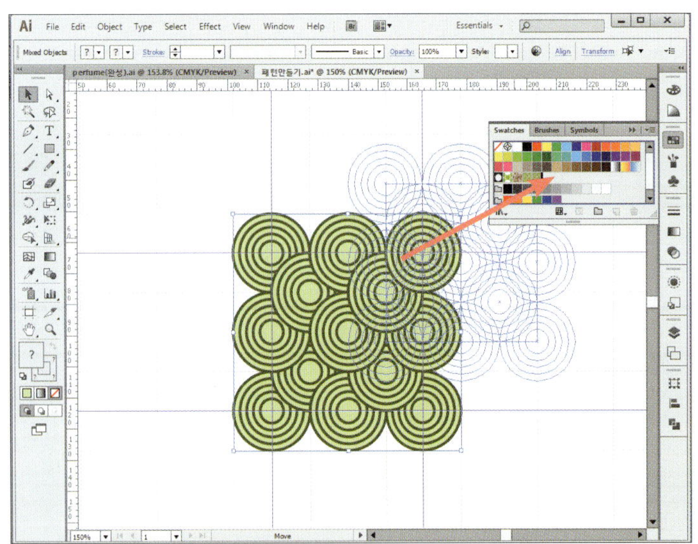

14 Selection Tool(선택 도구)로 드래그하여 오브젝트 모두를 선택 후 [Swatch] 패널로 드래그하여 패턴으로 등록합니다.

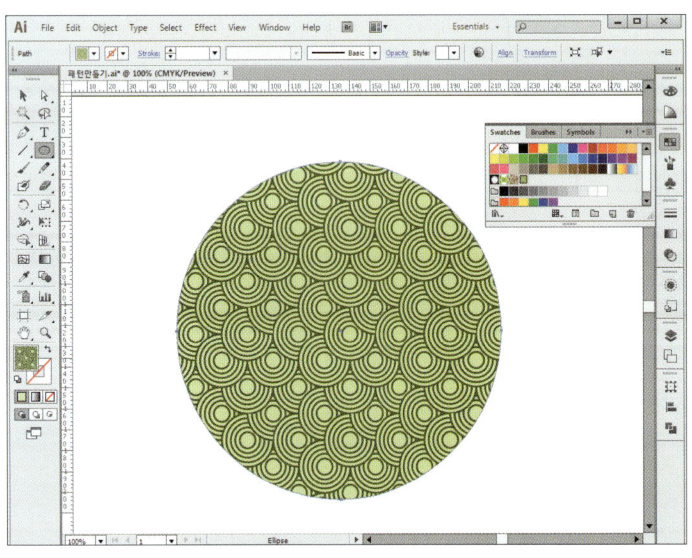

15 Artboard(아트보드)에 그려진 패턴 오브젝트들은 Selection Tool(선택 도구)로 선택 후 Delete를 눌러 제거합니다. 단축키 Ctrl + ; 를 눌러 Guides(가이드)를 안보이게 한 후 Ctrl + " 을 눌러 Grid(그리드)도 안보이게 합니다. Ellipse Tool(타원형 도구)을 클릭 후 아트보드위에서 단축키 Shift를 눌러 정원을 그립니다. 도구상자에서 Fill을 클릭 후 [Swatch] 패널에 등록된 패턴을 클릭하면 패턴 모양이 오브젝트안에 적용됩니다.

01 Ctrl + N 을 눌러 새 문서를 연 후 Name : 실습09-03, Number of Artboards:1, Size: A4, Orientation(문서방향):Portrait(세로 방향), Bleed(도련)는 각각 3mm를 지정 후 OK 버튼을 클릭합니다. 도구상자에서 Ellipse Tool(원형 도구)을 클릭 후 아트보드 중앙에 마우스를 올리고 Shift 키를 누르고 드래그하여 정원을 그립니다. Fill-C:73 Y:100, Stroke:검정색으로 지정해 줍니다.

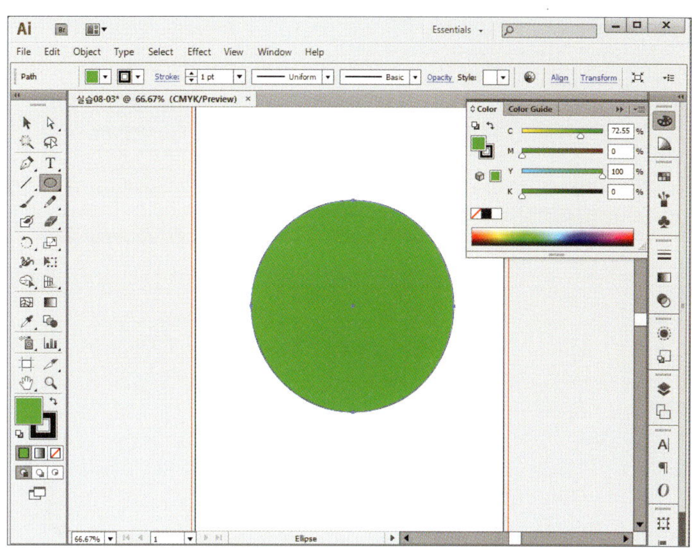

02 도구상자에서 Mesh Tool(메쉬 도구)로 상단에 클릭하면 오브젝트의 선은 없어지고 상단에 메시 도구에 의한 Mesh Point(메쉬 포인트)가 추가됩니다. 추가된 Mesh Point(메쉬 포인트)가 선택되었을 때 Fill-흰색으로 지정합니다.

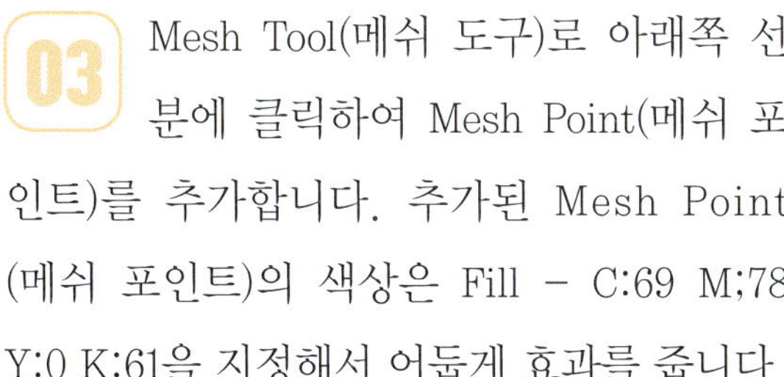
참고 Mesh Tool(메시 도구)을 활용할 경우 색상은 추가된 정점 기준으로 단일 색상을 지정하여 사용합니다. 자연스러운 그라데이션 색상을 표현할 때 사용합니다.

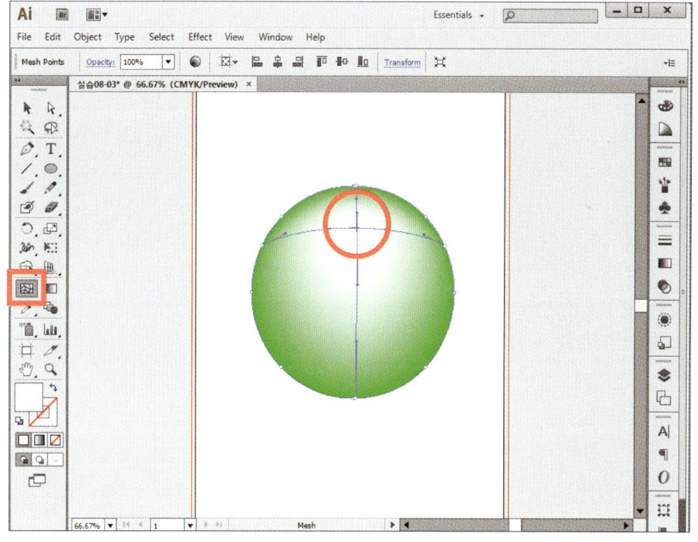

03 Mesh Tool(메쉬 도구)로 아래쪽 선 분에 클릭하여 Mesh Point(메쉬 포인트)를 추가합니다. 추가된 Mesh Point (메쉬 포인트)의 색상은 Fill – C:69 M;78 Y:0 K:61을 지정해서 어둡게 효과를 줍니다.

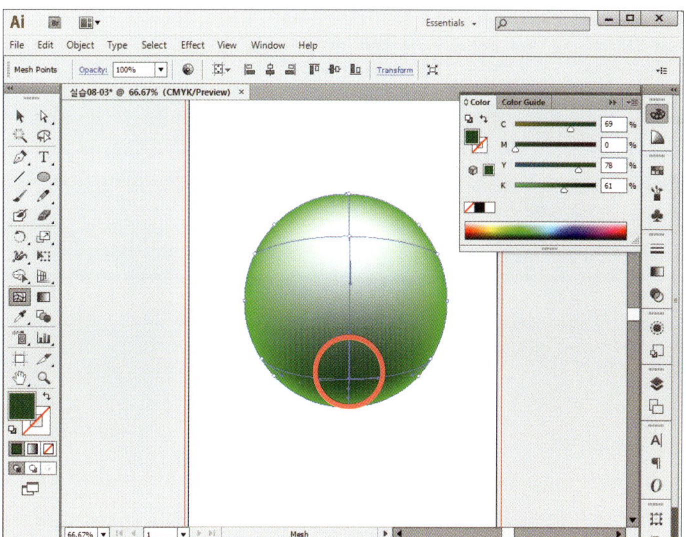

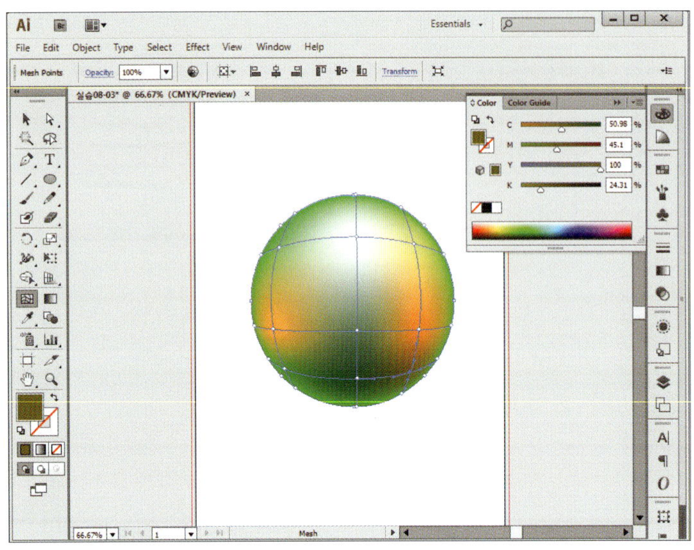

04 Mesh Tool(메쉬 도구)로 클릭하여 여러가지 색을 넣어 봅니다. 색상을 넣을 때는 유사한 색상을 넣으면서 색의 밝기를 조절하면서 넣어 줍니다.

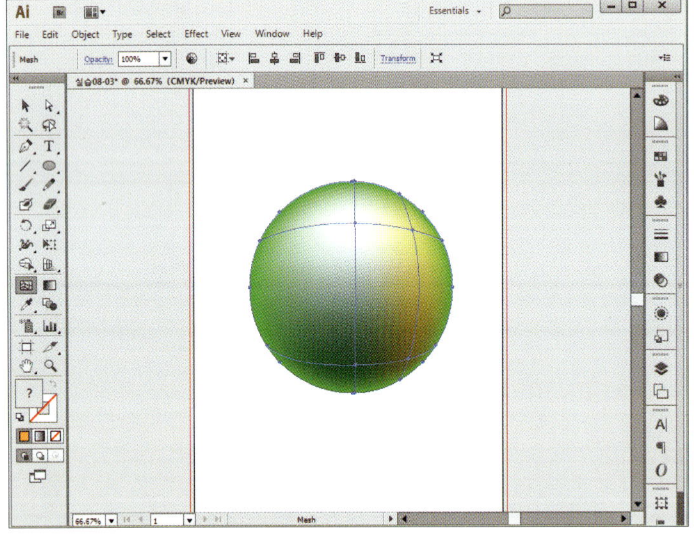

05 Mesh Tool(메쉬 도구)을 오브젝트에 적용할 경우 원하는 부분에 색을 넣을 수 있고 필요없는 부분은 Mesh Tool(메쉬 도구)로 클릭하여 Mesh Point(메쉬 포인트)를 클릭하여 선택 후 키보드에서 Delete 또는 ←(Backspace)를 눌러 삭제해 줍니다. 메쉬선이 제거되면서 색상도 같이 제거됩니다.

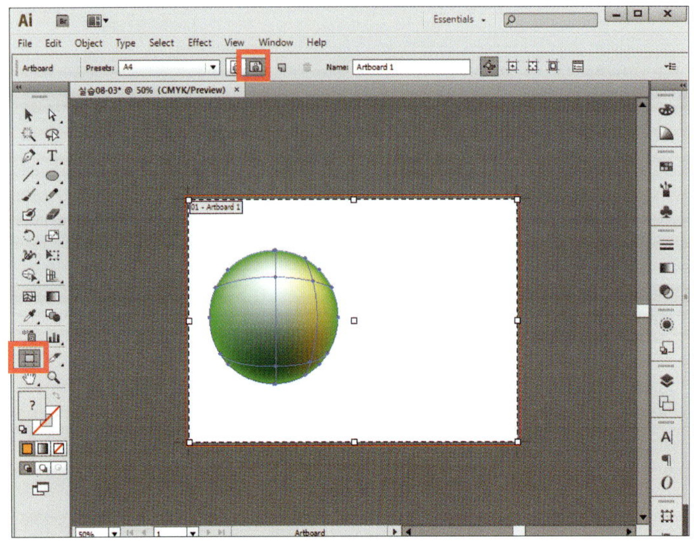

06 Artboard Tool(아트보드 도구)을 클릭하면 Controlbar(조절바)에서 Landscape(가로 방향)을 클릭하여 아트보드 방향을 바꿔 줍니다.

07 Ellipse Tool(타원형 도구)로 오른쪽에 Shift키를 누르고 정원을 그린 후 오브젝트 면 색상을 넣고 선택 후 [Object]-[Create Mesh Gradient]을 클릭하여 대화상자를 열어 줍니다. Rows(행):12, Columns(열):8, Appearance:To Cenetr(중앙 지점)을 지정하면 오브젝트 가운데를 중심으로 흰색의 하이라이트가 적용됩니다.

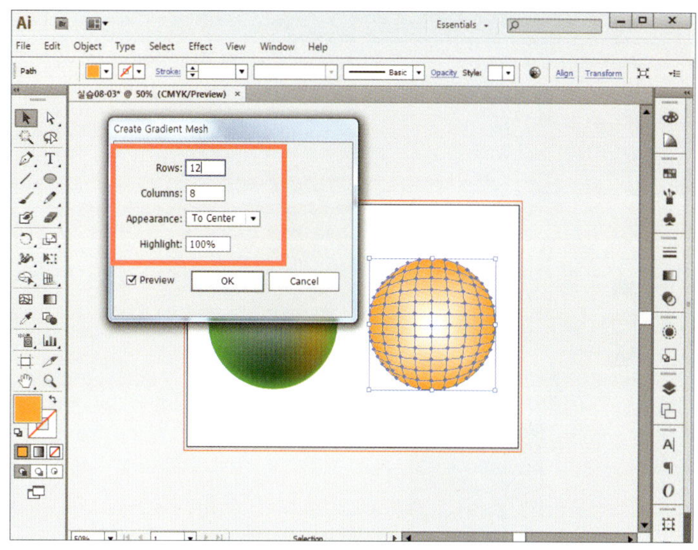

08 Lasso Tool(올가미 도구)로 드래그하여 왼쪽 가장자리를 선택합니다. Shift키를 누르면 Lasso Tool(올가미 도구)에서 '+' 표시가 나타나면서 오른쪽 가장자리 Anchor Point(정점)를 같이 선택해 줍니다.

> **Tip**
> 규칙적인 메시 라인을 생성하여 작업할 때는 [Create Gradient Mesh] 메뉴를 사용하면 편리합니다.

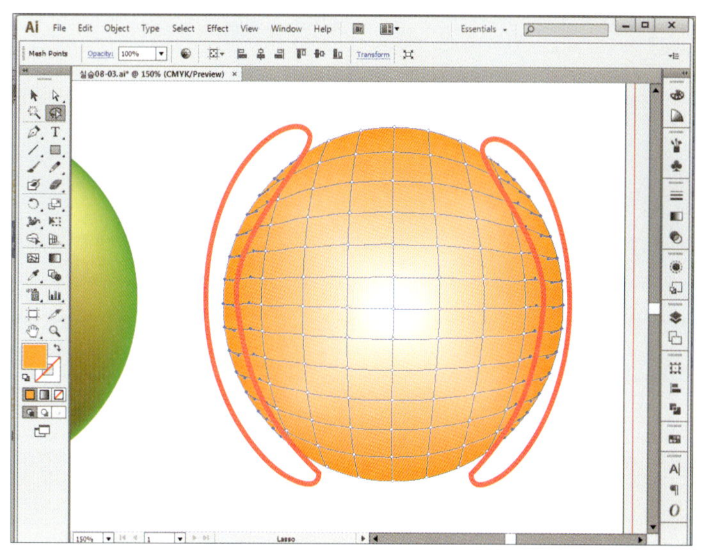

09 [Color] 패널의 Fill(칠)이 선택된 상태에서 색상을 진한 색으로 넣어줍니다. 안쪽도 Lasso Tool(올가미 도구)로 드래그하여 선택 후 색상을 바꿔 봅니다.

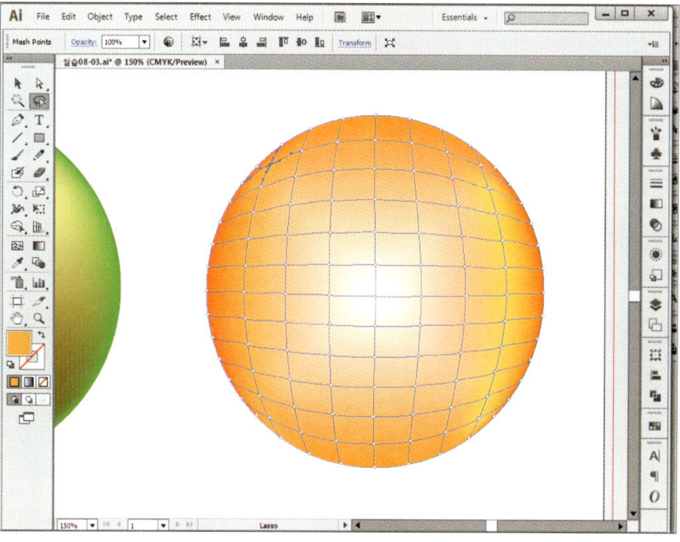

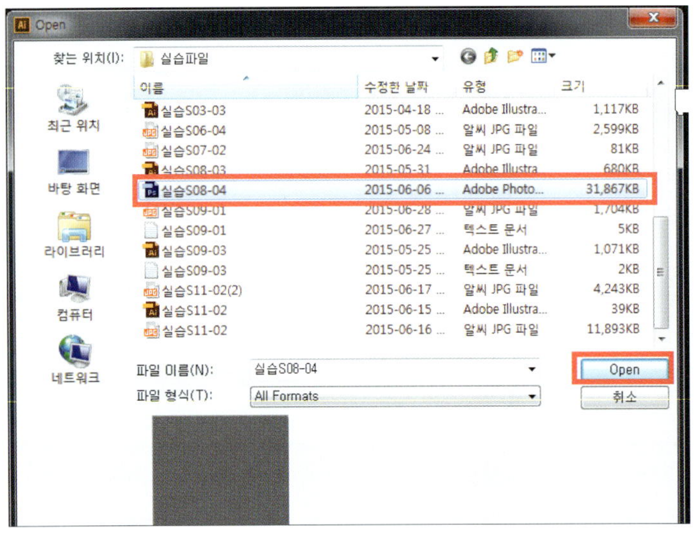

01 Ctrl + O키를 눌러 Open (열기) 상자에서 파일 '실습S08-04.psd' 파일을 클릭 후 [Open] 버튼을 클릭합니다.

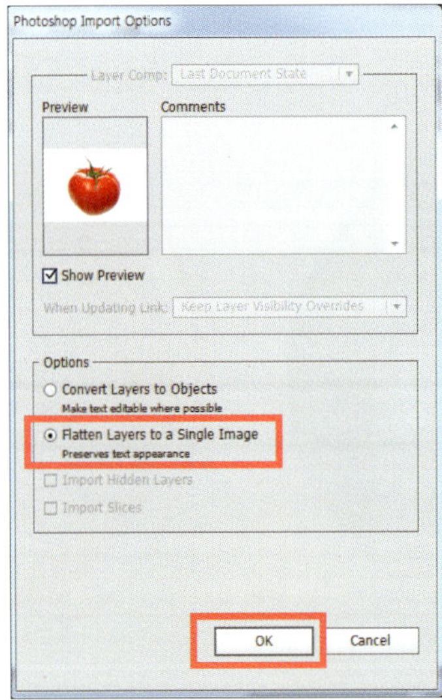

02 다음과 같이 Photoshop Import Options(포토샵 가져오기 옵션) 상자가 실행되어 나타나면 Options에서 Flatten Layers to a Single Image(레이어들을 하나의 이미지로 병합)을 체크 후 OK 버튼을 클릭합니다.

03 가져온 이미지 크기를 줄이기 위해 Scale Tool(크기조절 도구)을 두 번 더블 클릭하여 대화상자가 열리면 Uniform:50%을 입력 후 OK 버튼을 클릭합니다.

04 [Layer] 패널에서 'Layer1'를 두 번 더블 클릭하여 대화상자가 열리면 Name을 '밑그림'으로 바꿔준 다음, [Layer] 패널 메뉴 버튼을 클릭하여 Duplicate '밑그림'을 클릭합니다.

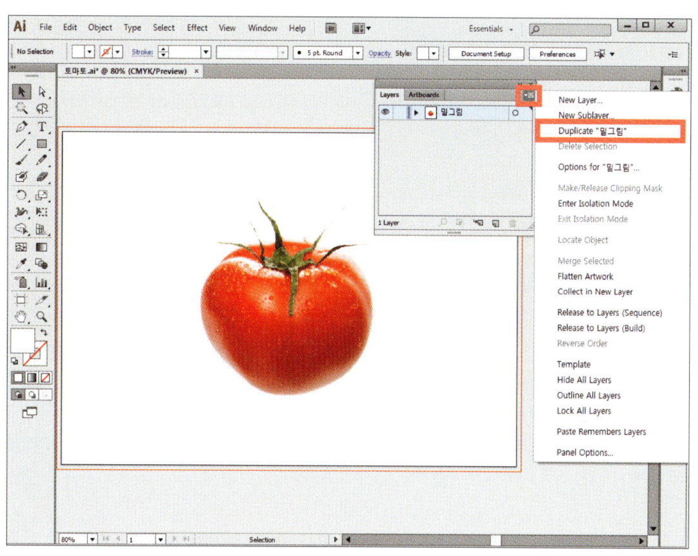

05 복사된 레이어를 두 번 더블 클릭하여 Layer Options 상자가 열리면 Name을 '샘플'로 바꿉니다. 샘플 레이어의 배경을 안보이게 하기 위해 Pencil Tool(연필 도구)로 토마토 이미지를 드래그하여 곡선을 그립니다. 토마토 이미지와 Pencil Tool로 그린 곡선을 Selection Tool로 둘 다 드래그하여 선택 후 [Object]-[Clipping Mask]-[Make]를 합니다.

06 '밑그림' 레이어의 이미지를 흐릿하게 만들기 위해 '밑그림' 레이어를 두 번 더블 클릭하여 Layer Options 대화상자가 열리면 Template를 체크한 후 OK 합니다.

07 [Layer] 패널 하단의 아이콘에서 ⬚을 클릭하여 새 레이어가 만들어지면 두 번 더블 클릭하여 Layer Options(레이어 옵션) 상자를 열어 Name을 '토마토메시'로 바꿔줍니다. Pen Tool(펜 도구)로 토마토 외곽선을 따라 모양을 그립니다. 토마토를 그린 오브젝트에 Fill-흰색을 넣습니다.

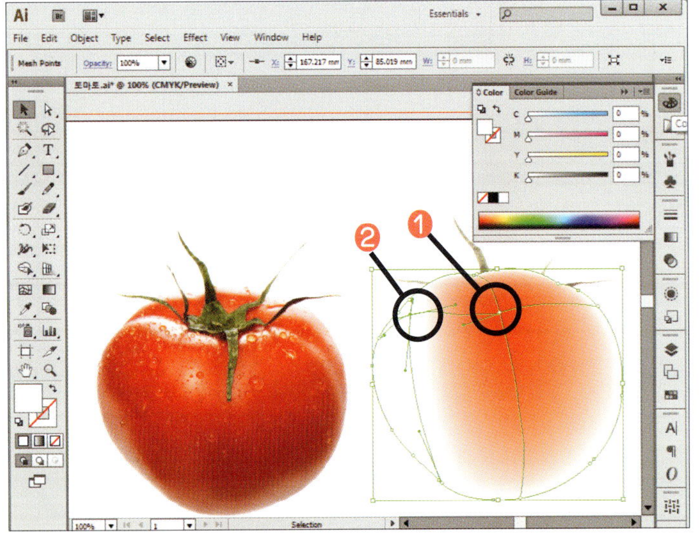

08 Mesh Tool(메쉬 도구)로 클릭하여 정점을 추가(❶) 후 Fill-M:93% Y:100% K:4%를 지정합니다. 왼쪽 상단에 Mesh Tool로 Mesh Point(메쉬 포인트)를 추가(❷) 한 뒤 색상은 흰색으로 지정합니다.

09 흰색을 넣었던 Mesh Point(메쉬 포인트) 위에 Mesh Tool로 마우스를 클릭하여 Mesh Point(메쉬 포인트)를 한 개 더 추가 한 뒤 Fill-C:0% M:100% Y:100% K:11%로 색상을 지정합니다. 지정한 색상은 [Swatch] 패널에 ⬚ (New Swatch:새 색상 등록)을 클릭하여 등록합니다.

10 재 사용할 색상은 [Swatch] 패널에 등록합니다. 등록하기전에 단일색상으로만 보이게 Show Swatch Kinds Menu 를 클릭하여 Show Color Swatches를 클릭합니다. Swatch 목록이 단일 색상 목록으로 바뀌면 하단 버튼 （New Swatch:새 색상 등록)을 눌러 색상을 등록합니다.

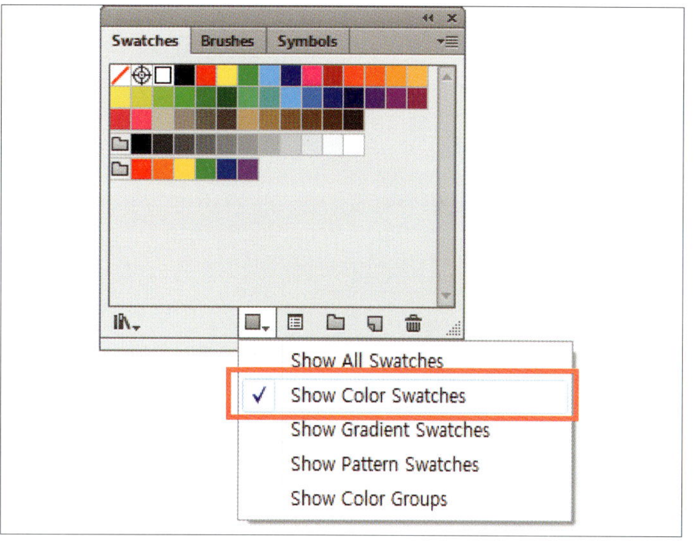

11 색상을 수정할 Mesh Point(메쉬 포인트)가 선택된 상태에서 선택영역을 Ctrl + H 를 눌러 패스 영역을 안보이게 설정 한 후 색상을 밝게 조절합니다. 색상은 Fill-C:0% M:16% Y:14% K:6%로 지정합니다. 현재 색상을 [Swatch] 패널로 등록합니다.

12 Selection Tool(선택 도구)로 하트 오브젝트의 일부분을 드래그하면 오브젝트 전체가 선택됩니다. Mesh Tool(메쉬 도구)로 클릭하여 메시 정점을 추가(❶번)하여 [Swatch] 패널의 목록 중 **09** 번 작업에서 등록했던 색상(C:0% M:100% Y:100% K:11%)을 클릭합니다. 기존 Mesh Point (메쉬 포인트)의 ❷번 색상은 ❶번 색상에 맞춰 C:0% M:100% Y:100% K:11%으로 수정합니다.

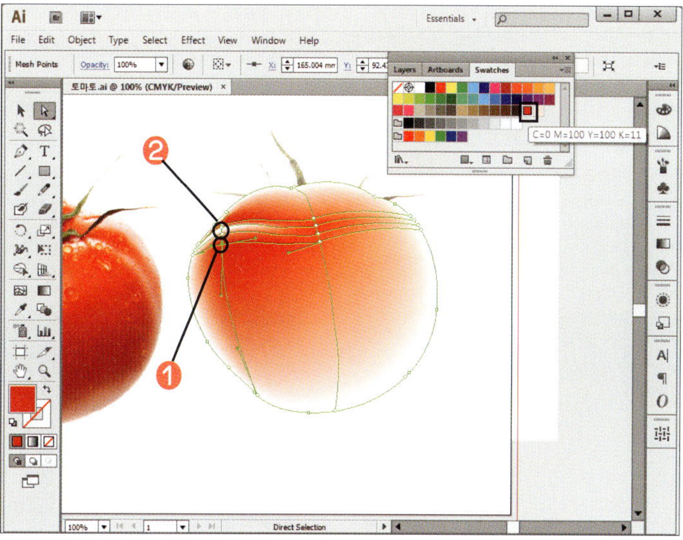

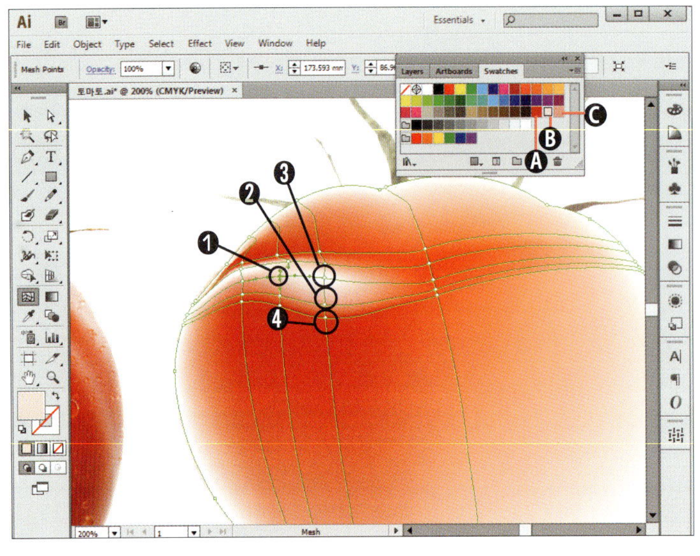

13 Mesh Tool(메쉬 도구)로 Mesh Point(메쉬 포인트)를 추가(❶번) 한 뒤 색상은 [Swatch] 패널에서 11 번에서 등록한 ❸(Fill-C:0% M:16% Y:14% K:6%)로 색상을 지정합니다. ❷번 Mesh Point(메쉬 포인트)을 추가 후 09 번에서 [Swatch] 패널에 등록한 ❻색상(C:0% M:100% Y:100% K:11%)을 [Swatch] 목록에서 클릭하여 적용합니다. ❸번은 흰색, ❹번 색상은 [Swatch] 패널에 등록한 ❶(Fill-C:0% M:100% Y:100% K:11%)를 클릭합니다.

14 ❶-흰색을 넣은 후 Mesh Tool(메시 도구)로 윗쪽으로 이동합니다. ❷ -Lasso Tool(올가미 도구)로 드래그하여 Mesh Point(메쉬 포인트)를 여러 개 선택 후 [Swatch] 패널에서 ❶를 클릭합니다.

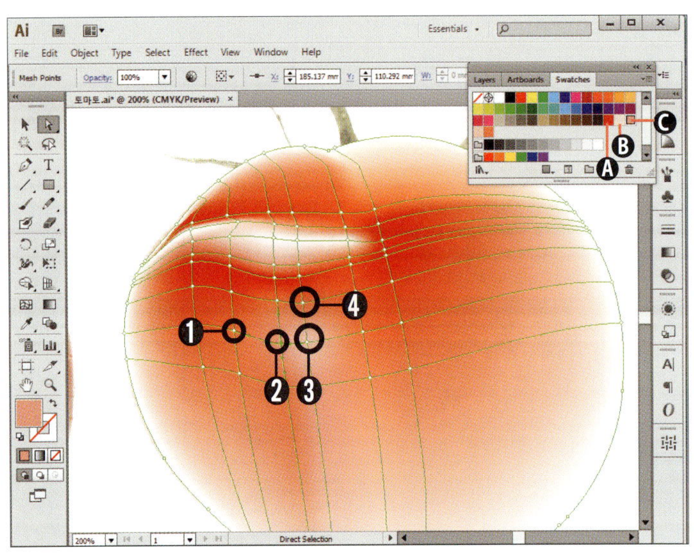

15 Mesh Tool(메쉬 도구)로 Mesh Point(메쉬 포인트)를 추가하고 (❶번) [Swatch] 패널에서 ❸(Fill-C:0% M:16% Y:14% K:6%)를 클릭하여 색상을 적용합니다. ❷번 메시 정점을 추가 후 ❻색상 (C:0% M:100% Y:100% K:11%)을 [Swatch] 목록에서 클릭하여 색상을 적용합니다. ❸ 번은 흰색, ❹번 색상은 [Swatch] 패널의 ❶(Fill-C:0% M:100% Y:100% K:11%)를 클릭합니다.

16 Lasso Tool(올가미 도구)로 드래그하여 정점을 선택 후 [Swatch] 패널 목록의 색상(C:0% M:100% Y:100% K:11%)을 클릭합니다. Mesh Tool(메쉬 도구)로 Mesh Point(메쉬 포인트) 위치를 약간씩 모양에 맞춰 이동합니다.

17 Lasso Tool(올가미 도구)로 드래그하여 Mesh Point(메쉬 포인트)를 선택 후 [Swatch] 패널 목록의 색상(C:0% M:50% Y:42% K:6%)을 클릭합니다.

18 Mesh Tool(메시 도구)로 왼쪽 이미지처럼 검정색 원형 위치에 Mesh Point(메쉬 포인트)를 클릭하여 추가합니다.

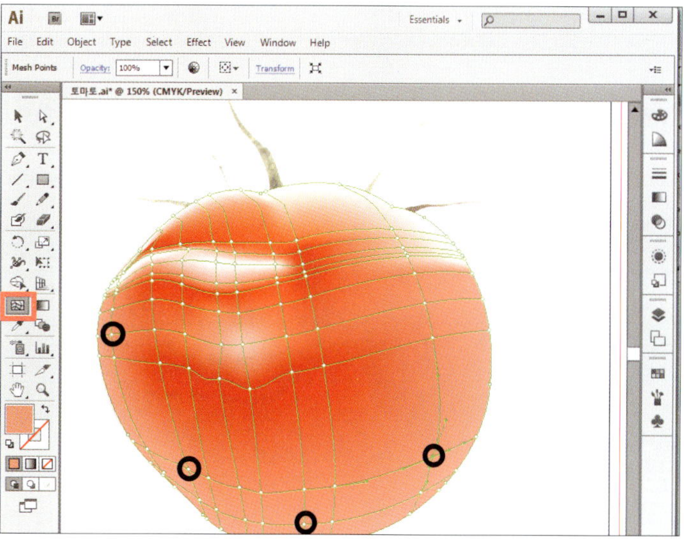

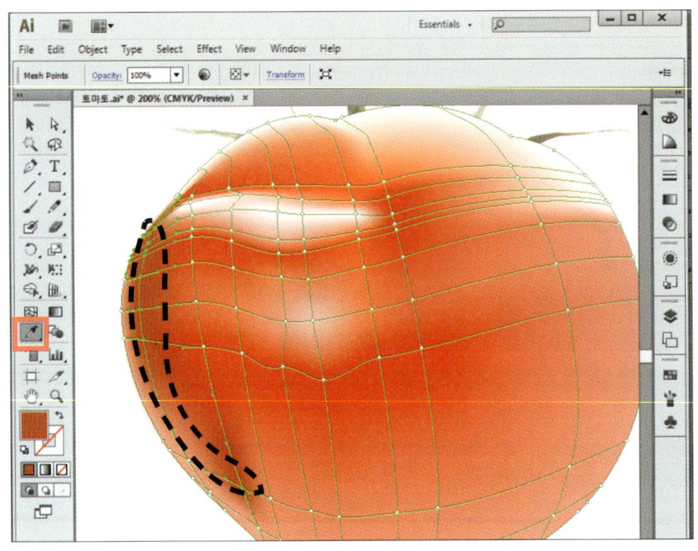

19 Lasso Tool(올가미 도구)로 드래그하여 왼쪽 가장자리 Mesh Point(메쉬 포인트)를 선택 후 Eyedropper Tool(스포이드 도구)로 실사 이미지의 같은 위치를 클릭하여 색상(C:18% M:90% Y:99% K:7%)을 넣어줍니다. 적용된 색상은 [Swatch] 패널에서 ▣ (New Swatch:새 색상 등록)을 클릭하여 등록합니다.

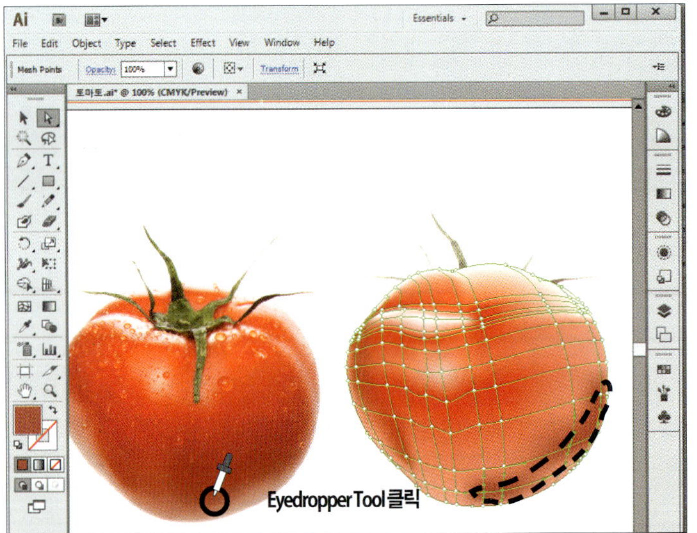

20 Lasso Tool(올가미 도구)로 오른쪽 아래 가장자리를 드래그하여 선택 후 Eyedropper Tool로 실사 이미지 오른쪽 아래 하단을 클릭합니다. 적용된 색상은 [Swatch] 패널에 등록합니다.

21 Lasso Tool(올가미 도구)로 화면과 같이 드래그하여 선택한 다음 Eyedropper Tool(스포이드 도구)로 왼쪽 실사 이미지에서 같은 위치를 클릭합니다. 이와같은 방법으로 토마토를 완성합니다.

22 Pen Tool(펜 도구)로 오른쪽 가장자리 하이라이트를 그린 후 Mesh Point(메쉬 포인트)를 추가하고 Eyedropper Tool(스포이드 도구)로 왼쪽 실사 이미지의 같은 위치의 색상을 클릭합니다. 가장자리를 부드럽게 처리하기 위해 [Effect]-[Blur]-[Gaussain Blur:가우샨 블러]를 클릭합니다.

23 Pen Tool(펜 도구)로 줄기를 그린 뒤 Fill(칠) 색상을 C:49% M:34% Y:100% K:11%를 넣어 줍니다.

24 실사 이미지 위에서 Pen Tool(펜 도구)로 ❶을 그린 후 면 색상(Fill Color)을 C:41% M:36% Y:97% K:9%를 넣어 준 뒤 Mesh Tool(메쉬 도구)로 색상을 넣어 완료한 후 실사 이미지의 잎사귀 한 부분(❷)을 그립니다. Selection Tool(선택 도구)로 ❷를 ❶위에 이동하여 겹칩니다.

25 Selection Tool(선택 도구)로 둘 다 선택한 후 Ctrl + 7 을 눌러 마스크를 적용합니다.

26 잎사귀 아래쪽 모양을 Pen Tool (펜 도구)로 그대로 그린 후 Mesh Tool로 Mesh Point(메쉬 포인트)를 추가하여 색상을 넣어 줍니다.

27 Pen Tool(펜 도구)로 외곽선을 대략 그린 후 Mesh Tool로 중간 부분에 클릭하여 Mesh Point(메쉬 포인트)를 추가한 후 실사 이미지 같은 위치를 Eyedropper Tool로 클릭합니다. 윗쪽에는 Pen Tool로 원래 형태의 이미지를 자세하게 그린 오브젝트를 올립니다. Ctrl + 7 을 눌러 마스크를 적용한 후 메시 정점을 추가하여 색상을 넣어줍니다.

28 줄기 가운데 오브젝트를 그린 다음 Eyedropper Tool(스포이드 도구)로 해당 줄기 이미지를 클릭하여 그려진 오브젝트에 색상을 넣어 줍니다.

29 꼭지 부분이 완성되면서 조합시킨 후 Ctrl + G 로 그룹으로 지정해 줍니다.

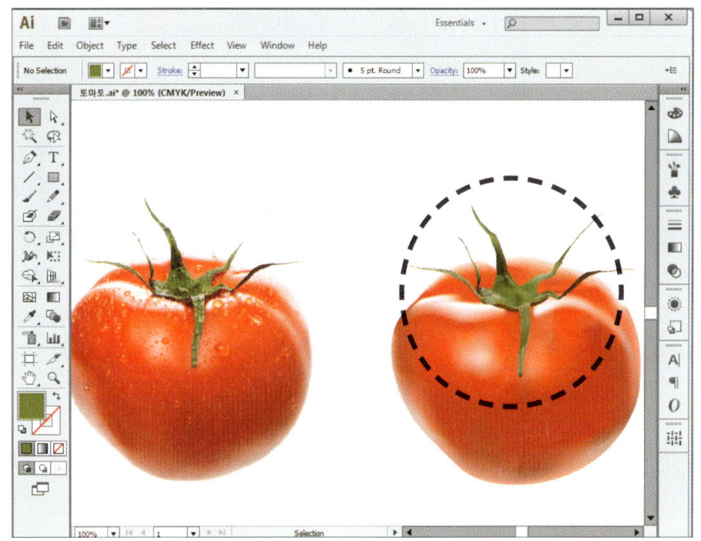

30 물방울을 만들어 보겠습니다. Ellipse Tool(원형 도구)로 밑그림에 맞춰 타원을 그린 후 Selection Tool(선택 도구)의 Bounding Box(바운딩 박스)로 왼쪽 방향으로 드래그하여 회전합니다. Mesh Tool(메쉬도구)로 양쪽을 클릭하여 추가 된 Mesh Point(메쉬 포인트)가 생성되면 진한 주황색(Fill-C:9 M:96 Y:100 K:2)으로 지정합니다.

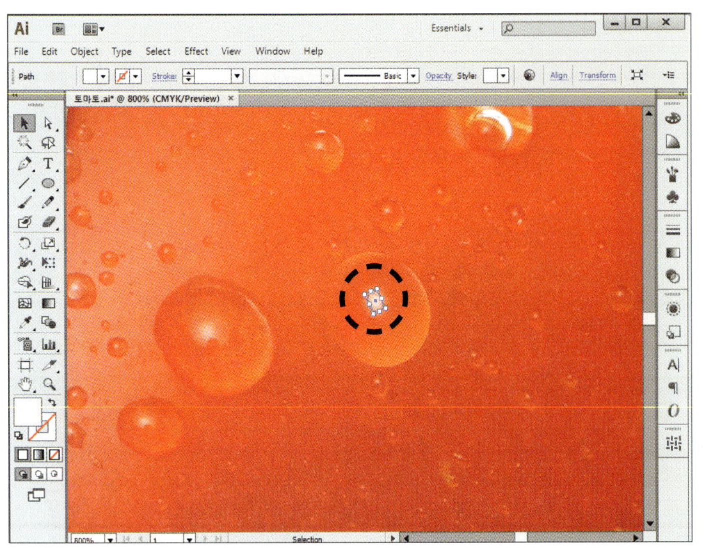

31 하이라이트 위치에 타원을 그린 후 Fill 색상은 흰색을 넣고 [Filter]-[Blur]-[Gaussain Blur]를 Radius:3px로 지정하여 흐림 효과를 줍니다.

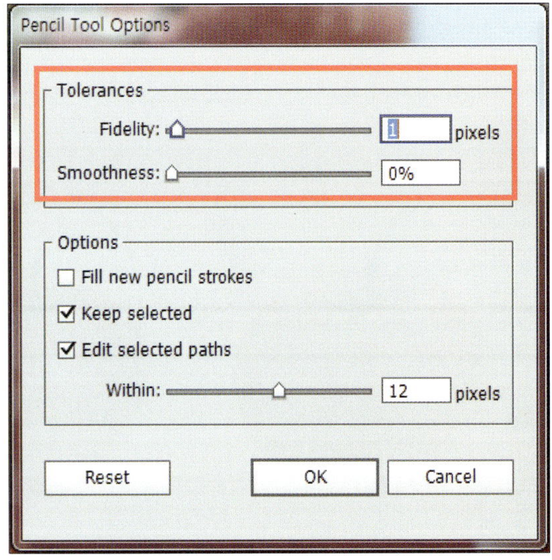

32 Pencil Tool(연필 도구)을 두 번 더블 클릭하여 Pencil Tool Options 상자가 열리면 Tolerance(한계치)에서 Fidelity(정확도):1pixels, Smoothness(곡선화):0%로 지정 후 물방울 아래쪽에 그림자를 그립니다. Pencil Tool(연필 도구)로 완료 시에는 단축키 Alt 를 눌러 표시가 'O'로 나타나면 마우스을 클릭하면 오브젝트가 닫혀진 상태로 완료됩니다.

33 물방울 그림자 색상은 C:10 M:98 Y:100 K:2로 지정해 줍니다.

34 오른쪽 메쉬 도구로 그린 오브젝트 위에 물방울을 배치합니다. 물방울을 Ctrl + X 를 눌러 오려낸 후 [Layer] 패널에서 '토마토 메시' 레이어를 선택 후 Ctrl + V 로 붙여넣기 합니다.

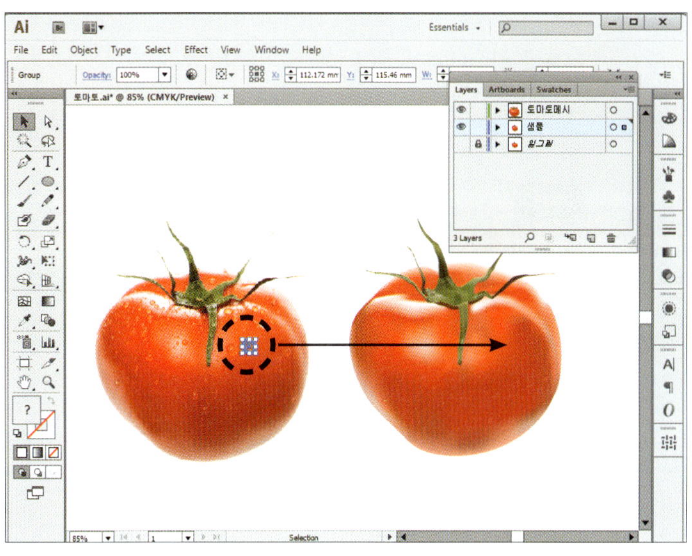

35 모양이 다른 물방울들은 Mesh Tool (메시 도구)로 여러 개 만든 후 같은 물방울들을 Selection Tool(선택 도구)로 Alt 키를 눌러 드래그하여 복사하여 붙여넣기 한 후 완성합니다. '샘플' 레이어와 '밑그림' 레이어의 눈을 클릭하여 안보이게 설정 후 완료합니다.

[Mesh Gradient] 대화상자 알아보기

메뉴 [Object]-[Create Gradient Mesh]에서 적용합니다. [Create Gradient Mesh] 메뉴는 행과 열의 메시라인의 갯수를 지정하여 규칙적인 작업을 할 때 사용할 수 있습니다.

❶ Rows : 메시라인의 행의 갯수를 지정합니다.
❷ Columns : 메시라인의 열의 갯수를 지정합니다.
❸ Appearance : 하이라이트를 표현해줍니다.
 Flat : 하이라이트를 표시하지 않습니다.
 To Center : 중앙에 하이라이트를 넣어 줍니다.
 To Edge : 가장자리에 하이라이트를 넣어 줍니다.

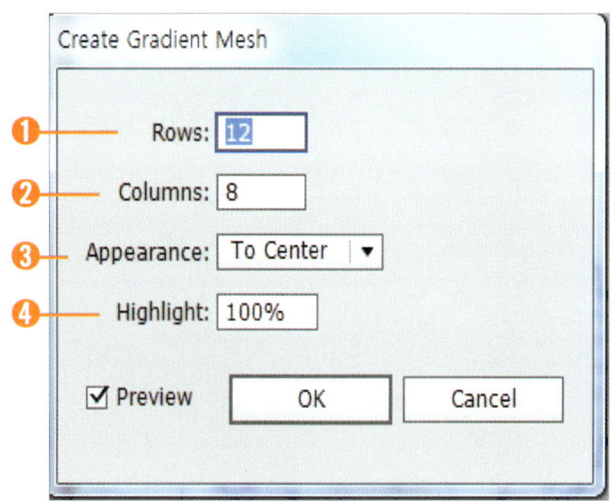

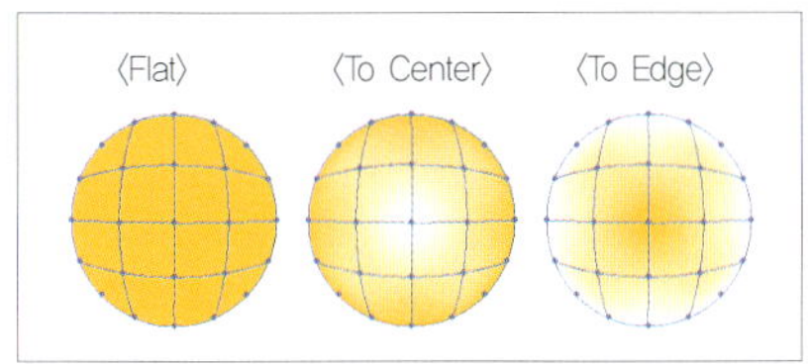

❹ Highlight : 가장 밝은 영역을 %로 농도 값을 지정해 줍니다.

1

오른쪽 완성파일과 같이 패턴을 만들어 보세요.

힌트

패턴 크기를 조절할 경우 [Scale] 대화상자의 Options에서 'Transform Pattern'을 체크 후 Uniform에서 값을 입력하여 축소 또는 확대할 수 있습니다.

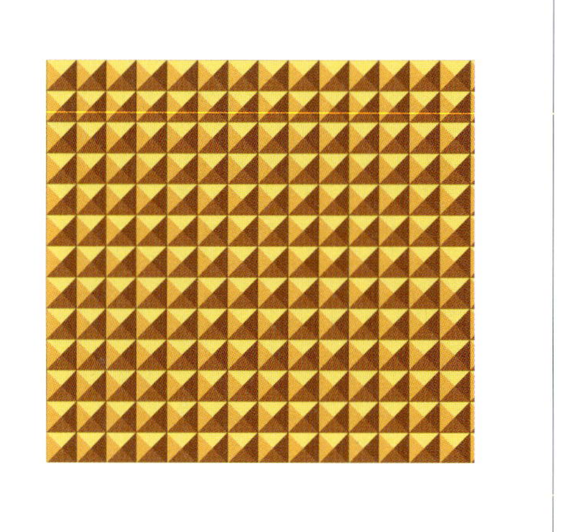

▲ 완성파일 : 기초문제\완성파일\기초완성S08-1.ai

2

오른쪽 완성파일과 같이 패턴을 만들어 보세요.

힌트

사각형으로 패턴 영역을 그린 후 선, 면 색상을 없음으로 하고 맨 뒤로 보내면 패턴이 오려서 등록됩니다.

▲ 완성파일 : 기초문제\완성파일\기초완성S08-2.ai

3

준비파일을 메쉬 도구를 활용하여 완성파일과 같이 작업해 보세요.

▲ 준비파일 : 기초문제\기초S08-3.ai

▲ 완성파일 : 기초문제\완성파일\기초완성S08-3.ai

1. 완성파일과 같이 패턴을 등록 후 정원을 그리고 패턴을 적용해 보세요.

패턴을 그릴 때 [View]-[Show Grid]을 꺼내서 그립니다. 사각형으로 패턴 영역을 그린 후 선, 면 색상을 없음으로 하고 맨 뒤로 보낸 후, 사각형과 패턴 모양을 Swatch패널로 등록하면 패턴이 오려서 등록됩니다.

▲ 완성파일 : 활용실습\완성파일\활용완성S08-1.ai

2. 준비파일을 불러와 펜 도구로 오브젝트를 그린 후 Mesh Tool(메쉬 도구)로 색상을 넣어 완성파일과 같이 완성해 보세요.

▲ 준비파일 : 활용실습\활용S08-2.ai

▲ 완성파일 : 활용실습\완성파일\활용완성S08-2.ai

3. 준비파일을 불러와 밑그림으로 설정 후 완성파일과 같이 작업해 보세요.

▲ 준비파일 : 활용실습\활용S08-3.ai

▲ 완성파일 : 활용실습\완성파일\활용완성S08-3.ai

밑그림 설정은 레이어 패널의 레이어 대화상자에서 'Template'를 체크합니다.

09 문자 도구 활용법 익히기

일러스트레이터에서 Type Tool(문자 도구) 외에도 Type on a Path Tool(패스 문자 도구), Area Type Tool(영역 문자 도구) 활용법과 실무에서 많이 활용되는 Text Wrap(글자 감싸기)에 대해서도 익혀 보겠습니다.

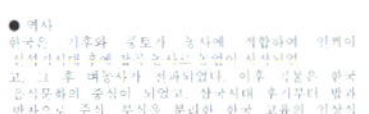

▲ 완성파일 : 실습예제\완성파일\실습완성09-01.ai
· Text Wrap을 활용하여 이미지 가장자리로 글자를 감싸서 편집한다.

▲ 완성파일 : 실습예제\완성파일\실습완성09-02.ai
· Type on a Path Tool(패스 문자 도구)을 활용하여 엠블렘을 제작해 본다.

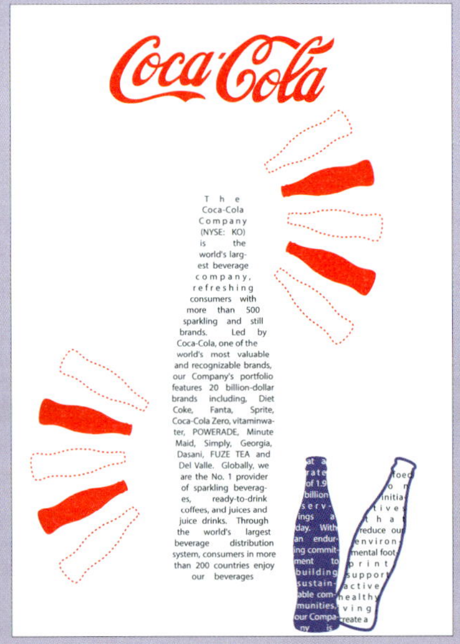

▶ 완성파일 : 실습예제\완성파일\실습완성09-03.ai
· Area Type Tool(영역 문자 도구)을 활용하여 광고 전단지를 만들어 본다.

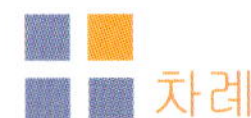

차례

따라하기 01 Text Wrap(글자 감싸기) 활용하기

01 `Ctrl` + `N`을 눌러 'New Document' 대화상자를 엽니다. Name:실습09-01, Number of Artboard:1, Size:A4, Bleed – Top:3mm, Bottom:3mm, left:3mm, Right: 3mm로 지정하고 `OK` 버튼을 클릭합니다.

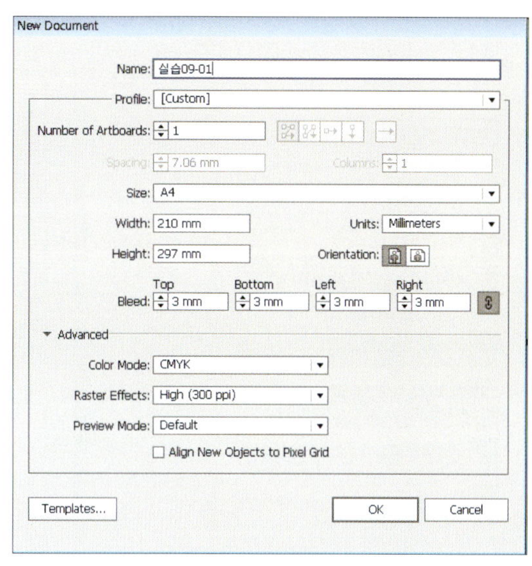

02 '실습S09-01.txt' 파일을 두 번 더블 클릭하여 메모장을 열어줍니다. `Ctrl` + `A`를 눌러 텍스트를 모두 선택 후 `Ctrl` + `C`로 복사합니다.

참고 일러스트레이터에서 텍스트 파일을 열거나 가져올 경우 한글이 깨질 수 있기 때문에, 바탕화면에서 텍스트 문서를 열어 복사하여 일러스트 프로그램으로 붙여 넣기 합니다.

03 Type Tool(문자 도구)로 왼쪽 상단에서 드래그하여 글상자를 만듭니다.

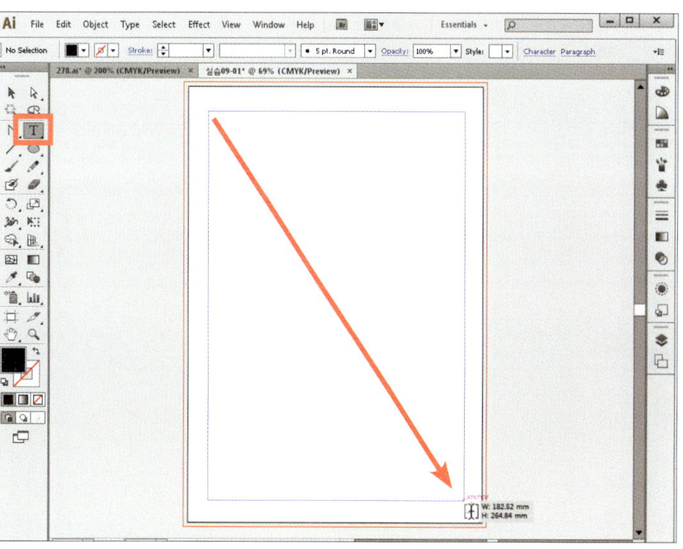

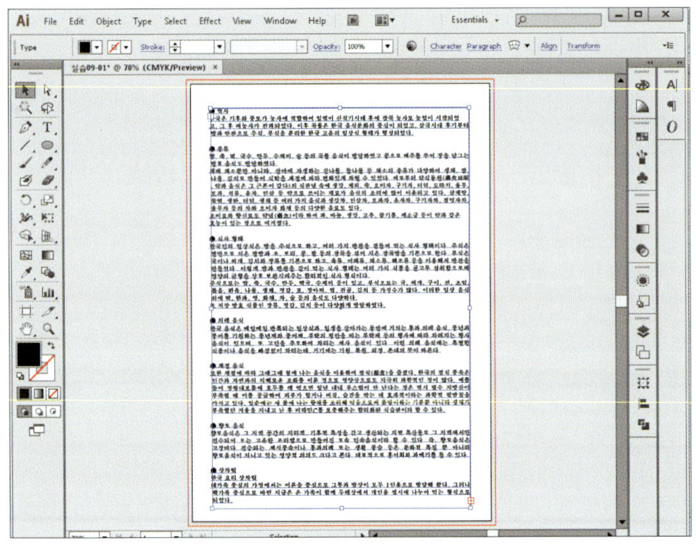

04 Type Tool(문자 도구)로 글상자 왼쪽 상단에서 클릭 후 메모장에서 복사한 내용을 Ctrl + V 를 눌러 붙여 넣기합니다.

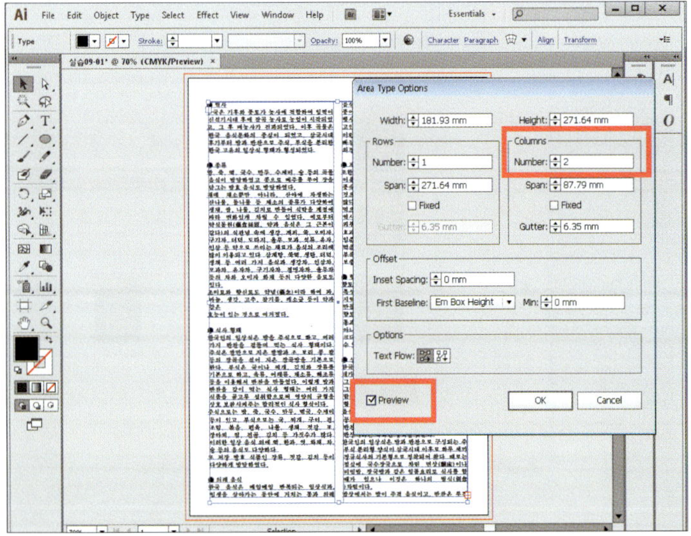

05 [Type]-[Area Type Options:영역 문자 옵션]을 클릭하여 대화상자를 열어 줍니다. 왼쪽 하단의 Preview(미리보기)를 체크 후 Columns(열):2을 입력하고 OK 합니다.

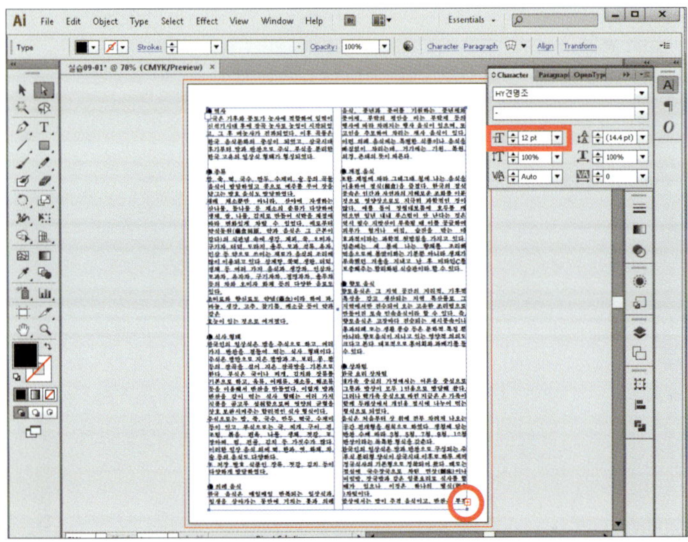

06 문단 끝 부분에 ⊠ 표시는 글상자 크기보다 내용이 많아서 글상자 밖에 글 내용들이 더 있다는 뜻입니다. 글상자 밖에 배치된 내용들은 출력되지 않습니다. 이러한 것을 방지하기 위해 글자 크기를 조절해보겠습니다. Ctrl + T 를 눌러 [Character:문자] 패널을 열어 준 뒤 Font Family(글꼴):바탕, Font Size:10pt를 입력합니다.

[Area Type Options:문자 영역 옵션] 알아보기

글상자를 지정 후 단을 나눌 때 활용합니다.

❶ Width : 문자 영역 너비입니다.

　Height : 문자 영역 높이입니다.

❷ Rows (행)

　Number : 단의 행 갯수를 지정합니다.

　Span : 개별 열의 높이를 지정합니다.

　Fixed : 문자 영역 행을 고정 시킵니다.

　Gutter(사이 값) : 단과 단 사이의 행을 지정합니다.

❸ Columns(열)

　Number : 단의 열 갯수를 지정합니다.

　Span : 개별 단의 폭을 지정합니다.

　Fixed : 문자 영역 열을 고정 시킵니다.

〈Fixed 예〉

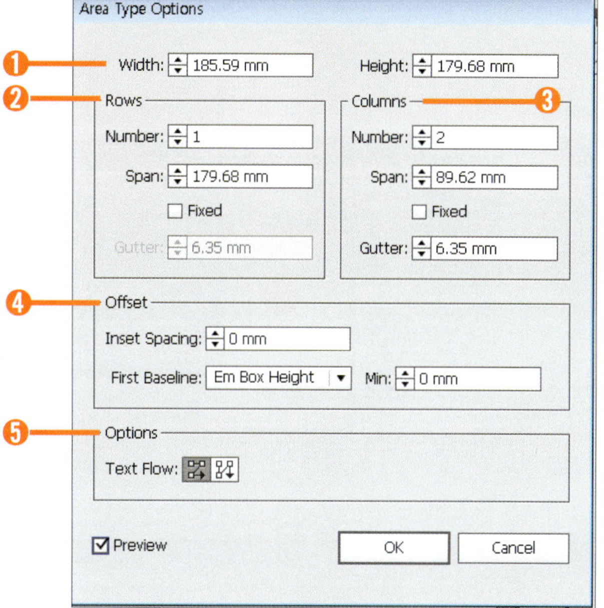

A . 원본 열　　　B . [고정]을 선택하여 크기를 조절한 단　　　C . [고정]을 선택 취소하여 크기를 조절한 열

　Gutter(사이 값) : 단과 단 사이의 폭을 지정합니다.

❹ Offset

　Inset Spacing : '+' 값은 내용이 안쪽으로 들어오면서 안쪽 여백이 생깁니다. '−' 값은 글자가 바깥쪽으로 확장됩니다.

　First Baseline : 첫 번째 기준값을 목록 중에서 선택합니다. Min : 첫 번째 기준값의 최소값을 지정합니다.

❺ Options

　Text Flow : 텍스트 흐름 옵션입니다.

　(By row, Left to Right) : 행을 기준으로 왼쪽에서 오른쪽으로 진행합니다.

　(By Columns, Left to Right) : 열을 기준으로 왼쪽에서 오른쪽으로 진행합니다.

07 [File]−[Place]에서 '실습S09−01.jpg'을 클릭 후 Link와 Template을 해제하고 Place 를 클릭합니다.

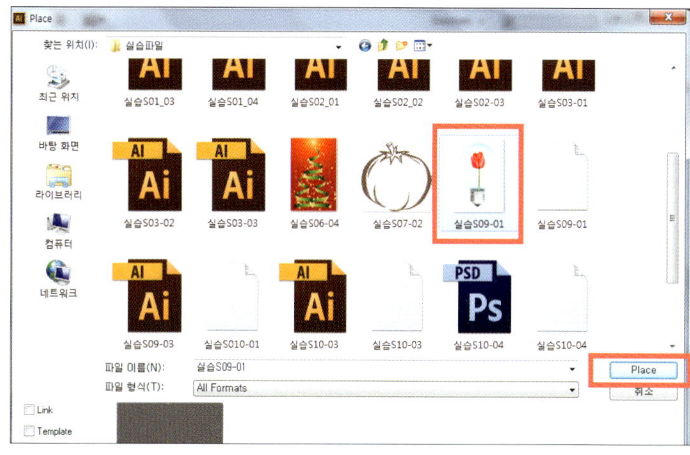

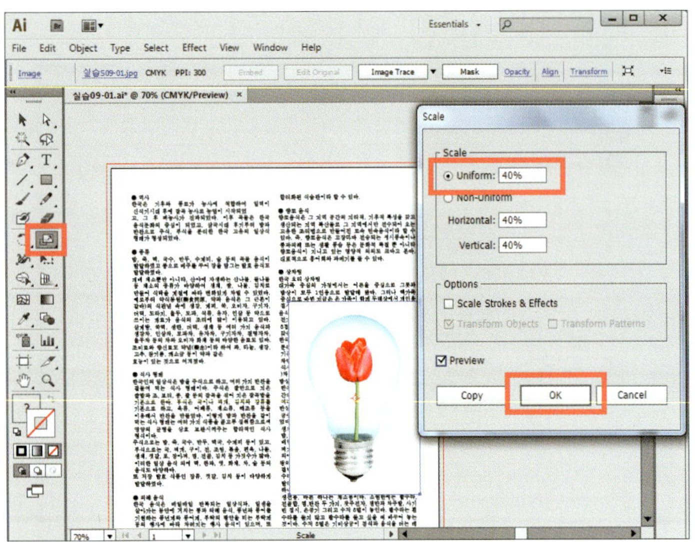

08 가져온 이미지의 크기가 큽니다. 이미지가 선택된 상태에서 Scale Tool (크기 조절 도구)을 두 번 더블 클릭하여 Scale 옵션 상자를 열어 줍니다. Uniform:40%을 입력 후 OK 버튼을 클릭하여 이미지의 크기를 축소합니다.

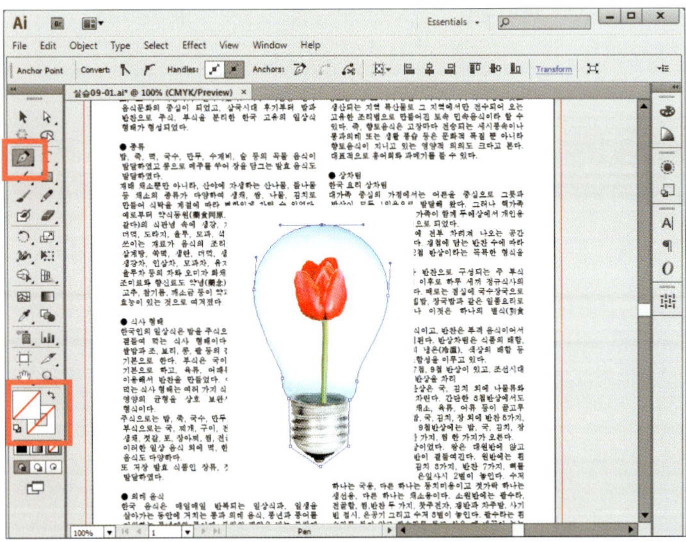

09 Pen Tool(펜 도구)을 클릭한 후 Fill과 Stroke 색상은 None(없음)으로 지정하고 전구 이미지를 따라 간단하게 그려 줍니다.

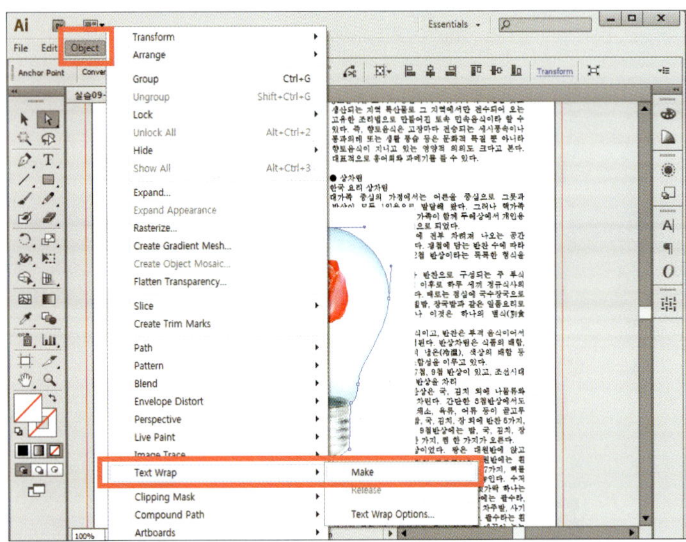

10 Pen Tool(펜 도구)로 그린 선이 선택된 상태에서 [Object]-[Text Wrap]-[Make] 합니다.

11 펜 도구로 그린 선 바깥쪽으로 또 다른 선이 생성되게 보입니다. 이미지를 감싸주는 영역입니다. Selection Tool(선택 도구)로 이미지를 선택하여 Shift + Ctrl + [를 눌러 이미지를 맨 뒤로 배치합니다.

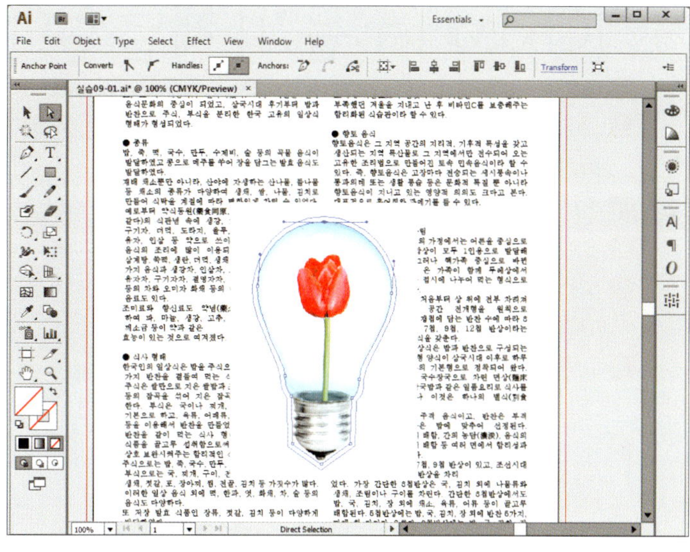

12 텍스트 감싸는 영역이 좁을 경우 [Text Wrap Options]로 넓혀 보도록 하겠습니다. [Object]–[Text Wrap]–[Text Wrap Options]을 클릭하여 옵션 상자를 열어줍니다. Offset:10pt를 입력 후 OK 하기 전에 Preview(미리보기)를 클릭하여 확인 후 알맞다고 생각하였을 때 OK 버튼을 클릭합니다.

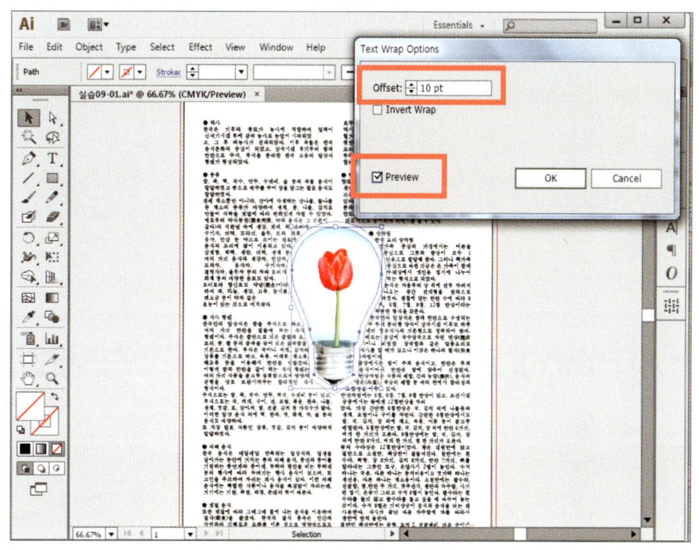

13 이미지가 배치되면서 오른쪽 하단에 ⊠ 표시가 나타나면서 글상자 밖으로 넘쳤습니다. Selection Tool(선택 도구)로 Bounding Box(바운딩 박스) 아래쪽 가운데에 커서를 올리고 ↕ 가 나타나면 드래그하여 글상자 박스를 늘리고 글상자 전체를 선택 후 위쪽으로 드래그하여 완성합니다.

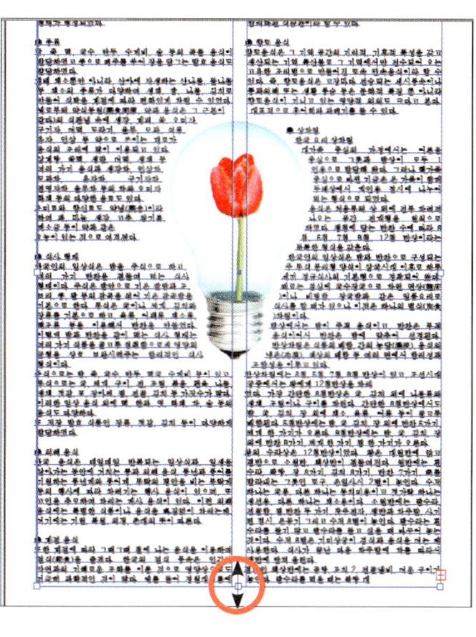

[Character:문자] 패널 알아보기

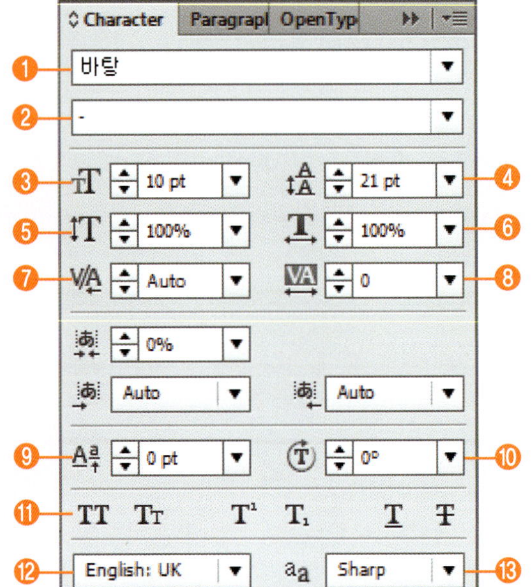

❶ Set the font family(글꼴) : 글자의 모양을 지정해 줍니다.

❷ Set the font style(글자 스타일) : 글자의 기울기, 굵기 등의 스타일을 지정해 줍니다.

❸ Set the font size(글자 크기) : 글자의 크기를 지정해 줍니다.

❹ Set the leading(행간) : 글자의 줄 간격을 지정해 줍니다.

❺ Vertical scale(세로 크기) : 글자의 세로 크기 비율을 지정합니다.

❻ Horizontal scale(가로 크기) : 글자의 가로 크기 비율을 지정합니다.

❼ Set the kerning between two characters(커닝) : 커서를 위치시킨 글자 사이 가로 간격을 조절합니다.

❽ Set the tracking for the selected characters(자간) : 선택한 글자들의 가로 간격을 조절합니다.

❾ Set the baseline shift(자간 이동) : 글자 기준선을 이동해 줍니다.

❿ Character Rotation(글자 회전) : 글자를 회전해 줍니다.

⓫ **TT** (All Caps) : 영문자를 모두 대문자로 표기합니다. **Tr** (Small Caps) : 영문자를 모두 소문자로 표기합니다.
T¹ (Superscript) : 윗 첨자를 만듭니다. **T₁** (Subscript) : 아래 첨자를 만듭니다.
T (Underline) : 글자에 밑줄을 넣어줍니다. **Ŧ** (Strikethrough) : 취소선을 지정합니다.

⓬ Language(언어) : 각국의 언어를 지정합니다.

⓭ Set the anti-aliasing method(언어) : 글자 외곽선의 계단화 현상 방지를 지정해 줍니다.

[Paragraph:단락]패널 알아보기

❶ (Align left) : 왼쪽으로 정렬합니다.
(Align center) :가운데로 정렬합니다.
(Align right) : 오른쪽으로 정렬합니다.
(Justfy with last line aligned left) : 양쪽 정렬을 하되 짧은 글줄은 왼쪽 정렬합니다.
(Justfy with last line aligned center) : 양쪽 정렬을 하되 짧은 글줄은 가운데 정렬합니다.
(Justfy with last line aligned right) : 양쪽 정렬을 하되 짧은 글줄은 오른쪽 정렬합니다.
(Justfy all lines) : 양쪽 정렬을 합니다.

❷ (Left indent:왼쪽 들여쓰기) : 단락에서 왼쪽으로 들여쓰기 합니다.
(Right indent:오른쪽 들여쓰기) : 단락에서 오른쪽으로 들여쓰기 합니다.
(First-line left indent) : 단락에서 첫번째 줄만 왼쪽에서 들여쓰기 합니다.

❸ (Space before paragraph:이전 공백) : 글줄의 이전 공백을 지정합니다.
(Space after paragraph:이후공백) : 글줄의 이후 공백을 지정합니다.

❹ Automatic hyphenate : 하이픈을 자동으로 연결합니다.

 엠블럼 만들기

01 Ctrl + N 을 눌러 New Document(새문서)에서 A4크기를 엽니다. Ellipse Tool(원형 도구)을 클릭 후 아트보드 중앙에서 단축키 Alt + Shift 를 누르고 정원을 그립니다.

TIP
Alt 는 원 가운데 중심점에서 그려주는 단축키이고, Shift 는 가로, 세로 비율을 1:1로 지정해 주는 단축키 입니다.

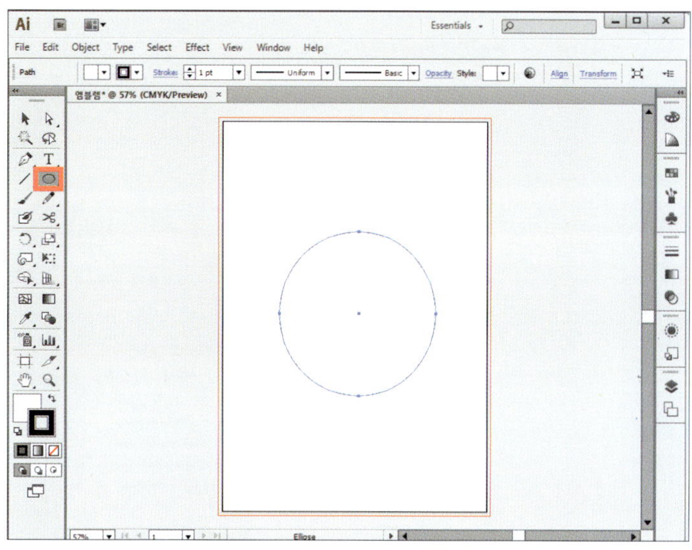

02 원 오브젝트가 선택된 상태에서 도구 상자 하단의 색상 모드 중 'Gradient' 버튼을 클릭하여 그라데이션 색상을 넣어 줍니다. [Gradient] 패널이 자동 열리면 왼쪽 첫 번째 색상(❶)을 더블 클릭하여 [Color] 패널에서 M:49%, Y:100%, ❷번 색상은 M:87%, Y:100%로 지정합니다.

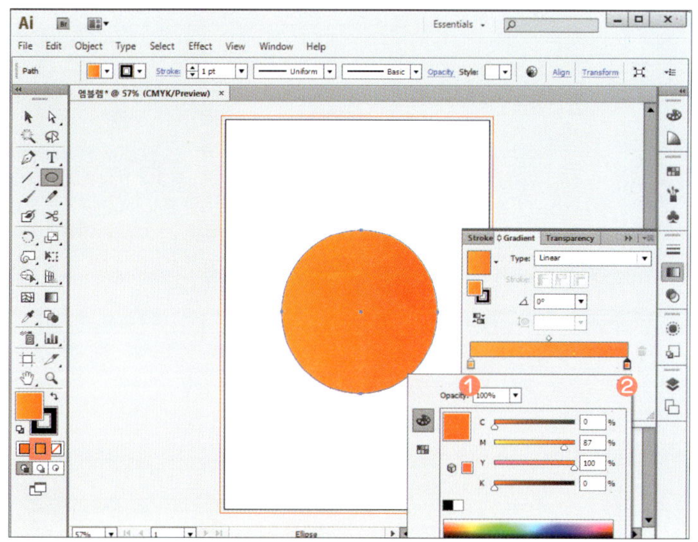

03 Gradient Tool(그라디언트 도구)로 선택된 원 오브젝트 위쪽에서 아래쪽으로 드래그하여 그라데이션 방향을 바꿉니다.

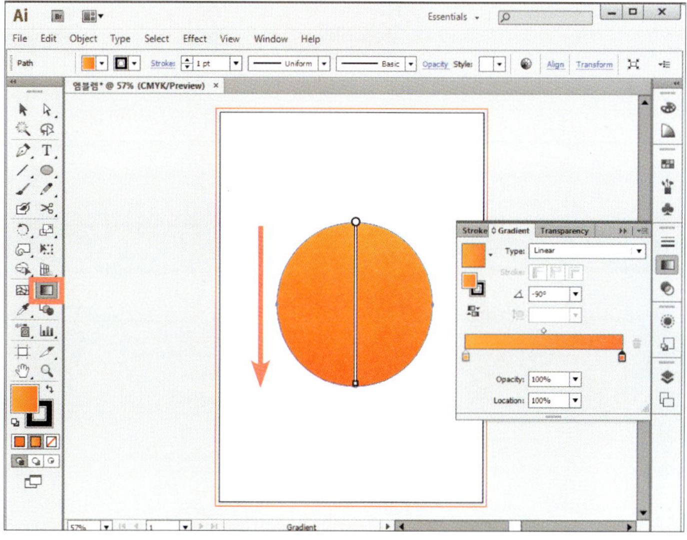

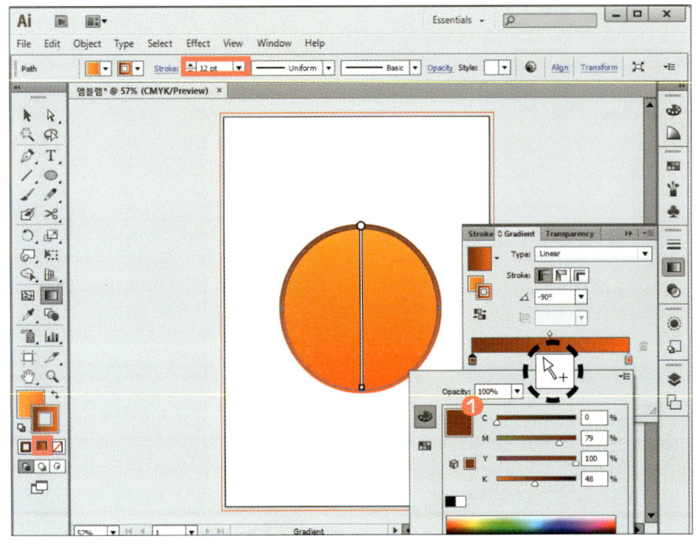

04 도구 상자에서 Stroke 색상을 클릭 후 Stroke 색상 아래쪽 색상 모드에서 'Gradient' 버튼을 클릭하면 Fill에 적용된 그라데이션 색상과 같은 색상으로 적용됩니다. Controlbar(조절바)에서 Stroke의 Weight(굵기)를 12pt로 지정합니다. [Gradient] 패널 연 후 ❶번 색상을 M:79%, Y:100%, K:34%로 지정하고 그라디언트 바의 중간 부분에 마우스를 갖다댈 경우 커서 모양이 ▷₊로 바뀌면 클릭 시 색상이 추가됩니다.

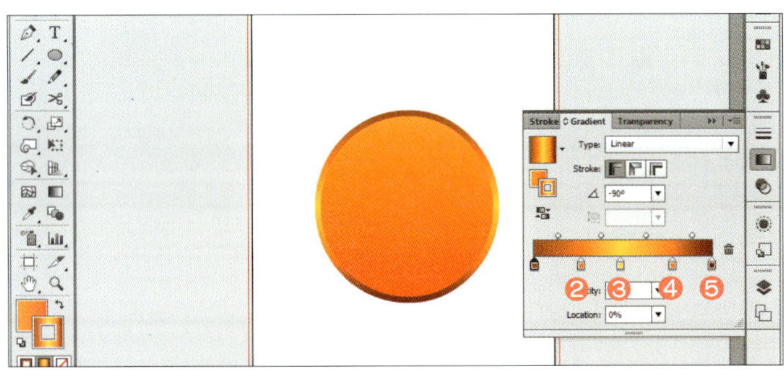

05 그라디언트바의 중간에 클릭하여 3개의 색상을 추가합니다. ❷번 색상-M:71%, Y:100% ❸번 색상-M:5%, Y:98% ❹번 색상은 ❷번 색상을 단축키 [Alt]를 누르고 드래그하여 복사합니다. ❺번 색상-M:71%, Y:100%를 지정해 줍니다.

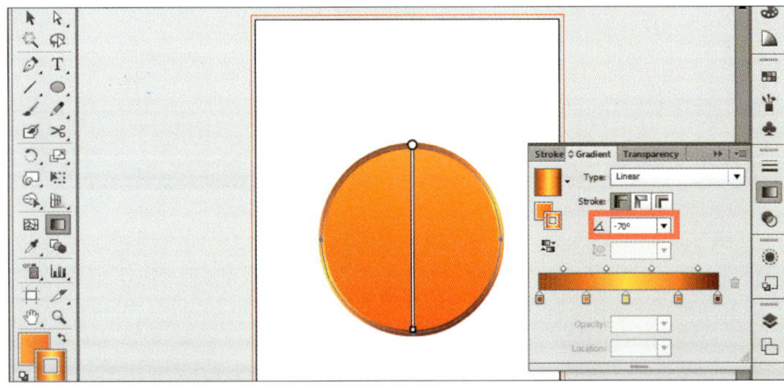

06 [Gradient] 패널에서 각도(△)를 -70°로 지정하여 각도를 사선 방향으로 회전 시킵니다.

참고 Stroke(선)에서 그라데이션 색상은 Gradient Tool의 Gradient Annotator Bar를 조절할 수 없습니다.

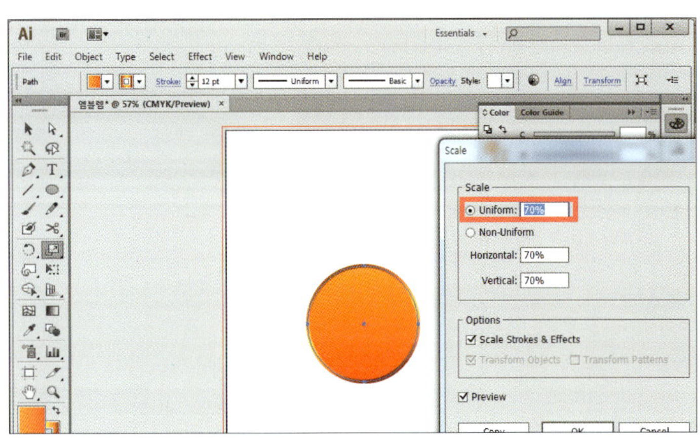

07 정원이 선택된 상태에서 Scale Tool (크기 조절 도구)을 두 번 더블 클릭하여 Scale 옵션 상자를 연 후 Scale-Uniform:70%을 입력하고 [Copy] 버튼을 누릅니다.

08 정원이 선택된 상태에서 Scale Tool (크기 조절 도구)을 두 번 더블 클릭하여 Scale 옵션 상자를 연 후 Scale-Uniform:70%을 입력하고 Copy 버튼을 누릅니다. 복사된 작은 원의 색상을 Fill-흰색, Stroke-None(없음)으로 지정합니다. Rectangl Tool(사각형 도구)을 클릭 후 정원 중앙에 마우스 커서를 올리고 단축키 Alt + Shift 를 누르고 정사각형을 그립니다.

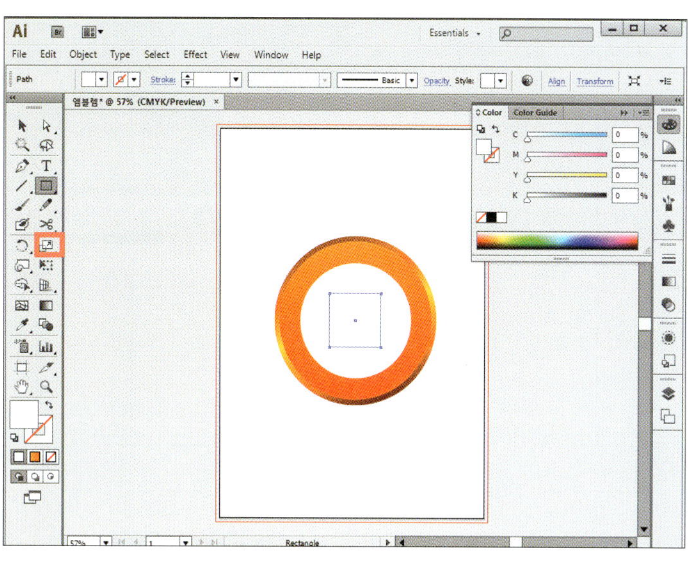

09 도구 상자 아래쪽에 위치한 색상 모드의 Gradient 버튼을 클릭 후 Rotate Tool(회전 도구)을 두 번 더블 클릭하여 Angle(각도):45°를 입력 후 OK 버튼을 클릭합니다.

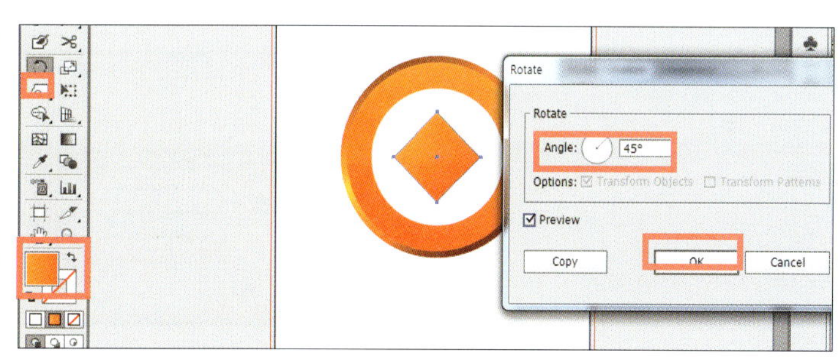

10 Gradient Tool로 사각형 오브젝트 아래쪽에서 위쪽으로 드래그하여 그라데이션 색상 방향을 바꿔줍니다.

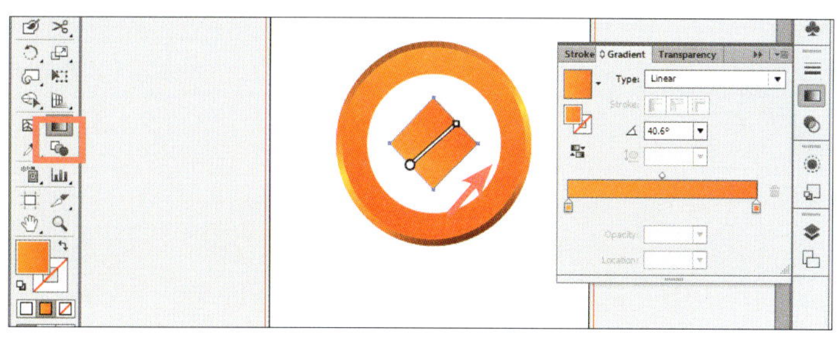

11 Ellipse Tool(타원형 도구)을 클릭 후 사각형 왼쪽 아래에 Alt + Shift 를 누르고 정원을 그린 후 Fill:None (없음), Stroke:흰색으로 지정하고 Stroke의 굵기는 Controlbar(조절바)에서 12pt를 입력합니다. Selection Tool(선택 도구)로 Alt 키를 누르고 드래그하여 오른쪽으로 한 개 더 복사 후 두 개의 원이 사각형 보다 크거나 작을 경우 두 개의 원을 선택 후 Selection Tool의 Bounding Box(변형 상자)의 모서리에 드래그하여 크기를 조절해 줍니다.

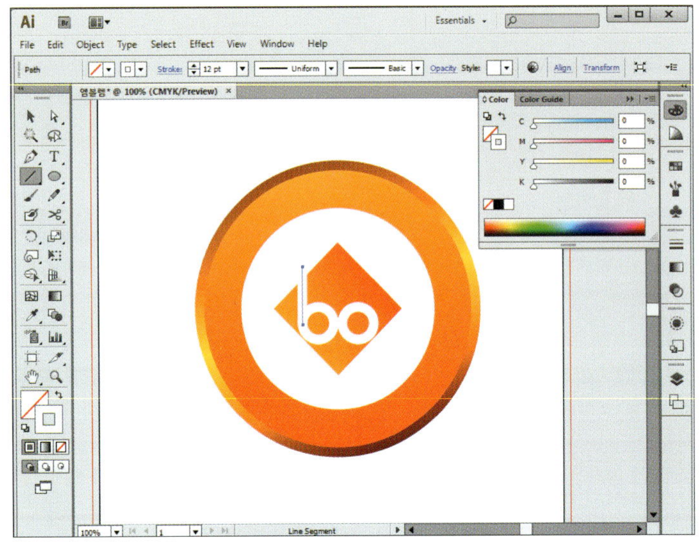

12 Line Segment Tool(선 도구)로 [Shift]를 누르고 드래그하여 수직선을 그려줍니다. Pen Tool(펜 도구)로 위쪽에 반원을 그립니다. 패스 모양 수정은 Direct Selection Tool(직접 선택 도구)로 각 정점과 방향키로 곡선을 조절합니다.

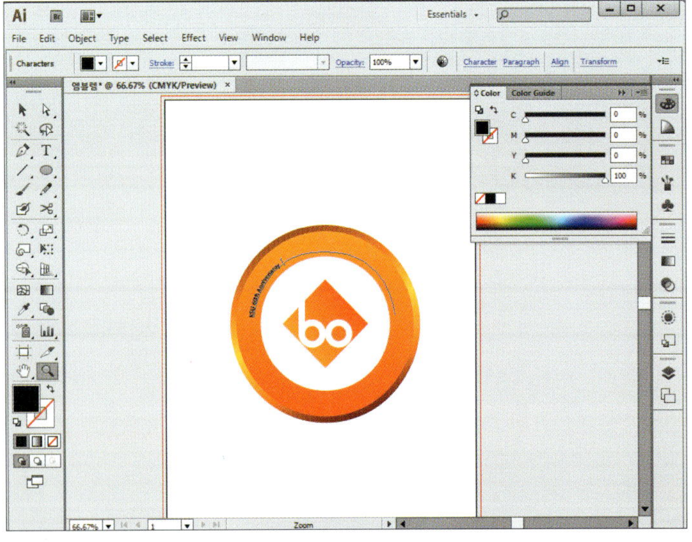

13 Pen Tool(펜 도구)로 위쪽에 반원을 그립니다. 패스 모양 수정은 Direct Selection Tool(직접 선택 도구)로 각 정점과 방향키로 곡선을 조절합니다. Type Tool(문자 도구) 또는 Type on a path Tool(패스 문자 도구)로 그린 반원 패스 왼쪽에서 클릭하여 'KSU 60th Anniversarary'를 입력합니다.

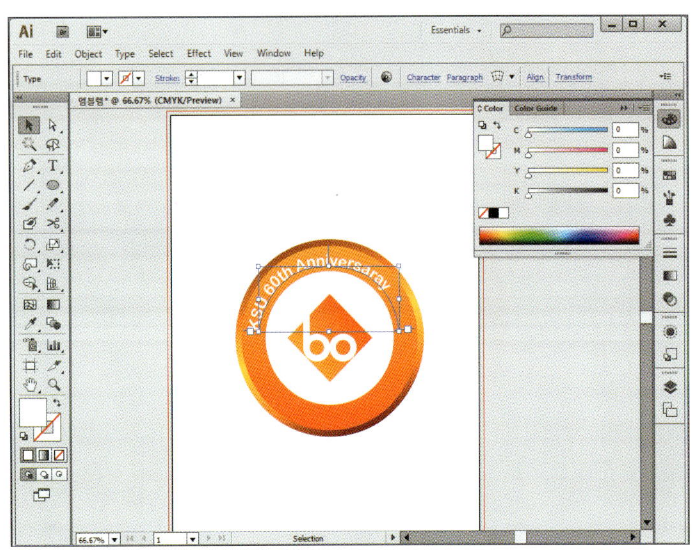

14 글자가 선택된 상태에서 Controlbar(조절바)에서 Character를 누르면 [Character:문자] 패널이 열립니다. Set the font family(글자 모양) : Arial Rounded MT Bold, Set the font size:30pt로 지정합니다. 글자 Fill 흰색, Stroke은 None(없음)으로 합니다.

15 Type Tool(문자 도구)로 'KSU…'의 K앞쪽에 마우스를 클릭하여 커서를 위치한 후 ⬚ : Spacebar를 눌러 오른쪽 방향으로 글자를 이동시킵니다. Pen Tool(펜 도구)로 아래쪽도 반원 패스를 그립니다.

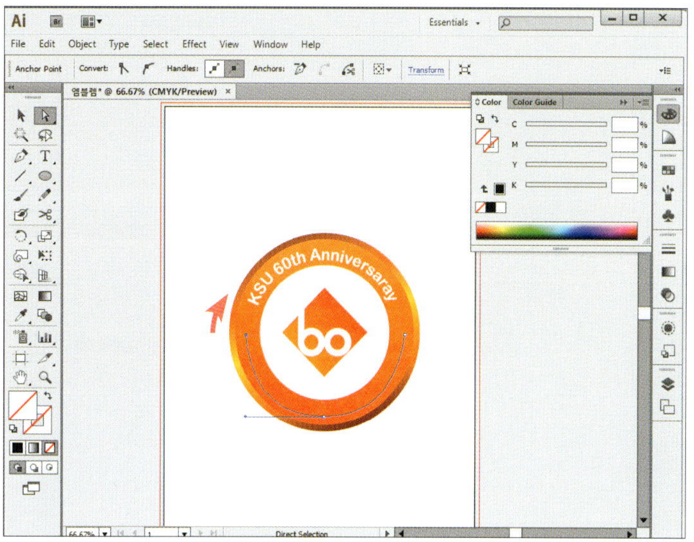

16 Type Tool(문자 도구) 또는 Type on a path Tool(패스 문자 도구)로 패스 왼쪽에서 클릭하여 '한국국제대학교 60주년 기념'이라고 입력합니다. 글자를 입력한 패스 오른쪽 끝에 ' ⊞ ' 표시는 패스 길이보다 글자 내용이 많거나 글자가 클 경우 글자가 넘쳐서 안보이게 됩니다.

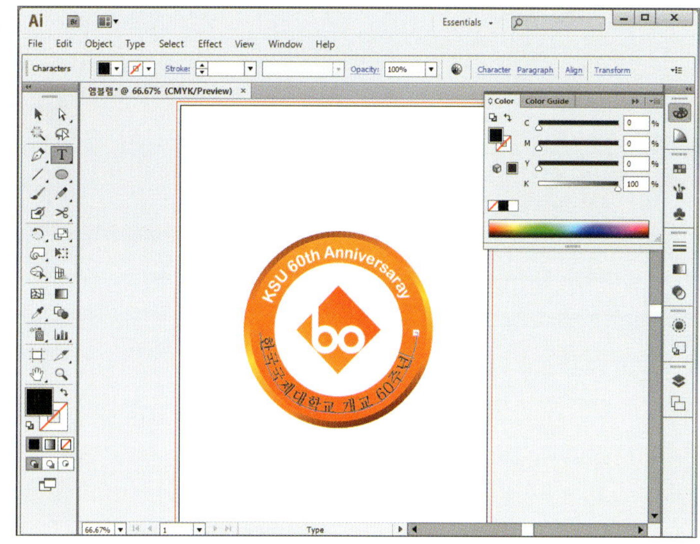

17 Controlbar(조절바)에서 Character를 클릭하여 패널에서 Set the font family(글꼴):Adobe 고딕 Std, Set the font size(글자 크기):27pt로 지정합니다. 글자 색상은 Fill:흰색, Stroke:None(없음)으로 지정합니다.

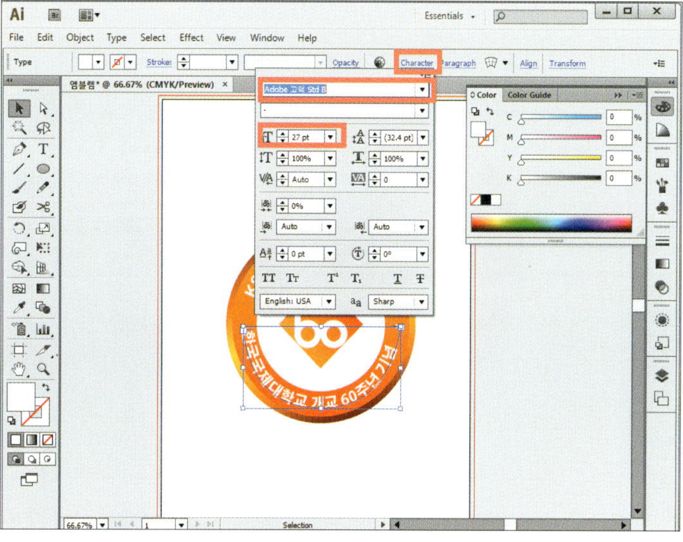

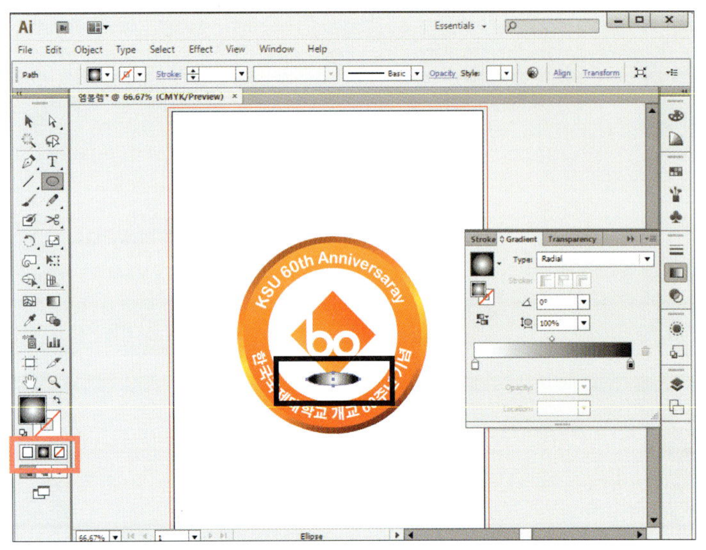

18 Type Tool(문자 도구)로 글자 맨 앞쪽에 마우스를 클릭하여 커서가 깜빡거릴 때 ⎡ ⎤ : Spacebar를 눌러 공간을 띄워 문단을 가운데로 맞춥니다. Ellipse Tool(원형 도구)을 클릭 후 사각형 아래쪽 꼭지점에 마우스를 올리고 **Alt** 키를 누르고 타원을 그린 후 도구 상자 Fill(칠)과 Stroke(선) 아래쪽의 색상 모드 중 'Gradient' 버튼을 클릭합니다.

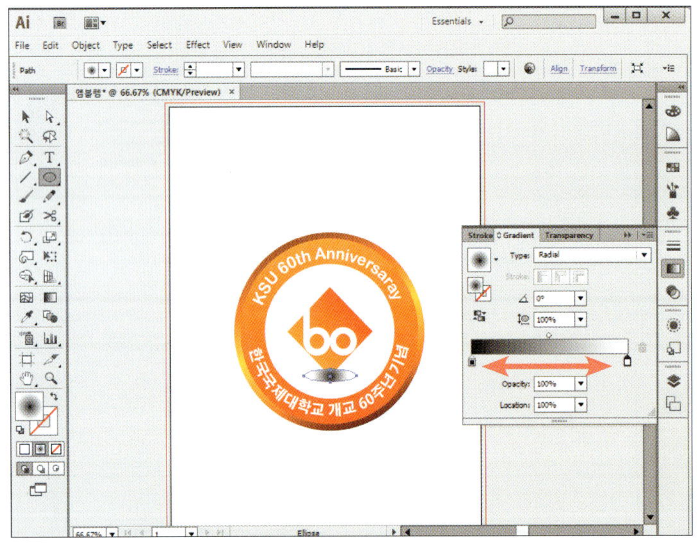

19 [Gradient] 패널의 색상을 드래그하여 흰색에서 검정색이었던 것을 검정색에서 흰색으로 교체합니다.

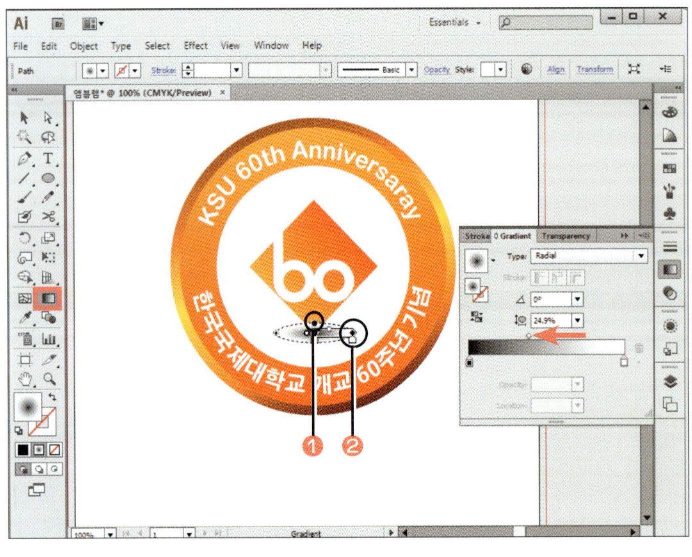

20 Gradient Tool(그라디언트 도구)의 Gradient Annotator(그라디언트 주석자)에서 ❶ – 모양 조절점, ❷ – 크기와 회전 조절점으로 그라데이션 모양과 크기를 조절해 줍니다. 그라디언트 색상의 Color Bar(색상바)에서 왼쪽 방향으로 드래그하여 검정색 범위를 줄여줍니다. 가운데 사각형과 숫자를 모두 선택 후 **Ctrl** + **G**로 그룹으로 만들고 단축키 **Shift** + **Ctrl** +**]** (Bring to Front:맨 앞으로 가져오기)를 눌러 맨 앞쪽으로 순서를 교체한 후 완료합니다.

01 Ctrl + O 를 눌러 'Open' 상자를 열어 '실습S09-03.ai'를 두 번 더블 클릭하여 파일을 열어 줍니다.

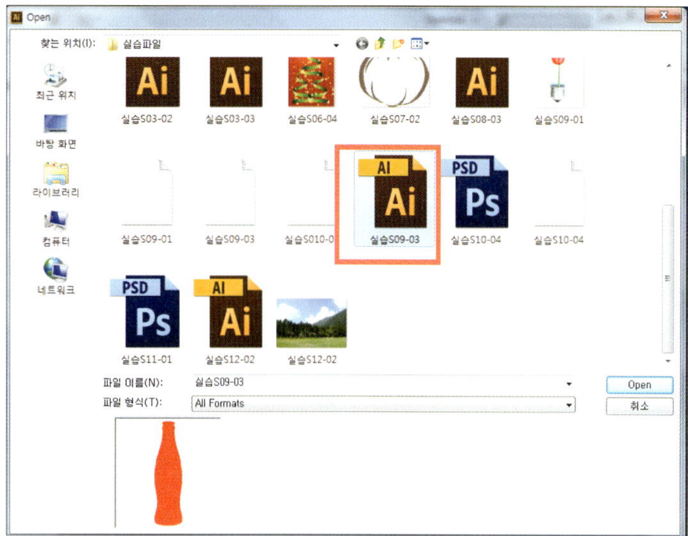

02 Selection Tool(선택 도구)을 클릭 후 병 오브젝트를 아래쪽으로 이동하고 Alt 키를 눌러 왼쪽 방향으로 드래그하여 복사합니다.

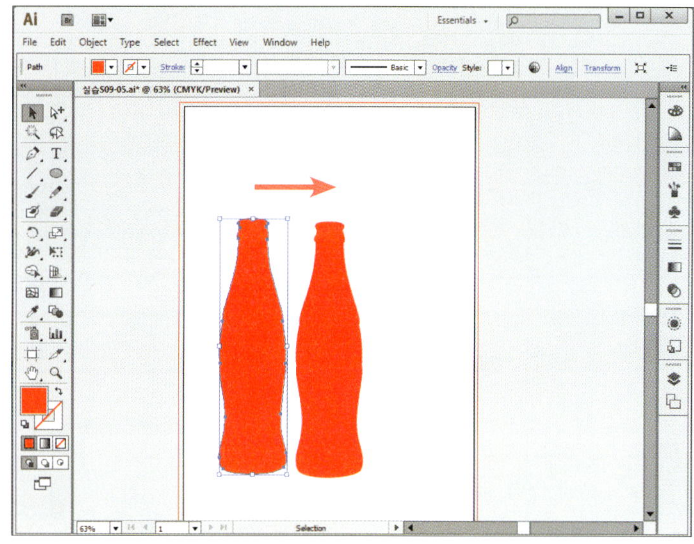

03 Scale Tool(크기조절 도구)을 두 번 더블 클릭하여 Scale 대화상자가 열리면 Uniform:30% 입력 후 OK 버튼을 클릭하거나 키보드에서 Enter↵를 누릅니다.

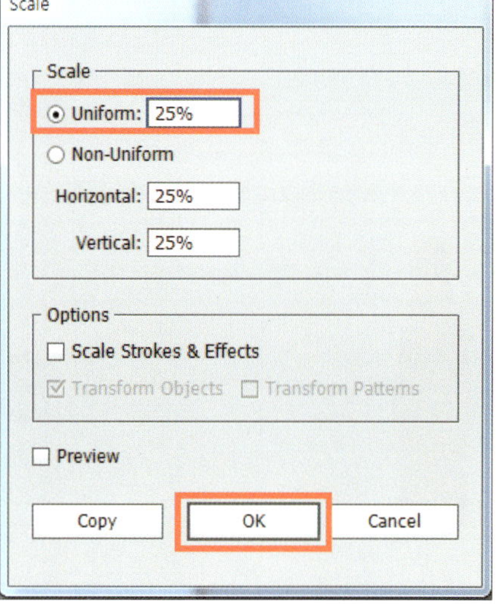

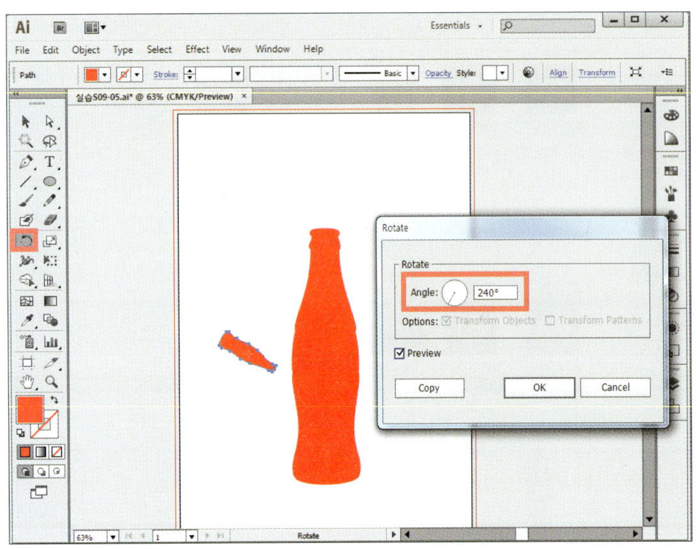

04 Rotate Tool(회전 도구)을 두 번 더 블 클릭하여 Rotate 대화상자가 열리면 Angle:240°을 입력 후 Enter↵ 키를 누릅니다.

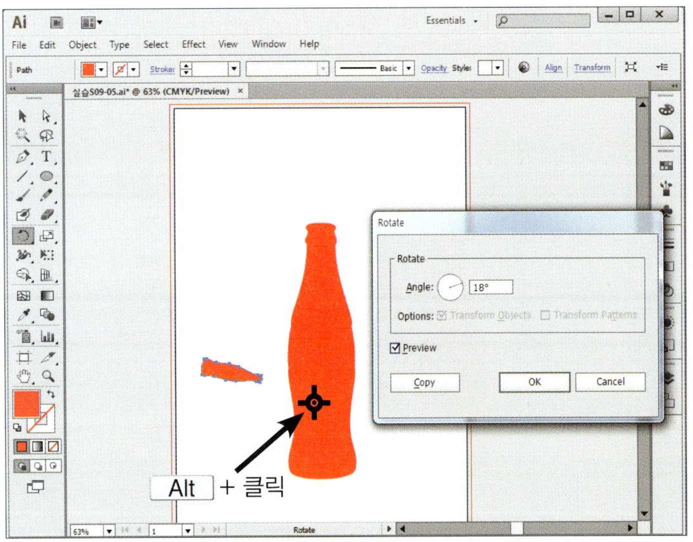

05 Rotate Tool(회전 도구)을 Alt 키를 누르고 커서 모양 '✛'에 클릭하여 Rotate 대화상자를 열어 줍니다. Angle:18°를 입력 후 Copy 버튼을 클릭합니다.

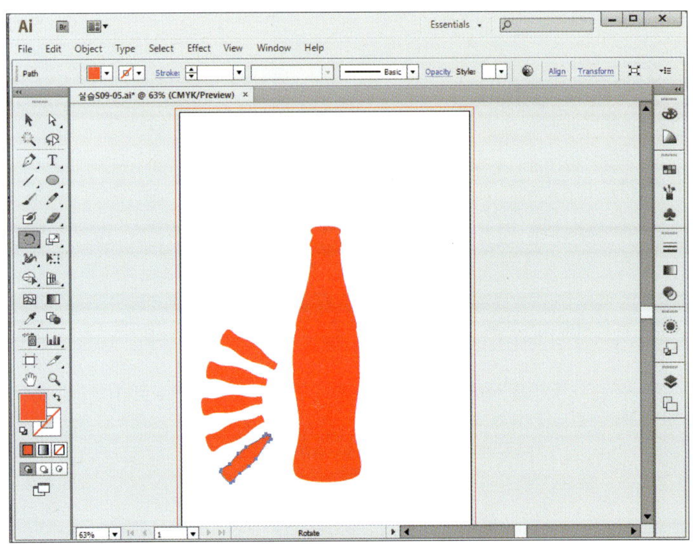

06 복사된 두 번째 병이 선택된 상태에서 단축키 Ctrl + D 를 세 번 눌러 세 개 더 복사합니다.

07 Selection Tool(선택 도구)로 Shift 키를 누르고 첫번째, 세번째, 다섯번째 병 오브젝트를 동시에 선택 후 도구 상자에서 Swap Fill and Stroke(면과 선을 교체 버튼: ↰)을 클릭하여 Fill 색상과 Stroke 색상을 교체합니다. [Stroke] 패널 Weight(굵기):2pt, Dashed Line(대시선):dash(대시)-3pt를 입력합니다.

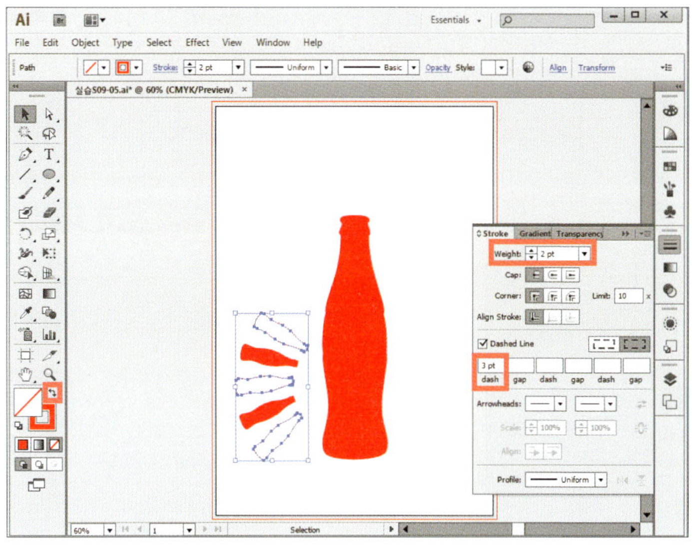

08 왼쪽의 5개 병 오브젝트를 Ctrl + G 로 그룹을 지정합니다. Reflect Tool(반사 도구)을 클릭 후 큰 병 가운데 마우스를 올리고 Alt 키를 누르고 클릭합니다. Reflect 대화상자가 열리면 Axis(축):Vertical(수직)을 클릭하여 체크한 후 Copy 버튼을 클릭합니다.

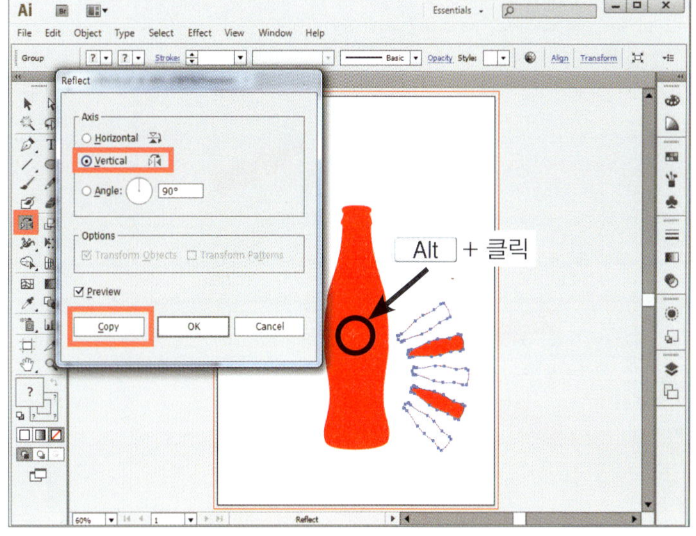

09 Selection Tool(선택 도구)로 복사된 오른쪽 그룹화된 오브젝트들을 위쪽으로 드래그하여 이동합니다.

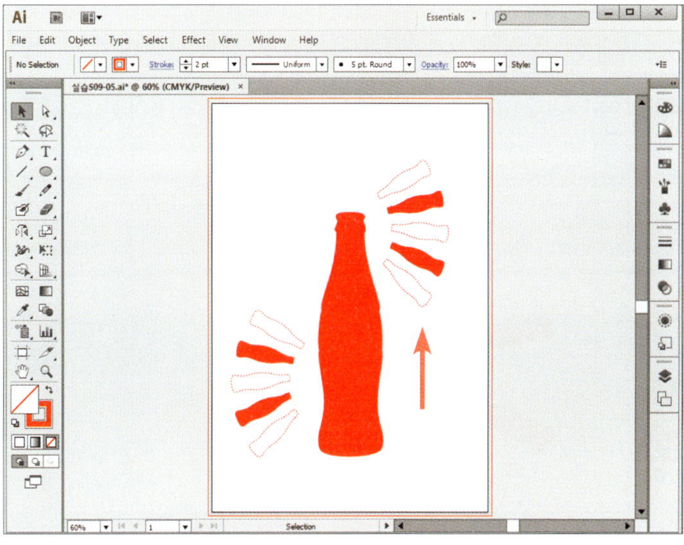

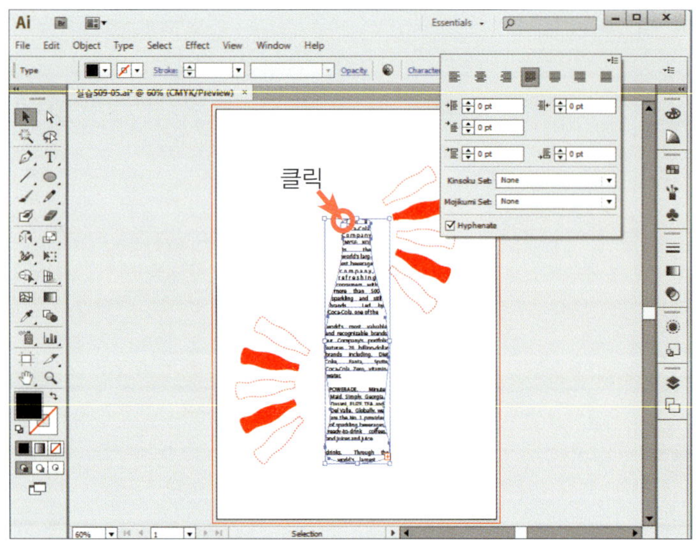

10 단축키 `Ctrl` + `0` 를 눌러 '실습 S09-05.txt'을 열어서 내용을 드래그하여 `Ctrl` + `C` 로 복사 후 '실습S09-05.ai' 문서를 다시 열고 Type Tool(문자 도구)로 병 오브젝트 왼쪽 위를 클릭하여 텍스트 상자로 전환되면 복사한 텍스트를 `Ctrl` + `V` 로 붙여넣기 합니다. Controlbar(조절바)에서 Paragraph(단락) 버튼을 누르면 [Paragraph] 패널이 열립니다. Justfy with last line aligned left : ▤ (양쪽 정렬-마지막 짧은 줄은 왼쪽 정렬함.)

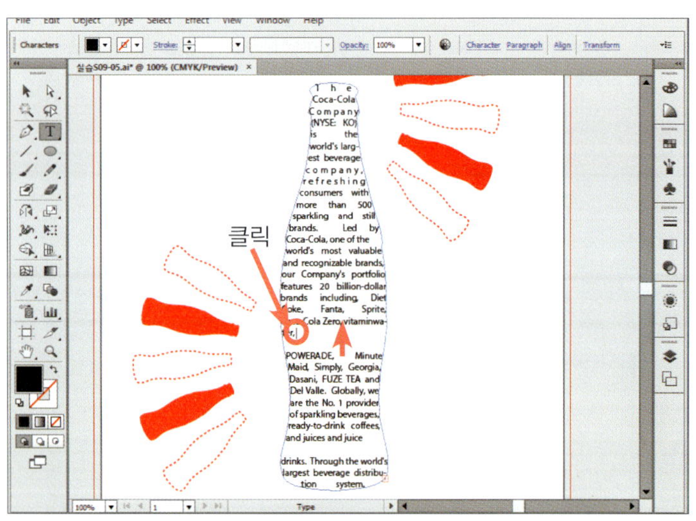

11 `Ctrl` + `+` 를 눌러 화면을 확대 후 빈줄을 없애기 위해 빈 줄 사이 위쪽 줄 끝에 Type Tool(문자 도구)로 클릭하여 커서가 깜빡거리면 키보드에서 `Delete`를 눌러 빈 공간을 제거하면 간격이 좁혀지게 됩니다. 이와같은 방법으로 빈줄을 없앱니다.

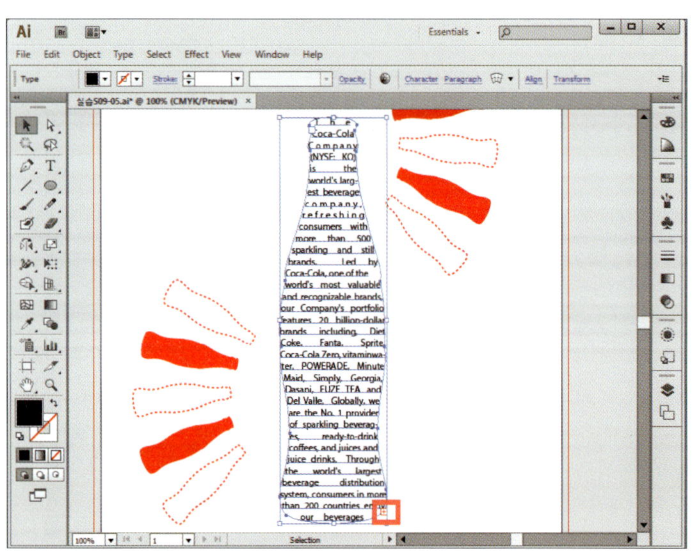

12 Selection Tool(선택 도구)로 병 오른쪽 끝 부분 표시 ' ⊞ '에 마우스를 올린 후 커서 모양이 '▶'로 바뀌면 클릭합니다.

참고 텍스트 상자 끝에 나타나는 " ⊞ '는 내용이 넘쳤다는 뜻, 즉 텍스트 상자 밖으로 나가있어 안보이는것을 의미해 줍니다.

13 커서 모양이 로 바뀌었을 때 오른쪽 옆 빈 공간을 클릭하면 병 모양의 텍스트 상자가 하나 더 생성됩니다.

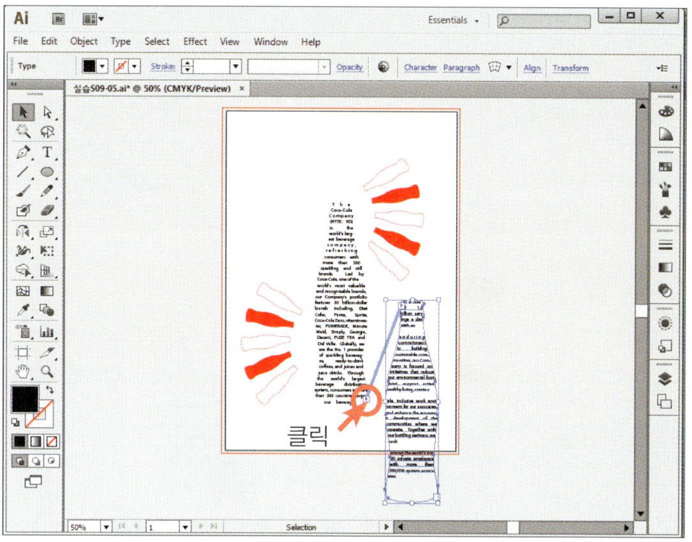

14 Selection Tool(선택 도구)을 클릭하면 선택된 오브젝트 가장자리에 Bounding Box(변형 상자)가 나타납니다. 마우스 커서를 모서리에 올리고 가 나타나면 Shift + Alt 를 누르고 드래그하여 축소합니다. 빈줄은 비어있는 윗쪽 끝에 마우스를 클릭 후 커서가 깜빡거리면 Delete 를 눌러 빈 공간을 없애 줍니다.

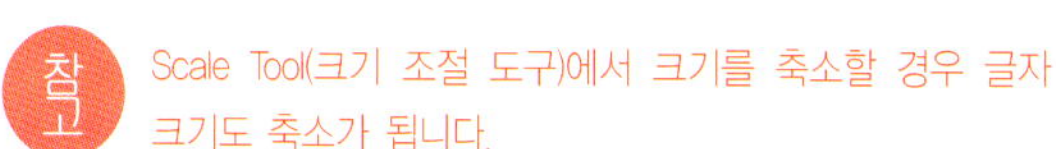

참고 Scale Tool(크기 조절 도구)에서 크기를 축소할 경우 글자 크기도 축소가 됩니다.

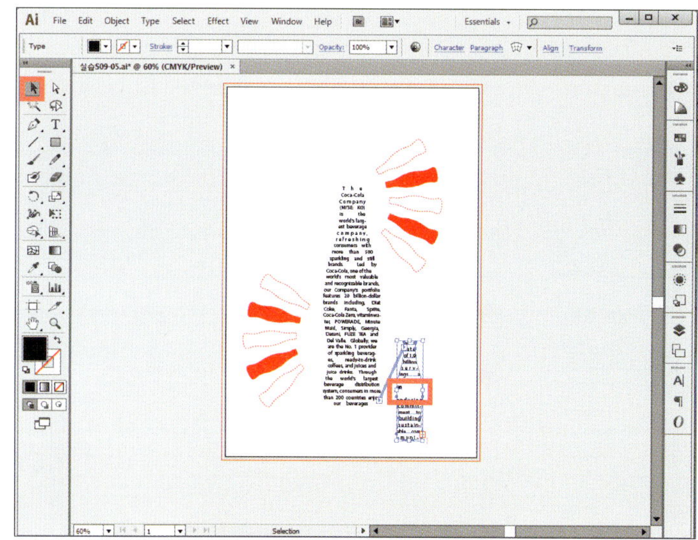

15 Selection Tool(선택 도구)로 복사된 작은 병 오른쪽 끝 ' '를 클릭하여 커서 모양이 로 바뀌면 옆쪽 빈 공간에 마우스를 클릭하여 한 개 더 만들어 줍니다.

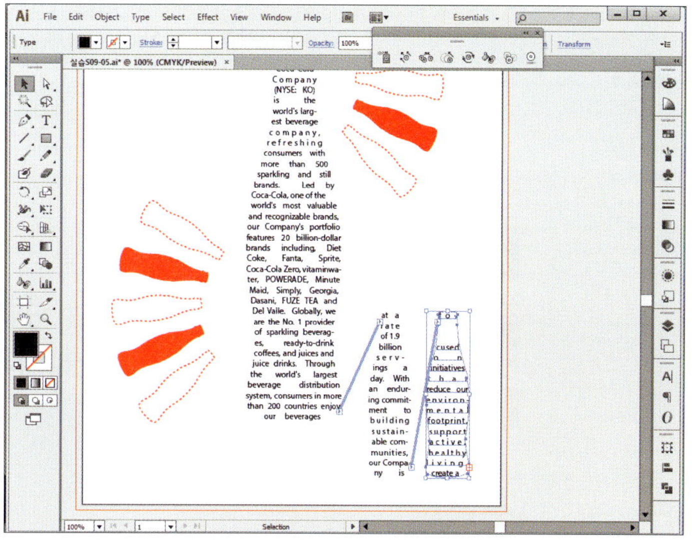

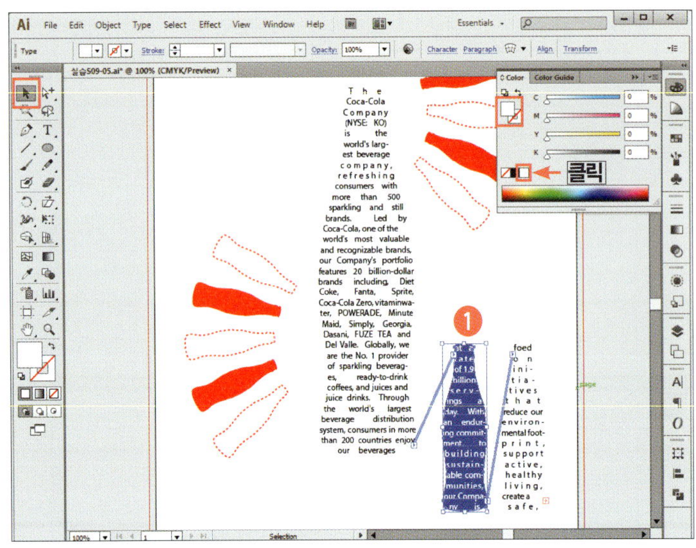

16 Group Selection Tool(그룹 선택 도구)을 클릭 후 ❶번 병 오브젝트 외곽선을 클릭하여 글자를 제외한 병 패스만 선택되었을 때 Fill 색상을 C:84%, M:71%로 지정합니다. Selection Tool(선택 도구)로 ❶번 병 오브젝트 글자 Fill 색상을 흰색으로 지정하고, Stroke은 None(없음)으로 합니다.

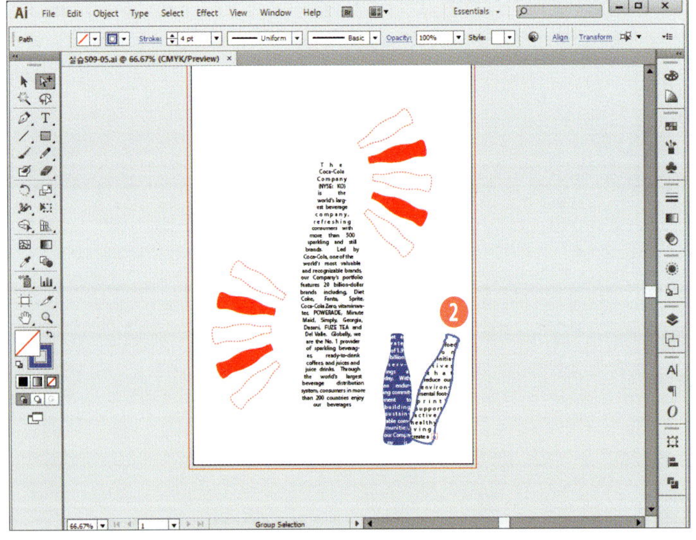

17 Group Selection Tool(그룹 선택 도구)로 ❷번 병 오브젝트 가장자리를 클릭 후 Controlbar(조절바)에서 Stroke:4pt를 지정하고 [Color] 패널에서 Fill:None(없음), Stroke 색상을 C:84%, M:71%로 지정합니다.

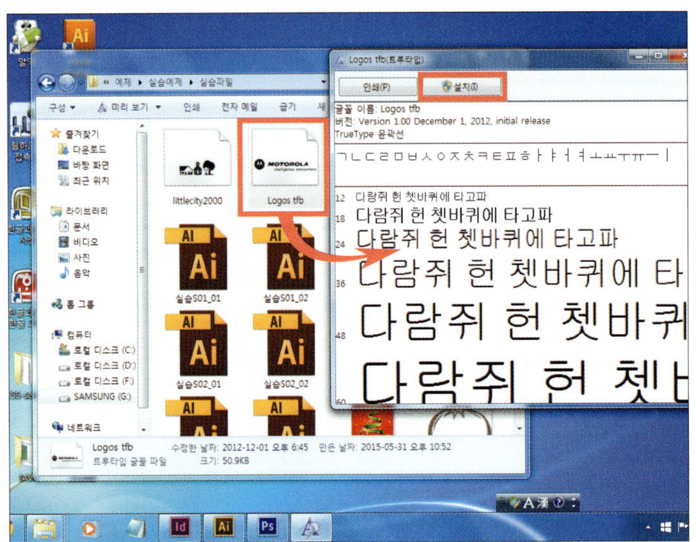

18 '실습예제/실습파일/Logos tfb.ttf'을 더블 클릭하여 Logo ttb(트루타입)상자가 열린 후 설치(I)을 클릭하면 [Window]-[Font] 폴더로 자동 설치됩니다.

19 Type Tool(문자 도구)로 도큐멘트 상단에 마우스를 클릭하여 커서가 깜빡거리면 Controlbar(조절바)에서 Character(문자 설정)를 클릭합니다. [Cahracter] 패널이 열리면 ❶ Set the Font family(글꼴):Logos tfb를 입력하고, ❷ Set the Font Size(글자 크기):130pt를 입력합니다. 키보드에서 C를 누르면 'CocaCola' 로고가 출력됩니다. 글자 Fill(면) 색상은 [Color] 패널에서 M:100%, Y:100%를 지정합니다.

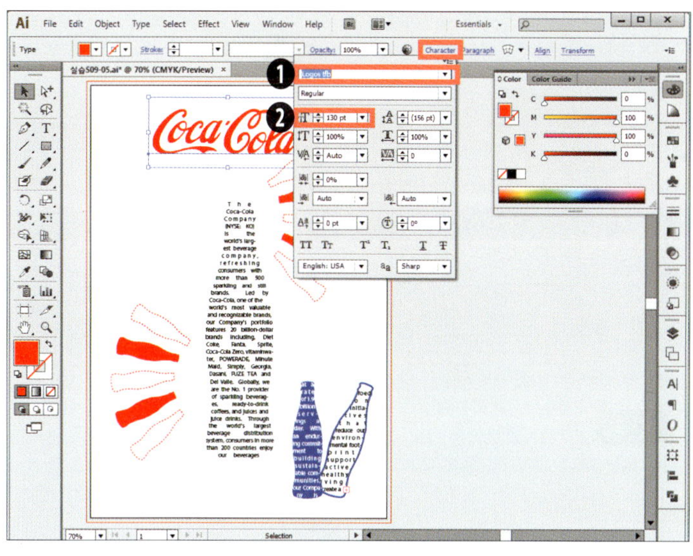

20 Selection Tool(선택 도구)로 각 오브젝트를 클릭하여 선택한 다음 위치를 조정 한 후 'CocaCola' 글자를 제외한 나머지를 드래그하여 모두 선택하고 [Ctrl] + [G] 를 눌러 그룹으로 만듭니다.

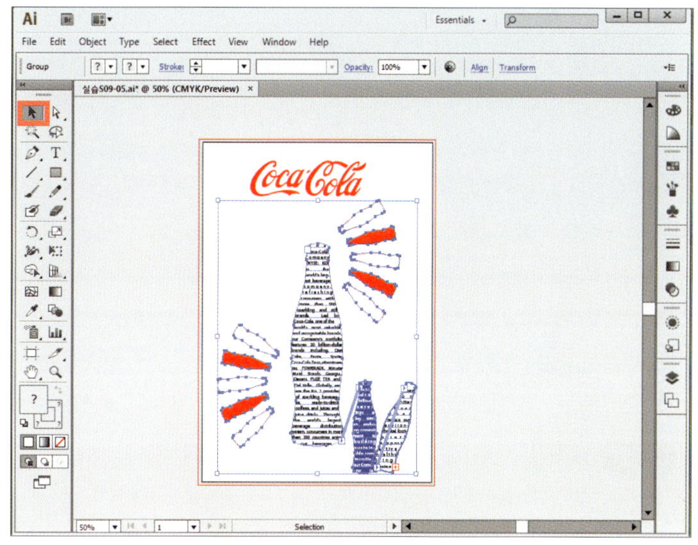

21 Selection Tool(선택 도구)로 오브젝트를 모두 선택 후 Controlbar(조절바)의 Align(정렬):Horizontal Align Center (오브젝트 가운데 수평 정렬)을 클릭하여 아트보드 중앙 정렬하여 완성합니다.

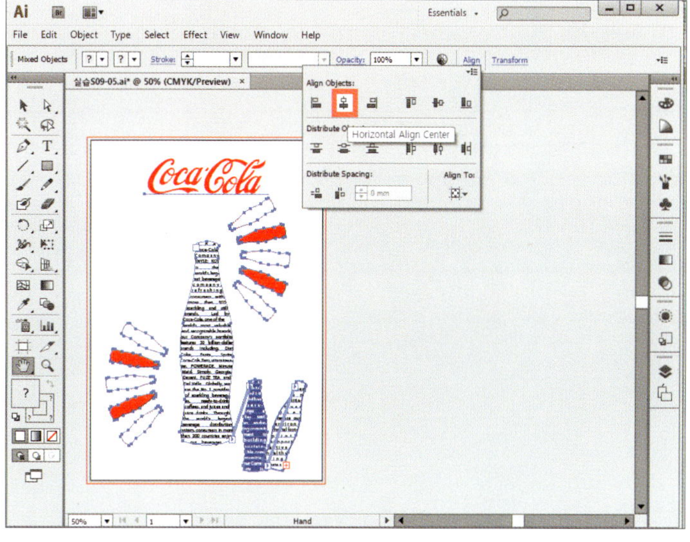

기초실습

1

준비파일을 불러온 후 Type Tool(문자 도구)로 완성파일과 같이 만들어 보세요.

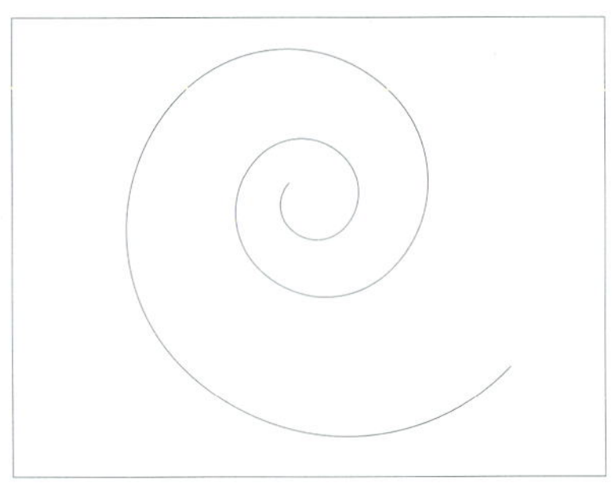

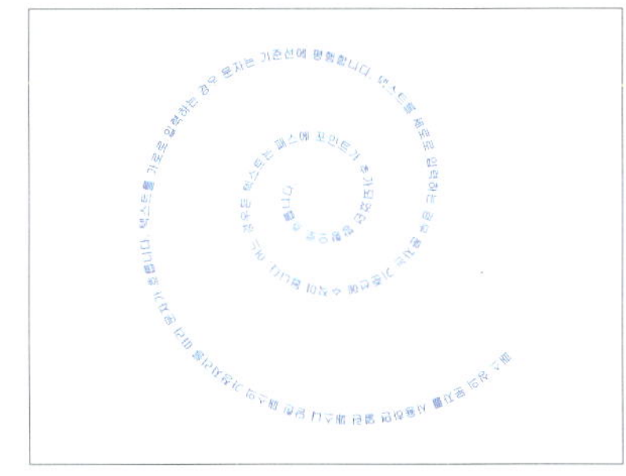

▲ 준비파일 : 기초문제\기초S09-1.ai, 기초S09-1.txt　　▲ 완성파일 : 기초문제\완성파일\기초완성S09-01.ai

힌트

'기초09-01.txt' 파일을 열고 내용을 드래그하여 복사하고 Type Tool(문자 도구)
또는 Type on a Path Tool(패스 문자 도구)를 선택 후 선 바깥쪽에서 클릭하여
붙여넣기합니다. 글자 크기는 14.9pt로 지정해 줍니다.

2

준비파일을 불러온 후 완성파일과 같이 만들어 보세요.

▲ 준비파일 : 기초문제\기초S09-2.ai, 기초S09-2.txt　　▲ 완성파일 : 기초문제\완성파일\기초완성S09-02.ai

힌트

'기초09-02.txt' 파일을 열고 내용을 드래그하여 복사 후 Type Tool(문자 도구)
또는 Area Type Tool(영역 문자 도구)을 활용하여 붙여넣기 합니다.

3

준비파일을 불러온 후 돋보기 도구와 손 도구를 이용해 이미지를 확대해보고 위치도 변경해 보세요.

▲ 준비파일 : 기초문제\기초S09-3.ai　　▲ 완성파일 : 기초문제\완성파일\기초완성S09-03.ai

1) 준비파일을 불러온 후 Text Wrap(텍스트 감싸기) 기능을 이용하여 완성파일과 같이 만들어 보세요.

▲ 준비파일 : 활용실습₩활용S09-1.ai, 활용S09-1.txt

▲ 완성파일 : 활용실습₩완성파일₩활용완성S01-1.ai

힌트

트리 바깥쪽으로 오브젝트를 그린 후 Object〉Text Wrap〉Make(적용)을 적용합니다.

2) 준비파일을 불러온 후 오른쪽과 같이 엠블럼을 완성해 보세요.

▲ 준비파일 : 활용실습₩활용S09-2.ai

▲ 완성파일 : 활용실습₩완성파일₩활용완성S09-2.ai

3) 준비파일을 불러온 후 패스 문자 도구를 이용해서 완성파일과 같이 만들어 보세요.

▲ 준비파일 : 활용실습₩활용S09-3.ai, 활용S09-3.txt

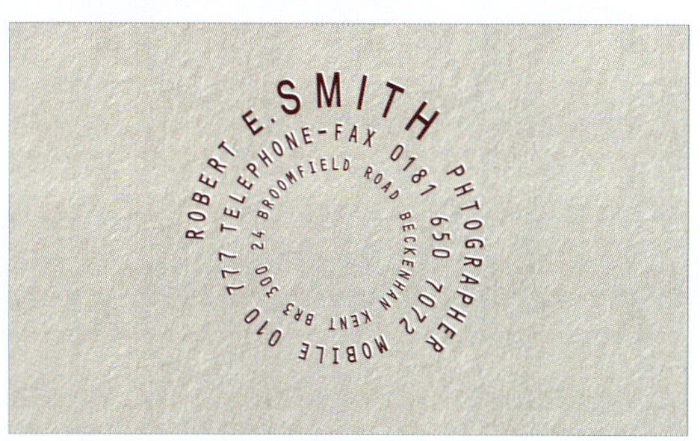

▲ 완성파일 : 활용실습₩완성파일₩활용완성S09-3.ai

힌트 

Type on a Path Tool(패스 문자 도구)로 원형 모양을 만든 다음 그룹으로 지정 후 복사
하여 아래쪽 글자는 흰색 위쪽은 어두운 붉은 색을 배치하여 입체적인 글자를 만듭니다.

Blend Tool 활용법 익히기

오브젝트를 블렌드하여 두 오브젝트 사이에 모양을 만들어 고르게 배포할 수 있습니다. 또한 두 개의 열린 패스 간을 블렌드하여 오브젝트가 매끄럽게 변하도록 하거나 색상과 오브젝트의 블렌드를 결합하여 특정 오브젝트 모양에서 색상 변화를 만들 수도 있습니다. 이번 섹션에서는 응용 예제를 통해 블렌드 도구 활용법에 대해 익혀 보겠습니다.

▲ 완성파일 : 실습예제\완성파일\실습완성10-01.ai
· Blend Tool(블렌드 도구)을 이용해 CD를 만들어 본다.

▼ 완성파일 : 실습예제\완성파일\실습완성10-02.ai
· 선을 활용하여 Blend Tool(블렌드 도구)을 적용해 본다.

◀ 완성파일 : 실습예제\완성파일\실습완성10-03.ai
· 캐릭터와 같이 여러개 오브젝트로 결합된 것들은 반드시 그룹으로 지정 후 블렌드를 적용하여 중간 단계의 캐릭터를 만들어 본다.

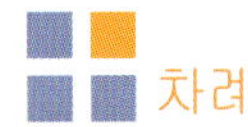

차례

Blend Tool로 CD 만들기

01 Ctrl + N 을 눌러 새 문서를 연 다음 Name:CD 만들기, Size:A4, Orientation(문서 방향) : 🖻 (Portrait:세로 방향)로 지정 후 OK 합니다.

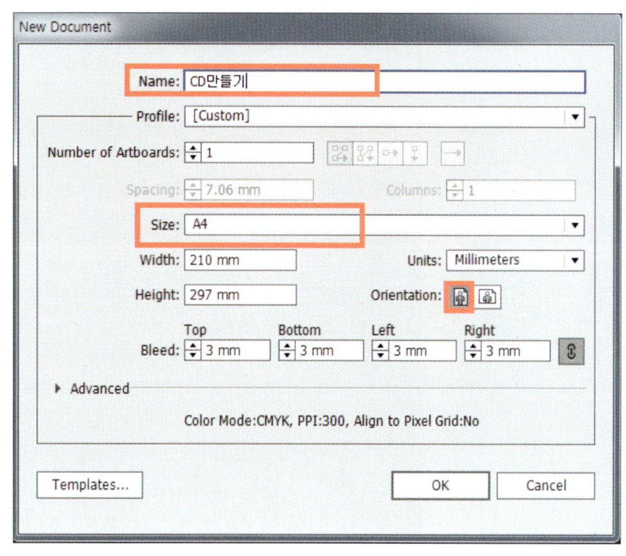

02 Ellipse Tool(타원형 도구)을 클릭 후 아트보드 중앙에 마우스를 올리고 단축키 Alt + Shift 를 누르고 드래그 하여 정원을 만듭니다.

Tip
Alt 는 도형을 그릴 때 가운데 중앙에 맞춰 그리는 단축 키입니다. Shift 는 정원, 정사각형을 그릴 때 많이 사용합니다.

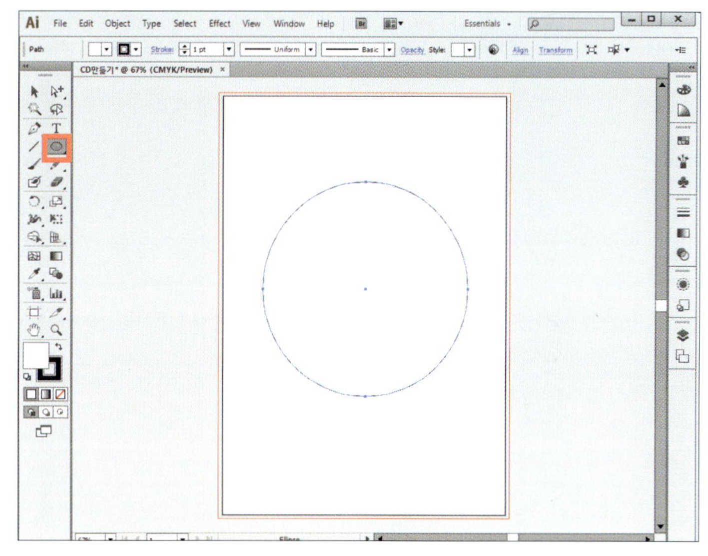

03 정원이 선택된 상태에서 도구 상자 하단의 ▣ (Gradient) 버튼을 클릭 하여 그라데이션 색상을 넣은 뒤 색상을 추가합니다. ❶ C:17%, ❷ C:0 M:0 Y:0 K:0 (흰색) ❸ C:40%, ❹ C:0 M:0 Y:0 K:0(흰색), ❺ C:24%로 지정합니다.

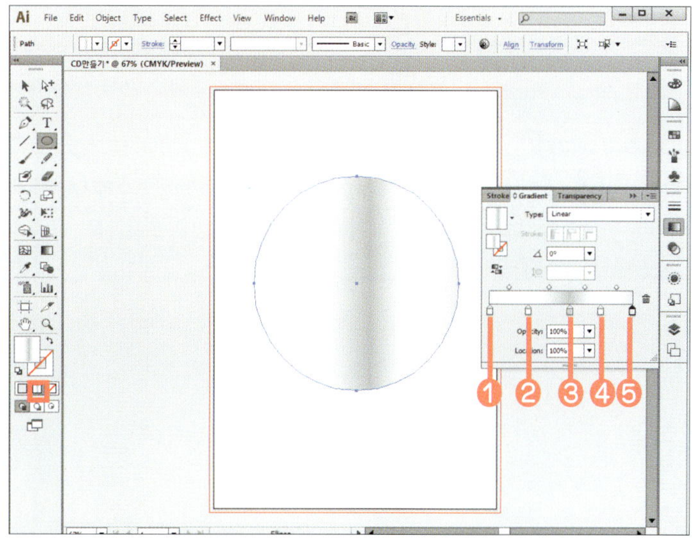

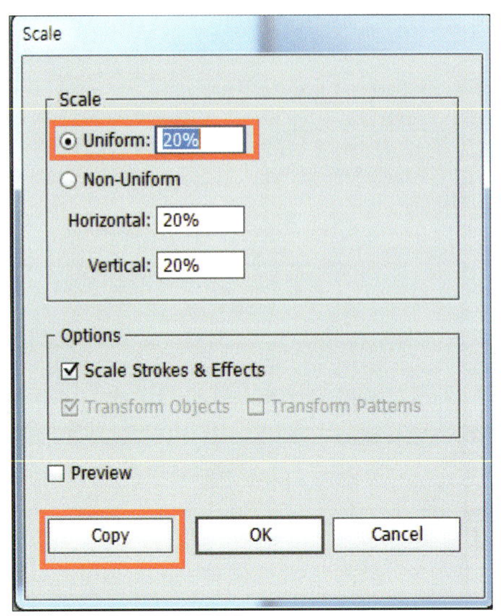

04 정원 오브젝트가 선택된 상태에서 Scale Tool(크기 조절 도구)을 두 번 더블 클릭하면 대화상자가 열립니다. Uniform:20%로 축소 후 **Copy** 버튼을 클릭하여 오브젝트를 축소 복사합니다.

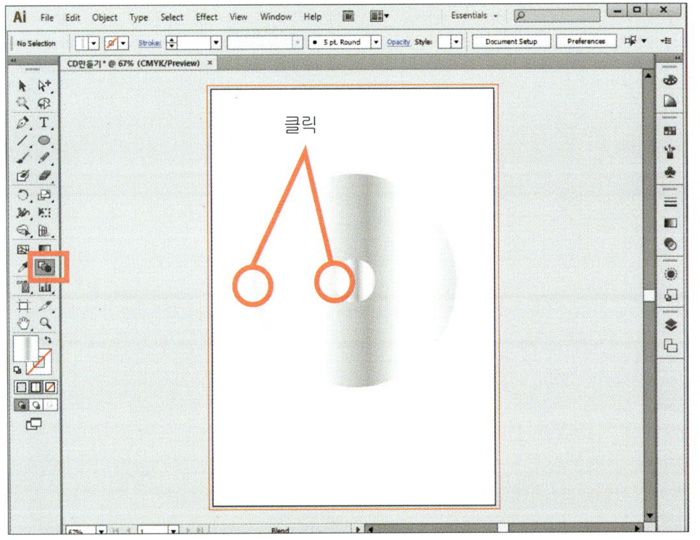

05 Blend Tool(블렌드 도구)로 큰원과 작은원 가장자리를 클릭합니다.

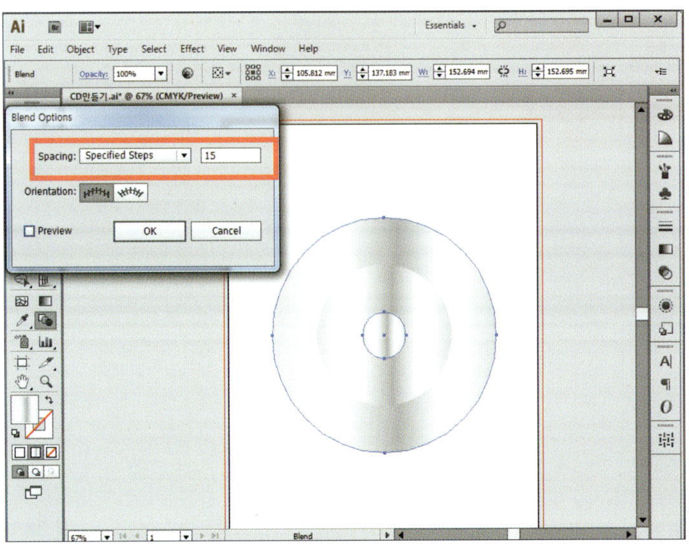

06 그라데이션 색상이 적용된 오브젝트에 블렌드를 적용할 경우 중간 단계가 한 개만 나올 경우에는 Blend Tool (블렌드 도구)에서 두 번 더블 클릭하여 옵션 상자가 열리면 Spacing : Specified Steps-15을 입력 후 **OK** 합니다.

07 Ellipse Tool(원형 도구)로 CD 오브젝트 가운데에 마우스를 올리고 `Alt` + `Shift`를 눌러 가운데 중심점에 맞춰 정원을 조금 더 크게 그립니다. Fill(칠) 색상은 C:41%로 지정합니다.

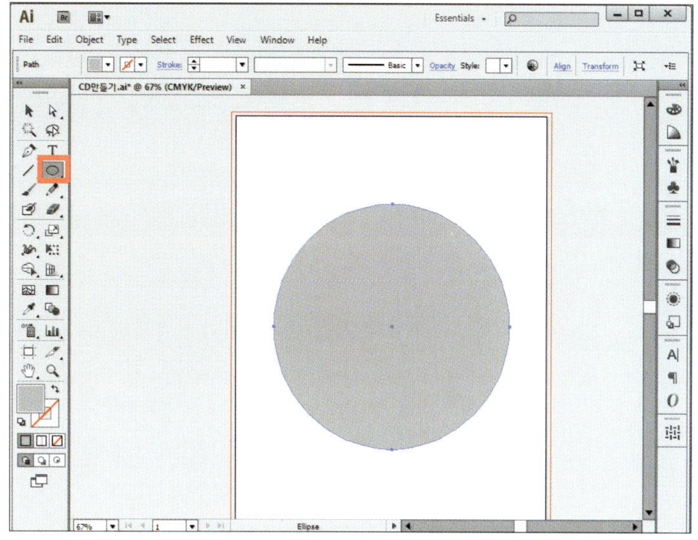

08 `Shift` + `Ctrl` + `[`를 눌러 오브젝트 순서를 맨 뒤로 보냅니다.

Tip

`Shift` + `Ctrl` + `[` 는 Send to Back(맨 뒤로 보내기)의 단축키 입니다.

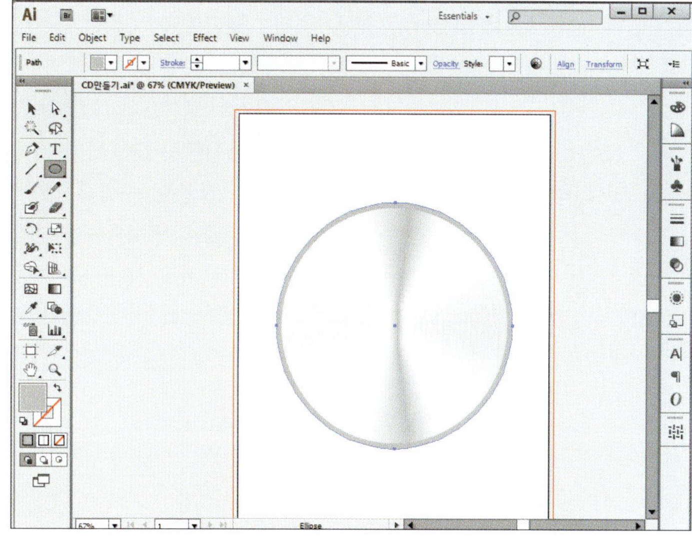

09 CD 오브젝트 중앙에서 작은 원 크기에 맞춰 `Alt` + `Shift`를 눌러 정원을 그립니다. Fill Color(면 색상)-흰색, Stroke Color(선 색상)-C:41%로 지정하여 완성합니다.

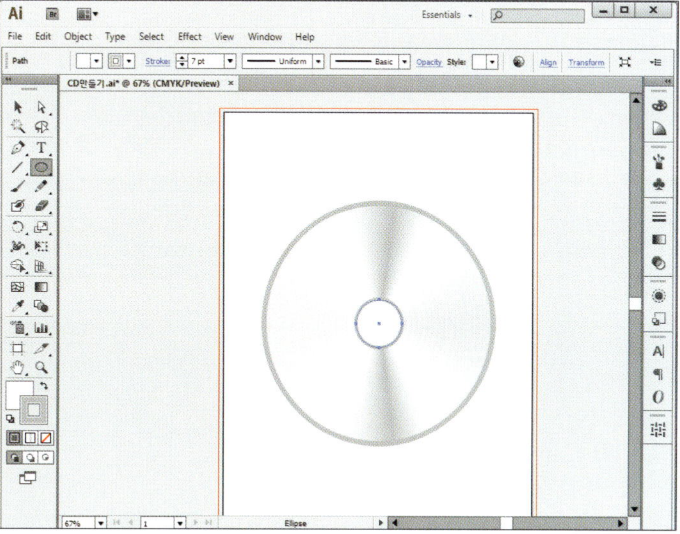

Blend Tool(블렌드 도구) 옵션 상자 알아보기

오브젝트를 블렌드하여 두 오브젝트 사이에 모양을 만들어 고르게 배포할 수 있습니다. 또한 두 개의 열린 패스 간을 블렌드하여 오브젝트가 매끄럽게 변하도록 하거나 색상과 오브젝트의 블렌드를 결합하여 특정 오브젝트 모양에서 색상 변화를 만들 수도 있습니다.

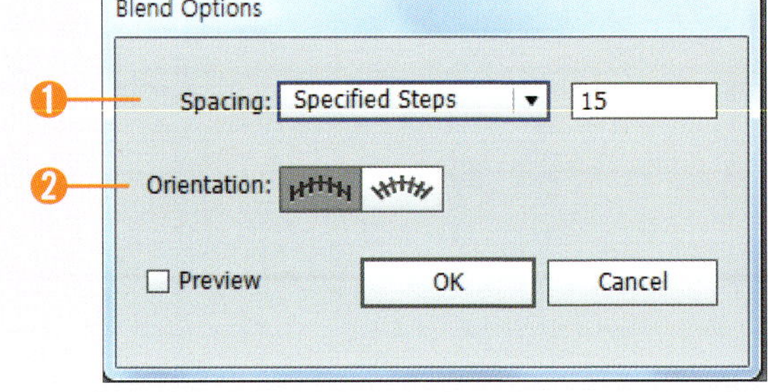

❶ Spacing : 두 개의 오브젝트 사이에 생성되는 블렌드에 추가할 단계 수를 결정합니다.

- Smooth Color(매끄러운 색상) : 블렌드에 대한 단계 수가 자동으로 계산됩니다. 오브젝트의 칠과 선이 서로 다른 색상인 경우 색상이 매끄럽게 변화될 수 있는 최적의 단계 수가 계산됩니다.

- Specified Step(지정된 단계) : 블렌드의 시작과 끝 사이의 단계 수를 조절합니다.

- Specified Distance (지정된 거리) : 블렌드에서 단계 사이의 거리를 조절합니다. 지정한 거리는 한 오브젝트의 가장자리에서 다음 오브젝트의 대응하는 가장자리까지로 측정됩니다.

❷ Orientation(방향) : 블렌드된 오브젝트의 방향을 결정합니다.

- Align to Page(페이지에 정렬) : 블렌드 방향을 페이지의 x축에 수직으로 설정합니다.

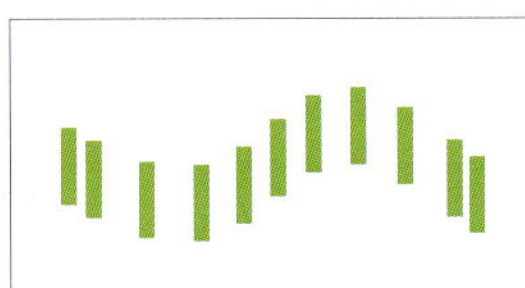

- Align to Path(패스에 정렬) : 패스에 수직으로 블렌드의 방향을 설정합니다.

01 **Ctrl** + **N** 을 눌러 새 문서를 연 다음 Name:꽃만들기, Size:A4, Orientation(문서 방향) : 📱 (Portrait:세로 방향)로 지정 후 **OK** 합니다.
Ellise Tool(원형 도구)로 타원형을 그린 후 Fill 색상은 None(없음), Stroke 색상은 M:50%로 지정합니다.

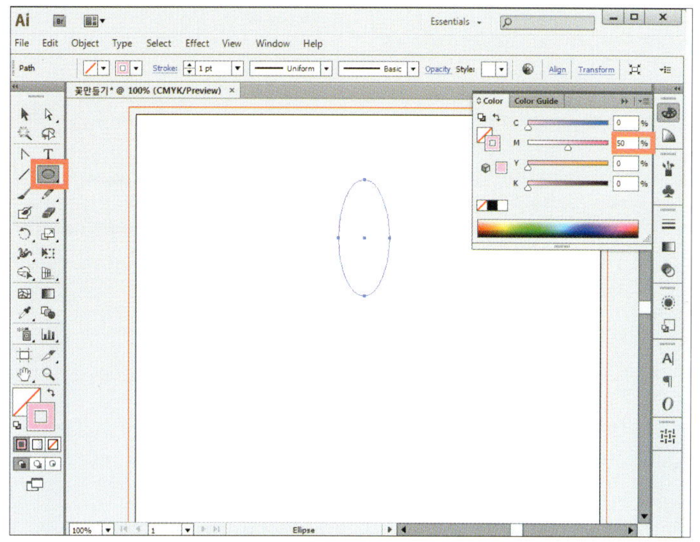

02 Convert Anchor Point Tool(방향점 전환 도구)로 위, 아래 정점을 클릭 하여 방향키를 제거합니다.

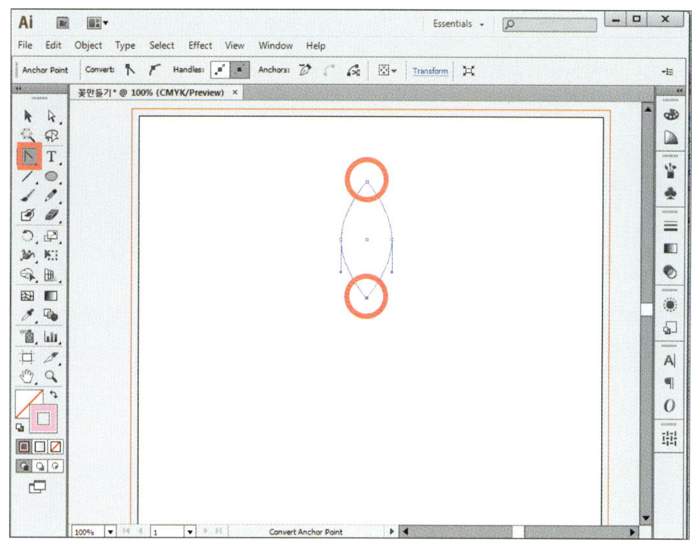

03 오브젝트를 두 개로 분리하기 위해 Scissor Tool(가위 도구)로 위쪽과 아래쪽 Anchor Point(정점)를 클릭합니다.

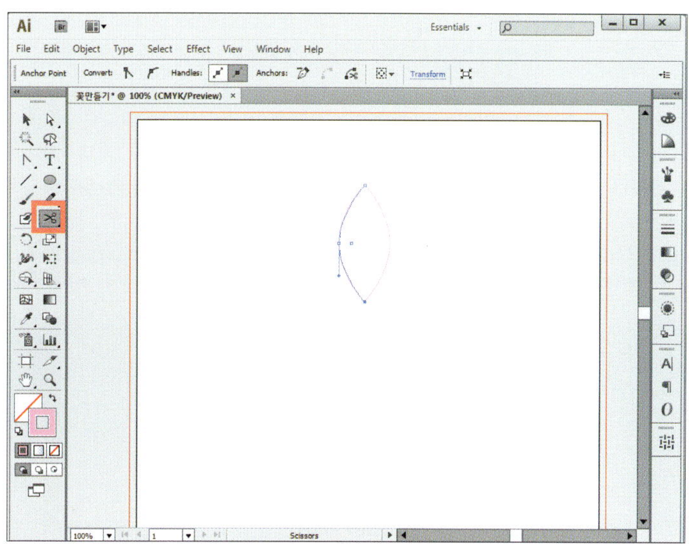

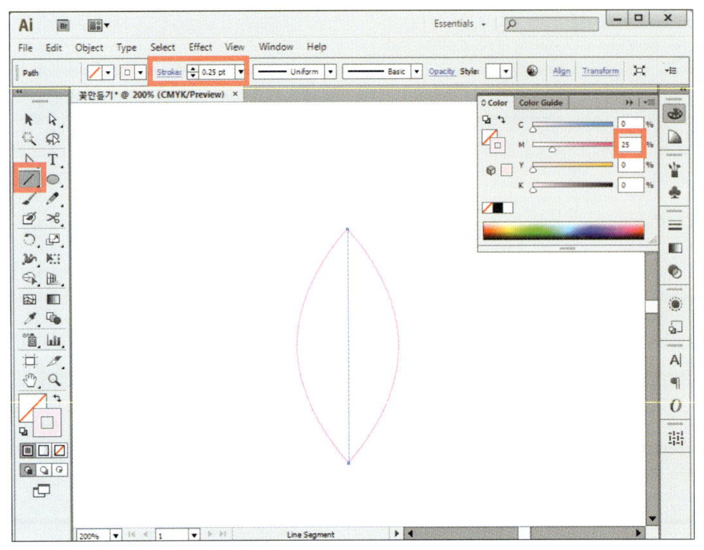

04 Line Segment Tool(선 도구)을 클릭 후 타원 오브젝트 가운데에 수직선을 그립니다. Controlbar(조절바)에서 Stroke:0.25pt, [Color] 패널의 선 색상을 M:25%로 지정합니다.

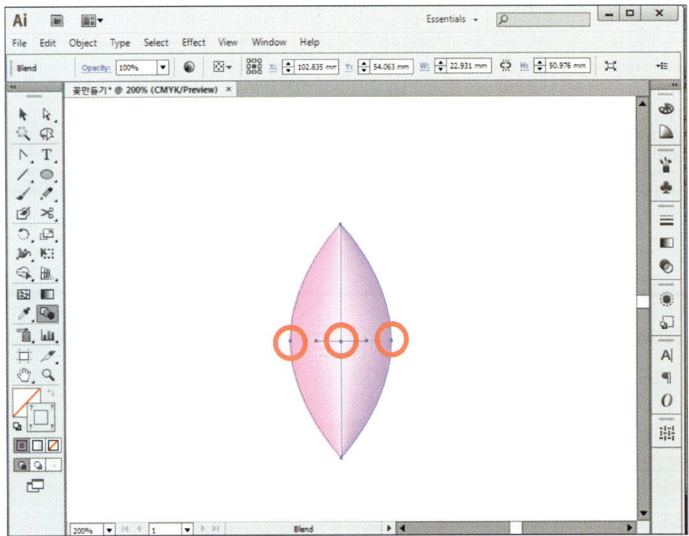

05 Selection Tool(선택 도구)로 오른쪽 오브젝트를 클릭 후 [Color] 패널에서 Stroke 색상을 C:28%, M:50%로 지정해 줍니다.
Blend Tool(블렌드 도구)로 왼쪽 오브젝트 가운데 정점과 수직선, 오른쪽 오브젝트 가장자리 가운데 정점에서 클릭하여 블렌드를 적용합니다.

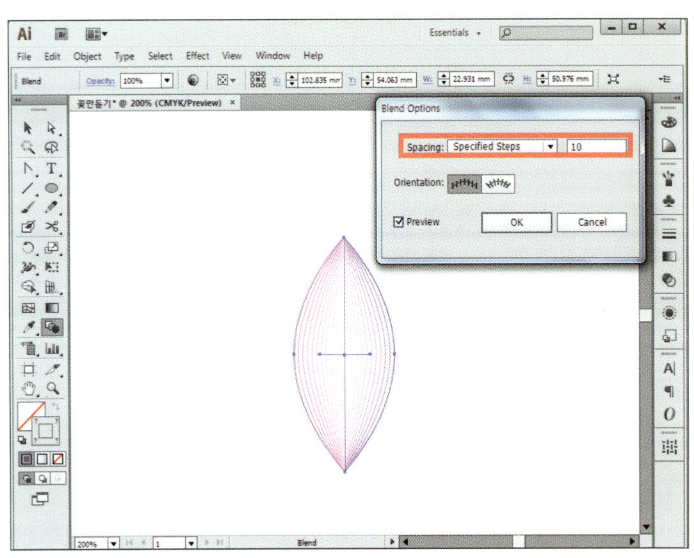

06 Blend Tool(블렌드 도구)를 두 번 더블 클릭하여 Blend 옵션 상자를 열어 줍니다. Spacing:Specified Steps-10이라고 입력 후 OK 버튼을 클릭합니다.

07 Rotate Tool(회전 도구)로 꽃잎 아래쪽에 마우스를 올리고 단축키 Alt + 클릭하여 Rotate 옵션 상자를 열어 Angle:20°를 입력 후 Copy 버튼을 클릭합니다.

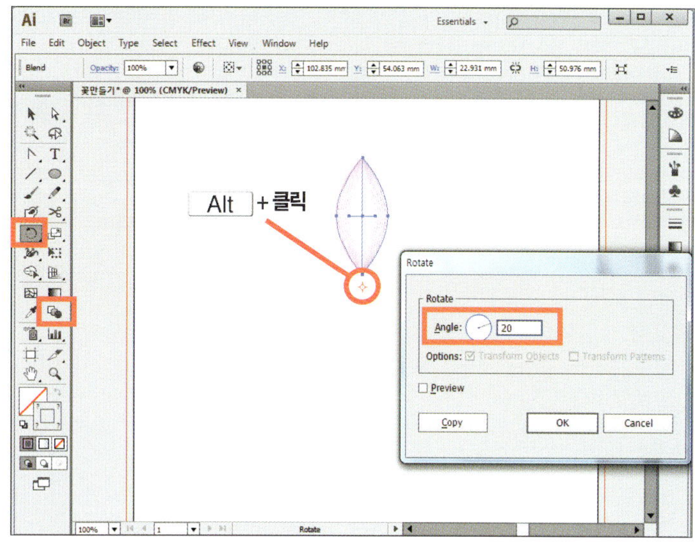

08 꽃잎이 완성될 때까지 단축키 Ctrl + D 를 눌러 완성합니다. Selection Tool(선택 도구)로 드래그하여 오브젝트를 전부 선택 후 Ctrl + G 로 그룹으로 만들고, Ctrl + 2 를 눌러 오브젝트들을 잠궈줍니다.

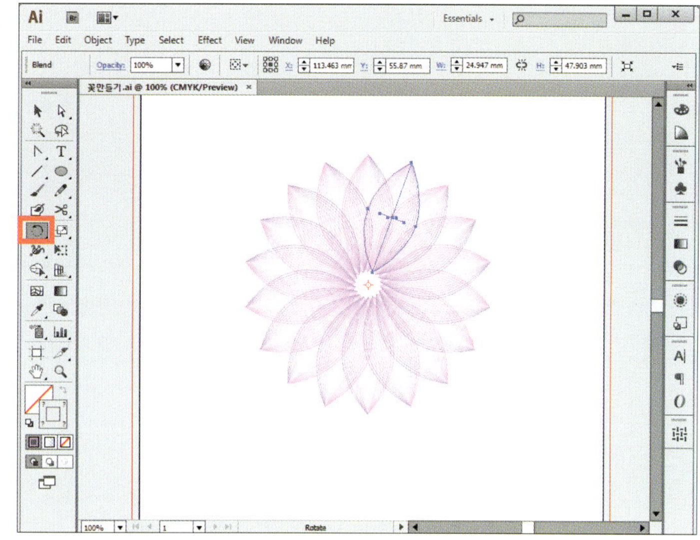

09 Pencil Tool(연필 도구)로 꽃잎의 줄기를 그립니다. Pencil Tool(연필 도구)을 두 번 더블 클릭하여 옵션 상자를 연 다음 Fidelity(정확도):6%, Smoothness(곡선화):28%로 지정 후 OK 버튼을 클릭합니다.

10 pencil Tool(연필 도구)로 드래그하여 한 개의 줄기를 그립니다. 선 색상은 C:86% M:13% Y:100% K:8% 로 지정해 줍니다.

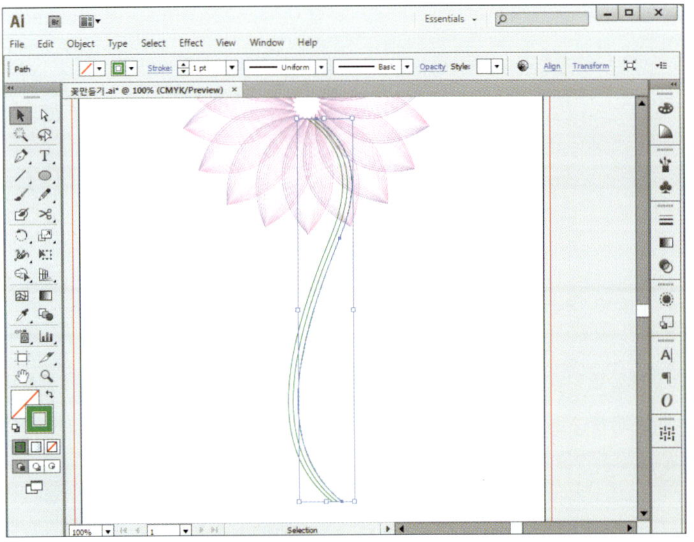

11 그려진 줄기가 선택된 상태에서 Selection Tool(선택 도구)로 그려진 줄기를 클릭하여 선택 후 Alt 를 누르고 드래그하여 오브젝트를 한 개 복사합니다. 세번째 오브젝트는 단축키 Ctrl + D 키를 누르고 한 개 더 반복 복사합니다. 가운데 복사된 오브젝트를 선택 후 Stroke(선) 색상은 C:32% Y:74%로 지정합니다.

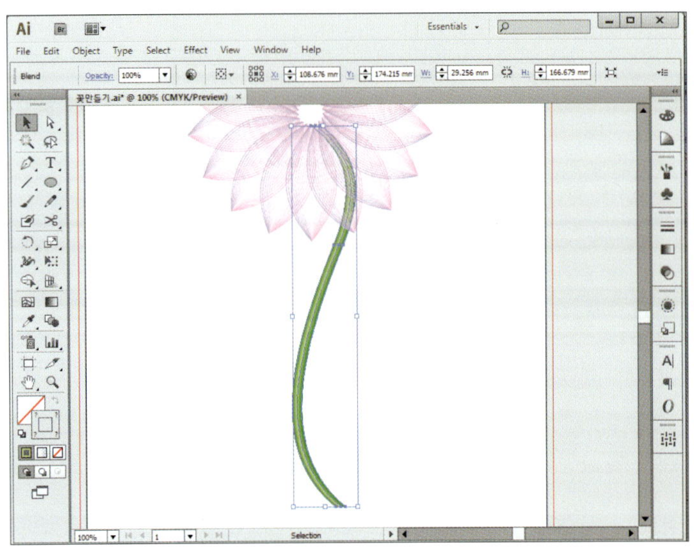

12 줄기 오브젝트 3개를 모두 선택 후 Alt + Ctrl + B 를 눌러 블렌드를 적용합니다. Shift + Ctrl + [를 눌러 맨 뒤로 보냅니다.

13 Pencil Tool(연필 도구)로 두 개의 선 잎사귀를 그립니다. ❶번 선 색상은 C:51% Y:100%, ❷번 선 색상은 C:11% Y:48%로 지정한 후 단축키 Alt + Ctrl + B 를 눌러 블렌드를 적용합니다.

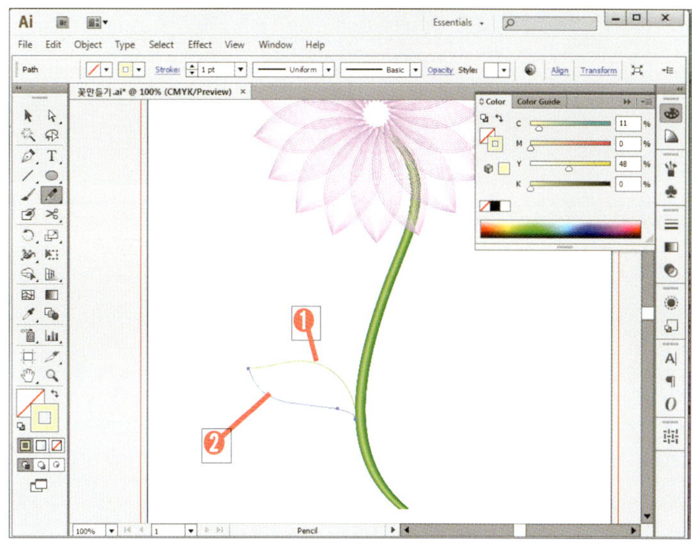

14 오른쪽 잎사귀를 한 개 더 그린 후 색상은 왼쪽 잎사귀 색상과 똑같은 색상을 지정합니다. ❶번 선 색상은 C:11% Y:48%, ❷번 선 색상은 C:51% Y:100%로 지정한 후 단축키 Alt + Ctrl + B 를 눌러 블렌드를 적용합니다. 잠금을 해준 꽃을 단축키 Alt + Ctrl + 2 를 눌러 잠금을 해제 후 Ctrl + A 를 눌러 오브젝트 전체를 선택 후 Ctrl + G 를 눌러 그룹으로 지정합니다.

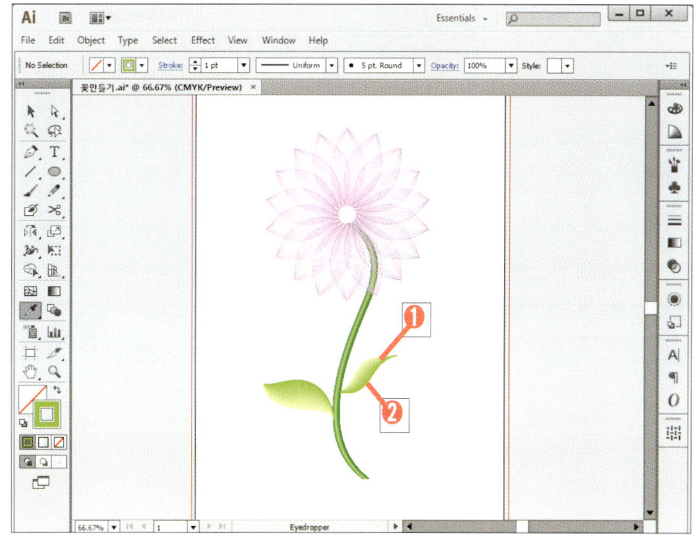

TIP

잎사귀에 부드러운 블렌드가 적용이 안되었을 때는 Blend 옵션 상자에서 Spacing:Specified Steps에서 숫자를 크게 입력해 줍니다.

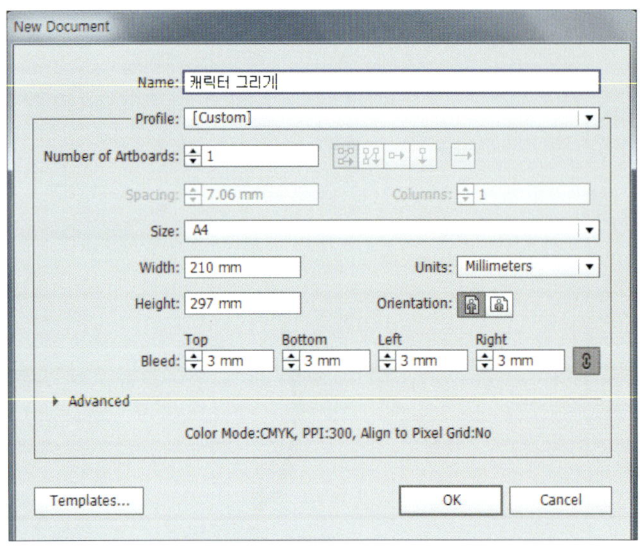

01 Ctrl + N 을 눌러 새 문서를 연 다음 Name:캐릭터 그리기, Size:A4, Orientation(문서 방향) : ▣ (Landscape:가로 방향)로 지정 후 OK 합니다.

Ellise Tool(원형 도구)을 클릭 후 아트보드 바탕을 클릭하면 Ellips 옵션 상자가 열립니다. Width:56mm, Height:50mm로 지정 후 OK 합니다.

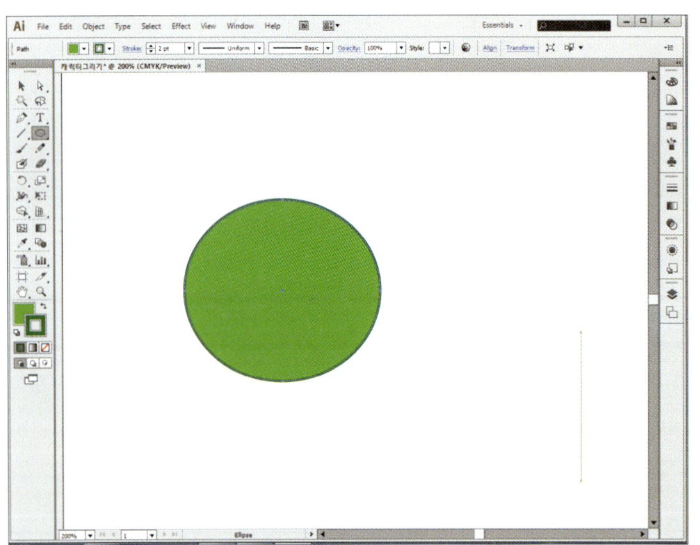

02 타원의 Fill 색상은 C:67% Y:100%, Stroke 색상은 C:88% M:27% Y:100% K:17%, Stroke Weight(선 두께)−2pt로 지정합니다.

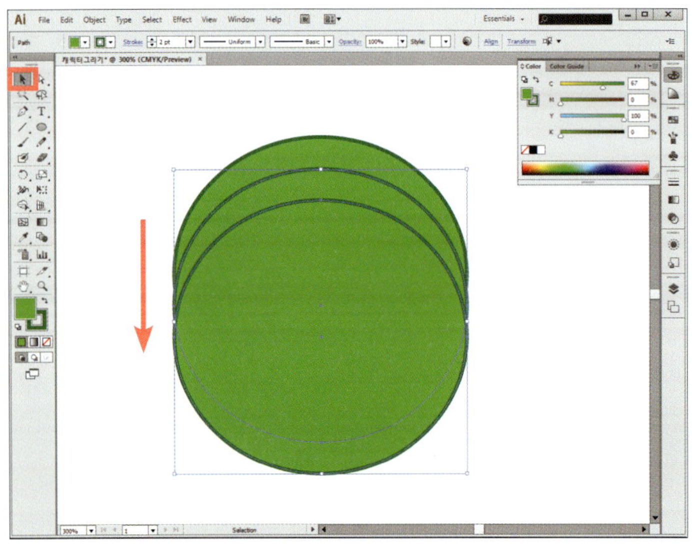

03 Selection Tool(선택 도구)로 단축키 Alt 키를 누른 상태에서 타원 오브젝트를 아래쪽으로 드래그하여 두 개 복사합니다.

04 Selection Tool(선택 도구)로 세 개의 오브젝트를 드래그하여 모두 선택 후 Shift + Ctrl + F6 을 눌러 [Pathfinder :패스파인더] 패널을 연 후 Pathfinders : (Divide)을 클릭합니다. Shift + Ctrl + G 로 디바이드된 오브젝트의 그룹을 해제 후 Selection Tool(선택 도구)로 오브젝트 바깥쪽을 클릭하여 선택을 해제 후 분할된 면을 한개씩 클릭하여 Delete 또는 ← 을 눌러 삭제합니다.

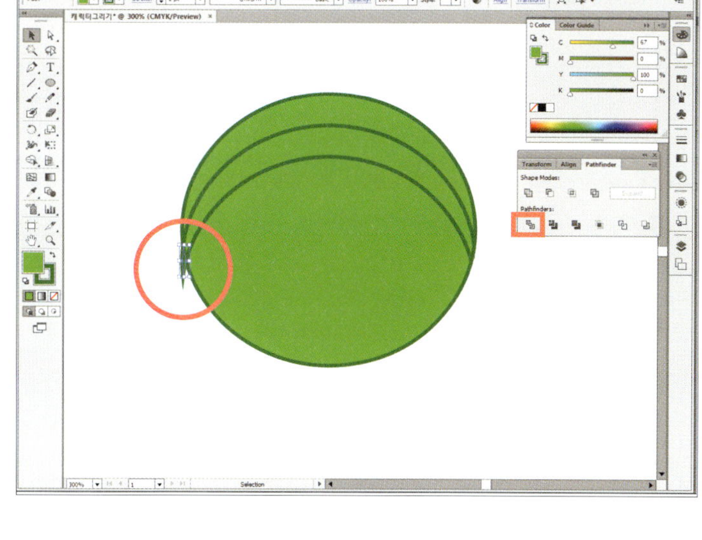

05 Selection Tool(선택 도구)로 두 번째 오브젝트를 클릭하여 선택 후 Fill 색상을 Y:100%로 지정합니다. 오브젝트를 모두 드래그하여 선택 후 Ctrl + G 로 그룹을 만들어 줍니다.

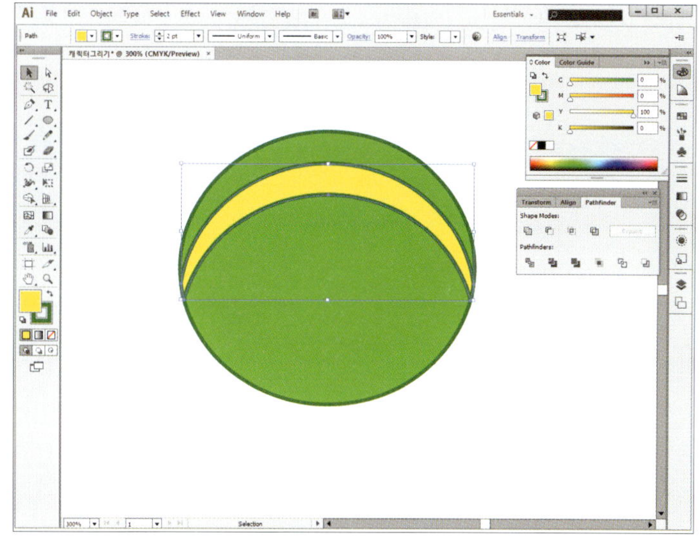

06 Ellise Tool(원형 도구)을 클릭 후 아트보드 바탕을 클릭하면 대화상자가 열립니다. Width(너비):43mm, Height(높이):32mm을 지정 후 OK 합니다. Fill-M:22% Y:38%, Stroke-C:88% M:27% Y:100% K:17%, Stroke Weight(선 두께)-2pt로 지정합니다.

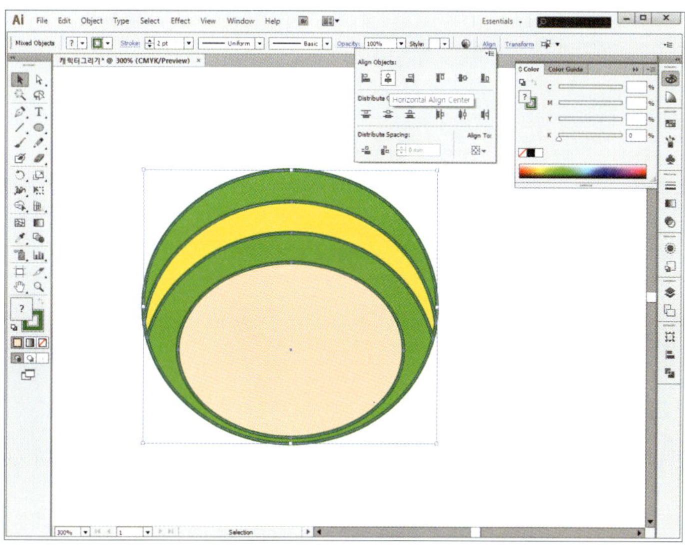

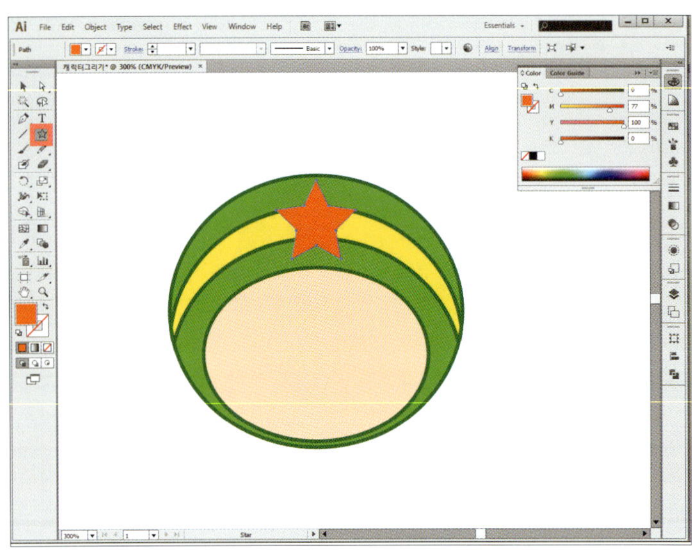

07 Star Tool(별 도구)을 클릭 후 아트 보드 바탕을 클릭하면 Star 옵션 상자가 열립니다. Radius1:8mm, Radius2:4mm, Points:5를 입력 후 OK 합니다. 별 색상은 Fill-C:77% Y:100%, Stroke-None(없음)으로 지정합니다.

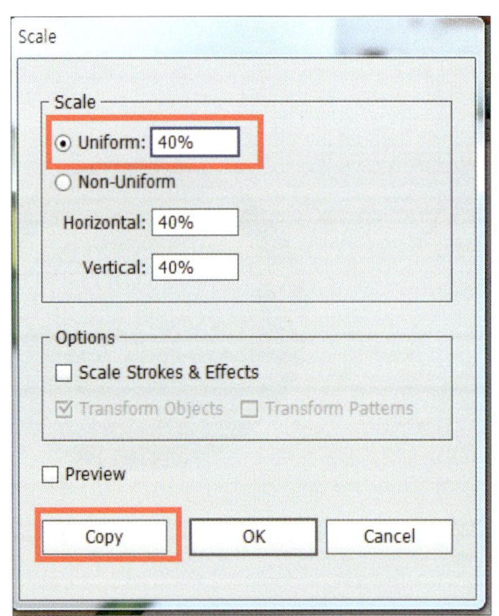

08 별이 선택된 상태에서 Scale Tool(크기 조절 도구)을 두 번 더블 클릭하여 Scale 옵션 상자를 열어 줍니다. Uniform:40%을 입력한 후 Copy 버튼을 클릭합니다.

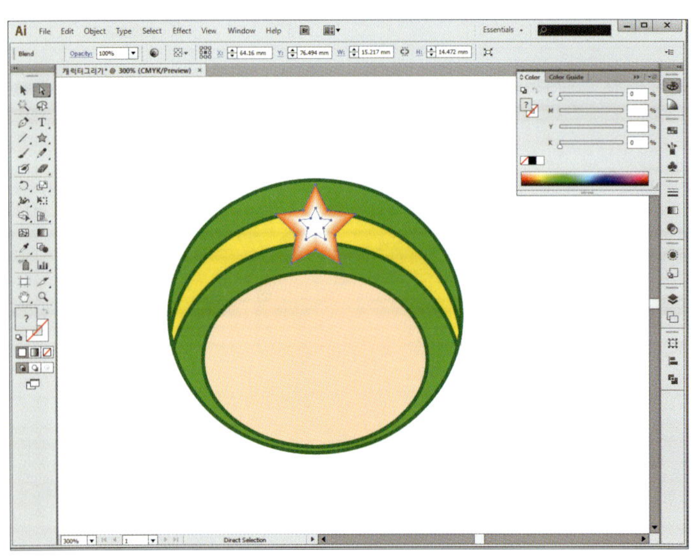

09 복사된 작은 별은 Fill-흰색, Stroke-None(없음)으로 지정합니다. Selection Tool(선택 도구)로 한 개의 별을 클릭 후 Shift 키를 누르고 두 번째 별을 클릭하여 모두 선택된 다음, Alt + Ctrl + B를 눌러 블렌드를 적용합니다.

TIP

Shift 는 더하기 단축키로써 여러 개의 오브젝트를 동시에 선택할 때 많이 활용됩니다.

10 Ellipse Tool(원형 도구)을 클릭 후 마우스를 아트보드 바탕에서 클릭하여 대화상자가 열리면, Width(너비):7mm, Height(높이):10mm을 지정 후 OK 합니다. Fill-검정색([Color] 패널에서 마우스로 ■를 클릭), Stroke-None(없음)으로 지정합니다. Scale Tool을 두 번 더블 클릭하여 대화상자를 연 후 'Uniform:50%'을 입력하고 OK 버튼을 클릭합니다. 복사된 작은 원 Fill 색상은 K:87%, Stroke-None(없음)으로 지정하고 Alt + Ctrl + B 를 눌러 블렌드를 적용합니다.

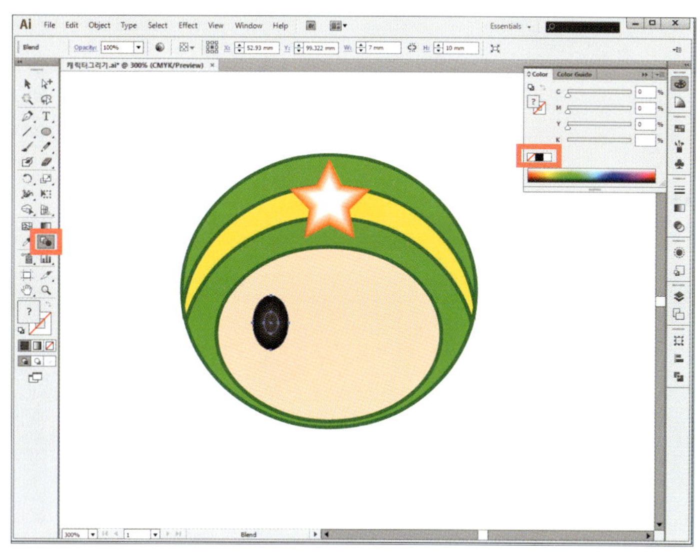

11 Ellipse Tool(원형 도구)을 클릭 후 Fill 색상은 흰색([Color]패널에서 마우스로 □ : 흰색을 클릭), Stroke 색상은 None(없음)으로 지정 후 검정색 눈 위에 Shift 를 누르고 큰 정원과 작은 정원 두 개를 그립니다. 눈이 완성된 후 Selection Tool(선택 도구)로 Shift 키를 누르고 검정색 눈과 흰색을 클릭하여 선택 후 Ctrl + G 로 그룹 지정한 다음 Alt 키를 누른 상태에서 드래그하여 오른쪽으로 복사 이동합니다.

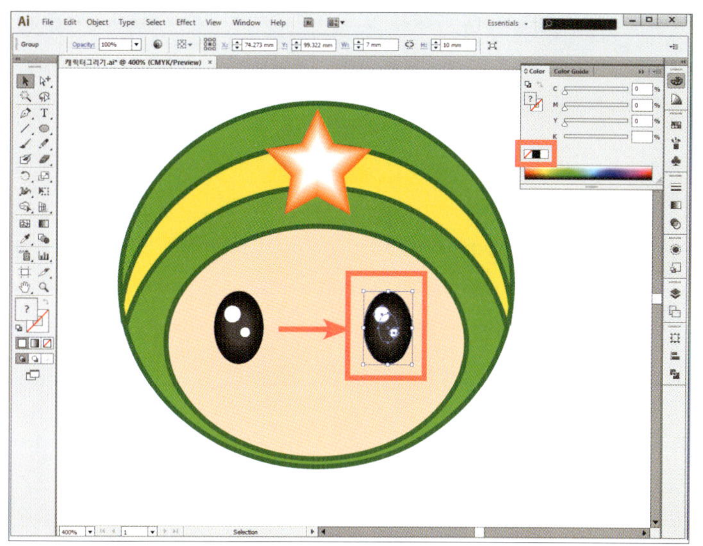

12 Ellipse Tool(타원형 도구)로 가운데 아래쪽에 타원을 그린 후 타원 윗쪽 중앙에 마우스를 올리고 Alt + Shift 를 눌러 커서 위치를 가운데로 지정하면서 정원을 그립니다.

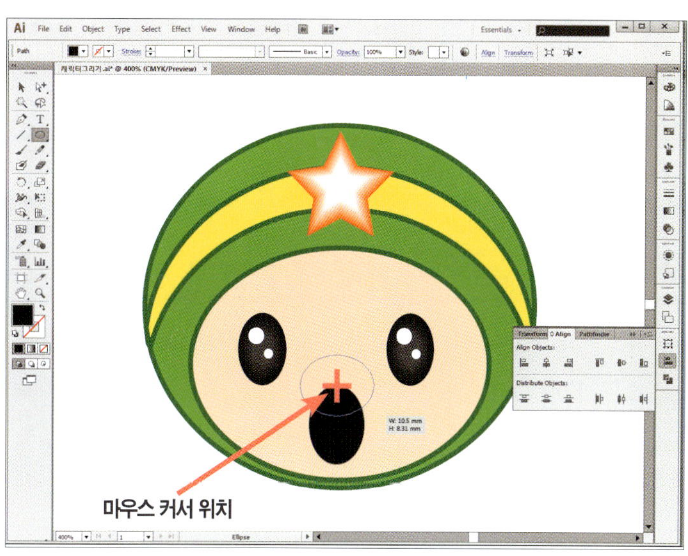

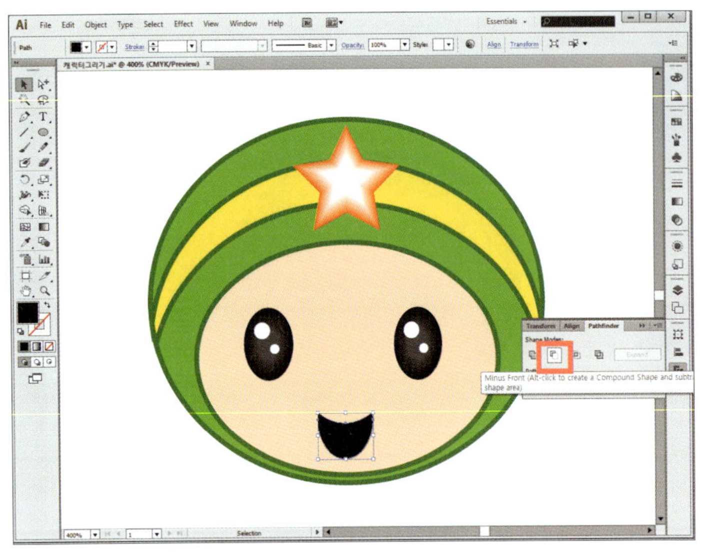

13 Selection Tool(선택 도구)로 두 개의 원을 Shift 키를 눌러서 선택 후 [Pathfinder:패스파인더] 패널에서 Shape Modes: Minus Front(앞쪽 오브젝트로 빼기)를 클릭하면 나중에 그려진 오브젝트와 겹친 오브젝트가 제거됩니다.

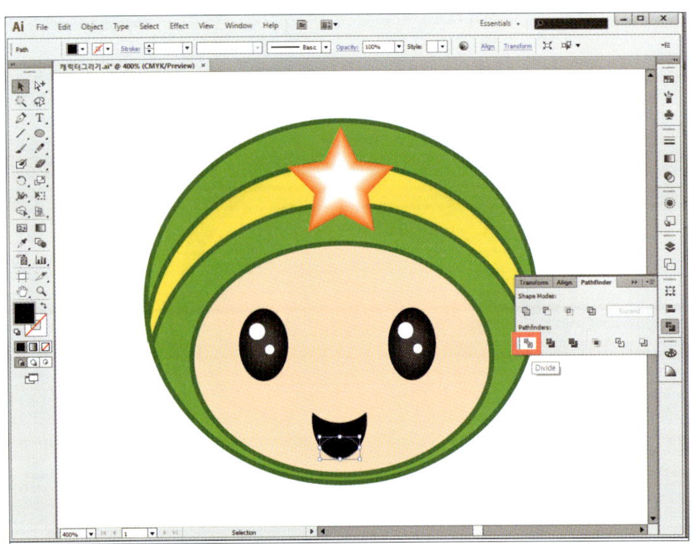

14 Ellipse Tool(타원형 도구)로 입 아래쪽 가운데에 마우스를 올리고 Alt 키를 누르고 원을 한 개 그립니다. Selection Tool(선택 도구)로 Shift 키를 눌러 두 개의 원을 클릭하여 선택 후 Pathfinder:패스파인더] 패널에서 Pathfinders : (Divide)를 클릭하여 면을 분할한 뒤 Shift + Ctrl + G 를 눌러 그룹을 해제합니다. Selection Tool(선택 도구)로 아래쪽 오브젝트를 클릭하여 Delete 로 제거합니다.

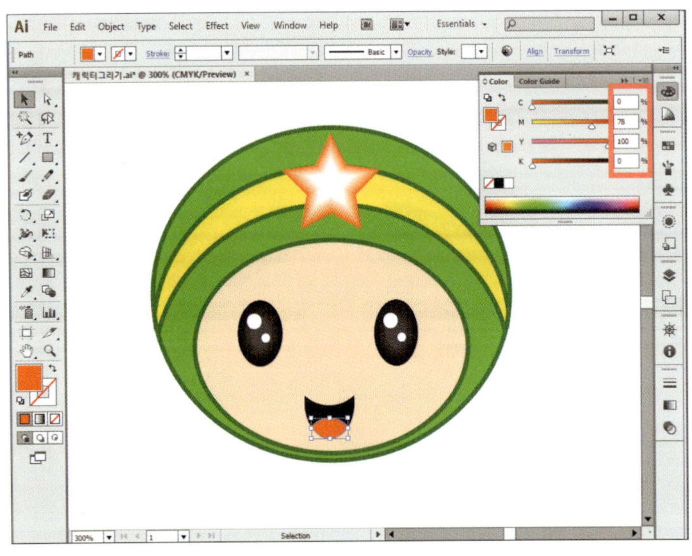

15 Selection Tool(선택 도구)로 아랫쪽 오브젝트를 클릭한 후 [Color] 패널에서 색상을 넣어줍니다. 만약 [Color] 패널에서 K색상 막대만 보일 경우 [Color] 패널의 메뉴 버튼을 눌러 'CMYK'를 클릭합니다. Fill 색상은 M:78% Y:100%, Stroke 색상은 None(없음)으로 합니다.

16 Ellipse Tool(원형 도구)로 왼쪽 얼굴 가장자리 끝에 마우스를 올리고 [Alt] + [Shift] 키를 누르고 정원을 그립니다. 정원 색상은 Fill-M:78% Y:100%, Stroke 색상은 None(없음)으로 합니다. Selection Tool(선택 도구)로 [Alt] 키를 누르고 드래그하여 오른쪽 끝으로 복사합니다.

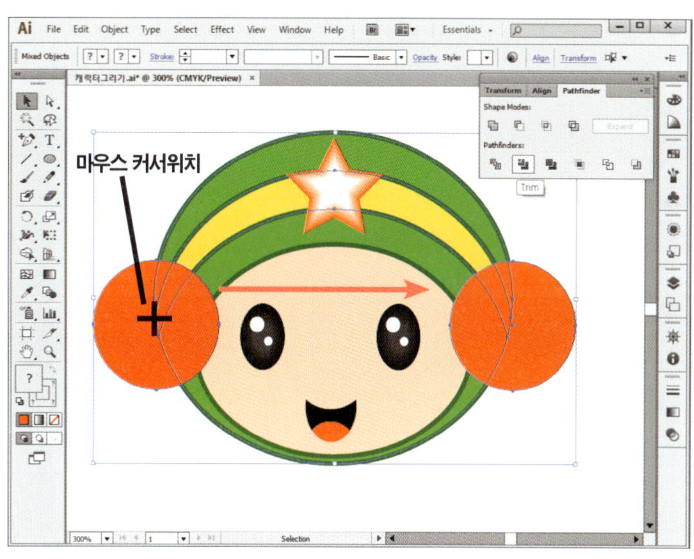

17 두 개의 정원은 [Shift] + [Ctrl] + [ ]를 눌러 맨 뒤로 보냅니다.

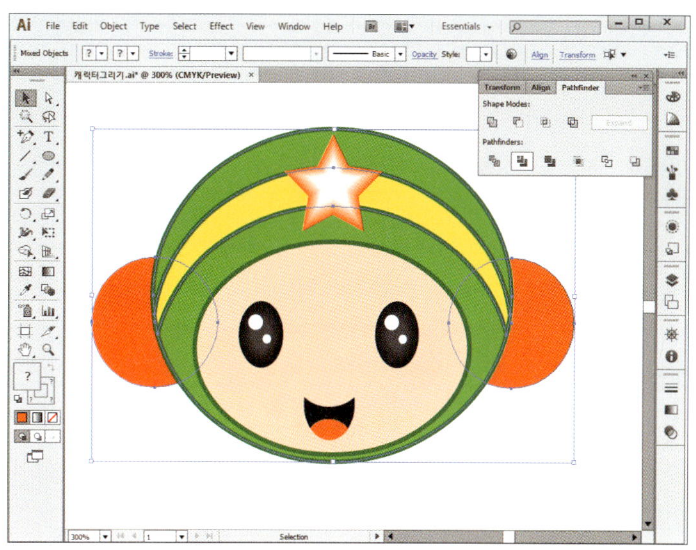

18 양쪽 주황색 정원과 초록색 머리를 클릭하여 선택 후 [Pathfinder] 패널에서 Trim을 클릭합니다.

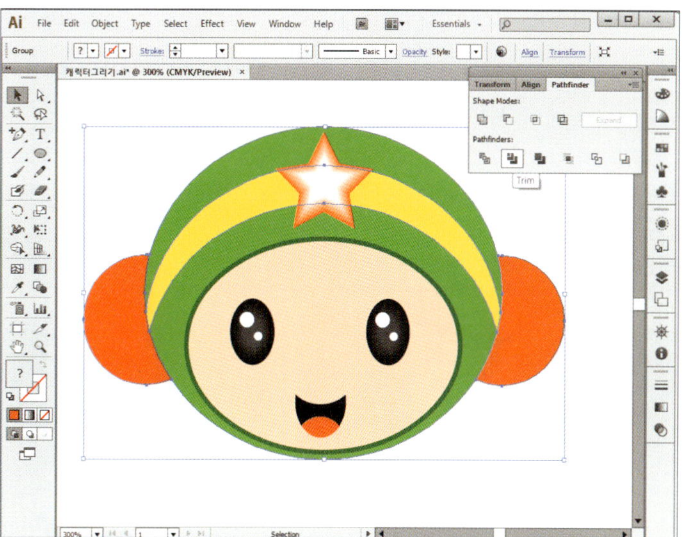

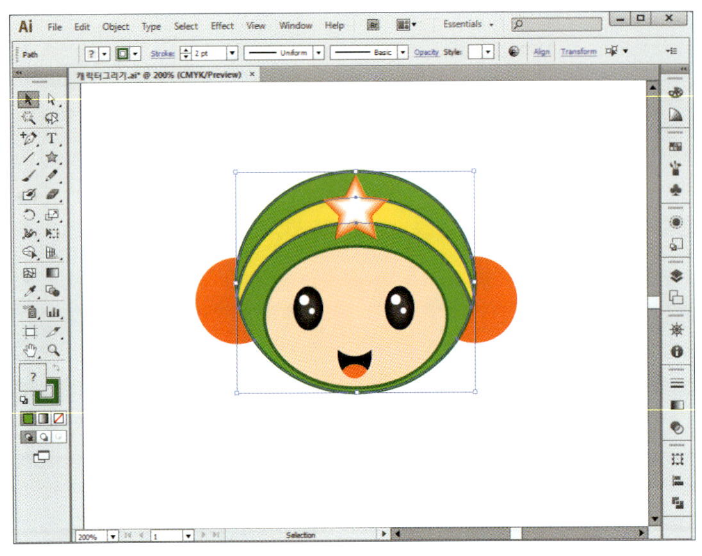

19 패스파인더가 적용된 머리를 선택 후 Shift + Ctrl + G를 눌러 그룹을 해제합니다. Selection Tool(선택 도구)로 초록색 머리와 노랑색 머리띠를 Shift 키로 클릭하여 선택 후 [Color] 패널에서 Fill 색상을 C:88% M:27% Y:100% k:17%, Stroke 색상은 None(없음)으로 하고, Stroke Weight(선 두께):2pt로 지정합니다.

20 Pen Tool(펜 도구)로 머리를 그립니다. 모두 선택하여 Shift + G로 그룹으로 지정합니다.

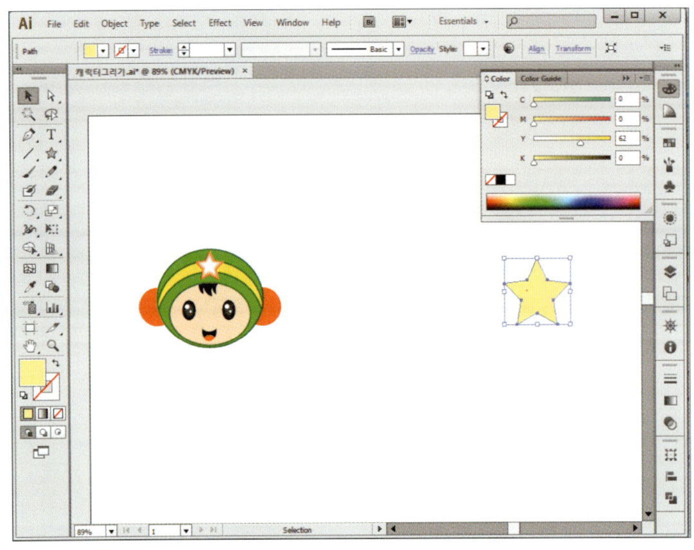

21 Artboard(아트보드) 오른쪽 끝에 Star Tool(별 도구)로 Shift 키를 누르고 별을 그립니다. Fill Color(면 색상)을 Y:62%, Stroke Color(선 색상)은 None(없음)으로 합니다.

22 Blend Tool(블렌드 도구)로 두 개의 오브젝트 윗쪽을 클릭하여 블렌드를 적용합니다. 블렌드 갯수는 Blend Tool을 두 번 더블 클릭하여 Blend 옵션에서 Spacing:Specified-5을 입력 후 OK 합니다.

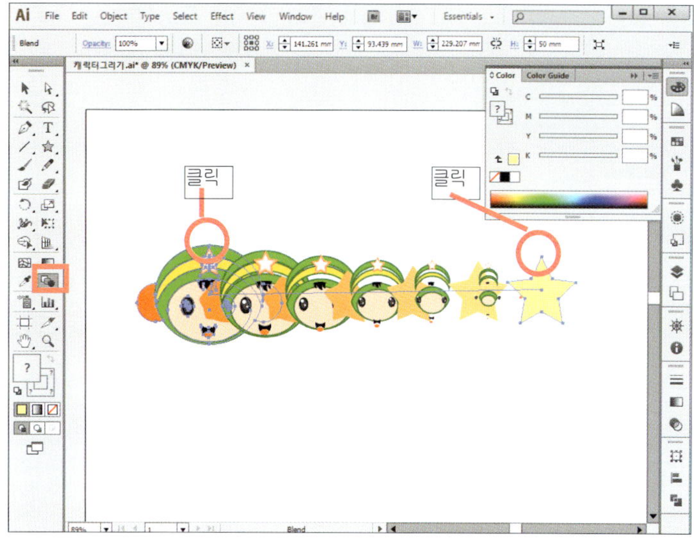

23 Group Selection Tool(그룹 선택 도구)로 왼쪽 캐릭터 얼굴을 두 번 더블 클릭하여 선택 후 Shift + Ctrl + [ ]를 눌러 순서를 맨 위로 배치한 다음 완성합니다.

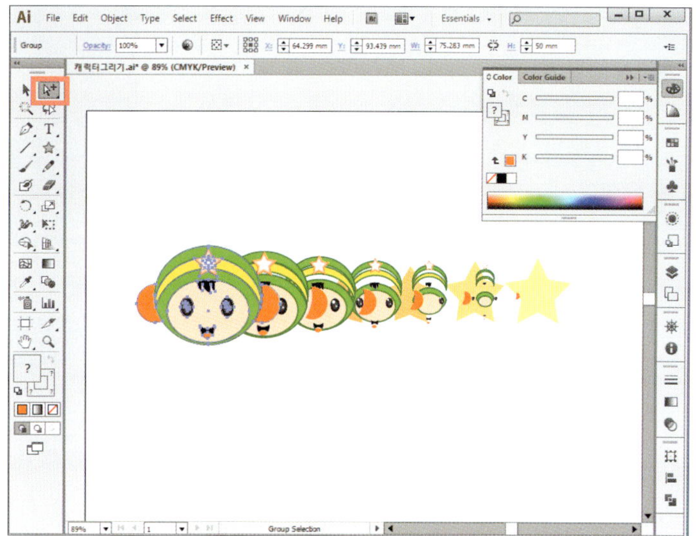

기초실습

1

완성파일과같이 선을 그린 후 블렌드를 적용해 보세요.

힌트

양쪽에 선을 그린 다음 단축키 `Alt` + `Ctrl` + `B` 로 블렌드를 적용 후 블렌드 대화상자를 열어 Spacing : Specified Steps에서 갯수를 지정해 줍니다.

▲ 완성파일 : 기초문제\완성파일\기초완성S10-1.ai

2

Blend Tool(블렌드 도구)을 활용하여 밤 하늘에 반짝거리는 별을 만들어 보세요.

힌트

Star Tool(별 도구)로 별을 두 개 그린 후 안쪽 작은 별은 밝은 색을 지정하고 바깥쪽 색상은 배경 블루색으로 지정 후 블렌드를 적용합니다.

▲ 완성파일 : 기초문제\완성파일\기초완성S10-2.ai

3

'Illustrator' 글자를 활용하여 블렌드를 적용하여 완성파일과 같이 만들어 보세요.

힌트

글자에 선 색상을 각각 지정 후 블렌드를 적용합니다.

▲ 완성파일 : 기초문제\완성파일\기초완성S10-3.ai

Blend Tool(블렌드 도구)을 활용하여 완성파일과 같이 완성해 보세요.

◀ 완성파일 : 활용실습\완성파일\활용완성S10-1.ai

2) 준비파일을 불러온 후 펜 도구로 양쪽 병을 그리고 Blend(블렌드)를 활용하여 완성파일과 같이 작업해 보세요.

▲ 준비파일 : 활용실습\활용S10-2.ai

▲ 완성파일 : 활용실습\완성파일\활용완성S10-2.ai

힌트

중간 단계 갯수 지정은 블렌드 옵션 상자의 Spacing에서 Blend Steps
또는 Blend Distance에서 갯수 또는 간격 수치를 입력합니다.

3) 준비파일을 불러온 뒤 펜 도구로 캔을 그린 뒤 완성파일과 같이 완성해 보세요.

힌트

명암은 선을 사용하여 블렌드를 적용합니다. 윗
면과 아랫면 알루미늄 재질은 그라데이션 색
상을 넣어 줍니다.

▲ 준비파일 : 활용실습\활용S10-3.ai

▲ 완성파일 : 활용실습\완성파일\
활용완성S10-3.ai

3D 필터로 입체물 만들기

3D 효과를 사용하면 2차원(2D) 아트웍에서 3차원(3D) 오브젝트를 만들 수 있습니다. 조명, 음영, 회전 및 기타 속성을 사용하여 3D 오브젝트의 모양을 제어할 수 있습니다. 또한 아트웍을 3D 오브젝트의 각 표면으로 매핑할 수도 있습니다. 여기서는 'Extrude & Bevel'을 활용하여 간단한 입체물을 만드는 방법을 같이 익혀 보도록 하겠습니다.

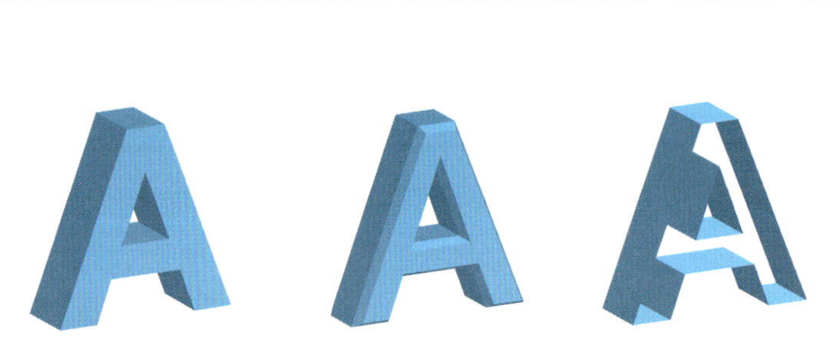

▲ 완성파일 : 실습예제\완성파일\실습완성11-01.ai
· 3D Extrude & Bevel을 활용한 사용 방법에 대해 익혀 본다.

 차례

따라하기 01 돌출된 입체물 만들기

돌출된 입체물 만들기

01 Ctrl + N 을 눌러 새 문서를 Name:3D, SIze:A4로 지정하고 OK 버튼을 클릭합니다. Type Tool(문자 도구)로 'A'자를 입력 후 Ctrl + T 를 눌러 [Character:문자] 패널을 열기합니다. ❶ Set the Font Family(글꼴):Arial, ❷Set the Font Style:Bold, ❸ Font Size(글자 크기):200pt로 지정해 줍니다. 글자 색상은 Fill-C:60% M:6%, Stroke:None(없음)으로 합니다.

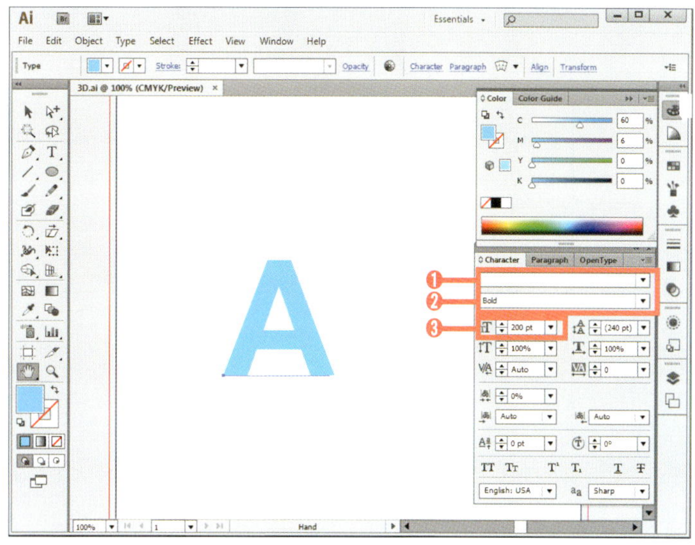

02 [Effect]-[3D]-[Extrude & Bevel]을 클릭하여 3D Extrude & Bevel Options 상자에서 Position:Off-Axis Front 가 설정된 상태에서 Preview 를 눌러 미리보기로 완성 결과를 확인 후 OK 버튼을 클릭합니다.

TIP

Position:Off-Axis Front는 3D 기본 값으로 설정되어 있습니다.

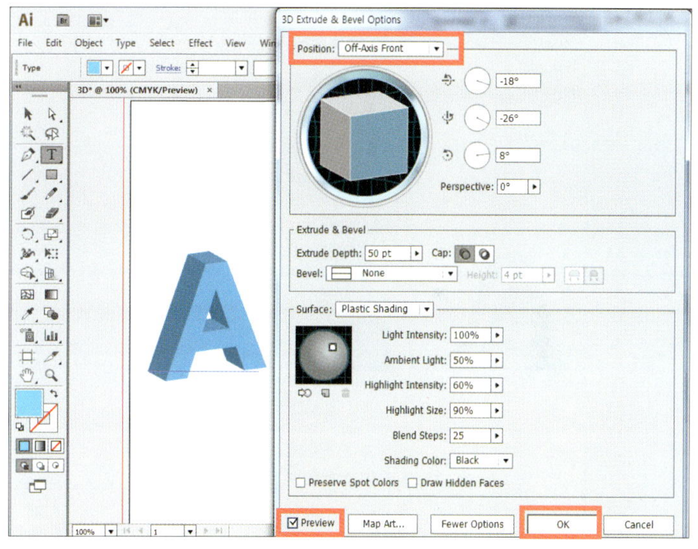

03 3D 필터를 적용한 오브젝트를 수정할 경우 오브젝트가 선택된 상태에서 Ctrl + F6 을 눌러 [Appearance] 패널을 연 후 '3D Extrude & Appearance 을 두 번 더블 클릭하여 3D Extrude & Bevel Options 상자를 열어줍니다.

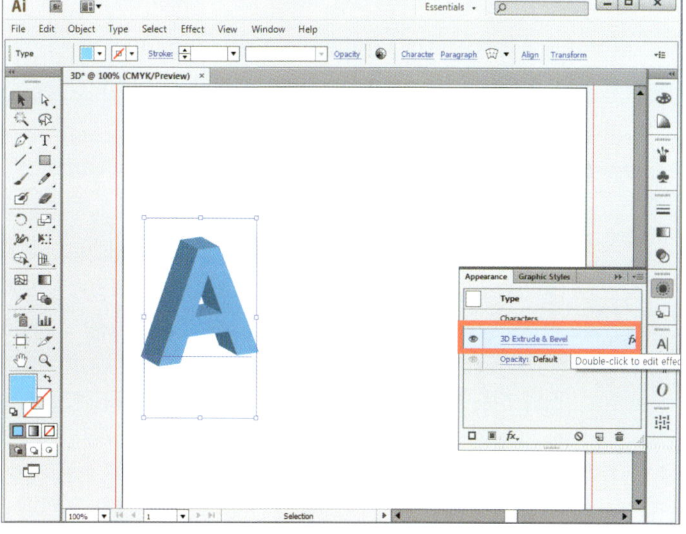

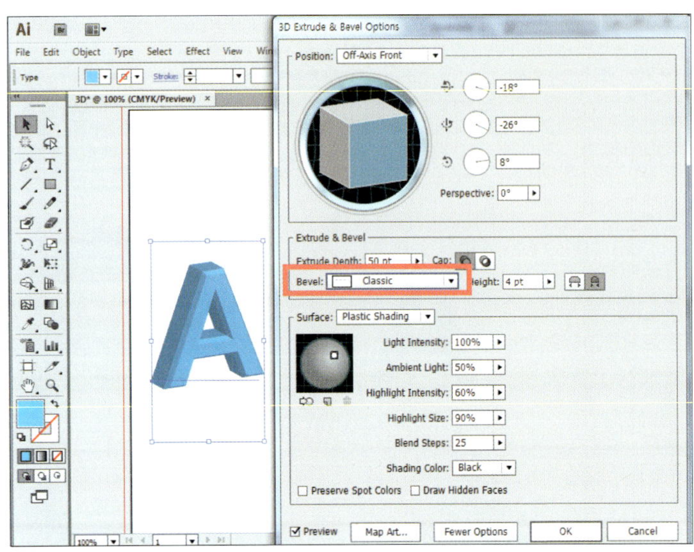

04 Extrude & Bevel에서 Bevel:Classic으로 지정하여 모서리 형태를 바꿀 수 있습니다. Bevel에는 여러가지 유형의 모서리 모양들이 있어 입체적인 형태를 적용할 경우 다양한 모양으로 표현할 수 있습니다.

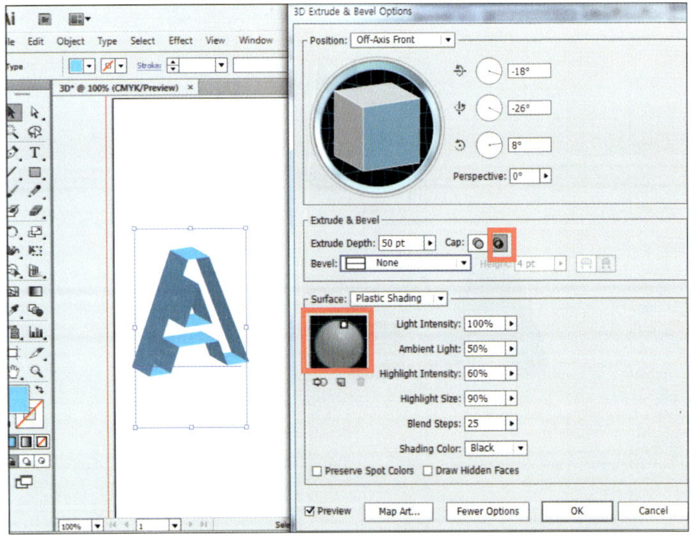

05 Cap: ⊙ (Turn cap off for hollow appearance:축 중심 회전 단면 끔)을 클릭하면 앞면과 뒷면이 비어있는 모양으로 나타납니다. Surface에서 ● 위에 마우스를 올리고 빛을 드래그하여 빛 조절을 해 줍니다.

[3D] 필터의 [Extrude & Bevel] 알아보기

3D 효과를 사용하면 2차원(2D) 아트웍에서 3차원(3D) 오브젝트를 만들 수 있습니다. 조명, 음영, 회전 및 기타 속성을 사용하여 3D 오브젝트의 모양을 제어할 수 있습니다. 또한 아트웍을 3D 오브젝트의 각 표면으로 매핑할 수도 있습니다.

〈3D Extrude & Bevel Options〉

—Position(위치)

❶ ⬌ (Specify rotation around the X axis : X축 회전) : −180에서 180 사이의 값에서 X축으로 회전합니다.

❷ ⬍ (Specify rotation around the Y axis : Y축 회전) : −180에서 180 사이의 값에서 Y축으로 회전합니다.

❸ ↻ (Specify rotation around the Z axis : Z축 회전) : −180에서 180 사이의 값에서 Z축으로 회전합니다.

❹ Perpective(원근감) : 텍스트 상자에 0에서 160 사이의 값을 입력합니다. 렌즈 각도가 작을수록 망원 카메라 렌즈와 비슷하고 렌즈 각도가 클수록 광각 카메라 렌즈와 비슷합니다.

— Revolve(회전)

❺ Extrude & Depth(돌출 깊이):0에서 2000 사이의 값을 이용해 오브젝트의 깊이를 설정합니다.

6 Cap : 오브젝트를 단색으로 나타낼 것인지(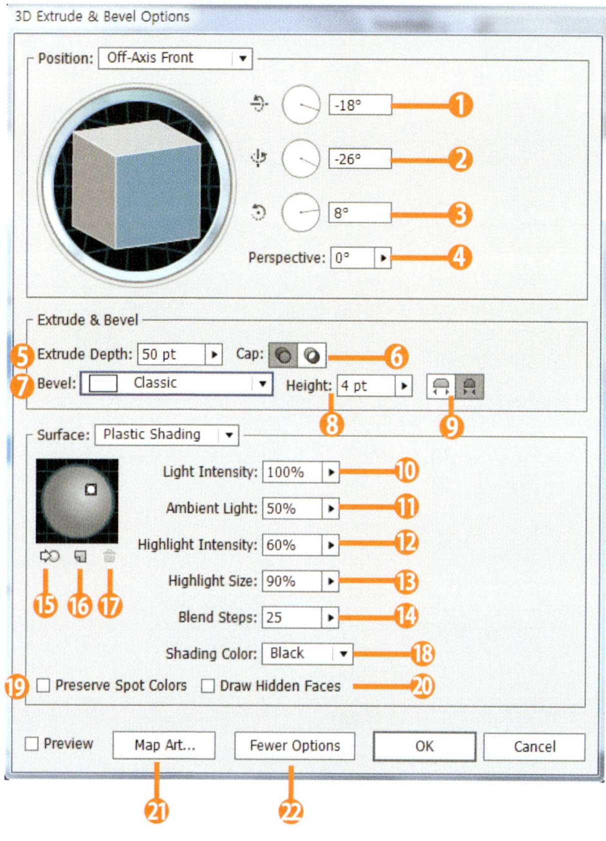 Turn cap on for solid appearance:축 중심 회전 단면 켬) 속이 비어 있는 모양으로 나타낼 것인지(Turn cap off for hollow appearance:축 중심 회전 단면 끔) 지정합니다.

7 Bevel (경사): 오브젝트의 깊이(z축)를 따라 선택하는 경사진 가장자리의 유형을 적용합니다.

8 Height(높이) : 1에서 100 사이의 높이를 설정합니다. 오브젝트에 비해 경사 높이를 너무 크게 지정하면 오브젝트가 자체 교차되어 예기치 못한 결과가 발생할 수 있습니다.

9 Bevel Extent Out (경사 범위 추가): 오브젝트의 원래 모양에 경사를 추가합니다.

　Bevel Extent In(경사 범위 제거): 오브젝트의 원래 모양에서 경사를 제거합니다.

– Surface(표면) : 음영 표면에 대한 옵션을 선택할 수 있습니다.

　A . Wireframe(철사 프레임)

　B . No Shading(음영 없음)

　C . Diffuse Shading(음영 확산)

　D . Plastic Shading(플라스틱 음영)

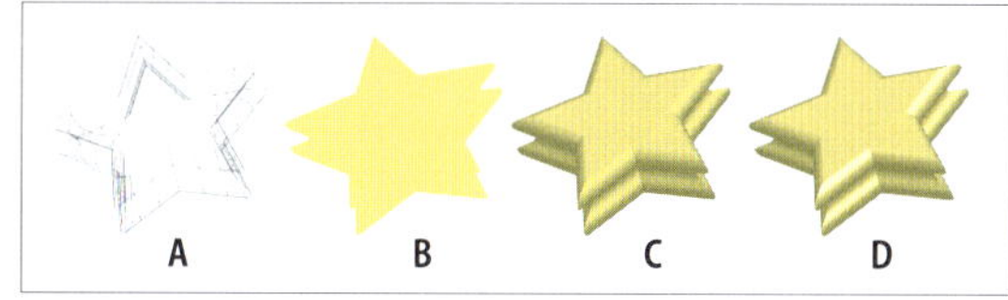

10 Light Intensity(주변광) : 전체 조명을 조정하여 모든 오브젝트 표면의 밝기를 균일하게 변경합니다. 0%에서 100% 사이의 값을 입력합니다.

11 Ambient Light(강도 강조) : 0%에서 100% 사이의 값을 선택하여 오브젝트의 빛 반사량을 조절합니다. 값이 낮으면 매트 표면이 어둡게 비치는 표면이 만들어지고 값이 높으면 더 밝게 비치는 표면이 만들어집니다.

12 Hightlight Intensity(하이라이트 강도) : 가장 밝은 빛의 강약을 조절합니다.

13 Highlight Size(하이라이트 크기) : 하이라이트 크기를 지정합니다.

14 Blend Step(블렌드 단계) : 음영이 오브젝트의 표면을 가로질러 얼마나 매끄럽게 나타날지 조절합니다. 1에서 256사이의 값을 입력합니다. 숫자가 높을수록 더 매끄러운 음영이 만들어지고 패스 수도 더 많아집니다.

15 (Move Selected light to back of object : 라이트를 뒤로 이동 단추) : 선택한 라이트를 오브젝트 뒤로 이동합니다.

　(Move Selected light to front of object : 라이트를 앞으로 이동 단추) : 선택한 라이트를 오브젝트 앞으로 이동합니다.

16 (New Light : 새 라이트 단추) : 새 빛을 추가합니다.

17 (Delete : 라이트 삭제 단추) : 새 빛을 삭제합니다.

18 Shading Color(그림자 색상) : 그림자 색상을 지정합니다.

19 Preserve Spot Colors(별색 보존) : 오브젝트의 별색을 보존할 수 있습니다.

20 Draw Hidden Face : 3D 필터 적용 시 깨진 표면에 대해 보완 작업을 해줍니다. 하지만 면이 많이 깨진 상태일 경우에는 체크하더라도 깨진 면은 보완되지 않습니다.

21 Map Art : 표면에 이미지를 입체적으로 적용합니다. 반드시 심볼 패널에 등록 후 사용합니다.

22 Fewer Options : Surface 옵션을 축약해서 안보이게 설정해 줍니다.

　More Options : Surface 옵션을 확장합니다.

원리 쏙쏙 IT 실전 워크북 시리즈 ⑪

일러스트레이터 CS6

2015년 9월 20일 초판 1쇄 발행
2018년 8월 10일 초판 2쇄 인쇄
2018년 8월 20일 초판 2쇄 발행

펴낸이 | 김정철
펴낸곳 | 아티오
지은이 | 김성실
전 화 | 031-983-4092
팩 스 | 031-983-4093
등 록 | 2013년 2월 22일
정 가 | 13,000원
홈페이지 | http://www.atio.co.kr
내용 문의 | 저자 이메일 k2sungsil@daum.net

* 아티오는 Art Studio의 줄임말로 혼을 깃들인 예술적인 감각으로 도서를 만들어 독자에게 최상의 지식을 전달해 드리고자 하는 마음을 담고 있습니다.

. 소스 자료 받아보기

– 이 도서에 사용된 예제 소스와 자료들은 아티오(www.atio.co.kr) [자료실]에서 다운받으시면 됩니다.

국립중앙도서관 출판예정도서목록(CIP)

일러스트레이터 CS6 / 지은이 : 김성실. ― [김포] : 아티오, 2015
p. ; cm. ― 원리쏙쏙 IT 실전 워크북 시리즈 ; 11)
ISBN 978-89-98955-30-4 13000 : ₩13000
일러스트레이터(컴퓨터) [Illustrator]
005. 565―KDC6
006. 6―DDC23   CIP2015024540